So arbeiten Sie mit dem Buch:

Argumentieren — Das Thema des Kapitels wird genannt.

In diesem Kapitel lernen Sie, Material für schriftliche Darstellungen zusammenzustellen und auszuwerten. ...
— Sie erfahren, womit Sie sich in diesem Kapitel beschäftigen werden.

Info — Einleitung einer Argumentation
Am Anfang einer Argumentation führen Sie den Leser zum Thema hin. Dazu verwenden ...
— Sie erhalten Hintergrundinformationen zu dem behandelten Thema.

Tipp — So erschließen Sie ein Thema
Es ist wichtig, dass Sie die Aufgabenstellung richtig erfassen. Gehen Sie dabei so vor: ...
— Sie erhalten konkrete Hilfestellungen, die Sie beim Lösen der Aufgaben nutzen können (z. B. Schreibhinweise).

Testen Sie Ihr Können
— Sie testen Ihre Kompetenzen, die Sie in diesem Kapitel erworben haben.

Das kann ich jetzt
- ✓ Ein Thema erschließen
- ✓ Materialien auswerten
- ✓ Stoff sammeln und ordnen

Grundwissen — Im **Grundwissen** (S. 300–313) werden wichtige Inhalte und Begriffe auf einen Blick zusammengefasst.

 Diesen Text können Sie sich (auch) anhören.

 Dazu können Sie einen Film anschauen.

Sie finden diese Angebote unter folgender Adresse: *www.westermann.de/webcode*. Geben Sie dazu den Code, der bei der Aufgabe oder dem Text steht, in das Suchfenster ein, z. B. |WES-122907-001|.

westermann

Mit eigenen Worten 10
Realschule Bayern

Erarbeitet von:

Stefanie Bräuer, *Hilpoltstein*
Karola Kaindl, *Memmelsdorf*
Adelheid Kaufmann, *Neusäß*
Sandra Schäfer-Küpferling, *Weißenbrunn*
Babett Schauer, *Engelthal*
Jörg Striepke, *Wiesenttal*

Mit eigenen Worten 10

Erarbeitet von: Stefanie Bräuer, Karola Kaindl, Adelheid Kaufmann, Sandra Schäfer-Küpferling, Babett Schauer, Jörg Striepke

Zum Schülerband 10 erscheinen:
Materialien für Lehrerinnen und Lehrer, ISBN 978-3-14-122925-7
Arbeitsheft, ISBN 978-3-14-122913-4

Vorbereiten. Organisieren. Durchführen.
BiBox ist das umfassende Digitalpaket zu diesem Lehrwerk mit zahlreichen Materialien und dem digitalen Schulbuch. Für Lehrkräfte und für Schülerinnen und Schüler sind verschiedene Lizenzen verfügbar. Nähere Informationen unter www.bibox.schule

Dieses Symbol im Buch verweist auf Kapitel,
in denen Medienkompetenzen besonders gefördert werden.

Die enthaltenen Links verweisen auf digitale Inhalte, die der Verlag bei verlagsseitigen Angeboten in eigener Verantwortung zur Verfügung stellt. Links auf Angebote Dritter wurden nach den gleichen Qualitätskriterien wie die verlagsseitigen Angebote ausgewählt und bei Erstellung des Lernmittels sorgfältig geprüft. Für spätere Änderungen der verknüpften Inhalte kann keine Verantwortung übernommen werden.

westermann GRUPPE

© 2022 Westermann Bildungsmedien Verlag GmbH, Braunschweig, Georg-Westermann-Allee 66, 38104 Braunschweig, www.westermann.de

Das Werk und seine Teile sind urheberrechtlich geschützt. Jede Nutzung in anderen als den gesetzlich zugelassenen bzw. vertraglich zugestandenen Fällen bedarf der vorherigen schriftlichen Einwilligung des Verlages. Nähere Informationen zur vertraglich gestatteten Anzahl von Kopien finden Sie auf www.schulbuchkopie.de.
Druck A[1] / Jahr 2022
Alle Drucke der Serie A sind inhaltlich unverändert.

Redaktion: Maria Radebold, Sonja Heinlein
Illustrationen: Volker Fredrich, Stephanie Mithoff, Evelyn Neuss, Anke Schäfer, Yaroslav Schwarzstein
Titelbild: Shutterstock.com, New York / Juice Flair
Umschlaggestaltung und Layout: Janssen Kahlert Design & Kommunikation GmbH, Hannover
Druck und Bindung: Westermann Druck GmbH, Georg-Westermann-Allee 66, 38104 Braunschweig

ISBN 978-3-14-**122907**-3

Inhaltsverzeichnis

Sprechen und Zuhören

Wer gut zuhört, versteht mehr
8 Lena Christ – Schriftstellerin und Zeitzeugin
14 Digitalisierte Kunst und digitale Kunst – Endlich ernst genommen?

Anderen aktiv zuhören
18 Die unheimliche Leichtigkeit der Revolution
22 Typische Kommunikationssituationen deuten
24 Man kann nicht nicht kommunizieren!

Zu und vor anderen sprechen
28 Schule der Zukunft – Eine Präsentation materialgestützt ausarbeiten
29 Material sammeln und auswerten
33 Den Vortrag mithilfe eines Präsentationsprogrammes planen
34 Das Referat mithilfe eines Präsentationsprogrammes professionell halten
35 Rückmeldung zum Referat geben
36 Rucksack auf und ab in die weite Welt?!

Mit anderen sprechen
38 Killerphrasen vermeiden – Geeignete kommunikative Strategien anwenden
42 Bewusst kommunizieren – Unterschiedliche Rollen und Standpunkte einnehmen
46 Testen Sie Ihr Können

Szenisch spielen
47 „Wir hatten doch abgesprochen, dass …" – Einen Text im szenischen Spiel interpretieren
50 Jugendliche an die Macht? – Über Theaterinszenierungen nachdenken

Lesen

Literatur des 20. und 21. Jahrhunderts
54 Zivilcourage ist keine Selbstverständlichkeit
56 Was hinter der Fassade steckt
59 Aus dem Leben nach dem Zweiten Weltkrieg
63 Spöttisch und humorvoll zugleich
66 Aus dem alltäglichen Leben
69 Das Labyrinth der Wörter

Inhaltsverzeichnis

Expressionistische Lyrik

- 74 Heutige Ängste von Menschen
- 78 Als Angst und Verfall gegenwärtig waren – Zeit des Expressionismus
- 80 Wenn der vermeintliche Weltuntergang naht …
- 82 Die Darstellung der Stadt im Expressionismus
- 84 „Ich fühle deutlich, dass ich bald vergeh …"
- 85 Todesangst – Stete Begleiterin des Soldaten

Politische Lyrik
- 86 Wissen ist Macht?!
- 93 Du hast ja ein Ziel vor den Augen
- 94 Eine Band bezieht doch politisch Stellung
- 97 Das Bad in der Menge, das Bad im Gedränge

Literatur im Überblick
- 99 Autoren und Texte im Wandel der Zeit

Eine Theateraufführung bewerten
- 104 Der böse Bruder oder: Wie verhält man sich moralisch richtig?
- 109 Das Brechtfestival

Leseerfahrungen dokumentieren
- 110 Kreuz und quer durch die Literatur des 20. und 21. Jahrhunderts
- 114 Ein Buch präsentieren

Lesetechniken und -strategien anwenden
- 117 Verstehen, was man liest

Pragmatische Texte verstehen und nutzen
- 120 Gefährlicher Straßenverkehr
- 127 Bitte recht freundlich – Unterhaltsame Texte
- 132 Klimaschutz statt Deiche
- 135 Testen Sie Ihr Können

Weitere Medien verstehen und nutzen
- 137 Mediale Darstellungen untersuchen
- 139 Eine ungewöhnliche Liebesnacht
- 140 Informationen zum Autor Kafka recherchieren
- 141 Schluss des Romans – Offen oder unvollendet?
- 143 Suchmaschinen im Internet effektiv nutzen
- 145 Mithilfe geeigneter Suchstrategien Informationen zu einem Gedicht sammeln
- 148 Die eigene Mediennutzung reflektieren

Inhaltsverzeichnis

Textsorten im Überblick
152 Strategien zur Textsortenbestimmung
153 Literarische Textsorten erkennen und bestimmen
154 Pragmatische Textsorten erkennen und bestimmen

Schreiben

Einen Text erschließen

156 Eine Texterschließung planen
158 Einen pragmatischen Text bewusst lesen
161 Die Einleitung zu einer Texterschließung verfassen
162 Den Inhalt eines Textes zusammenfassen
164 Die Textsorte bestimmen
168 Sprachliche Besonderheiten eines Textes beschreiben
172 Verfasserabsicht und Reaktionen von Lesern erkennen
174 Weitere Aufgaben zum Inhalt des Textes bearbeiten
176 Eine Texterschließung passend abrunden
177 Das Erschließen eines literarischen Textes üben

181 Die Beschreibung sprachlicher Mittel üben
183 Das Charakterisieren von Figuren üben
185 Zu Verfasserabsicht und Leserreaktion üben
186 Weitere Aufgaben zur Texterschließung
188 Das Erschließen eines Textes üben
190 Testen Sie Ihr Können

Argumentieren
198 Über das Argumentieren nachdenken
199 Übersicht zum Argumentieren
200 Lernkarten zum Argumentieren gestalten
202 Ein Thema erschließen
204 Material für eine Argumentation auswerten – Übertourismus
207 Textmaterial auswerten
208 Cartoons und Karikaturen entschlüsseln
209 Schaubildern Informationen entnehmen
210 Statistiken verstehen
210 Inhalte von Fotos zum Argumentieren nutzen
211 Eine Stoffsammlung anlegen
212 Eine Gliederung einer zweigliedrigen Argumentation anlegen
213 In eine Argumentation einleiten
215 Den Hauptteil einer Argumentation verfassen
219 Argumente inhaltlich und sprachlich überarbeiten
221 Eine Argumentation abschließen
222 Testen Sie Ihr Können

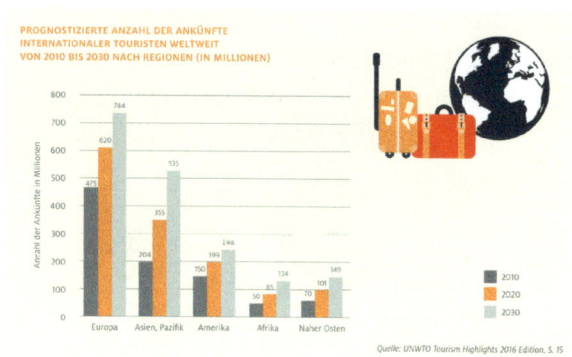

Inhaltsverzeichnis

Argumentative und appellative Schreibformen nutzen

- 226 Reklamationsfall?
- 228 Eine Beschwerde formulieren
- 230 Für ein Wahlfach werben
- 232 Einen Werbetext planen
- 234 Dazu habe ich eine Meinung – Einen Leserbrief unter die Lupe nehmen
- 237 Ein Anliegen in einem Leserbrief formulieren

Kreative Schreibformen nutzen

- 238 Ferienreisen – Einen Textanfang und einen Dialog schreiben
- 241 Tipps zum anschaulichen Formulieren eigener Texte
- 242 Ein literarisches Scrapbook zum Thema „Reisen" gestalten – Erzählung, Schilderung, inneren Monolog verfassen
- 244 Anleitung: Ein Scrapbook gestalten
- 245 Eine kurze Reisegeschichte entwerfen
- 247 Schildern zu einem Reiseerlebnis
- 249 Gedanken in einem inneren Monolog festhalten

Sprache untersuchen

- 252 Abwechslungsreich formulieren
- 253 Mithilfe von Konjunktionen Zusammenhänge herstellen
- 254 Schachtelsätze auflösen
- 255 Durch Adverbien präzise formulieren
- 256 Mit Präpositionen klare Verhältnisse schaffen
- 258 Satzstrukturen und deren Wirkung unterscheiden
- 260 Fremdwörter und ihre Tücken
- 262 Fremdwörter systematisch lernen
- 263 Euphemismen – Sprache durch die rosarote Brille
- 264 Das alles ist unsere Sprache
- 265 Deutsch oder was? Isso! – Jugendsprache unter der Lupe
- 266 Chatsprache – Nur für Eingeweihte!
- 267 Fachsprache sinnvoll einsetzen

- 268 Sprache situationsgerecht einsetzen
- 269 Wie heißt das auf …? – Sprachen vergleichen
- 271 Testen Sie Ihr Können

Inhaltsverzeichnis

Richtig schreiben

- 272 Mit der richtigen Strategie Fehler vermeiden
- 273 Appetit auf Rechtschreibübungen!
- 275 Umgang mit dem Wörterbuch
- 276 Groß- oder Kleinschreibung?
- 277 Besonderheiten der Groß- und Kleinschreibung
- 278 Getrennt oder zusammen?
- 279 Wortlistentraining
- 280 Stolperfallen der Rechtschreibung – *wider* oder *wieder*?
- 281 *Seid* oder *seit*?
- 282 *Das* oder *dass*? – Gewusst wie!
- 283 Kommasetzung – Klar geregelt!
- 286 Zitieren wie ein Profi

Arbeitstechniken

- 288 Texte vortragen – Kein Problem!
- 290 Fließbandkorrektur – Einen Text überarbeiten

Prüfungsvorbereitung

- 292 Alles im Griff! – Sich gezielt auf die Abschlussprüfung vorbereiten
- 293 Lernen mit mehreren Sinnen
- 294 Mit der richtigen Lernstrategie zum Erfolg
- 296 Zeitplan für die Prüfungsvorbereitung
- 297 Sich im Fach Deutsch gezielt verbessern
- 298 Gut durch die Schulaufgaben und die Abschlussprüfung kommen

Grundwissen

- 300 Grundwissen Texte, Medien und Literatur
- 310 Grundwissen Grammatik

Anhang

- 314 Stichwortverzeichnis
- 316 Bildquellen
- 317 Textquellen
- 320 Medienquellen

Wer gut zuhört, versteht mehr

Lena Christ – Schriftstellerin und Zeitzeugin

In diesem Kapitel lernen Sie,
- sich mit anspruchsvollen literarischen und pragmatischen Texten am Beispiel von Lena Christ, einer bedeutenden, aber weitgehend unbekannten bayerischen Schriftstellerin, auseinanderzusetzen und dazu Texte zu verfassen.
- sich mit „Digitaler Kunst" in ihren Erscheinungsformen zu befassen.
Neben dem strukturierten Erfassen von Informationen formulieren Sie angeleitet eigene Standpunkte.

1 a) Die Autorin Lena Christ (1881–1920) hat unter schwierigsten Verhältnissen ein beachtliches literarisches Werk geschaffen. Durch ihr Leben und Werk ist sie eine bedeutsame Zeitzeugin der Jahre um 1900. Schauen Sie sich die Fotos auf dieser Seite an und sprechen Sie darüber, welchen Eindruck von Lena Christ Sie durch die beiden Abbildungen bekommen.

Gedenktafel in Glonn

b) Lesen Sie die Info über Lena Christ.

2 In der Audiodatei erfahren Sie mehr über Lena Christ und über die Zeit, in der sie lebte.
a) Lesen Sie zum besseren Verständnis der Audiodatei zunächst den Tipp unten sowie die Erklärungen zu den in der Audiodatei vorkommenden Fachbegriffen und Dialektwörtern (Info, S. 9) und schauen Sie sich die Bilder auf S. 9–10 an.
b) Notieren Sie in Ihrem Heft Stichpunkte zu den Aspekten
   – München um 1900
   – Situation der armen Bevölkerung in München.
c) Hören Sie den Hörtext an. |WES-122907-001|
d) Vergleichen Sie Ihre Notizen und ergänzen Sie ggf. Informationen, die Ihnen wichtig oder interessant erscheinen.

Info

Lena Christ – ein Leben in Angst und Not

Lena Christ, eigentlich Magdalena Pichler, wächst als uneheliches Kind bei ihren Großeltern in Glonn auf. Sie wird von diesen verständnisvoll und liebevoll umsorgt. Diese glücklichen Jahre enden abrupt, als Lena mit 8 Jahren von ihrer Mutter nach München geholt wird. Sie muss in der Gastwirtschaft ihrer Mutter und des Stiefvaters schwer arbeiten und wird von ihrer Mutter brutal verprügelt. Mehrmals versucht sie zu fliehen, unter anderem nach Ursberg in Schwaben. Doch sie lässt sich stets überreden zurückzukehren. Mit 19 Jahren heiratet sie einen Buchhalter, der sich aber zum Spieler und Alkoholiker entwickelt. Sie verlässt ihn, haust mit ihren beiden Töchtern in Haidhausen in Neubauten, die während des Austrocknens kostenlos vermietet werden. Eine schwere Lungenerkrankung ist die Folge dieses „Trockenwohnens". Lena Christ lebt in dieser Zeit von Schreibaufträgen und Gelegenheitsprostitution.

Tipp

Die Erzählungen in der Audiodatei enthalten Zitate aus Lena Christs Werken „Die Erinnerungen einer Überflüssigen" und „Die Rumplhanni". In beiden Werken mischen sich persönliche Erlebnisse Lena Christs, Beobachtungen und Fiktives.

Wer gut zuhört, versteht mehr

Prinzregent Luitpold

Mariahilfkirche um 1940

Info

Fachbegriffe in der Hördatei

Aftermieter: heute Untermieter
Einsitzen: im Gefängnis sein
Herbergen: Vor allem in der Au, Haidhausen und Giesing wurden Wohnungen zimmerweise weitervermietet, sodass sich teilweise vier oder mehr Personen einen Wohnraum teilten (siehe auch Schlafgänger).
Kostkinder: eine Art Pflegekinder
Physikatsberichte: durch König Max II. eingeführte Berichte der Gesundheitsämter über die Lebensumstände der Menschen/Untertanen
Prinzregentenzeit: Prinz Luitpold (1821–1912) führte die Regentschaft nach dem Tod Ludwigs II. stellvertretend für Otto II., der geisteskrank war. In dieser Zeit wuchs München sehr stark. Luitpold trug maßgeblich dazu bei, dass München kulturell eine herausragende Rolle im Deutschen Reich spielte.
Schlafgänger: Statt einer Wohnung wurden auch Betten für eine bestimmte Zeit vermietet.
Siechenbett: Krankenbett
Trockenwohnen: Möglichkeit, kostenlos oder sehr günstig in Neubauten zu wohnen, bis der Kalkmörtel trocken war (ca. drei Monate). Diese Wohnungen waren unmöbliert, nass und kalt.

Dialektwörter in der Hördatei

Arma Deifi: armer Teufel, armes Geschöpf
Garneamands: Menschen, die keinen interessieren
Haus und Kuah und a Millisupperl in da Fruah: Haus und Kuh und eine Milchsuppe am Morgen
hockt: sitzt
Holzschupfn: Holzschuppen
Röarlbrunnen: Zu den Röhrenbrunnen wurde das Wasser in einer Röhre – meistens aus Eiche – geleitet.
Wagerlprotzen: Angeberautos/Menschen, die solche Autos besitzen
es kriecht und **wuarlt:** wimmelt
Wurzgärtlein: altertümliches Wort für einen Garten mit Kräutern, Gemüse und Obstbäumen

Wer gut zuhört, versteht mehr

3 In der Hördatei haben Sie erfahren, dass die Weinzierl Franzi wegen Hausierens (= Straßenhandels) im Gefängnis sitzt. Dort kümmert sie sich um die junge und völlig unerfahrene Hanni und bietet ihr an, dass sie fürs Erste bei ihr bleiben kann. Beide werden gleichzeitig entlassen und gehen zu Franzi nach Hause.
  a) Lesen Sie den Auszug aus „Die Rumplhanni" und schauen Sie zum besseren Verständnis des Textes das Foto der Herbergshäuser rechts an.
  b) Ergänzen Sie Ihre Notizen aus Aufgabe 2 durch Stichpunkte zum Bild:
  Niedrige Häuser ...

Herbergshäuser um 1910

Die Rumplhanni

Von Lena Christ

Es ist um die Zeit am Morgen, da die Fabriken ihre Signale zum Beginn der Arbeit heulen und die Bäckerburschen mit den Milchmädchen an Straßenecken schwatzen. Durch die Gassen hinkt ein alter Lichtanzünder und verlöscht das Morgenlicht in den Laternen, und fröstelnd trippeln fünf – sechs Mädchen in dünnen Fähnlein ihrer Arbeitsstätte zu.
Aus den Fenstern der Häuser blinkt da und dort ein mageres Öllicht, und aus den rußigen Kaminen steigt leicht und bläulich dünner Rauch in die beißend kalte, klare Morgenluft. Auf den hohen Giebeldächern liegt der festgefrorene Schnee, und von den Dachrinnen, die so nieder sind, dass man den Hausschlüssel darin verwahren kann, ohne einen Schemel zu brauchen, hängen dicke Eiszapfen schier bis zum Boden. Vor einer dieser Hütten macht die Franzi halt; sie späht erst durch eins der vereisten Fenster, dann drückt sie leise auf die Klinke. Das Haus ist offen, und sie treten ein in den winzigen Hausflöz [Hausflur]. Da liegen und stehen Körbe, Kisten, Häfen und Holzscheite herum, auf den ausgetretenen Stufen der geländerlosen Stiege liegt Wäsche und Spielzeug [...].

In der Kammer liegen drei der Hascher [kleinen Kinder] [...], einer sitzt hemdärmelig auf dem kalten Stubenboden, hat die Kaffeemühle und etliche Erdäpfel [Kartoffeln] als Spielzeug neben sich und jammert um die Morgensuppe. Ein aufgeschossenes Maidl [Mädchen] hockt vor dem alten Sesselofen und bläst aus vollen Backen in die schwelenden, rauchenden Reiser, während ein etwa sechsjähriger Bub auf dem zusammengesessenen [...] Kanapee steht und die Herdringe zur Melodie des Münchner Schäfflertanzes schwingt. Die Hanni bleibt beklommen draußen vor der Stubentür stehen; doch ihre Gastgeberin sagt freundlich: „Trau di nur rei', Hanni! Gschiecht dir nix! – Höchstens, daß di d' Arbat opackt. – Geh, ziag mir die Gsellschaft o; – die derfrirn ja! – Und koch eahna an Kaffee! – Muaßt aber z'erscht d' Goaß melcha!"[1]
Die Dirn ist froh um die Arbeit. Sie zieht die schreienden, zappelnden Würmer an, wäscht sie und striegelt ihnen das Haar, – hilft der Großen ein Feuer anmachen, dass es knistert und kracht, und stellt den Hafen mit dem Kaffeesatz darauf. „Wo hast dein Stall und a Melchgschirr?", fragt sie danach.

---

[1] *Trau dich nur herein, Hanni. Es passiert dir nichts. Höchstens, dass dich die Arbeit packt. Geh, zieh mir die Gesellschaft (die Kinder) an, die erfrieren ja. Und koche ihnen einen Kaffee. Musst aber zuerst die Geiß melken.*

Wer gut zuhört, versteht mehr

Die Weinzierlin wird verlegen. „Mei", sagt sie, „so nobel wia bei den Bauern gehts bei mir net zua. Da hätt ja i an Platz net dazua. Mir habn halt drei Stuben [Zimmer], und da hab i oane vergebn an an Zimmerherrn. Sand halt doch alle Monat sechs Mark. – Und hintn, wo der Stall hingehört, hab i mei Gmüas und mei War. Mir muaß si halt nach der Deckn strecka. – Da hint steht a blecherna Eimer – schau, – den nimmst zum Melchen. Und da drin ...", sie öffnet eine niedere Tür ... „Da drin is d' Goaß² [...]"

² ... da hab ich eine vergeben an einen Zimmerherrn. Sind halt doch alle Monat sechs Mark. Und hinten, wo der Stall hingehört, habe ich mein Gemüse und meine anderen Sachen zum Hausieren. Wir müssen uns halt nach der Decke strecken. Da hinten steht ein blecherner Eimer, schau, den nimmst zum Melken. Und da drin ... da drin ist die Geiß.

4
a) Lesen Sie die Info zu Lena Christ rechts.
b) Überlegen Sie zusammen mit einem Partner, warum Lena Christ ihrem ersten Buch den Titel „Erinnerungen einer Überflüssigen" gab.
c) Tauschen Sie sich auch darüber aus, warum sich Lena Christ 1920 wohl wieder als „Überflüssige" gefühlt hat.

Info

Lena Christs Durchbruch und spätes Leben

Durch Peter Jerusalem (später Peter Benedix), für den sie Schreibarbeiten erledigt, ändert sich das Leben Lena Christs endlich zum Positiven: Ihre schwere Lungenerkrankung wird zum Stillstand gebracht. Peter Benedix erkennt ihr Talent, einfühlsam und spannend zu erzählen, und überredet sie, ihr erstes Buch zu schreiben: „Erinnerungen einer Überflüssigen" (1912).
Sie heiratet Peter Benedix und kann ihre Töchter aus dem Heim holen. In dem Buch „Unsere Bayern anno 1914", für das sie aufwendig recherchiert hat, erzählt sie von Soldaten und Menschen ihrer Umgebung in den Kriegswirren. Es ist so erfolgreich, dass sie zwei Folgebände verfasst und sogar eine Auszeichnung von König Ludwig III. bekommt.
Auch der Roman „Die Rumplhanni" wird ein Erfolg. Als Peter Jerusalem 1917 an die Front muss, verschlechtert sich ihre Situation aber dramatisch: Weil wegen Papiermangels keine Bücher gedruckt werden können, ist sie in großen finanziellen Nöten. In einem Lazarett begegnet sie dem Sänger Lodovico Fabbri, den sie leidenschaftlich liebt, der sie aber bald verlässt.
In ihrer Not kommt sie auf die Idee, Bilder aus ihrem Besitz als Meisterwerke auszugeben und zu verkaufen. Der Schwindel fliegt auf und sie beschließt – vielleicht aus Angst vor einer Gefängnisstrafe –, sich das Leben zu nehmen. Am 30. Juni 1920 stirbt sie durch eine Blausäurevergiftung.

Wer gut zuhört, versteht mehr ▸

5 a) Bilden Sie Kleingruppen.
b) Lesen Sie die Info zum Hörtext und schauen Sie sich das Bild an.
c) Hören Sie sich den Hörtext an.
|WES-122907-002|
d) Notieren Sie, wie es Lena Christ gelingt, so anschaulich und lebendig zu erzählen.

6 Verfassen Sie nun in Ihren Gruppen mithilfe der Informationen aus den Infos auf S. 8 und S. 11, dem Textauszug auf S. 10–11 und dem Hörtext zu einem der folgenden Teilthemen einen zusammenhängenden Text:
– *Lena Christ als Erzählerin*
– *Lena Christ als Zeitzeugin.*
Gehen Sie dabei folgendermaßen vor:
a) Lesen Sie die beiden Aufgabenkarten auf der nächsten Seite und entscheiden sich in Ihrer Gruppe für eines der Teilthemen.
b) Bearbeiten Sie die von Ihnen gewählte Aufgabenkarte.
c) Einigen Sie sich in Ihrer Gruppe, wie Sie Ihren Text gestalten und präsentieren.

Info

„Unsere Bayern anno 1914" (Hörtext)

Der Hörtext stammt aus dem Buch „Unsere Bayern anno 1914" von Lena Christ und dem Kapitel „Landwehr-Abschied".

Die Landwehr, die Erste Königlich-Bayerische Landwehr-Division, waren Soldaten, die zu Beginn des Ersten Weltkriegs (1914) eingezogen wurden. Sammelstelle in Haidhausen war die Schule an der Wörthstraße. In München gab es damals schon elektrifizierte Straßenbahnlinien, aber auch noch Fiaker (zweispännige Kutschen).

Die Frau in der Erzählung läuft mit ihren drei Buben vom Tal am östlichen Ende des Marienplatzes über die Ludwigsbrücke, die die Münchner Innenstadt mit Haidhausen und der Au verbindet, zur Schule an der Wörthstraße in Haidhausen. Die Männer marschieren in einem feierlichen Zug zur Kirche am Johannis-Platz in Haidhausen. Dort werden sie in einem festlichen Gottesdienst vereidigt, gesegnet und verabschiedet.

1.1 Wesentliche Aussagen anspruchsvoller literarischer Texte (z. B. auch Auszüge aus Hörbüchern und Filmen, Theateraufführungen) erfassen; die gewonnen Informationen differenziert wiedergeben;

Wer gut zuhört, versteht mehr

Gruppe 1: Lena Christ als Erzählerin

Lena Christ war einfühlsam und eine sehr gute Beobachterin, sodass sie Gespräche authentisch wiedergeben konnte. Die Menschen sprechen darin so, wie es Lena Christ gehört hat. Weil sie eine begabte Erzählerin war, wirken ihre Texte so lebendig.

Erklären Sie, warum die Texte Lena Christs so lebendig wirken. Denken Sie dabei auch daran, was Sie über gutes Erzählen gelernt haben. Belegen Sie Ihre Feststellungen mit Beispielen aus dem gelesenen Textauszug und dem Gehörten.

Gruppe 2: Lena Christ als Zeitzeugin

Lena Christ lässt uns durch ihre Erzählungen vor allem am Leben der „kleinen Leute" (einfachen Arbeitern, Dienstboten und anderen Menschen mit geringem Einkommen), aber auch der bäuerlichen Bevölkerung im Umfeld Münchens teilnehmen. Sie waren die Verlierer der rasanten Entwicklung, die Bayern, vor allem aber München, vom Ende des 19. Jahrhunderts bis 1915 stark veränderte.

Schreiben Sie einen Text, in dem Sie diese Aussagen über Lena Christ erklären. Belegen Sie Ihre Feststellungen mit Beispielen aus dem gelesenen Textauszug und dem Gehörten.

Wer gut zuhört, versteht mehr ▶

Digitalisierte Kunst und digitale Kunst – Endlich ernst genommen?

1 a) Das Foto unten zeigt den Eingang einer Galerie, die moderne Kunst ausstellt und verkauft. Beschreiben Sie, was Ihnen besonders auffällt, und erklären Sie, warum.
b) Lesen Sie die Info zum Avatar, der im Bild unten als weißes Männchen erscheint.
c) Tauschen Sie sich zu zweit aus, welchen Befehl Sie dem Avatar geben würden.

Info

Avatar

Der Avatar ist eine **künstliche Person**. Ein Avatar kann eine „Person" in einem Film sein, aber auch eine Art **Ersatzform für eine reale Person**. Diese steuert ihn und macht durch ihn neue, ungewohnte Erfahrungen.

Wer gut zuhört, versteht mehr ▶

2 Lesen Sie die Aufgabenkarte zur Bearbeitung der folgenden Aufgaben.

> **Aufgabenkarte**
>
> Schreiben Sie in Kleingruppen je einen kurzen Lexikonartikel zu „digitalisierter Kunst" und „digitaler Kunst".

3 a) Hören Sie sich nun drei Ausschnitte aus einem Podcast über digitale Kunst an |WES-122907-003|.
Die Ausschnitte Einleitung – digitalisierte Kunst – digitale Kunst sind jeweils durch einen Gong getrennt.

> **Tipp**
>
> Lesen Sie beim Anhören ggf. in der Info rechts nach, wenn Sie etwas nicht verstehen. Sie können zu den Personen und Fachbegriffen auch im Internet recherchieren.

b) Notieren Sie sich in Ihrem Heft Stichpunkte zu den Themen „digitalisierte Kunst" und „digitale Kunst" entsprechend der Aufgabenkarte.
c) Tauschen Sie sich über Ihre Notizen aus.

4 a) Entwerfen Sie in Kleingruppen die beiden Lexikonartikel zu digitalisierter und digitaler Kunst.
b) Erarbeiten Sie gemeinsam aus den Gruppenergebnissen die Endfassungen der beiden Lexikonartikel.

5 a) Lesen Sie den Text „Game Art: Kunst und digitale Spiele" auf der folgenden Seite und schauen Sie dazu die beiden Bildelemente aus Computerspielen an.
b) „Zwischen Kunst und digitalen Spielen besteht eine interessante Verbindung, sie bereichern sich gegenseitig." Erklären Sie diesen Satz aus dem Text mit eigenen Worten.

> **Info**
>
> **Podcast: Personen und Fachbegriffe**
>
> **Emily Thomey und Julius Stucke:** Moderatoren des Podcasts
>
> **Inka Drögemüller:** Digitalchefin des Metropolitan Museum of Art (Met)
>
> **Johann König:** Galerist, Betreiber der Kunstgalerie KÖNIG
>
> **Manuel Rossner:** VR-Künstler (Virtual-Reality-Künstler)
>
> **Anika Meier:** Kuratorin, Betreuerin seiner Ausstellung
>
> **Primer:** digitaler Katalog einer Ausstellung mit Texten, Bildern, Filmen
>
> **Virtual Reality (VR):** Technik zur Erzeugung von digitalen, interaktiven Umgebungen, Zugang durch eine VR-Brille
>
> **Krise:** Wegen der COVID-19-Pandemie mussten Museen immer wieder für eine längere Zeit geschlossen bleiben.

Wer gut zuhört, versteht mehr

Game Art: Kunst und digitale Spiele

Von Martin Lorber

Zwischen Kunst und digitalen Spielen besteht eine interessante Verbindung, sie bereichern sich gegenseitig. Einerseits sind viele digitale Spiele von diversen künstlerischen Stilen beeinflusst, wie beispielsweise das Mobile Game *Monument Valley* von Grafiken des Niederländers M. C. Escher[1] oder das japanische Konsolenspiel *Ico* von Werken des italienischen Künstlers Giorgio de Chirico[2]. Andererseits setzen sich schon seit Mitte der 1990er-Jahre Künstler intensiv mit dem Medium digitales Spiel auseinander. Diese Form des Kunstschaffens wird später [...] Game Art genannt, im deutschsprachigen Raum wird sie auch manchmal als Computerspielkunst bezeichnet. Dabei dient das digitale Spiel Künstlern als Werkzeug, Material oder Inspiration, manchmal auch als inhaltlicher Gegenstand ihrer bildenden Kunst. In den meisten Fällen verliert es dabei seine eigentliche Funktion – es wird unspielbar. [...]

Kunst öffnet sich mit Game Art erneut zu einem spielerischen Handlungsraum. Viele Kunstwerke dieser Art sind deshalb digital, in Form modifizierter digitaler Spiele oder analog in Gestalt von Bildern, Plastiken oder Installationen. Geprägt wurde der Begriff Game Art von dem Journalisten Matteo Bittanti: „*Game Art is any art in which digital games played a significant role in the creation, production, and/or display of the artwork. The resulting artwork can exist as a game, painting, photograph, sound, animation, video, performance or gallery installation.*"

---

[1] M. C. Escher: *Künstler, der vor allem durch seine Grafiken weltberühmt wurde: Sie sind sehr exakt gestaltet und „spielen" mit optischen Täuschungen bzw. perspektivischen Verfremdungen.*

[2] Giorgio de Chirico: *Maler, der seinen Stil mehrfach änderte. Hier sind die Bilder gemeint, in denen sich meist menschenleere Architektur als Kulisse für (antike) Statuen, oft auch Gliederpuppen und realistische Details wie in einem Traum zusammenfügen.*

[3] „Game Art [...] gallery installation": *Game Art ist jede Kunst, bei der digitale Spiele eine bedeutende Rolle bei der Erstellung, Produktion und/oder Präsentation des Kunstwerks gespielt haben. Das entstandene Kunstwerk kann als Spiel, Malerei, Fotografie, Ton, Animation, Video, Performance vorliegen oder als Galerieinstallation.*

Wer gut zuhört, versteht mehr

Giorgio Chirico:
Aufgehende Sonne
am Platz (1976)

6 a) Vergleichen Sie in Partnerarbeit die beiden Bildelemente aus Computerspielen auf S. 16 mit dem obigen Gemälde von Giorgio Chirico und notieren Sie Gemeinsamkeiten.
   b) Überlegen Sie mit ihrem Partner zusammen, wie man aus den beiden Bildern digitale Kunst machen könnte.
   c) Sprechen Sie in der Klasse über Ihre Ideen.

7 a) Diskutieren Sie in der Klasse folgende Fragestellungen:
   – Ist Digitale Kunst Ihrer Meinung nach wirklich Kunst oder nur technische Spielerei?
   – Ermöglicht digitale Technik Ihrer Meinung nach mehr Menschen einen Zugang zu Kunstwerken?
   b) Schreiben Sie in Einzelarbeit einen Text, in dem Sie zunächst Ihre Meinung darlegen und diese dann begründen.
   c) Stellen Sie Ihren Text Ihren Mitschülern vor. Lassen Sie sich Feedback geben.

8 a) Recherchieren Sie als Abschluss des Kapitels in Gruppenarbeit zu den digitalen Angeboten der folgenden vier Museen:
   Lenbachhaus München
   Städel Museum Frankfurt
   Kunstmuseum Moritzburg
   Museum für Kunst und Gewerbe Hamburg.
   Beachten Sie bei Ihrer Recherche die folgenden Kriterien:
   – Benutzerfreundlichkeit der jeweiligen Homepage
   – Schwierigkeitsgrad der technischen Voraussetzungen
   – inhaltliche Attraktivität des Museumsangebots
   b) Bereiten Sie in der Gruppe die Präsentation Ihrer Recherche vor. Übernehmen Sie dazu die vorgegebene Reihenfolge der Kriterien.

Anderen aktiv zuhören

Die unheimliche Leichtigkeit der Revolution

In diesem Kapitel lernen Sie,
– wesentliche Aussagen anspruchsvoller literarischer Texte und gesprochener pragmatischer Texte zu erfassen,
– gewonnene Informationen differenziert wiederzugeben und diese für eigene Argumentationen oder Stellungnahmen zu nutzen,
– zwischen Sach- und Beziehungsebene zu unterscheiden,
– Situationen, in denen kommuniziert wird, zu beurteilen, um anderen Feedback zu geben und das eigene Gesprächsverhalten zu reflektieren,
– komplexere Kommunikationsprozesse und Interaktionen anhand des Kommunikationsmodells von Watzlawick selbstständig zu bewerten.

1 Erzählen Sie sich zu zweit von Jugendbewegungen, die Sie kennen.

2 a) Beschreiben Sie das Buchcover und gehen Sie darauf ein, wie die Bilder auf Sie wirken. Machen Sie sich dazu Notizen in Ihrem Heft.
b) Tauschen Sie sich in der Klasse über den Titel in Bezug auf Untertitel und Bilder aus.

3 a) Lesen Sie die Kritiken zu dem Sachbuch.

Peter Wensierski erzählt die Geschichte vom Ende der DDR aus einer ganz neuen Perspektive: Eine Gruppe junger Menschen in Leipzig lehnt sich gegen die herrschenden Zustände im Land auf. Dabei geht es ihnen nicht nur um die ständigen Bespitzlungen durch die Staatssicherheit, sondern auch um die Umweltverschmutzung. Eine mutige Generation. Hochaktuelle Geschichte. „Die unheimliche Leichtigkeit der Revolution" ist nicht nur für alle, die diese Zeit der deutschen Geschichte miterlebt haben, sondern auch für die Jugend von heute. Es ist ein Appell an alle, für die eigene Überzeugung einzutreten.

Das Buch behandelt eine Rebellion vor der Wende aus Sicht junger Leipziger, die auf die Straße gehen, weil sie nicht mehr eingesperrt sein wollten in einem kommunistischen Staat. Sie treffen sich in Hinterhöfen. Sie diskutieren. Sie sprechen Dinge an. Ohne Vorbehalte. Sie nehmen Leipzig für sich ein. Sie lassen sich auch von Stasi und Polizei nicht mehr stoppen. Gut zu lesen! Einfach und doch lebendig.

b) Geben Sie mit eigenen Worten wieder, worum es in dem Sachbuch von Peter Wensierski geht.
c) Im Buch sagt Straßenmusiker Jochen: „Wenn ich es richtig finde, gehe ich los!" Diskutieren Sie, inwiefern es mutig ist, dass junge Menschen in der DDR für ihre Überzeugung auf die Straße gegangen sind. Informieren Sie sich ggf. über die politische Situation zu dieser Zeit.

4 Der Film zum Buch wurde 2021 erstmals ausgestrahlt.
a) Lesen Sie die nebenstehende Ankündigung des Fernsehsenders.
b) Begründen Sie, ob Sie diesen Film ansehen würden.

5 a) Hören Sie sich die nachgesprochene Version eines Interviewauszugs |WES-122907-004| mit der Schauspielerin Janina Fautz an, die im Film Franka Blankenstein spielt. Sie können auch mitlesen.

Info

Fernsehfilm Deutschland 2021

Die 19-jährige Franka Blankenstein wächst als Kind systemtreuer Eltern in Leipzig [zur Zeit der DDR] auf. Zufällig lernt sie den Altenpfleger Stefan Clausnitz kennen und findet so den Weg in eine Umweltgruppe, die sich unter dem Schutz der Kirche gegen die Zerstörung der Natur und die Luftverschmutzung der Region einsetzt.

Franka ist fasziniert von dem Zusammenhalt der Gruppe, die in einem alten Abrisshaus lebt. Dort werden Aktionen geplant, heiße Diskussionen geführt, aber auch gelebt, geliebt und gefeiert – unter ständiger Beobachtung der Stasi. Als die Gruppe, zu der schließlich auch Franka gehört, es wagt, die Räume der Kirche zu verlassen und in aller Öffentlichkeit zu protestieren, wird ihre Bewegung politisch. Die jungen Menschen fordern die Grundrechte der Demokratie ein und riskieren dabei ihre Freiheit.

„Ich glaube, dass die Welt sich verändern muss"

Janina Fautz im Interview mit Eric Leimann

Im ARD-Wendedrama „Die unheimliche Leichtigkeit der Revolution" nach dem gleichnamigen Sachbuch spielt Jungstar Janina Fautz eine junge Leipzigerin, die Ende der 80-er mit einer anarchischen Jugendgruppe die Wende initiiert. Parallelen zu „Fridays for Future" liegen für die 25-Jährige auf der Hand. […]

teleschau: Ihrem Film liegt ein Sachbuch zugrunde, das die Geschichte einer Gruppe junger Wenderevolutionäre[1] erzählt. Wie eng ist der Film am Buch dran?

Janina Fautz: Unsere Filmcharaktere wurden stark von dieser realen Leipziger Gruppe aus der Wendezeit inspiriert. Sie haben Merkmale und Eigenschaften einzelner Mitglieder. Es wurde jedoch keine Figur aus dem Buch eins zu eins übernommen. Alle, die am Film beteiligt waren, haben aber das Buch gelesen. Danach fallen einem schon viele Parallelen zwischen Realität und Fiktion auf.

teleschau: Zum Beispiel?

[1] Wenderevolutionäre: *Menschen, die durch friedlichen Protest eine gesellschaftliche Wende in der DDR herbeiführten*

Anderen aktiv zuhören

Janina Fautz: Es gab zum Beispiel jemanden in der Gruppe, der viel fotografierte. Er hat auch die Stasi als Überwacher auf Schritt und Tritt abgelichtet, sie quasi zurückfotografiert. Es waren wunderbar anarchische Aktionen und Ideen, auf die diese Gruppe gekommen ist. Einige von diesen Dingen wurden im Film verewigt. Es beeindruckt mich, was die Leute in der DDR geleistet haben.

teleschau: Sie sind nach der Wende im Westen geboren. Wie nah oder fern ist Ihnen diese ostdeutsche Protestbewegung von vor über 30 Jahren?

Janina Fautz: Das Thema war mir schon deshalb nicht völlig fern, weil ich im ZDF-Dreiteiler „Preis der Freiheit" eine ähnliche Figur gespielt habe. Eine junge Ost-Frau zur Wendezeit, die ebenfalls in einer Umweltgruppe aktiv war. Außerdem kenne ich privat Tim Eisenlohr, der damals Teil der Umweltbibliothek in Berlin war. Er hatte auch Kontakt zur Leipziger Gruppe, von der wir erzählen, und konnte mir bei der Vorbereitung auf beide Filme sehr helfen.

teleschau: Sie sind in einem ähnlichen Alter wie die Leipziger Protestler von damals. Heute gibt es die junge Bewegung „Fridays for Future". Sehen Sie Parallelen?

Janina Fautz: Ich sehe sowohl Parallelen als auch Unterschiede. Auch heute demonstrieren junge Leute in Deutschland für die Veränderung unseres Lebens, unserer Gesellschaft. Der Unterschied ist natürlich, dass wir heute in einer Demokratie leben. Wer jetzt in Deutschland friedlich demonstriert, bringt weder sich selbst noch seine Familie in Gefahr. Er oder sie verliert nicht den Job, auch werden einem Wege in die Zukunft, wie zum Beispiel eine gute Ausbildung, nicht verbaut. Wenn man es so betrachtet, haben die Menschen damals sehr viel mehr aufs Spiel gesetzt – was aber die Anliegen von heute nicht kleiner macht. Insgesamt beeindruckt es mich sehr, was die Leute damals in der DDR geleistet haben.

teleschau: Gibt es noch andere Unterschiede zu damals, die Ihnen fremd vorkommen?

Janina Fautz: Ich bin fasziniert von den Schwierigkeiten, die man damals hatte, wenn man sich vernetzen wollte. Heute leben wir in einer digitalen Welt. Sich zu vernetzen – ob lokal oder international – ist das Normalste, was es gibt. Es ist natürlich auch legal, zumindest in der demokratischen Welt. In der DDR musste man Ende der 80-er sehr kreativ werden, um seine Gedanken unter die Leute zu bringen, um zu Demonstrationen aufzurufen und letztendlich eine Bewegung ins Rollen zu bringen. Im Film geht es auch ein Stück weit um diese Fragen. Ich finde das gerade aus heutiger Sicht sehr faszinierend! Heute besteht die Schwierigkeit darin, gehört und ernst genommen zu werden.

teleschau: Also ist heute alles leichter?

Janina Fautz: Nicht unbedingt – heute besteht die Schwierigkeit darin, gehört und ernst genommen zu werden. Weil es den Leuten – noch – gut geht, ist die Veränderungsbereitschaft geringer, selbst wenn man die Welt vor die Wand fährt. Zudem gibt es heute so viele Möglichkeiten, sich abzulenken oder auf andere Themen anzuspringen, dass es schwieriger ist, Menschen für eigentlich notwendige gesellschaftliche Veränderungen zu gewinnen.

teleschau: Hat „Fridays for Future" bessere oder schlechtere Chancen, die Welt zu verändern, als die Wendebewegung in der DDR der späten 80-er?

Janina Fautz: Ich glaube, der Erfolg beider Gruppen schien am Anfang extrem unwahrscheinlich. Gerade die jüngeren Teilnehmer bei „Fridays for Future" müssen sich immer wieder anhören, dass ihr Protest doch eh nichts bringt, weil er die Welt nicht verändern wird und dass die Mächtigen und die träge Mehrheit der Bevölkerung am Ende doch beim Status quo bleiben werden. Hätten die wenigen Aktivisten in der damaligen DDR auf diese Meinung gehört, wäre die Wende so niemals passiert. Dass aus einer kleinen Bewegung eine große werden kann, die ein ganzes Land und die Welt verändert, hat die Zeit Ende der 80-er gezeigt. Ich finde, das sollte der heutigen Umweltbewegung Mut machen. Auch jetzt kann es irgendwann mal sehr schnell gehen, wenn wir über grundlegende Veränderungen sprechen, wie wir Menschen auf diesem Planeten leben.

teleschau: Sind Sie jemand, der die Welt verändern will?

Janina Fautz: Ich glaube, dass die Welt sich verändern muss, und versuche, dazu einen kleinen Beitrag zu leisten. Ich war natürlich schon auf Demos, auch auf einigen „Fridays for Future"-Demos und ich engagiere mich in Projekten, die mir am Herzen liegen. Zum Beispiel bin ich seit einigen Jahren Botschafterin für ein Kinderhospiz, für das ich Aufmerksamkeit erzeugen möchte. […]

b) Teilen Sie sich den Text untereinander auf und geben Sie den Inhalt der jeweiligen Passage mit eigenen Worten wieder.
c) Stimmen Sie den blau markierten Aussagen im Interview zu? Begründen Sie Ihre Meinung.

6 Über den Film wurde im Feuilleton der Frankfurter Allgemeinen Zeitung geschrieben.
a) Informieren Sie sich mithilfe der Info rechts, was ein Feuilleton ist.
b) Hören Sie sich den Artikel „An Mutbürgern zerbrechen Systeme" an. |WES-122907-005|
c) Tragen Sie zusammen, was an der Verfilmung des Sachbuches gelobt und was kritisiert wird.
d) Diskutieren Sie darüber, inwieweit das Feuilleton Ihre Entscheidung beeinflusst, den Film anzusehen.

Info

Feuilleton

Der Begriff Feuilleton stammt aus dem Französischen und heißt übersetzt (das unterhaltende) **Blättchen**. In vielen Tageszeitungen gibt es ein Feuilleton. Es ist der **literarisch-unterhaltende Teil einer Zeitung**, in dem der Leser sich zu aktuellen **literarischen und künstlerischen Themen** z. B. anhand von Rezensionen, Kritiken, Buchbesprechungen usw. informieren kann. Auch **ein Artikel** in diesem Teil bzw. Ressort der Zeitung wird als Feuilleton bezeichnet.

7 Sowohl Buch als auch Film erzählen die Geschichte von mutigen Menschen in der DDR.
a) Lesen Sie die nebenstehende Info zu den Montagsdemos in Leipzig.
b) Nehmen Sie Stellung zu der Aussage: „Wenn Menschen ihre Angst verlieren, können sie Unglaubliches bewegen."

Info

Montagsdemos in Leipzig

1989 gingen immer mehr **DDR-Bürger** als **friedliche Demonstranten** auf die Straße, um **ohne Gewalt für ihre Freiheit** zu kämpfen. An den folgenden Montagen kamen immer mehr Menschen nach Leipzig, bald waren es Zehntausende, am 9. Oktober 1989 Hunderttausende. Damit war das **Ende der DDR** (Deutsche Demokratische Republik) eingeläutet – durch eine friedliche Revolution.

Typische Kommunikationssituationen deuten

1 a) Betrachten Sie die unterschiedlichen Reaktionen in den beiden Denkblasen, die diese Aussage auslöst.
b) Sammeln Sie Ursachen, die Aussagen unterschiedlich wirken lassen.

2 Das Eisbergmodell zeigt den Unterschied zwischen der Sach- und der Beziehungsebene.
a) Besprechen Sie, was man unter einer Sach- und Beziehungsebene einer Äußerung versteht.
b) Ordnen Sie die Begriffe der Sach- bzw. Beziehungsebene zu.
c) Finden Sie Erklärungen dafür, weshalb die Sachebene oberhalb der Meeresoberfläche bzw. die Beziehungsebene unterhalb zu sehen ist.
d) Betrachten Sie das Größenverhältnis zwischen den Eisbergteilen. Stellen Sie Vermutungen an, was das für die Kommunikation bedeutet.

3 Versetzen Sie sich in diese Situation im Klassenzimmer. Begründen Sie, welche Aussagen auf der Sach- und welche auf der Beziehungsebene geäußert werden.

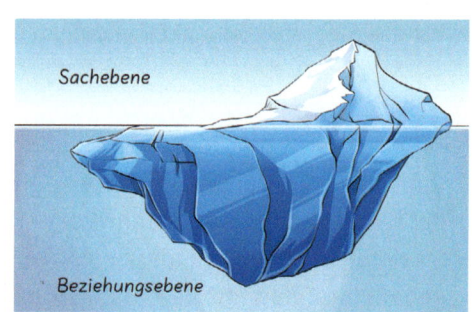

Gefühle • Bedürfnisse • Erfahrungen • Inhalt der Aussage • Fakten • Wünsche • Zahlen

Anderen aktiv zuhören

4 Formulieren Sie zu folgenden Aussagen Sätze, die unterschiedliche Reaktionen zeigen.

- Ist noch Kaffee da?
- Ist die Stunde bald vorbei?
- Was war noch einmal als Hausaufgabe auf?
- Du stehst im Weg!

5 a) Gehen Sie in Vierergruppen zusammen.
b) Legen Sie innerhalb der Gruppe zwei Spieler und zwei Beobachter fest.
c) Bereiten Sie sich kurz auf Ihre Aufgabe vor. Lesen Sie dazu die Rollenkärtchen.

Rollenkarte: Spieler
Sie erhalten den Auftrag, ein gemeinsames Teamreferat über Sternschnuppen zu halten. Stimmen Sie sich ab, wer welche Aufgaben übernimmt.

Rollenkarte: Beobachter
Ihre Aufgabe ist es zu beobachten, wie die Spieler miteinander kommunizieren. Achten Sie dabei auf Mimik, Gestik, Tonfall, Sprechtempo und ob auf der Sach- oder der Beziehungsebene kommuniziert wird.

d) Führen Sie das kleine Rollenspiel durch.
e) Starten Sie eine Feedbackrunde nach folgendem Schema:

Feedbackbogen

1. **Selbsteinschätzung der Spieler:**
   - Was wollte ich mit meinen Aussagen erreichen?
   - Welche Teile meiner Kommunikation fanden auf der Sachebene, welche auf der Beziehungsebene statt?

2. **Spieler beurteilen sich gegenseitig:**
   - Was ist bei mir angekommen?
   - Was empfand ich als sachlich, was als persönlich?

3. **Beobachter geben Feedback:**
   - … das wurde meiner Meinung nach auf der Sachebene kommuniziert.
   - … das wurde auf der Beziehungsebene kommuniziert.
   - Welche Reaktionen wurden durch Mimik/Gestik/Tonfall verursacht?

4. **Teamaufgabe:**
   - Wie hätte das Gespräch besser verlaufen können?

Anderen aktiv zuhören ▸

Man kann nicht nicht kommunizieren!

1 Besprechen Sie, was mit dem Satz „Man kann nicht nicht kommunizieren!" gemeint sein könnte.

2 Lesen Sie die Kurzgeschichte „Untergrundarbeit" von Lars Krüsand.

Untergrundarbeit
Von Lars Krüsand

Eigentlich war er ganz gut angekommen in der neuen Schule. Seine Eltern hatten jetzt mehr Zeit für die Familie – und so musste er nicht mehr aufs Internat. Hatte sicher Vorteile – aber es war auch schön, ein
5 bisschen mehr unter „Normalos" zu verkehren. So hatten seine Mitschüler Leute genannt, die nicht das Geld hatten, ihre Kinder auf ein Internat zu schicken.
Er war wirklich gut angekommen – hatte aber das
10 Gefühl, dass die Klasse immer noch nicht so richtig wusste, woran sie bei ihm waren.
Das hatte sich heute wahrscheinlich geändert.
Ihr Deutschlehrer, Dr. Guttermann, war anscheinend krank, jedenfalls ging die Tür auf und es kam
15 jemand rein, den er noch nie gesehen hatte. Ziemlich strenger Gesichtsausdruck, sogar etwas Lauerndes schien drin zu liegen. Dann gleich nach der knappen Begrüßung die klare Ansage: „Leute, ich werde für die Stunde bezahlt, also sollten wir auch
20 vernünftig arbeiten." Was die Bezahlung des Lehrers mit ihrem vernünftigen Arbeiten zu tun hatte, leuchtete ihm nicht so richtig ein. Aber er war gespannt, was noch kam.
Der Vertretungslehrer schrieb erst mal den Begriff
25 „Rhetorik[1]" an die Tafel und schaute erwartungsvoll in die Runde. Sollte wohl moderne Pädagogik sein – die Schüler auf alles selbst kommen lassen.
Weil aber niemand auf irgendwas kam, musste der Lehrer wohl sein Konzept umstellen. Die Augen
30 wanderten suchend durch den Raum und fanden ein Ziel – dummerweise gerade ihn, der gerade mit seinem Smartphone zugange war.

Zwar unter der Bank – aber wohl für diesen Blick nicht tief genug.
Noch im ersten Schrecken hörte er die Worte: „Sag 35
mal, du da mit der Brille und dem weißen T-Shirt ..."
So was wäre im Internat unmöglich gewesen. Hatte vielleicht doch Vorteile, wenn die Eltern Geld hatten und sich auch Anwälte leisten konnten.
Er versuchte es erst mal auf die freundliche Tour: 40
„Ich heiße Jan, wenn Ihnen das hilft."
Der Lehrer zuckte einen Augenblick, dann hatte er sich gefangen und griff in seine Reaktionskiste: „Das ist ja wohl superdreist. Erst mit dem Handy rumspielen und dann noch freche Antworten geben." 45
Das mit dem „rumspielen" ging ja noch, aber „superdreist" und „frech" waren deutlich jenseits der roten Linie. Also hieß es, einen Zahn zuzulegen, wozu hatten seine Eltern einen guten Rechtsanwalt: „Wieso ist das frech, wenn ich Ihnen ein bisschen 50
auf die Sprünge helfe?"

---
[1] Rhetorik: *Lehre von der wirkungsvollen Gestaltung öffentlicher Reden (Redekunst)*

Das war nahe am Knockout. Möglicherweise hatte dieser Lehrer kein besonders gutes Examen gemacht und da eine Schwachstelle. Aber er versuchte es erst mal auf die halb-sachliche Art: „Wird ja immer besser – du willst also andeuten, dass ich zu dumm wäre, um hier den Unterricht zu machen?"

Jetzt hieß es aufpassen – „dumm" war eine Beleidigung und verschlechterte die Prozessaussichten: Also lieber etwas in die Defensive gehen: „Da fehlt mir die Fachkompetenz, um das zu entscheiden. Was ich aber gut weiß, ist, dass ich Jan heiße."

Dem Lehrer erschien das als gute Gelegenheit, nun endlich weiterzukommen: „Also ich warne dich, keine weiteren dummen Sprüche mehr. Also, was hast du da eben unter der Bank gemacht?"

Die Vorlage war zu schön, also ein bisschen mit Sprache spielen: „Machen Sie sich keine Sorgen, hier läuft keine Untergrundarbeit. Oder vielleicht doch?"

Man sah dem Lehrer an, dass er das nicht so ganz verstanden hatte – konnte er eigentlich auch nicht. Also kam etwas, was sie immer als „Null-Aussage" bezeichnet hatten. Irgendwas sagen, damit die Kommunikation nicht bei einem selbst hängen bleibt: „Wird ja immer besser."

Das gab Jan die Möglichkeit, Kooperationsbereitschaft zu zeigen: „Das sagten Sie schon … Freut mich übrigens, dass Ihnen meine Beiträge gefallen."

Darauf kam sofort wieder eine Null-Aussage: „Du bist ja wirklich ein ganz außergewöhnlicher Spaßvogel …"

Das schien Jan eine gute Gelegenheit zu sein, ein bisschen Wissen rauszuhauen: „Das sagt Dr. Guttermann auch – nur wies er uns dabei drauf hin, dass ‚witzig' was mit geistreich zu tun hat."

Wieder so ein Treffer im geistigen Niemandsland. Von der Zeit des Barock und der Aufklärung hatte dieser Mann wohl noch nie etwas gehört. Ob er überhaupt Deutsch unterrichtete?

Was jetzt kam, war wieder so eine unglückliche Kombination aus Friedensangebot und Kriegserklärung: „Na, euer Deutschlehrer scheint euch ja wirklich was beizubringen. Aber zurück zu deinem Bombenbau unter dem Tisch."

Hier musste er jetzt ein bisschen überlegen: „Bombenbau"? Was meinte der Mann? Da fiel ihm die Sache mit der Untergrundarbeit wieder ein. „Sehr witzig – ist übrigens ironisch gemeint, damit es keine weiteren Missverständnisse gibt. Ich sprach übrigens von ‚Untergrundarbeit' und – tja, das war mein einziger Fehler: Ich hätte ‚Unterbankarbeit' sagen müssen."

Auf der Gegenseite jetzt die volle Irritation: „Du willst doch nicht etwa allen Ernstes behaupten, dass du unter der Bank gearbeitet hast?"

Jetzt fiel Jan sein letzter Besuch beim Orthopäden ein, das konnte er gut einbauen: „Na ja, unter der Bank nicht direkt – das wäre für meinen Rücken nicht so gut, aber gearbeitet wurde tatsächlich unter der Bank – allerdings von meinem Handy."

Der Gegner zeigte sein strahlendstes Gesicht und griff schon in Gedanken zum Klassenbuch: „Du gibst also zu, dass du im Unterricht mit deinem Handy zugange warst – du wirst es dir also wohl beim Direktor abholen müssen."

Jan versuchte es mit einem Maximum an Reduktion auf das Wesentliche: „Wäre nicht so gut, denn dann könnte ich es nicht mehr benutzen."

Die Gegenseite griff erst mal wieder in den Bausteinkasten für durchsetzungsbereite Pädagogen: „Nicht schon wieder solche Dreistigkeiten, du weißt genau, was ich meine. Du sollst durch dein Handy nicht abgelenkt werden."

Anderen aktiv zuhören

Das war die Gelegenheit zum Gegenschlag: „Das Einzige, was mich vom Unterricht ablenkt, sind Sie." Der Mann geriet langsam außer sich, fasste sich dann aber schnell wieder: „Ich fasse es nicht – also gut: Eine letzte Chance: Was hast du da unter der Bank gemacht – oder gut – was hat dein Handy unter der Bank gemacht?"

Jetzt war es an der Zeit, mit der einfachen Wahrheit rauszurücken: „Ich habe mal eben geschaut, was es mit dieser verdammten Rhetorik auf sich hat, die es gewagt hat, sich mir bisher in meinem Leben noch nicht vorzustellen."

Er wusste, das war jetzt ein bisschen steil formuliert – aber wozu hatten sie so etwas im Internet immer wieder in der Kommunikations-AG geübt?

Der Lehrer versuchte es mit einfachem Nachfragen: „Was hast du gemacht? Wer hat sich nicht vorgestellt?"

Also gab man am besten auch eine ganz einfache Antwort: „Ganz ruhig – wir klären das schon. Das Geheimnis heißt ‚Google' und da gibt man so ein Wort wie Rhetorik ein, wenn man es noch nicht kennt – und dann ist man schlauer, übrigens ganz ohne Lehrer."

Die Gegenseite war offensichtlich müde und nahm den Affront am Ende gar nicht erst auf: „Na schön, und was ist dabei herausgekommen?"

Auf den Moment hatte Jan sich die ganze Zeit gefreut: „Ich lese Ihnen mal vor, was ich in einem Online-Magazin gefunden habe: ‚Schule heute: Vorn hat ein Lehrer hektische Flecken und erzählt monoton was, hinten werden alle immer schläfriger – muss Unterricht so trostlos sein? Usw.'"

Erstaunlicherweise schien das dem Lehrer zu gefallen, jedenfalls hatte er den Ausgangspunkt des Ärgers anscheinend vergessen: „So was steht im Internet? Na ja, grundsätzlich ist das ja richtig – langweilig soll es nun wirklich nicht im Unterricht sein."

Jetzt allerdings machte Jan einen Fehler: „Sehen Sie – und ich und mein Handy haben sehr dazu beigetragen!"

Und so kam, was kommen konnte: „Ja, Jan, du hast mich überzeugt. Du darfst jetzt deinen Stuhl nehmen, dich in den Flur setzen und in 10 Minuten trägst du uns vor, was das Online-Magazin an Vorschlägen zur Verhinderung von Trostlosigkeit zu bieten hat."

Jan beschloss, das als Friedensangebot und Zeichen von Kooperationsbereitschaft auch mit Schülern zu nehmen, nahm seinen Stuhl, stellte ihn draußen vor die geschlossene Tür und ließ sich auf dem Weg zum Kaffeeautomaten den Text des Artikels vom Handy vorlesen. Ihm würde schon was einfallen, was er gleich erzählen konnte.

3 a) Geben Sie den Inhalt der Geschichte mit eigenen Worten wieder. Begründen Sie, warum sie den Titel „Untergrundarbeit" trägt.

b) Markieren Sie in einer Textkopie die Sprechbeiträge des Lehrers und von Jan jeweils in unterschiedlichen Farben.

c) Tauschen Sie sich darüber aus, was das Besondere an der Kommunikation zwischen den beiden ist.

Anderen aktiv zuhören

> Man kann nicht nicht kommunizieren, denn jede Kommunkation (nicht nur mit Worten) ist Verhalten und genau wie man sich nicht nicht verhalten kann, kann man nicht nicht kommunizieren.

Info

Die fünf Axiome von Watzlawick

Der Österreicher **Paul Watzlawick** (1921–2007) war u. a. Kommunikationswissenschaftler. Er stellte fünf Grundregeln (Axiome) auf, nach denen menschliche Kommunikation abläuft:

1. Man kann nicht nicht kommunizieren: Nicht nur durch das gesprochene Wort teilen wir etwas mit, sondern auch nonverbal z. B. durch Mimik, Körpersprache und Gestik.

2. Jede Kommunikation hat einen Inhalts- und einen Beziehungsaspekt: Zum einen werden bei einem Gespräch Informationen vermittelt, zum anderen kommt es auch darauf an, wie diese vom Empfänger aufgefasst werden. Die (momentane) Beziehung der Gesprächspartner zueinander spielt hierbei eine Rolle.

3. Kommunikation ist immer Ursache und Wirkung: Bei jeder Kommunikation entsteht eine Verhaltenskette – auf jede Äußerung (verbal oder nonverbal) folgt eine Reaktion.

4. Menschliche Kommunikation bedient sich „analoger" und „digitaler" Modalitäten: *Digitale Modalität* betrifft den Inhalt eines Gesprächs. Er ist klar und bietet kaum Interpretationsspielraum. *Die analoge Modalität* betrifft Mimik und Gestik. Man weiß z. B. manchmal nicht, wie man die Mimik seines Gesprächspartners deuten soll. Es gibt einen Interpretationsspielraum.

5. Kommunikation ist symmetrisch oder komplementär. Die Gesprächspartner können auf Augenhöhe kommunizieren wie z. B. bei Freunden. Hierbei stehen ihre Gemeinsamkeiten im Vordergrund (symmetrische Kommunikation). Oder sie kommunizieren nicht auf Augenhöhe. Bei den Gesprächspartnern entsteht eine Hierarchie, z. B. wie bei einem Gespräch zwischen einem Chef und seinem Mitarbeiter (komplementäre Kommunikation).

4
a) Lesen Sie die Aussage von Paul Watzlawick in der Sprechblase und beschäftigen Sie sich genauer mit dem von ihm entwickelten Kommunikationsmodell. Lesen Sie zunächst die Info.
b) Lesen Sie noch einmal die Kurzgeschichte auf S. 24–26.
c) Suchen Sie in Partnerarbeit Textbeispiele, die zu den in der Info beschriebenen Axiomen von Watzlawick passen. Begründen Sie Ihre Zuordnung jeweils.

5
a) Sehen Sie sich die Unterrichtssituation im Bild unten an.
b) Ordnen Sie die dargestellte Situation einem Axiom von Watzlawick zu. Begründen Sie Ihre Auswahl.
c) Überlegen Sie gemeinsam, wie die Kommunikation, die im Bild dargestellt ist, wieder ins Positive gelenkt werden kann.

1.1 Komplexere Kommunikationsprozesse und Interaktionen nach selbständiger Analyse (auch auf der Grundlage von Kommunikationsmodellen, z. B. Axiome von Watzlawick) bewerten

Zu und vor anderen sprechen

Schule der Zukunft – Eine Präsentation materialgestützt ausarbeiten

In diesem Kapitel lernen Sie,
– Themen, Texte und Projektergebnisse je nach Situation manuskriptgestützt oder frei zu präsentieren,
– Ergebnisse inhaltlich und sprachlich bewusst unter Einbindung geeigneter Medien zu gestalten sowie wichtige Aspekte zu visualisieren,
– auch Gestik, Mimik und Körpersprache zu nutzen, um andere zu informieren oder an diese zu appellieren.

1 Betrachten Sie die Bilder und tauschen Sie sich darüber aus, wie Sie sich die Schule der Zukunft in 10, 50 und 100 Jahren vorstellen.

2 a) Tragen Sie mithilfe Ihrer Erfahrungen Tipps zusammen, wie man bei der Vorbereitung eines Referates vorgeht.
b) Halten Sie die Vorgehensweise in einem Hefteintrag fest.

Material sammeln und auswerten

1 Bei der Recherche zum Thema Schule der Zukunft hat Max folgende Artikel gefunden.
   a) Lesen Sie die Materialien 1 und 2.

Material 1

Sieben Ideen für die Schule der Zukunft

Der aktuelle Stundenplan eines durchschnittlichen Gymnasiums unterscheidet sich nicht wesentlich von dem vor 100 Jahren. Wie wäre es, wenn der Unterricht anders wäre, mit praxisbezogenen Lernformaten und modularen Klassenräumen? Eine Schulutopie

Von Olivera Stajić

In einer hochautomatisierten Zukunft, in der Maschinen und künstliche Intelligenz viele Arbeiten übernehmen – welchen Wert schafft da noch der Mensch? Es ist unsere Fähigkeit, kreative Ideen zu entwickeln und soziale Beziehungen zu pflegen, die den Unterschied machen wird. Zur Hauptaufgabe einer Schule der Zukunft wird es also, diese Talente zu fördern und den verantwortungsvollen Umgang mit Technologien zu lehren.
Damit aus neugierigen Kindern selbstbewusste Erwachsene in einer immer komplexeren und technologisierten Welt werden, bedarf es auch einer Transformation des Bildungssystems. Sieben Ideen dazu, wie ein Unterricht aussehen könnte, der zukunftsfitte Jugendliche ausbildet.

Fächerlos: Deutsch, Mathematik, Biologie, Leibesübungen – der Stundenplan eines durchschnittlichen Gymnasiums unterscheidet sich heute nicht wesentlich von dem von vor 100 Jahren. Das Konzept der Fächer ist im Prinzip veraltet; von allen Seiten erschallen Rufe nach neuen Gegenständen oder nach der völligen Auflösung der „Fachlogik". Anstelle von Fächern würden Module und Projekte treten, die Wissen interdisziplinär vermitteln.

Ausgeschlafen: Studien belegen, dass es für die meisten Kinder und Jugendlichen ungesund und eine Qual ist, um acht Uhr oder noch früher in der Klasse zu sitzen und konzentriert am Unterricht teilzunehmen. In Zukunft gibt es keine Argumente mehr für den frühen Beginn: Dem Zwang der Stechuhr sind schon jetzt die wenigsten Eltern unterworfen. Wir stehen gewohnheitsmäßig früh auf und unsere Kinder mit uns.

Glücklich: An einigen Hundert Schulen in Österreich, Deutschland und den Niederlanden steht seit Jahren das Fach Glück auf dem Stundenplan. Zur Glücksbildung gehören mentales Training, Bewegung oder auch das Lernen über gesunde Ernährung. Derzeit ist das noch ein Wahlfach, in Zukunft wird es ein wesentlicher Teil des Unterrichts sein, zur Prävention von Krankheiten, zum

Stressabbau und zur **Achtsamkeit** beitragen und bereits bei den Jüngsten die Bausteine für ein gesundes Leben legen.

Lebensnah: Gelernt wird durch Erleben und Erfahren. Die digitalen Technologien sind ohnehin längst Alltag für Kinder; und die Frage nach ihrem Einsatz im Unterricht stellt sich nicht mehr. Die Lehr- und Lernformate werden sich also grundlegend verändern. Die Lehrkraft ist nicht nur Experte oder Expertin in einem Fach, er oder sie leitet die Schülerinnen und Schüler auch beim Sammeln und Interpretieren der Informationen an. Im Modul „Ernährung" etwa lernen Schüler alles über chemische Prozesse, Klimaschutz und Gesundheit.

Luftig: Die Architektur wird sich der neuen Art des Lernens anpassen. Die Schulgebäude sehen dann nicht mehr aus wie Ämter: Flexible Räume, die nach Bedarf umgebaut und gestaltet werden, lösen kleine Klassenräume ab. Einen großen Teil der Schulzeit verbringen die Kinder in der Natur.

Notenlos: Schülerinnen und Schüler werden in kleineren Gruppen lernen, die stärker nach Interessen als nach Altersstufen eingeteilt sind. Weil die Gruppen übersichtlich groß sind, kann die Lehrerin oder der Lehrer den Lernfortschritt genauer und individuell beobachten und gezielter Feedback geben. Noten im herkömmlichen Sinn sind nicht mehr notwendig.

Gerecht: Stufenlose Schulen und die Abschaffung der unterschiedlichen Schultypen werden für mehr Bildungsgerechtigkeit und Chancengleichheit sorgen. Die soziale Durchmischung in Schulen wird gezielt gefördert. Die Interessen der Schülerinnen und Schüler und individuelle Förderung bestimmen den Bildungserfolg – und nicht, wie derzeit, der soziale Status und der Bildungsgrad der Eltern.

Material 2

Die Schule der Zukunft:
Möglichkeiten und Umsetzung moderner Schulmodelle

Von Sylke Kilian

Die Grundschulzeit geht schnell vorbei und ehe man sich's versieht, steht beim Nachwuchs der Wechsel auf eine weiterführende Schule an. Das ist ein weiterer großer Schritt im Leben eines Kindes, der die Weichen für seine berufliche Zukunft stellt. Umso größer ist das Interesse der Eltern, ihre Kinder auf diesem Weg bestmöglich zu unterstützen.

Dafür greifen sie auch gerne auf ihre Erfahrungen aus der eigenen Schulzeit zurück. Allerdings befindet sich das Schulwesen im Wandel: Unterricht, wie die heutige Elterngeneration ihn noch erlebt hat, wird es zukünftig nicht mehr geben. Da ist es wichtig zu wissen, wie der Schulalltag in Zukunft aussieht – um das eigene Kind bestmöglich darin unterstützen zu können.

Erweitertes Aufgabengebiet der Schulen heute

Die Hauptaufgabe der weiterführenden Schulen besteht auch heute noch darin, die Schüler auf den späteren Beruf vorzubereiten und ihnen dafür die nötige Allgemeinbildung mit auf den Weg zu geben. Allerdings ändert sich zunehmend die Art und Weise, wie das geschieht. Denn die Anforderungen, welche an Schulabgänger heutzutage gestellt werden, um im Beruf erfolgreich zu sein beziehungsweise überhaupt eine Chance auf dem Arbeitsmarkt zu haben, wandeln sich stark.

Deshalb reichen die klassischen Schulfächer längst nicht mehr aus. Sie stellen zwar nach wie vor eine wichtige Grundlage dar, aber durch die fortschreitende Digitalisierung wird zusätzlich die Forderung nach Medienkompetenzen immer lauter.

Doch die gute Nachricht zuerst: Prinzipiell haben jene Generationen, welche sich aktuell noch im Schulalter befinden, hervorragende Zukunftsaussichten, wenn es um ihre Karriere geht. Denn auf dem deutschen Arbeitsmarkt macht sich in immer mehr Branchen ein Fachkräftemangel breit, sprich, es wird zunehmend einfacher, einen Job zu finden – und die Konditionen verbessern sich ebenfalls.

Dennoch sieht der „perfekte" Arbeitnehmer von morgen anders aus als noch heutzutage oder vor wenigen Jahren. Das wichtige Stichwort an dieser Stelle ist bereits gefallen: Medienkompetenzen.

Medienkompetenz als Kernfähigkeit der Zukunft

In Unternehmen ist die Digitalisierung nämlich nicht mehr aufzuhalten. In beinahe allen Berufen wird direkt oder indirekt mit digitalen Medien gearbeitet.

- Ein versierter Umgang mit digitalen Medien,
- das Beherrschen von Grundkompetenzen,
- das schnelle Einarbeiten in neue Software

– diese und weitere Fähigkeiten müssen Mitarbeiter daher mitbringen, um für den Arbeitgeber „wertvoll" zu sein. Wer also heutzutage nicht mit digitalen Medien umgehen kann, steht auf dem Arbeitsmarkt vor großen Hindernissen. Aber die Ausbildung sowie Förderung von Medienkompetenzen in der Schule ist auch deshalb wichtig, weil die Kinder sowie Jugendlichen heutzutage unweigerlich mit solchen Medien in Berührung kommen, und zwar nicht nur im Beruf, sondern auch im Privatleben. Nur wenn ihnen der „richtige" Umgang mit Smartphone, Internet & Co beigebracht wird, können sie sich auch vor eventuellen Risiken schützen.

Außerdem sind es neben den Medien- noch weitere Kompetenzen, welche auf dem Arbeitsmarkt immer wichtiger werden – und die dementsprechend in der Schule gelehrt werden müssen. Dabei handelt es sich um die sogenannten „Soft Skills", zu welchen beispielsweise folgende Fähigkeiten gehören:

- Kommunikations- und Teamfähigkeit
- Selbstvertrauen sowie -reflexion
- Empathie und emotionale Intelligenz
- Belastbarkeit sowie Stressresistenz
- u. v. m.

Und zuletzt verändern sich auch bei den klassischen Schulfächern die Prioritäten. Während beispielsweise Fremdsprachen im Zuge der Glo-

Zu und vor anderen sprechen

balisierung zunehmend an Bedeutung gewinnen, werden Fächer wie Kunstgeschichte oder Schwimmunterricht vermutlich irgendwann nicht mehr an sämtlichen Schulen angeboten. Die Frage, welche sich angesichts dieser Entwicklungen stellt, lautet: Inwiefern werden Schulen diesen Anforderungen heute schon gerecht?

Schulen in der Übergangsphase zwischen Tradition und Moderne

Die Antwort muss differenziert betrachtet werden. Denn je nach Land gibt es große Unterschiede und ebenso zwischen einzelnen Schulen. Prinzipiell ist es so, dass die meisten Schulen noch mitten in der Übergangsphase zu einem moderneren Schulmodell stecken. Nur wenige sind schon weitestgehend auf dem neuesten Stand.

Als Vorreiter gelten zum Beispiel Dänemark und die Niederlande, aber auch die Nachbarländer Österreich sowie Schweiz. Hier gilt die Digitalisierung als relativ weit fortgeschritten, was einerseits die technische Ausstattung der Schulen sowie die Schulmodelle im Allgemeinen betrifft, andererseits aber auch die Medienkompetenzen der Schülerinnen und Schüler.

Deutschland präsentiert sich im internationalen Vergleich hingegen weit unter dem Durchschnitt und sei „abgehängt", wie immer wieder behauptet wird.

Dass Deutschland tatsächlich hinterherhinkt, wenn es um das Thema der Digitalisierung geht, wurde in den vergangenen Jahren durch mehrere Studien bewiesen. Der Digitalpakt soll diese Situation ändern. Dafür werden Milliardensummen investiert, die vor allem dem technischen Ausbau der deutschen Schulen dienen sollen.

Allerdings braucht es auch ein pädagogisches Konzept, sprich, die Lehrer müssen entsprechend aus- oder fortgebildet werden sowie natürlich selbst über die so wichtigen Medienkompetenzen verfügen. Diesbezüglich ist in Deutschland ebenfalls noch vielerorts ein Mangel festzustellen.

b) Tauschen Sie sich darüber aus, welches Material Sie für geeigneter halten, um Informationen für das Referat zu gewinnen. Begründen Sie Ihre Meinung.

2 a) Markieren Sie auf Textkopien in den Materialen 1 und 2 weitere Informationen, die hilfreich für das Referat sein können.
b) Recherchieren Sie nach zusätzlichen passenden Materialien.
c) Fertigen Sie mithilfe Ihrer gewonnenen Informationen einen Stichwortzettel an, den man für ein Referat zum Thema nutzen könnte.
d) Vergleichen Sie Ihre Notizen.

Den Vortrag mithilfe eines Präsentationsprogrammes planen

1 Um die Ergebnisse besser zu visualisieren, möchte Max das Referat mithilfe eines Präsentationsprogrammes halten.
   a) Sprechen Sie in der Klasse über Ihre Erfahrungen mit Präsentationsprogrammen.
   b) Sehen Sie sich die Entwürfe von Max für einzelne Folien genau an.
   c) Tauschen Sie sich darüber aus, was Sie als gelungen bzw. nicht gelungen finden. Lesen Sie dazu auch die Tipps.
   d) Machen Sie Verbesserungsvorschläge für einzelne Folien

Tipp

Präsentationsprogramme nutzen

Außer Texten und Bildern können auch Videos oder Audios eingebunden werden. Bei der äußeren Gestaltung von Folien sollte man einige Formalia beachten.

- Verwenden Sie eine neutrale Schriftart. Das gibt ein einheitliches Bild.
- Wählen Sie eine Schriftgröße, die man auch von weiter weg mühelos lesen kann.
- Wählen Sie einen neutralen Hintergrund, von dem sich die Schrift gut absetzt.
- Schreiben Sie Stichpunkte anstatt ganzer Sätze.
- Achten Sie auf die korrekte Schreibweise.
- Jede Folie sollte eine Überschrift haben.
- Gehen Sie mit Formatierungen wie Fett- oder Kursivdruck und Farben sparsam um.

Die Schuhle der Zukunvt
- Untericht, wie in unsre Eltern noch erlebt hat, wird es zukünvtig nicht mehr geben. Es ist wihtig zu wissen, wie der Schulalltag in Zukunvt aussieht, um die Kinder bestmöglichst im lernen unterstüzen zu können.
- Die klassichen Schulfächer reichen längst nicht mehr aus. Sie stellen zwar nach wie vohr eine wichtige Grundlage dar, aber Kinder müssen den Umgang mit den neuen Mädien lernen.
- Das Problem: Deutschland hinkt im Vergleich zu anderen Ländern in der modernen Ausstattung der Schulen weit zurück. Außerdem müssten auch die Leerer besser gebildet werden. Ziel muss es

Schule der Zukunft
- neue Medien
- im Lernen unterstützen
- Fremdsprachen
- Talente
- verantwortungsvoller Umgang mit neuen Technologien

2 Diskutieren Sie in der Klasse, ob es bei Referaten immer sinnvoll ist, ein Präsentationsprogramm zu nutzen.

Zu und vor anderen sprechen

Das Referat mithilfe eines Präsentationsprogrammes professionell halten

1 Bei einem Referat kommt es nicht nur auf den Inhalt an – auch das Präsentieren spielt eine wichtige Rolle. Betrachten Sie die Bilder.

2 Tragen Sie anhand der Bilder und Ihrer Erfahrungen zusammen, worauf beim Referieren mithilfe eines Präsentationsprogrammes besonders geachtet werden muss.

1.2 Themen, Texte und Projektergebnisse je nach Situation manuskriptgestützt oder frei präsentieren, wichtige Aspekte visualisieren, auch non- und paraverbale Aspekte des Sprechens nutzen

Rückmeldung zum Referat geben

1. Gehen Sie in Kleingruppen zusammen und erstellen Sie einen Feedbackbogen, in dem die für Sie wichtigen Kriterien für das Halten von Referaten festgehalten werden. Orientieren Sie sich dazu am Feedbackbogen unten und nutzen Sie auch Ihre Ergebnisse von S. 33–34.

2. Vergleichen Sie Ihr Gruppenergebnis mit dem anderer Kleingruppen.

3. Einigen Sie sich in der Klasse auf einen Feedbackbogen, den Sie nutzen möchten.

4. Bereiten Sie Ihr eigenes Referat zum Thema Schule der Zukunft vor. Orientieren Sie sich an Ihrem Feedbackbogen, um sich zu vergewissern, worauf Sie achten müssen.

5. Fassen Sie gemeinsam die wesentlichen Inhalte der gehörten Referate zusammen: Wie wird die Schule in Zukunft sein?

6. Schreiben Sie einen Appell an die Schulleitung, aus dem deutlich hervorgeht, was sich Ihrer Meinung nach am System Schule sowie an Ihrer Schule verändern muss, um fit für die Zukunft zu sein.

Feedbackbogen

Vortrag von: _____

Thema: _____

	Bewertung			
	++	+	-	--
Inhalt – gute Reihenfolge – verständlich erklärt – …				
Vortragsweise – laut und deutlich gesprochen – …				
Einsatz des Präsentationsprogrammes – Aufbau der Präsentationsfolie – gut leserlich – …				

Zu und vor anderen sprechen

Rucksack auf und ab in die weite Welt?!

Einmal im Jahr solltest du einen Ort besuchen, an dem du noch nie warst.
Dalai Lama

Das Reisen lehrt Toleranz.
Benjamin Disraeli

Die gefährlichste aller Weltanschauungen ist die Weltanschauung der Leute, welche die Welt nicht angeschaut haben.
Alexander von Humboldt

Reisen veredelt den Geist und räumt mit unseren Vorurteilen auf.
Oscar Wilde

Die größte Sehenswürdigkeit, die es gibt, ist die Welt – sieh sie dir an.
Kurt Tucholsky

1 Aus welchen Gründen sollte man reisen? Beziehen Sie in Ihre Überlegungen die Zitate sowie persönliche Gründe mit ein.

2 a) Gehen Sie in Kleingruppen zusammen.
b) Jede Gruppe bearbeitet einen Auftrag, so wie auf der Aufgabenkarte auf der nächsten Seite beschrieben.

3 Präsentieren Sie Ihre Gruppenergebnisse.

4 a) Planen Sie in Kleingruppen eine gemeinsame Klassenreise nach dem Abschluss.
b) Beziehen Sie in Ihre Planung die Ergebnisse der Präsentationen mit ein und achten Sie darauf, dass ihre Reise nachhaltig ist.
c) Entwerfen Sie in Gruppen einen Appell, dass Ihre Reise stattfinden soll.
d) Proben Sie in der Kleingruppe den Vortrag Ihres Appells. Achten Sie dabei besonders auf die Stimmführung, auf die direkte Ansprache der Zuhörer, auf Mimik und Gestik. Entwickeln Sie dazu einen Bewertungsbogen.

5 Tragen Sie Ihre Appelle vor.

6 Bewerten Sie die Tabelle nach Ihrem Bewertungsbogen aus Aufgabe 4 d).

7 Tauschen Sie sich in der Klasse darüber aus, welches Reiseziel für Ihre Klassenfahrt nun infrage kommt. Begründen Sie Ihre Meinungen.

Gruppe 1: Reisen, Transportmittel und CO₂-Ausstoß

- Sammeln Sie alle Transportmittel, die für Sie zum Reisen infrage kommen.
- Erstellen Sie eine Tabelle mit den von Ihnen gesammelten Transportmitteln.

	Fahrrad	*Flugzeug*	...	...
Reisekosten				
Reisedauer				
CO$_2$-Bilanz				
Komfort				

- Legen Sie ein Reiseziel fest (z. B. Hamburg, Gardasee).
- Recherchieren Sie im Internet nach Reisekosten, Reisedauer, CO_2-Ausstoß und Komfort bei der Benutzung der Transportmittel.
- Erstellen Sie ein Diagramm, aus dem Ihre Rechercheergebnisse ablesbar sind.
- Nutzen Sie dieses Diagramm zur Präsentation der Ergebnisse vor der Klasse.

Gruppe 2: Nachhaltige Tourismusangebote

- Überlegen Sie gemeinsam, welche Eigenschaften ein Tourismusangebot (Aktivitäten, Unterkunft oder Verpflegung) haben muss, damit es klima- und umweltfreundlich ist. Tragen Sie Stichworte dazu in die Tabelle unten ein.

	klima- und umweltfreundlich
Aktivitäten vor Ort	
Unterkunft	
Verpflegung in der Unterkunft	
Zimmerservice	

- Recherchieren Sie im Internet nach Umweltlabels für Tourismusangebote.
- Erstellen Sie eine digitale Präsentation der fünf für Sie ansprechendsten Umweltlabels.
- Nutzen Sie diese Präsentation zur Vorstellung der Ergebnisse vor der Klasse.

Gruppe 3: Wie stark beeinflusst das Reisen den Klimawandel?

- Recherchieren Sie im Internet:
  - Wie hoch sind die CO_2-Emissionen des globalen Tourismus?
  - Wo entstehen beim Reisen die größten CO_2-Emissionen?
  - Wieso sind die Emissionen einiger Länder so viel höher als anderer Länder?
  - Wie werden sich die CO_2-Emissionen des Tourismus in Zukunft entwickeln?
- Erstellen Sie ein Schaubild, aus dem die Ergebnisse Ihrer Recherche hervorgehen.
- Nutzen Sie dieses Schaubild zur Präsentation Ihrer Ergebnisse vor der Klasse.

Mit anderen sprechen

Killerphrasen vermeiden – Geeignete kommunikative Strategien anwenden

Das klappt doch nie!

Da kannst du doch gar nicht mitreden!

Das ist doch so typisch!

Da brauchen wir doch nicht diskutieren. Das war schon immer so!

Das hat doch alles keinen Sinn!

Klingt ja ganz interessant, aber das wird nichts bringen!

Auf so eine Idee kannst auch nur du kommen!

Das müssen Sie schon verstehen!

Um das wirklich beurteilen zu können, fehlt Ihnen doch das Hintergrundwissen!

Wenn diese Idee gut wäre, hätte sie ja schon jemand anderes geäußert!

In diesem Kapitel lernen Sie,

– Gesprächssituationen zu bewältigen, indem Sie sich mit Anforderungen verschiedener Gesprächsanlässe auseinandersetzen und kommunikative Strategien anwenden,
– zielorientiert zu kommunizieren, die Äußerungen anderer wahrzunehmen und darauf zu reagieren,
– in Diskussionen verschiedene Rollen einzunehmen und Diskussionsregeln sowie Argumentationsstrategien anzuwenden,
– Ihr eigenes Diskussionsverhalten und das der anderen zu bewerten sowie Gesprächsergebnisse zusammenzufassen.

1 a) Lesen Sie die Phrasen oben laut vor.
b) Besprechen Sie gemeinsam, wie die einzelnen Aussagen auf einen Gesprächspartner wirken können.
c) Tauschen Sie sich in der Klasse darüber aus, warum derartige Phrasen ein Gespräch oder eine Diskussion zunichtemachen.

2 a) Lesen Sie das Interview mit einem Fachmann für Gesprächskultur.
b) Tragen Sie in Partnerarbeit die Tipps zur Gesprächsführung zusammen und halten Sie diese unter der Überschrift „Kommunikative Strategien kennen" in Ihrem Heft fest.
c) Versetzen Sie sich in ein Gespräch zwischen Ausbilder und einem Azubi. Welche dieser Tipps kann ein Ausbilder umsetzen, welche ein Azubi? Begründen Sie Ihre Zuordnungen.

Interviewer: Herr Klinger, vielen Dank, dass Sie sich die Zeit nehmen, mir ein paar Fragen rund um eine gute Gesprächsführung zu beantworten.

Herr Klinger: Ja, das Führen von Gesprächen ist fester Bestandteil des Alltags, ob unter Klassenkameraden, mit Lehrkräften, mit Vorgesetzten oder Mitarbeitern – Gespräche finden dauernd statt. Ein Gespräch gelingen zu lassen ist eine hohe Kunst – aber es gibt ein paar Tipps und Tricks, die man beachten kann.

Interviewer: Oftmals dauert es ja ein bisschen, bis so ein Gespräch richtig in Gang kommt. Selbst wenn man Diskussionen im Fernsehen sieht, merkt man schnell, dass Unterbrechungen des Gesprächspartners oder Totschlagargumente so ein Gespräch stören. Wie kann man das umgehen?

Herr Klinger: Es ist wichtig, dass bei einem echten Gespräch die Gesprächspartner abwechselnd zu Wort kommen. Und genau das ist wirklich schwierig. Denn wenn man das Gesagte des Gesprächspartners wahrnimmt, ahnt man schon oft, in welche Richtung die Aussage gehen wird.

Interviewerin: Können Sie das an einem Beispiel genauer erklären?

Herr Klinger: Gerne. Sagt beispielsweise ein Elternteil: „Es gibt gleich Essen, vorher musst du aber ...", dreht das Kind schon die Augen, weil es ahnt, dass die Aufforderung zum Aufräumen folgt. Das Kind unterbricht also das Gespräch, ohne dass der Satz zu Ende gesprochen ist.

Interviewer: Das ist ein sehr anschauliches Beispiel – die Situation kennt vermutlich jeder. Lässt sich das auch auf den Arbeitsalltag übertragen?

Herr Klinger: Auch im Arbeitsalltag ist es so, dass man schon häufig vor der Beendigung eines Satzes weiß, was sein Gesprächspartner sagen möchte. Dann kommt es vor, dass man den Gesprächspartner unterbricht und selbst das Wort ergreift. Aber so kommt ein wirkliches Gespräch niemals zustande, weil man anfängt, verbal zu kämpfen. Das ist unhöflich und respektlos.

Interviewer: Das kennt man aus diversen Talkshows im Fernsehen. Dabei kann man auch beobachten, dass die „Gesprächspartner" immer lauter werden, wenn sie dem anderen ins Wort fallen bzw. ihr Wort zurückerobern wollen. Welche Möglichkeit habe ich denn, jemanden darauf hinzuweisen, dass ich nicht ständig unterbrochen werden möchte?

Herr Klinger: Da hilft nur eins: Bitten Sie Ihn, das zu unterlassen. Im Übrigen sind nicht nur Unterbrechungen störend für ein Gespräch. Auch sogenannte Killerfloskeln sind hinderlich und lassen Gespräche scheitern.

Interviewer: Meinen Sie Aussagen wie „Das klappt doch eh nicht?".

Herr Klinger: Ja. Wie oft haben Sie diese Floskel schon verwendet, ohne darüber nachzudenken, welche Konsequenz so eine einfache Aussage hat? Solche Floskeln haben nämlich nur den Zweck, den Gesprächspartner ruhigzustellen. Ist es dann noch ein Gespräch?

Interviewer: Sie haben recht. Solche Floskeln verwendet man sogar häufig. Da müsste man tatsächlich mehr darauf achten, was man sagt. Welche Tipps können Sie uns geben, wenn man sich selbst dabei ertappt, solche Aussagen anzuwenden, oder wenn man selbst in schwierigen Gesprächssituation steckt?

Herr Klinger: Zunächst einmal sollten Sie als Gesprächspartner aufmerksam sein. Hören Sie Ihrem Gegenüber zu, halten Sie Blickkontakt und signalisieren Sie auch durch Ihre Körpersprache Interesse. Auf diese Weise zeigen Sie ein hohes Maß an Wertschätzung.

Interviewer: Das ist ein Tipp, der sich einfach umsetzen lässt. Was kann man noch beachten?

Herr Klinger: Gehen Sie auf Ihr Gegenüber ein. Das gelingt schon dadurch, dass Sie auf das Gesagte direkt eingehen oder inhaltlich zusammenfassen. So hört der Gesprächspartner auch gleich, wie seine Aussage bei Ihnen angekommen ist. Dadurch kann man Missverständnisse ausräumen. Sie kennen diesen „Gesprächstipp" sicherlich unter dem Begriff „Aktives Zuhören".

Interviewer: Stimmt. Dieser Begriff ist mir bekannt. Auf welche Art kann ich dann meinem Gesprächspartner Verständnis entgegenbringen?

Herr Klinger: Indem man zum Beispiel offene Fragen stellt. Fragt man zum Beispiel „Warum sehen Sie das so?", kann der Gesprächspartner seinen Standpunkt erklären und man schafft gleichzeitig eine Grundlage für eine sachliche Diskussion.

Mit anderen sprechen

Interviewer: Manchmal scheitert ja ein Gespräch auch daran, dass niemand bereit ist, einen anderen Standpunkt zu akzeptieren. Was kann man denn in solchen verfahrenen Situationen tun?

Herr Klinger: Wechseln Sie die Perspektive. Versuchen Sie nachzuvollziehen, warum der Gesprächspartner seine Argumente so formuliert. Wenn Sie Verständnis zeigen, heißt das ja noch lange nicht, dass Sie diese Argumente eins zu eins übernehmen müssen.

Interviewer: Und was unternehme ich, wenn das Gespräch in die falsche Richtung läuft?

Herr Klinger: In solchen Fällen neigt man schnell dazu, andere Inhalte anzusprechen. Man schweift ab oder wechselt gleich das Thema. Es kann in solchen Fällen hilfreich sein, das Gespräch zu moderieren, indem man den Gesprächspartner darauf hinweist, dass sie sich gerade vom Thema entfernen oder man gerne zum eigentlichen Inhalt des Gesprächs zurückkehren möchte.

Interviewer: Das setzt aber schon auch ein wenig Mut voraus, oder?

Herr Klinger: Gespräche führen ist ein Lernprozess. Aber wenn man die Tipps kennt, kann man sich daran erinnern und diese in bestimmten Situationen anwenden. In besonders stockenden Gesprächen hilft es sogar, Gemeinsamkeiten zwischen den Gesprächspartnern zu finden. Das sorgt in der Regel für ein gutes Gesprächsklima.

Interviewer: Können Sie auch noch einen Tipp geben, wie es gelingen kann, dass der Gesprächspartner einen besser versteht?

Herr Klinger: Sie sollten Ihre Aussagen stets nachvollziehbar begründen, sich also erklären. Wenn Sie nur kurz anreißen, wie Ihr Standpunkt lautet, hat Ihr Gegenüber kaum eine Chance, Sie zu verstehen.

Interviewer: Kann ich meinen Gesprächspartner auch kritisieren?

Herr Klinger: Selbstverständlich können Sie das. Durch das „Aktive Zuhören" merken Sie ja beispielsweise, ob Sie richtig verstanden wurden. Korrigieren Sie sofort fehlerhafte Informationen, ohne dabei aber Ihren Gesprächspartner zu beleidigen.

Interviewer: Das sind eine Menge Tipps. Können Sie abschließend noch einmal zusammenfassen, warum ein wertschätzendes Miteinander so wichtig ist?

Herr Klinger: In den allermeisten Fällen ist das Ziel eines Gesprächs, eine gemeinsame Lösung zu finden. Aus diesem Grund sprechen Sie gemeinsam und tauschen sich aus. Abfällige Bemerkungen, Floskeln oder die Unsitte, dem Gegenüber permanent ins Wort zu fallen, sind dabei hinderlich. Mein Tipp: Hören Sie aufmerksam zu, gehen Sie auf die Aussagen Ihres Gesprächspartners ein und verlieren Sie Ihre Anliegen nicht aus den Augen.

Interviewer: Herzlichen Dank für Ihre Zeit und die wertvollen Tipps.

3 a) Lesen Sie folgende Gesprächsauszüge.

Ich kann nachvollziehen, dass Sie das so sehen, und ich kann mich in Ihren Standpunkt eindenken. …

Ich finde Ihre Aussagen sehr interessant, habe aber den Eindruck, dass wir vom Thema abschweifen. Können wir bitte zurückkehren zu der Frage …

Jetzt hören Sie mir doch bitte erst einmal zu. Ich habe mir ausführlich Gedanken zum Thema gemacht. Ich möchte meine Meinung sagen dürfen, ohne dass von vornherein gesagt wird: „Das wird doch eh nichts!"

Sie haben gerade gesagt, Ihnen gefällt die Unordnung in der Büroküche nicht und Sie wären daran interessiert, eine Lösung zu finden, wie wir gemeinsam für Ordnung sorgen können. Habe ich Sie da richtig verstanden?

Danke, dass Sie nachfragen. Ich erkläre Ihnen meinen Standpunkt ganz genau …

Mit anderen sprechen

b) Ordnen Sie diesen Auszügen eine kommunikative Strategie aus Aufgabe 2 b) zu und begründen Sie Ihre Zuordnung.

4 Der Experte für Kommunikation Martin Klinger sagt im Interview „Signalisieren Sie auch durch Ihre Körpersprache Interesse" (Z. 74–75). Erklären Sie diese Aussage. Beziehen Sie dabei auch die Bilder unten mit ein.

5 Besprechen Sie in der Klasse, worin sich kommunikative Strategien in beruflichen, persönlichen und öffentlichen Situationen unterscheiden.

6 Tauschen Sie sich aus, in welchen Situationen Sie welche kommunikative Strategie einsetzen.

7 a) Bilden Sie Paare.
b) Legen Sie einen kurzen Zeitraum fest (zwei bis drei Tage), in dem Sie Ihre Gespräche in unterschiedlichen Situationen bewusst beobachten (Pause, Partnerarbeit, Heimweg usw.).
c) Versuchen Sie, Ihr Gesprächsverhalten durch bewusste Reflexion zu verbessern.
d) Geben Sie Ihrem Partner Feedback, wie er sein Gesprächsverhalten verbessern kann.

A

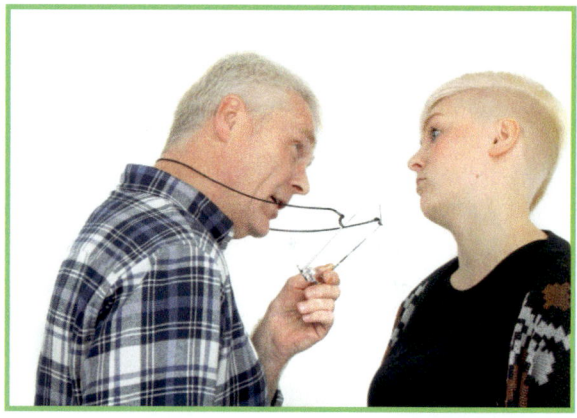

B

C

D

Bewusst kommunizieren – Unterschiedliche Rollen und Standpunkte einnehmen

1 Betrachten Sie die Bilder und berichten Sie von Ihren Erinnerungen, die Sie mit Klassenfahrten verbinden.

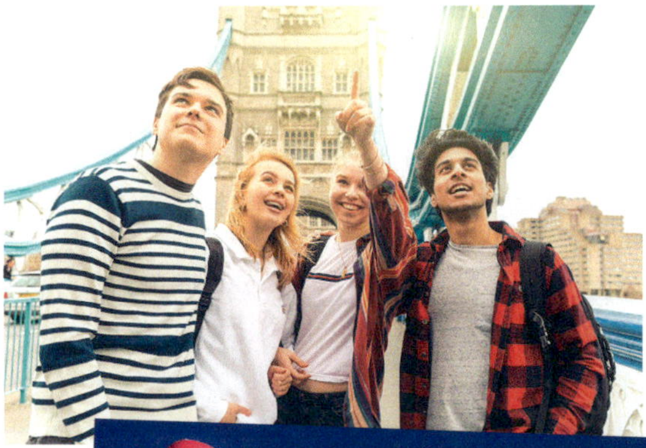

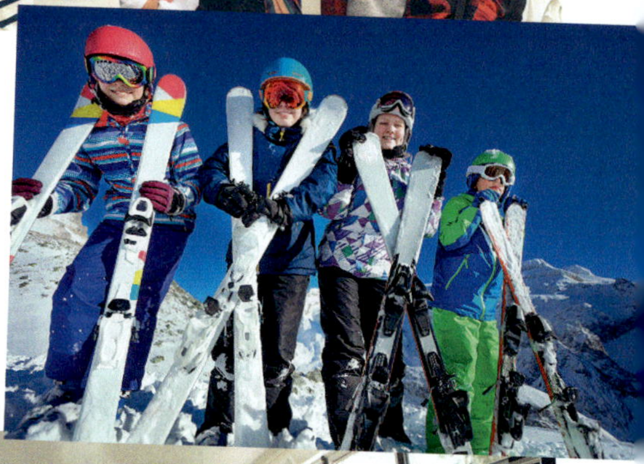

2 In der Klasse soll eine Diskussion zum Thema „Sollen Klassenfahrten abgeschafft werden?“ durchgeführt werden.

a) Jeder zieht eine der folgenden Rollenkarten auf S. 42–44.

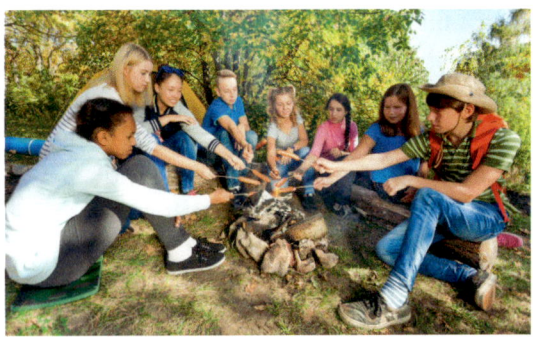

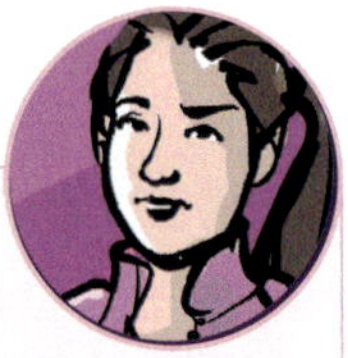

Rolle:
besorgte Mutter/besorgter Vater

Sie machen sich aus verschiedenen Gründen Sorgen.

- Ihrer Meinung nach kann man auch am Schulstandort eine Erlebniswoche verbringen.
- Durch die hohen Kosten werden einige Schüler/innen von vornherein ausgeschlossen. Bei einer Erlebniswoche zuhause könnten auch diese Schüler/innen teilnehmen.
- Große Sorgen machen Sie sich außerdem um die Gesundheit Ihres Kindes, da in der Ferne so viel passieren kann.
- Sie sind der Meinung, dass man Kindern und Jugendlichen auch Alternativen zu teuren Klassenfahrten bieten kann.

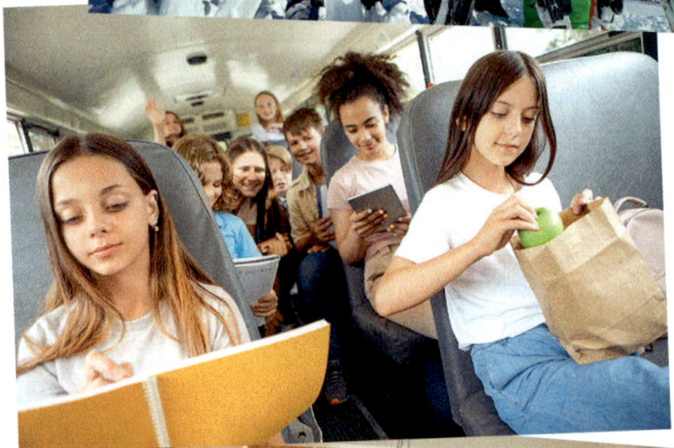

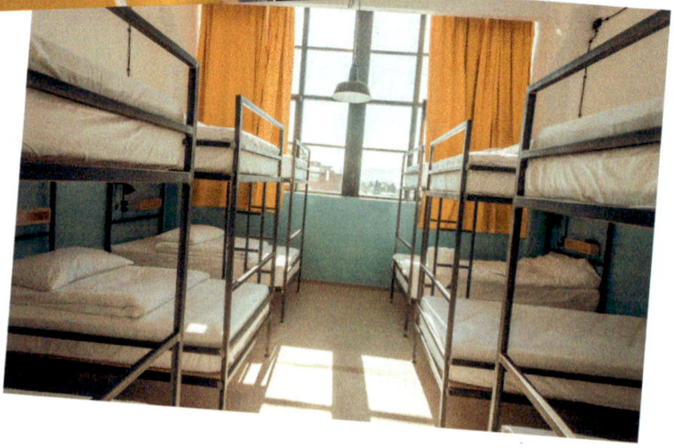

1.3 Diskussionen und Debatten (auch im Team) vorbereiten, durchführen und in diesen unterschiedliche Rollen (auch Moderator) und Standpunkte einnehmen; Diskussionsregeln und unterschiedliche Argumentationsstrategien dabei sicher anwenden

Mit anderen sprechen

Rolle: Diskussionsleiter/-in

Eröffnen Sie die Diskussion, indem Sie
- das Thema nennen,
- den Konflikt kurz darlegen (*z. B. ... hierzu gibt es die unterschiedlichsten Standpunkte, von absoluten Befürwortern von Klassenfahrten bis hin zu Gegnern ...*)
- die Diskussionsteilnehmer begrüßen.

Leiten Sie die Diskussion, indem Sie
- sagen, wer beginnen darf,
- Teilergebnisse zusammenfassen und das Wort weitergeben,
- darauf achten, dass die Diskussionsregeln eingehalten werden und ggf. einschreiten.

Beenden Sie die Diskussion, indem Sie
- die Ergebnisse kurz zusammenfassen,
- einen Schlusssatz formulieren.

Rolle: Schülerin, die für die Durchführung von Klassenfahrten ist

Sie setzen sich stark dafür ein, dass es auf jeden Fall weiterhin Klassenfahrten gibt. Als Gründe nennen und erklären Sie:
- Während Ihrer Schulzeit haben viele Klassenfahrten stattgefunden.
- Es waren unvergessliche, erlebnisreiche Wochen.
- Das Übernachten im Mehrbettzimmer stärkt die Gemeinschaft.
- An diese Woche werden sich die Schüler auch Jahre nach dem Schulabschluss noch erinnern.
- Man konnte neue Freundschaften schließen, denn man hatte die Gelegenheit, die Klassenkameraden näher kennenzulernen.
- Die Klassenfahrten sind eine tolle Abwechslung zum Lernen in der Schule.

Rolle: Elternbeiratsmitglied

Sie vertreten die Meinung der gesamten Elternschaft und wissen, dass Klassenfahrten sehr umstritten sind. Sie wissen, dass
- es viele Eltern gibt, denen die Kosten für die Klassenfahrten zu hoch sind und die ihre Kinder daher daheim lassen müssen.
- es aber auch Eltern gibt, die diese Klassenfahrten befürworten, da diese selbst heute noch an die Erlebnisse aus ihrer Schulzeit denken.
- die Schüler, die teilgenommen haben, allesamt begeistert waren.

Sie versuchen, im Namen der Eltern eine Alternative zu überdenken, zum Beispiel in Form einer Wintersportwoche oder einer Erlebniswoche am Schulstandort.

Rolle: Lehrkraft, die Klassenfahrten befürwortet

Sie zeigen wenig Verständnis für die ständige Kritik an den Klassenfahrten.
- Man lernt durch diese Klassenfahrten die Schüler ganz anders kennen.
- Das gemeinsame Erlebnis und die Entfernung von zu Hause fördern den Zusammenhalt unter den Schülerinnen und Schülern.
- Man kann Klassenfahrten auch zum Lernen nutzen, z. B. bei Museumsbesuchen oder Stadtbesichtigungen.
- Alternativen am Schulstandort halten Sie für wenig erfolgversprechend.

Mit anderen sprechen

Rolle:
Schüler, der absolut gegen Klassenfahrten ist

Sie setzen sich stark dafür ein, dass die Klassenfahrten endlich abgeschafft werden, und lassen sich von Ihrem Standpunkt nicht abbringen. Als Gründe nennen und erklären Sie:
- Für einige Schüler sind Schulfahrten viel zu teuer, sodass sie nicht mitfahren können.
- Dadurch werden diese Schüler aus der Klassengemeinschaft ausgeschlossen.
- Sie finden es unverständlich, dass man auf der einen Seite im Unterricht von Umweltschutz spricht, dann aber mit einem Reisebus oder gar mit dem Flugzeug weit wegfährt und lange Reisewege in Kauf nimmt.
- Die Verletzungsgefahr, vor allem bei Skikursen, ist sehr hoch – jedes Jahr kommen mindestens drei Schüler aus der Skiwoche mit einem Gipsbein oder anderen Blessuren zurück.

b) Bereiten Sie sich auf Ihre Rolle vor, indem Sie sich wie im folgenden Beispiel Notizen anfertigen, die Ihnen in der Diskussion hilfreich sein können.

Notizen zur Rolle:
Schüler, der für Klassenfahrten ist

- *Erlebnisse werden allen Schülern in Erinnerung bleiben*
- *was im Unterricht so passiert, vergisst man häufig*
- *findet weit weg von zu Hause statt*
- *Erlebnisse wird man nie vergessen*
  → *Beispiel: Mein Bruder hat letztes Jahr den Abschluss gemacht, aber er erzählt immer wieder von der Skiwoche*
- *…*

c) Bilden Sie Gruppen entsprechend ihrer vorbereiteten Rolle. Sammeln und tauschen Sie Ihre Argumente aus.
d) Bestimmen Sie innerhalb der Gruppe, wer die Rolle als Spieler vor der Klasse vertritt.

Zunächst muss ich sagen, dass Klassenfahrten auf jeden Fall weiterhin stattfinden müssen. Diese Wochen bleiben allen Schülern, die an diesen Fahrten teilnehmen, auch Jahre nach dem Schulabschluss in Erinnerung. Denn man ist weit weg von zu Hause und verbringt viel Zeit gemeinsam mit den Klassenkameraden und erlebt auch ganz andere Dinge als im Klassenzimmer. Mein Bruder hat letztes Jahr die Realschule abgeschlossen. Von seiner Schulzeit erzählt er eigentlich nicht so viel, aber als er gehört hat, dass wir gerade unsere Abschlussfahrt hatten, berichtete er begeistert von seinen Erlebnissen im Schullandheim, im Skilager und seiner Klassenfahrt an den Gardasee.

3 Bevor die Rollendiskussion beginnt, sollten Sie sich noch einmal den Aufbau der Aussagen bei einer Diskussion bewusst machen.
a) Lesen Sie den Diskussionsbeitrag links.
b) Beschreiben Sie, wie der Diskussionsteilnehmer seinen Standpunkt erläutert.
c) Lesen Sie den Tipp, um die Formulierungen für Ihre Diskussion nutzen zu können.

4 a) Legen Sie vor der Rollendiskussion fest, wer Beobachter ist und wer die Gesprächsergebnisse vor der Feedbackrunde stichpunktartig zusammenfasst.
b) Stellen Sie Tischkärtchen auf, damit die Rollen deutlich zu erkennen sind.

Mit anderen sprechen

Tipp

Beim Diskutieren ist es wichtig, seinen Standpunkt verständlich und überzeugend zu formulieren. Zudem muss man zuhören, um an deren Aussagen anknüpfen zu können. Diese Formulierungen helfen dabei:

- *Du meinst/Sie meinen also, dass …*
- *Du hast/Sie haben behauptet, dass …*
  Ich sehe das anders …
- *Dem möchte ich widersprechen …*
- *Ich kann deine/Ihre Meinung nicht teilen, weil …*
- *Meiner Meinung nach muss man auch bedenken, dass …*

6 Geben Sie als Diskussionsteilnehmer Ihre persönliche Einschätzung dazu ab,
- was Ihnen während der Rollendiskussion leicht- bzw. schwergefallen ist,
- wie Sie es empfunden haben, einen vorgegebenen Standpunkt zu vertreten,
- ob Sie kommunikative Strategien anwenden konnten.

5 Führen Sie die Rollendiskussion durch:
- Vertreten Sie als **Diskutant** Ihren Standpunkt überzeugend.
- Halten Sie als **Protokollant** die Gesprächsergebnisse strukturiert fest.
- Beobachten Sie als **Beobachter** einen Diskutanten. Geben Sie ihm ein Feedback mithilfe des Beobachtungsbogens.

Feedbackbogen zum Diskutieren (Rollendiskussion)

Beobachtet wurde: _____ Rolle: _____

Kriterium	Wertung	Verbesserungsvorschlag
Auftreten: selbstbewusst, souverän, zögerlich, zurückhaltend …		
Überzeugungskraft: sehr überzeugend, überzeugend, weniger überzeugend, nicht überzeugend		
Einsatz der Stimme: laut und deutlich, wenig betont, unsicher, leise		
Körperhaltung: offen, verkrampft, zurückhaltend, abweisend …		
Einsatz kommunikativer Strategien: …		
Einhaltung der Diskussionsregeln: …		

Testen Sie Ihr Können

Kommunikative Strategien anwenden

1 Wenden Sie Ihre kommunikativen Strategien während einer Diskussion zu einem Thema an.
a) Wählen Sie in der Klasse eines der nebenstehenden Themen aus.
b) Fertigen Sie sich zunächst in Einzelarbeit Notizen zu Ihrem Standpunkt an.
c) Bestimmen Sie in der Klasse, wer diskutiert, wer beobachtet und wer protokolliert.
d) Führen Sie die Diskussion durch.

2 Fassen Sie als Protokollant die Gesprächsergebnisse strukturiert zusammen.

3 Geben Sie als Beobachter ein Feedback zu folgenden Punkten (vgl. S. 45):
– Auftreten (zurückhaltend, selbstbewusst …)
– Überzeugungskraft
– Einsatz der Stimme
– Körperhaltung (nonverbale Kommunikation)
– Einsatz kommunikativer Strategien (z. B. Anknüpfen an den Vorredner, aktives Zuhören …)
– Einhaltung der Diskussionsregeln
– Verbesserungsvorschläge.

4 Beschreiben Sie als Diskussionsteilnehmer Ihren eigenen Einfluss auf den Fortgang der Diskussion. Schätzen Sie dabei auch ein, was Ihnen gut gelungen ist und was Sie in Zukunft verbessern können.

5 Reflektieren Sie abschließend gemeinsam die folgenden Fragen und begründen Sie Ihre Aussagen jeweils.
– Welche kommunikativen Strategien kamen während der Diskussion zur Anwendung?

Sollte der Konsum von Energy-Drinks erst mit 18 Jahren erlaubt sein?

Sollte es eine Kleiderordnung für Lehrkräfte und die Schülerschaft geben?

Sollten Zoos oder Tiergärten verboten werden?

Sollte das kommunale Wahlrecht ab 16 Jahren eingeführt werden?

Sollten in Deutschland auch nicht-christliche religiöse Feiertage eingeführt werden?

Sollte während der Realschulzeit ein verpflichtendes ökologisches Projekt durchgeführt werden?

– Welchen Einfluss hatte die Anwendung der kommunikativen Strategien auf den Fortgang der Diskussion?
– Hat sich Ihr persönlicher Standpunkt zum Thema während der Diskussion verändert?
– Welche Redebeiträge haben die Diskussion gehemmt? Warum?

Szenisch spielen

In diesem Kapitel lernen Sie, durch szenisches Spielen
- einen literarischen Text künstlerisch umzusetzen,
- einen literarischen Text zu interpretieren,
- Handlungsmotive zu erkennen und Denkweisen nachzuvollziehen,
- eigene Wertvorstellungen zu überdenken,
- eigene szenische Darstellungen zu reflektieren und Ihre Wahrnehmung für Theateraufführungen zu schärfen.

„Wir hatten doch abgesprochen, dass …" – Einen Text im szenischen Spiel interpretieren

1 a) Betrachten Sie das Bild rechts.
b) Erzählen Sie von Gedanken, Launen oder Erfahrungen eines Morgenmuffels.

2 a) Lesen Sie die Kurzgeschichte.

Wenn Schule „Schule macht"

Von Hajo Frerich

Es war schon immer ein Problem, Nina morgens aus dem Bett zu bekommen. Aber diesmal war es besonders schlimm. Als er sich nämlich über sie beugte, sie leicht am Arm rüttelte und sagte: „Viertel nach sieben, es wird knapp, wenn du noch rechtzeitig in der Schule sein willst", kam nur ein gereiztes Stöhnen zurück. Also zog er gleich die ultimative Karte: „Wir hatten doch abgesprochen, dass wir morgens kein Theater machen. Ich wecke dich zum letztmöglichen Zeitpunkt – aber dann musst du auch raus."
Was er dann zu hören bekam, verschlug ihm doch die Sprache: Nina meinte nur relativ locker, sich schon wieder wegdrehend. „Ach, Papa, mein Politik-Lehrer sagt dazu nur: ‚Abmachungen müssen immer wieder neu verhandelt werden.'" Was sollte man als Vater in solch einer Situation dazu sagen? Also schlug er vor: „Okay, du stehst jetzt auf und dann haben wir beim Frühstück noch fünf Minuten Zeit für dein neues Verhandeln."
Tatsächlich erschien Nina dann einigermaßen schnell in der Küche und legte gleich los: „Wie ich schon sagte: Wir haben das letztens im Politikunterricht besprochen. Abmachungen sind nichts als ein Trick der Mächtigen, um möglichst lange ihre Macht ungestört genießen zu können. Wenn aber immer wieder neu verhandelt wird, dann ist das viel gerechter." Was sollte man dazu sagen? Er beschloss, es erst einmal auf sich beruhen zu lassen. Wichtig war jetzt, dass Nina noch ihren Bus bekam.
Sie war dann auch schnell in der Tür, drehte sich aber noch mal um und meinte: „Übrigens, ich muss Kim noch das Geld für den letzten Kinobesuch geben. Kannst du mir nicht schon mal das Taschengeld für den nächsten Monat geben?"
Jetzt rutschte es ihm einfach raus: „Meine Liebe, wie du schon sagtest: So was muss immer wieder neu verhandelt werden!" Das Letzte, was er von seiner Tochter sah, war ein unendlich verblüfftes Gesicht – und das Letzte, was er hörte, war die Tür, die krachend ins Schloss fiel.

Szenisch spielen

b) Tauschen Sie sich in der Klasse über den Inhalt des Textes aus.
c) Diskutieren Sie in der Klasse, wie Sie darüber denken, dass sich jemand nicht an vereinbarte Abmachungen hält.

3 Gehen Sie in Dreiergruppen zusammen.
a) Wiederholen Sie gemeinsam, was man bedenken muss, wenn ein Text zu einem szenischen Spiel umgearbeitet wird. Lesen Sie ggf. im Glossar unter dem Stichwort „Szenisches Spiel" nach.
b) Sammeln Sie, welche Schritte durchgeführt werden müssen, damit man vom Text zum Vorspielen kommen kann.

Worum geht es?

Worüber diskutieren Vater und Tochter?

Wie sind die Reaktionen von Vater und Tochter zu bewerten?

Reicht es aus, wenn wir einfach die wörtliche Rede vorlesen?

Wie verdeutlicht man das, was der Erzähler sagt?

c) Lesen Sie den Text noch einmal.

d) Notieren Sie sich, was Sie über Nina und ihren Vater erfahren.

> **Nina**
> – steht morgens nicht gerne auf
> – von sich überzeugt
> – …
>
> **Vater**
> – fürsorglich
> – …

e) Bewerten Sie das Vater-Tochter-Verhältnis.

4 Bereiten Sie nun in Ihrer Dreiergruppe die Kurzgeschichte für ein szenisches Spiel vor.
a) Legen Sie fest, zu welchen Textstellen es zusätzlich Sprechtexte geben muss, damit der Zuschauer die Handlung versteht. Schreiben Sie diese auf.
b) Ergänzen Sie bei den Sprechtexten Regieanweisungen zu den Spielorten und dem Verhalten der Figuren, sodass ein Spieltext entsteht. Sie können so beginnen:

> *Der Vater geht ins Zimmer seiner Tochter, um sie endlich zum Aufstehen zu bewegen. Er rüttelt leicht an ihrem Arm.*
> *Vater (freundlich): Viertel nach 7…*

c) Überlegen Sie gemeinsam, wie die Geschichte weitergehen könnte. Verfassen Sie ein Ende. Berücksichtigen Sie Ihre Fortsetzung auch bei der Umsetzung im szenischen Spiel.
d) Markieren Sie sich in den Spieltexten Anweisungen zum Gesichtsausdruck (Mimik) sowie zur Körperhaltung (Gestik) farbig.

5 Verteilen Sie die Rollen Vater, Tochter und Regisseur innerhalb Ihrer Gruppe.

Szenisch spielen

6 a) Proben Sie Ihr szenisches Spiel mehrfach. Werten Sie nach jeder Probe aus,
   - welche Textstellen besonders gut durch den Einsatz von Mimik und Gestik dargestellt wurden.
   - welche Sprechtexte oder Regieanweisungen Sie verändern wollen.

b) Versuchen Sie, sich Ihre Sprechtexte und Spielweise einzuprägen, damit Sie sich später immer mehr von der Textvorlage lösen und möglichst frei spielen können.

7 Spielen Sie Ihre Szene der Klasse vor.

> **Tipp**
> Sie können Ihre Szenen auch filmen und der Klasse als Video präsentieren.

8 Beobachten und bewerten Sie Ihre Auftritte gegenseitig.
   a) Füllen Sie als Zuschauer eine Kopie des Beobachtungsbogens aus.
   b) Geben Sie Ihren Mitschülern nach der Vorführung mithilfe Ihrer Einträge eine persönliche Rückmeldung.

> Benni, ich habe dich beobachtet. Du hast ... sehr überzeugend dargestellt. Besonders gefallen hat mir ...
> Vielleicht kannst du ... noch verbessern.

9 Überarbeiten Sie Ihre Darbietung. Beziehen Sie dabei das Feedback Ihrer Mitschüler ein.

Beobachtungsbogen zum szenischen Spiel

Ich habe _____ beobachtet

Die gespielte Rolle war: _____

	Bewertung
1 Die Körperhaltung und Bewegung haben zur Rolle gepasst.	
2 Der Gesichtsausdruck (Mimik) hat die Stimmung gut wiedergegeben.	
3 Die Handlung wurde durch Gesten veranschaulicht.	
4 Die Rolle wurde überzeugend gespielt.	
5 Der Konflikt zwischen Vater und Tochter ist deutlich geworden.	
6 Die Fortsetzung der Geschichte ist passend / nicht passend, weil ...	
7 Sprechtempo und Lautstärke waren angemessen.	

Das hat mir gefallen:
_____
_____

Das könntest du beim nächsten Mal verbessern:
_____
_____

Bewertungszeichen: ✓ Zustimmung
? nicht beobachtet
! zu verbessern

Szenisch spielen

Jugendliche an die Macht? – Über Theaterinszenierungen nachdenken

1 Tauschen Sie sich über folgende Frage aus: „Was würde passieren, wenn Jugendliche die Herrschaft übernehmen würden?"

2 Das Theaterstück „Die wohlfeile Jugend" von Simon Marian Hoffmann thematisiert genau diese Frage.
  a) Lesen Sie die Info zum Inhalt des Theaterstücks.
  b) Sehen Sie sich den Trailer zur Inszenierung an. |WES-122907-006|
  c) Schildern Sie Ihren ersten Eindruck von dem Theaterstück.
  d) Beschreiben Sie, wie das Bühnenbild und die Erzählperspektive auf Sie wirken.

3 a) Lesen Sie die Kommentare zu diesem Theaterstück.
  b) Welchem dieser Kommentare schließen Sie sich am ehesten an? Begründen Sie.

A *Wirklich toll! Macht nachdenklich! Kann ein Jugendlicher tatsächlich Einfluss auf das aktuelle Weltgeschehen und die Politik nehmen? Eigentlich ist das eine gute Sache – schließlich könnten sie so ihre eigene Zukunft mitbestimmen.*

B *Ihr habt das echt super umgesetzt. Vielen Dank für die Geschichte! Ich bin wirklich gerührt vom Theaterstück und auch von der demokratischen Stimme der Jugend! Das Stück zeigt den Erwachsenen, wo wir die Jugend ernster nehmen sollten. Es ist falsch, ihnen keine eigene Meinung zuzugestehen. Was wir hinterlassen, ist deren Zukunft.*

Info

„Die wohlfeile Jugend"

Der 1996 in Filderstadt geborene Autor Simon Marian Hoffmann verfasste das Stück als Schüler mit 16 Jahren. Inzwischen hat er als Schauspieler und Regisseur an über 20 Filmen mitgewirkt und zahlreiche Preise gewonnen.

Das Theaterstück beschäftigt sich mit gesellschaftlichen Außenseitern, die etwas in der Welt verändern möchten, mit dem Thema Liebe sowie der Problematik des Erwachsenwerdens. Es wirft die Fragen auf: „Wer bin ich?", „Wer werde ich sein?"

Philippus Menges, der Parteiführer der „Bewegung der Jugend" möchte dafür sorgen, dass die Herrschaft der Erwachsenen endet. Deshalb plant er gemeinsam mit seinen Freunden Martin und Nina, wie sie sich deren Einfluss entziehen können. Allerdings merken sie schnell, dass das gar nicht so einfach ist, wenn man selbst auf dem Weg zum Erwachsenwerden ist.

Das Theaterstück wurde 2015 für den Brüder-Grimm-Preis nominiert.

C *„Die wohlfeile Jugend" hält den Erwachsenen einen Spiegel vor. Die jungen Darsteller überzeugen alle mit derart intensivem Spiel, sodass auf die Bühne gebracht wird, was im echten Leben Wichtigkeit hat: von Jugendlichen erlebte Ungerechtigkeit, Ausbeutung, Umweltzerstörung. Die Jugend soll nicht ewig für die Fehler ihrer Eltern und Großeltern bezahlen. Das ist nicht die einzige Aussage dieses Stückes, die zum Mitdenken, Umdenken und zu aktivem Handeln aufruft.*

Szenisch spielen

4 a) Erklären Sie mit eigenen Worten den Begriff „Performance".
b) Lesen Sie das folgende Interview mit einem Theaterregisseur.

Interviewer: Können Sie uns erklären, wie ein Theaterstück zu einem Erlebnis für den Zuschauer werden kann?

Regisseur: Beim Theater geht es um eine performative Ästhetik, d. h., die Aufführung wird in den Mittelpunkt gestellt und die Interaktion zwischen Schauspielern und Zuschauern bekommt eine zentrale Rolle.

Interviewer: Sie meinen, die Darsteller müssen durch ihr Schauspiel die Zuschauer fesseln, sodass die sich fragen: Warum überzeugt gerade dieser eine Schauspieler so?

Regisseur: Ja, das kommt diesem komplizierten Begriff der performativen Ästhetik schon recht nahe. Der Spielende hat die Aufgabe, körpersprachlich so zu handeln, dass man ihm seine Rolle glaubt. Der Zuschauer muss die Verwandlung erkennen, sich in die Figur einfühlen können. Das passiert oft durch bestimmte Gesten, Blickkontakt oder auch dadurch, dass der Schauspieler durch die Zuschauerränge läuft.

Interviewer: Gibt es noch andere Dinge, die Einfluss auf die Wahrnehmung der Zuschauer haben?

Regisseur: Ja, klar. Auch die Texte, Bilder und Szenen sind wichtig – sprechen Schauspieler und Zuschauer dieselbe Sprache? Welche Wirkung sollen Requisiten auf den Zuschauer haben? Fühlt man sich aufgehoben oder wirkt die Inszenierung befremdlich?

Interviewer: Das klingt überzeugend. Wenn man sich im Theater wohlfühlt, die Texte und die Handlung versteht und mit der eigenen Erfahrungswelt verbinden kann, gefällt einem die Aufführung sicherlich besser, als wenn man gar nichts versteht.

Regisseur: Da sprechen Sie etwas ganz Entscheidendes an: Für den Zuschauer ist es wichtig zu erkennen, in welcher Beziehung die Darstellung im Theater zur alltäglichen, sozialen Welt des Publikums steht. Erkennt man sich wieder, versteht man, was auf der Bühne passiert.

Interviewer: Vielen Dank für die Erklärungen.

c) Definieren Sie mithilfe des Interviews den Begriff „performative Ästhetik".
d) Erarbeiten Sie zu zweit einen Beobachtungsbogen, in dem die Kernfragen zur performativen Ästhetik enthalten sind.

5 a) Sehen Sie sich noch einmal den Trailer zu der Theateraufführung an.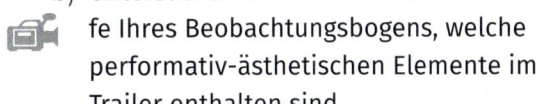
b) Untersuchen Sie in Partnerarbeit mithilfe Ihres Beobachtungsbogens, welche performativ-ästhetischen Elemente im Trailer enthalten sind.

6 Setzen Sie sich mithilfe der Placemat-Methode mit der Inszenierung auseinander:
– Lesen Sie die Info zur Methode auf S. 52.
– Gehen Sie in Vierergruppen zusammen. Suchen Sie sich nach Möglichkeit Partner, mit denen Sie während Aufgabe 4 und 5 noch nicht zusammengearbeitet haben.
– Betrachten Sie die Bilder aus der Theaterinzenierung zu „Eine wohlfeile Jugend" und lesen Sie die Aufgabenstellung auf S. 52–53.
– Legen Sie fest, welche Gruppe welche Aufgabenstellung bearbeitet.
– Bearbeiten Sie die Aufgabenstellung in der Gruppe mit der Placemat-Methode.
– Stellen Sie die Gruppenergebnisse vor.

7 Tauschen Sie sich mithilfe der vorgestellten Gruppenergebnisse aus, was Sie von einer gelungenen Theateraufführung erwarten.

8 Stellen Sie mithilfe Ihrer gewonnenen Kenntnisse eine für Ihre Klasse typische Schulsituation dar.

Szenisch spielen ▸

> **Info**
>
> ### Placemat-Methode
>
>
>
> Placemat leitet sich aus dem Englischen *place mat* ab, was Platzdeckchen bedeutet. Während der Durchführung dieser Methode liegt ein Plakat oder DIN-A3-Blatt wie ein Platzdeckchen in der Mitte eines Gruppentisches. Die Erarbeitung erfolgt in drei Phasen:
>
> 1. **Stillarbeit:** Jedes Gruppenmitglied notiert zunächst in Stillarbeit seine Gedanken zur Aufgaben- oder Fragestellung in das jeweilige *Schüler*-Feld.
>
> 2. **Austausch:** Innerhalb der Gruppe werden alle Gedanken der Teilnehmer zusammengetragen. Dazu stellt jedes Gruppenmitglied seine Gedanken vor. Nach dem Austausch werden im *Feld für gemeinschaftliche Ergebnisse* in der Mitte die Notizen aufgeschrieben, auf die sich die Gruppe einigt.
>
> 3. **Vorstellen:** die Gruppenmitglieder stellen die Ergebnisse aus dem *Feld für gemeinschaftliche Ergebnisse* vor. Die Klasse hat die Möglichkeit, gezielt nachzufragen.

A Beschreiben Sie die Ausdrucksweise des Schauspielers und wie diese auf Sie wirkt.

B Beschreiben Sie den Gesichtsausdruck, Aussehen und die Körperhaltung des Darstellers. Stellen Sie Vermutungen an, welche Rolle die Figur im Hintergrund hat.

Szenisch spielen ◀

C Beschreiben Sie die Ausdrucksweise der Darsteller und wie diese auf Sie wirkt.

D Beschreiben Sie das Bühnenbild sowie die Kostüme. Wie wirken diese auf Sie?

E Sehen Sie sich noch einmal den Trailer an. |WES-122907-006| Beschreiben Sie die Sprache sowie den Auftritt der Darsteller. Wie gelingt es ihnen, das Publikum einzubeziehen?

F Beschreiben Sie das Aussehen und die Körperhaltung der Darsteller. Wie wirken diese auf Sie?

1.4 Die Wahrnehmung (z. B. der performativen Ästhetik in Theateraufführungen, Filmen) schärfen 53

Literatur des 20. und 21. Jahrhunderts

Zivilcourage ist keine Selbstverständlichkeit

In diesem Kapitel lernen Sie,
- unterschiedliche Textsorten (auch für Sie neue) u. a. anhand ihrer spezifischen Merkmale und Erzählperspektiven zu interpretieren,
- Zusammenhänge zwischen Texten, Entstehungszeiten und Autorenbiografien aus dem 20. und 21. Jahrhundert zu erkennen und zu beschreiben.

1 a) Lesen Sie den Text aufmerksam.

Die Vorüberlaufenden
Von Franz Kafka

Wenn man in der Nacht durch eine Gasse spazieren geht, und ein Mann, von Weitem schon sichtbar – denn die Gasse vor uns steigt an und es ist Vollmond – uns entgegenläuft, so werden wir ihn nicht
5 anpacken[1], selbst wenn er schwach und zerlumpt ist, selbst wenn jemand hinter ihm läuft und schreit, sondern wir werden ihn weiterlaufen lassen.
Denn es ist Nacht, und wir können nichts dafür, dass die Gasse im Vollmond vor uns aufsteigt, und über-
10 dies, vielleicht haben diese zwei die Hetze zu ihrer Unterhaltung veranstaltet, vielleicht verfolgen beide einen Dritten, vielleicht wird der Erste unschuldig verfolgt, vielleicht will der Zweite morden, und wir würden Mitschuldige des Mordes, vielleicht wissen
15 die zwei nichts voneinander, und es läuft nur jeder auf eigene Verantwortung in sein Bett, vielleicht sind es Nachtwandler, vielleicht hat der Erste Waffen. Und endlich, dürfen wir nicht müde sein, haben wir nicht so viel Wein getrunken? Wir sind froh, dass wir
20 auch den Zweiten nicht mehr sehen.

---
[1] anpacken: *helfen / eingreifen*

b) Besprechen Sie, welche These Franz Kafka im ersten Absatz des Textes aufstellt.

2 a) In dem Text werden sieben verschiedene Ausreden beschrieben, die „Den Vorüberlaufenden" in ihrem Verhalten recht geben. Formulieren Sie die Ausreden in eigenen Worten.
Theorie 1: …
Theorie 2: …
b) Vergleichen Sie Ihre Theorien.

3 a) Diskutieren Sie, wie man in kniffligen Situationen Hilfe leisten kann, ohne selbst zum Opfer zu werden, oder wie man sich selbst helfen kann. Beziehen Sie den Ideenstern unten in Ihre Überlegungen ein.
b) Besprechen Sie zu zweit Ihre Überlegungen. Notieren Sie diese.

2.1 Texte in ihren Aussagen, ihren Absichten und ihrer formalen Struktur verstehen, sie reflektieren, kritisch beurteilen und in einen größeren Zusammenhang einordnen; 2.2 Ein breites Spektrum an literarischen Texten unterscheiden (Parabel)

c) Sammeln Sie in der Klasse weitere Möglichkeiten, Hilfe zu leisten bzw. sich selbst zu schützen. Ergänzen Sie Ihre Ideensammlung.

4 Das Phänomen, das Kafka in seinem Text beschreibt, nennt man „Mangelnde Zivilcourage". Klären Sie den Begriff Zivilcourage.

5 Welche dieser Aussagen drückt die Intention des Textes am besten aus? Begründen Sie Ihre Meinung.
A *Dem Leser soll vor Augen geführt werden, was man sich in einer solch bedrohlichen Situation vormacht, um sich selbst keiner Gefahr auszusetzen und sich damit nicht einmischen zu müssen.*
B *Der Autor versucht, die Bevölkerung zum Hinsehen und zur Hilfeleistung zu bewegen.*
C *Franz Kafka kritisiert die allgemein weit verbreitete Mentalität des Wegsehens.*
D *Der Text informiert sachlich über die Missstände innerhalb der Bevölkerung.*
E *Die Geschichte zeigt, dass sich viele Straftaten vor unseren Augen abspielen, ohne dass eingegriffen wird.*
F *Menschliche Schwächen werden dargestellt und ins Lächerliche gezogen.*

6 Diskutieren Sie, was die italienische Journalistin und Autorin Franca Magnani und Franz Kafka mit ihren unten stehenden Zitaten zur Zivilcourage aussagen wollen.

„Je mehr Bürger ein Land mit Zivilcourage hat, desto weniger Helden wird es einmal brauchen." (*Franca Magnani*)

„Von einem gewissen Punkt an gibt es keine Rückkehr mehr. Dieser Punkt ist zu erreichen." (*Franz Kafka*)

7 a) Versetzen Sie sich in den verfolgten Mann. Notieren Sie stichpunktartig Gedanken und Gefühle, die ihm durch den Kopf gehen, als er erkennt, dass die anwesenden Menschen ihm nicht helfen.
b) Schreiben Sie einen inneren Monolog des Mannes und stellen Sie ihn der Klasse vor. Lassen Sie sich Feedback geben.

8 Bei dem Text handelt es sich um eine Parabel.
a) Lesen Sie die Info zur Parabel.
b) Erklären Sie sich gegenseitig, was man unter einer Parabel versteht.
c) Besprechen Sie, welche symbolische Bedeutung die Parabel „Die Vorüberlaufenden" hat und welche allgemeine Aussage für das tägliche Leben getroffen werden kann.

9 a) Lesen Sie die Info zu F. Kafka auf S. 140.
b) Formulieren Sie in wenigen Sätzen, warum die Parabel „Die Vorüberlaufenden" als kafkaesk bezeichnet werden kann.
c) Vergleichen Sie Ihre Ergebnisse.

Info

Parabel

Der Begriff Parabel stammt vom altgriechischen Wort „parabole" ab, was **Nebeneinanderstellung bzw. Gleichnis** bedeutet. Man versteht darunter eine **lehrhafte und kurze Beispielerzählung mit einer übertragenen Bedeutung**, die eine allgemeine Wahrheit oder Weisheit vermittelt. Der Leser muss dabei von dem, **was erzählt wird (Bildebene)**, auf das, **was tatsächlich gemeint ist (Sachebene)**, schließen. Das im Vordergrund stehende Geschehen hat also eine **symbolische Bedeutung**. Eine Parabel wirft oft Fragen über **Moral und ethische Grundsätze** auf und bringt den Leser so zum Nachdenken über sein alltägliches Leben.

Literatur des 20. und 21. Jahrhunderts

Was hinter der Fassade steckt

1 a) Besprechen Sie, wie der Skorpion auf dem Bild auf Sie wirkt.
b) Sammeln und notieren Sie Eigenschaften des Skorpions als Tier und als Sternzeichen. Recherchieren Sie ggf. im Internet.

2 Lesen Sie den Text aufmerksam.

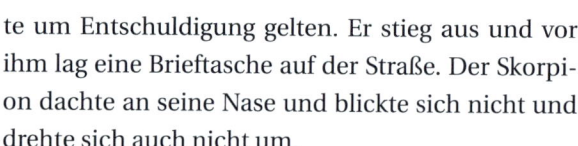

Skorpion

Von Christa Reinig

Er war sanftmütig und freundlich. Seine Augen standen dicht beieinander. Das bedeutete Hinterlist. Seine Brauen stießen über der Nase zusammen. Das bedeutete Jähzorn. Seine Nase war lang und spitz. Das bedeutete unstillbare Neugier. Seine Ohrläppchen waren angewachsen. Das bedeutete Hang zum Verbrechertum.

Warum gehst du nicht unter die Leute?, fragte man ihn. Er besah sich im Spiegel und bemerkte einen grausamen Zug um seinen Mund. Ich bin kein guter Mensch, sagte er.

Er verbohrte sich in seine Bücher. Als er sie alle ausgelesen hatte, musste er unter die Leute, sich ein neues Buch kaufen gehen. Hoffentlich gibt es kein Unheil, dachte er und ging unter die Leute. Eine Frau sprach ihn an und bat ihn, ihr einen Geldschein zu wechseln. Da sie sehr kurzsichtig war, musste sie mehrmals hin- und zurücktauschen. Der Skorpion dachte an seine Augen, die dicht beieinanderstanden, und verzichtete darauf, sein Geld hinterlistig zu verdoppeln. In der Straßenbahn trat ihm ein Fremder auf die Füße und beschimpfte ihn in einer fremden Sprache. Der Skorpion dachte an seine zusammengewachsenen Augenbrauen und ließ das Geschimpfe, das er nicht verstand, als Bitte um Entschuldigung gelten. Er stieg aus und vor ihm lag eine Brieftasche auf der Straße. Der Skorpion dachte an seine Nase und blickte sich nicht und drehte sich auch nicht um.

In der Buchhandlung fand er ein Buch, das hätte er gern gehabt. Aber es war zu teuer. Es hätte gut in seine Manteltasche gepasst. Der Skorpion dachte an seine Ohrläppchen und stellte das Buch ins Regal zurück. Er nahm ein anderes. Als er es bezahlen wollte, klagte ein Bücherfreund: „Das ist das Buch, das ich seit Jahren suche. Jetzt kauft's mir ein anderer weg." Der Skorpion dachte an den grausamen Zug um seinen Mund und sagte: „Nehmen Sie das Buch. Ich trete zurück." Der Bücherfreund weinte fast. Er presste das Buch mit beiden Händen an sein Herz und ging davon.

„Das war ein guter Kunde", sagte der Buchhändler, „aber für Sie ist auch noch was da." Er zog aus dem Regal das Buch, das der Skorpion so gern gehabt hätte. Der Skorpion winkte ab: „Das kann ich mir nicht leisten." – „Doch, Sie können, sagte der Buchhändler, eine Liebe ist der anderen wert. Machen Sie den Preis." Der Skorpion weinte fast. Er presste das Buch mit beiden Händen fest an sein Herz und ...

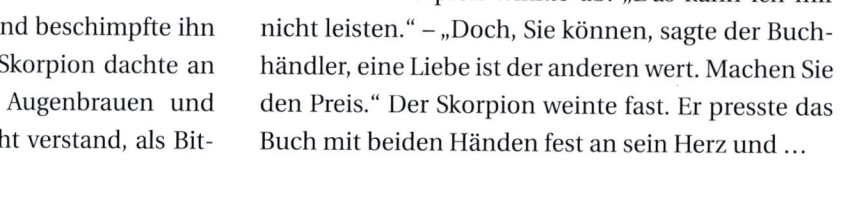

Literatur des 20. und 21. Jahrhunderts

3 Bringen Sie die Notizen zum Text in die richtige Reihenfolge.

A *Der Buchhändler ist von der Gutmütigkeit des Skorpions überrascht und macht es möglich, dass sich der Skorpion das für ihn zu teure Buch kaufen kann.*

B *Der Skorpion überlässt einem Mann das Buch, das er sich ausgesucht hatte, und macht ihn damit glücklich.*

C *Die vermenschlichten Körpermerkmale des Skorpions und deren Bedeutung in der Gesellschaft werden beschrieben.*

D *Auf dem Weg zum Buchladen und im Buchladen selbst widersteht er den teilweise kriminellen Versuchungen, die sich ihm bieten.*

E *Der Skorpion meidet die Gesellschaft, isoliert sich also, da er glaubt, nicht gut genug für diese zu sein.*

4 a) Formulieren Sie einen passenden Schluss.
b) Stellen Sie sich Ihre Schlussvarianten vor.

c) Lesen Sie den Originalschluss des Textes.

… da er nichts mehr frei hatte[1], reichte er dem Buchhändler zum Abschied seinen Stachel. Der Buchhändler drückte den Stachel und fiel tot um.

---
[1] nichts frei haben: *keine Hand mehr frei haben*

d) Besprechen Sie, ob der Schluss für Sie überraschend ist.

5 a) Bei dem Text „Skorpion" handelt es sich um eine Parabel. Lesen Sie die Info auf S. 55.
b) Der Skorpion ist als Bild zu verstehen. Besprechen Sie, für wen oder was das Bild des Skorpions steht. Begründen Sie Ihre Meinung.

6 a) Sehen Sie sich den Hefteintrag zur Parabel an.
b) Besprechen Sie in der Klasse, welche „Eigenschaften" eine Parabel in der Mathematik und in der Literatur aufweist. Recherchieren Sie ggf. im Internet.
c) Ergänzen Sie die Lücken des Hefteintrags.

Parabel

Die Parabel geht auf das griechische Wort **parabole** *(nebeneinanderwerfen, Gleichnis) zurück.*

⬇ ⬇

Definition einer literarischen Parabel	**Definition einer mathematischen Parabel**
Die Parabel …	*Die Parabel …*
➜ *… ist eine lehrhafte Erzählung.*	➜ *… ist …*
➜ *…*	➜ *… ist …*
➜ *…*	➜ *… hat …*

2.1 Texte in ihren Aussagen, ihren Absichten und ihrer formalen Struktur verstehen, sie reflektieren, kritisch beurteilen und in einen größeren Zusammenhang einordnen

Literatur des 20. und 21. Jahrhunderts

7 a) Verschiedene Körperteile des Skorpions werden im Text beschrieben. Notieren Sie die äußerlichen Merkmale und die Vorurteile der Gesellschaft zu dieser Art des Körperteils. Lassen Sie sich hierzu das Schaubild kopieren.
b) Überlegen Sie, inwiefern die Eigenschaft der Spiegelgleichheit einer Parabel in der Mathematik auf die literarische Parabel übertragen werden kann. Beziehen Sie sich dabei inhaltlich auf den Text „Skorpion".

8 Untersuchen Sie den Text genauer und diskutieren Sie die folgenden Punkte. Beziehen Sie dabei stets den Text mit ein.
a) Treffen die Vorurteile der Gesellschaft in Bezug auf den Skorpion zu?
b) Wie nimmt der Skorpion sich selbst wahr?
c) Beschreiben Sie die Identität des Skorpions aus Ihrer Perspektive.
d) Diskutieren Sie, inwiefern die Identität des Skorpions durch die gesellschaftliche Stigmatisierung beeinflusst wird.

9 Schreiben Sie einen inneren Monolog aus der Perspektive des Skorpions. Gehen Sie dabei auf folgende Fragen ein:
– Wie fühlt sich der Skorpion in der Buchhandlung?
– Welche Gedanken gehen ihm dabei durch den Kopf?

Achten Sie darauf, den Wandel der Gefühle des Skorpions möglichst genau und nacherlebbar zu gestalten.

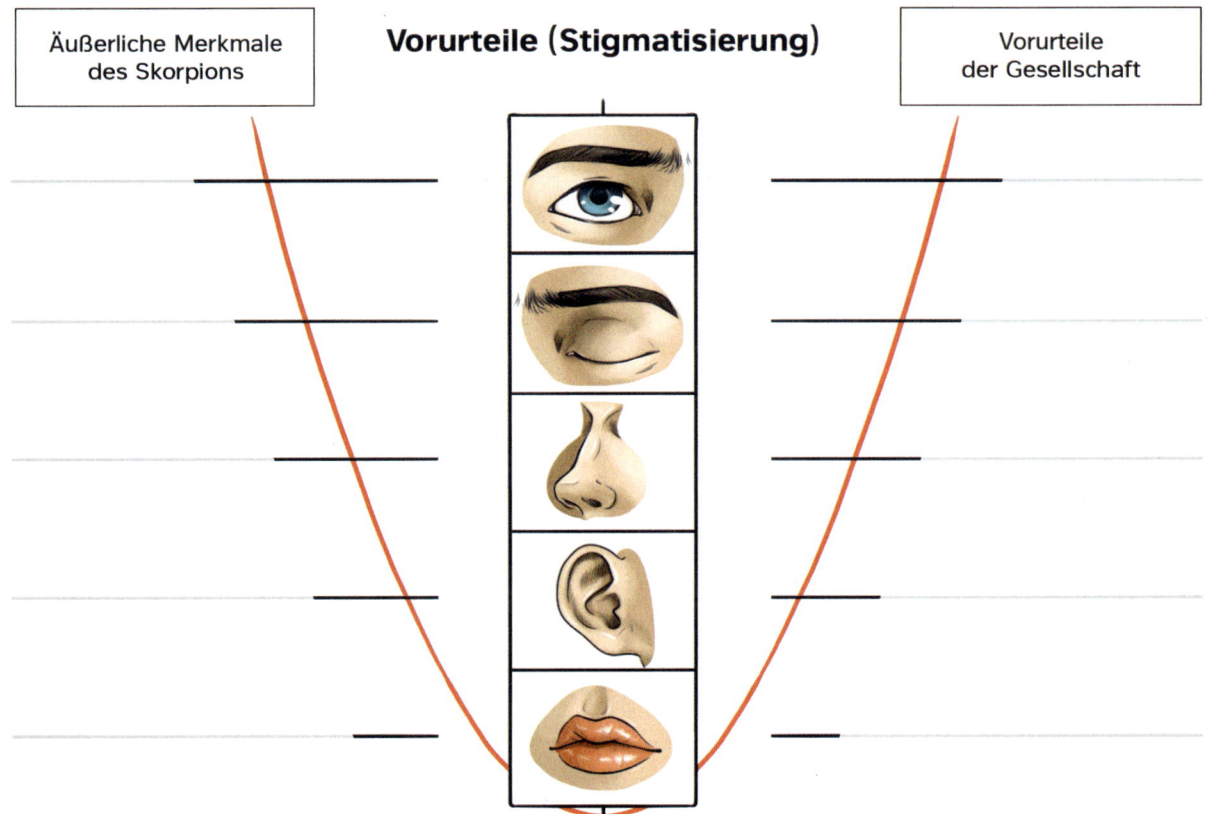

Aus dem Leben nach dem Zweiten Weltkrieg

1 a) Lesen Sie den Text von Heinrich Böll.

Am meisten war ich darüber erstaunt, wie schnell und einfach es ging. War es die Gelegenheit, die den Hunger wachrief ... oder hatte der ewig wache Hunger die Gelegenheit erspäht, ich weiß es nicht; es war, als würden zwei glühende Pole mit einem Male verbunden durch einen Blitz, und alles, was zwischen ihnen gewesen war, wurde einfach weggebrannt; keine Spur Moral und nicht einen Funken von Reue empfand ich; anscheinend ... denn nichts weiß ich genau und niemals werde ich es wissen ... Ich griff einfach zu, griff mit jener tödlichen Sicherheit, die uns manchmal wie eine Erleuchtung überkommt; packte hinein ... und dann wand ich mich, Entschuldigungen stammelnd, durch die Schlange von grauen Menschen, die sich infolge des ungeduldigen Drängens von hinten vorne plattgedrückt und gestaut hatte; eilig nervös, von einer hysterischen Überraschung geschüttelt; ja, zwischen einem krampfhaften Lachen und einem wilden Schluchzen blieb mein zuckender Mund stumm und hilflos hängen; noch einmal sah ich zurück ... und war nicht das kalte und hochmütige Gesicht der Bäckerin so verächtlich zu mir gewandt, als wolle es sagen: [...]

Literatur des 20. und 21. Jahrhunderts

b) Der Text trägt den Titel „Der Dieb". Tauschen Sie sich aus, was der Dieb gestohlen haben könnte und warum.

2 a) Notieren Sie spontan, was die Bäckerin dem Menschen in der Bäckerei entgegnet.
b) Stellen Sie Ihre Idee der Klasse vor. Begründen Sie, warum die Bäckerin dem Mann gerade dies sagen könnte.
c) Woran merkt man, dass die Hauptfigur ein schlechtes Gewissen hat? Belegen Sie das an einer passenden Textstelle.

3 a) Lesen Sie den Text weiter.

„Geh nur ... ich weiß alles, aber ich verhungere deshalb nicht; ich verhungere nicht, du ... (und dann hätte ein Schimpfwort folgen können).
Draußen begann ich zu laufen; um die erste Ecke,
5 um die zweite Ecke ... Angst, Glück, Unruhe taumelten wild und blind durch mich hin ... nichts sah ich: dann blieb ich stehen und horchte ... und da nichts zu hören war, kein Schritt, kein Ruf, da rannte ich, rannte nach Hause, von einer berauschenden, herr-
10 lichen menschlichen Freude erfüllt; denn ich hatte es, hatte es in der Tasche: das Brot ... ohne Marken und ohne Geld! ... hatte ich: das Brot ... das BROT!

b) Überlegen Sie, warum die Hauptfigur ausgerechnet Brot gestohlen haben könnte.
c) Erklären Sie die folgende Aussage.

> *Das Verhalten des Mannes, der das Brot stiehlt, sowie die Gedanken, die der Bäckerin daraufhin durch den Kopf gehen (könnten), zeigen die Lebensumstände vieler Menschen in der Zeit nach dem Zweiten Weltkrieg.*

d) Lesen Sie die Info „Heinrich Böll – Biografie und Werk" auf S. 61 und sprechen Sie über die Zeitumstände der Kriegs- bzw. Nachkriegszeit. Beziehen Sie auch Bölls eigene Erlebnisse und Erfahrungen während des Zweiten Weltkriegs und danach auf den Text „Der Dieb" und notieren Sie stichpunktartig, wie bzw. an welchen Stellen Böll diese in seinen Text einfließen lässt.
e) Überlegen Sie, welche Bedeutung Brot für die Menschen in der Nachkriegszeit hatte.
f) Erklären Sie, warum der Hunger im Text personifiziert dargestellt wird, und belegen Sie dies mit einer passenden Textstelle.

Literatur des 20. und 21. Jahrhunderts

4 Tauschen Sie sich darüber aus, was der Satz „[...] denn ich hatte es, hatte es in der Tasche: das Brot ... ohne Marken und ohne Geld!" (Z. 10–12) bedeutet.

Lebensmittelmarken während des Zweiten Weltkriegs

5 Der Text kann in drei Teile gegliedert werden.

- Gefühle nach dem Diebstahl
- Erinnerungen an den Diebstahl (Rückblick)
- Diebstahlhergang

a) Nehmen Sie die Teilung vor und notieren Sie die passenden Zeilen.
b) Beschreiben Sie, wie sich der Mann vor, während und nach dem Brotklau fühlt. Belegen Sie dies mit Textbeispielen.
c) Besprechen Sie, durch welche sprachlichen Mittel es dem Autor gelingt, die überschwängliche Freude des Mannes über den geglückten Brotdiebstahl darzustellen.

6 a) Stellen Sie dar, wie der Konflikt zwischen der Hauptfigur und der Bäckerin sich zuspitzt, obwohl sie nicht miteinander sprechen. Belegen Sie dies mittels passender Textstellen.
b) Erläutern Sie, wodurch die Konfliktsituation (auf-)gelöst wird.

7 Versetzen Sie sich in die Bäckerin, die den Diebstahl mitbekommt, aber nichts dagegen tut. Formulieren Sie einen Dialog zwischen ihr und ihrem Ehemann beim Abendessen.

Info

Heinrich Böll – Biografie und Werk

Im Jahr 1917 wurde Heinrich Böll in Köln geboren. Nach dem Abitur begann er eine Ausbildung zum Buchhändler, brach diese aber ab, um Germanistik zu studieren. Sein Studium musste er unterbrechen, da er zum Wehrdienst während des Zweiten Weltkriegs einberufen wurde. Während dieser Zeit befand er sich auch in britischer und amerikanischer Kriegsgefangenschaft.
Nach dem Krieg setzte er sein Studium fort. Seine ersten Texte, vor allem Kurzgeschichten, wurden 1947 veröffentlicht. Das Einkommen Bölls, das er durch seine schriftstellerische Tätigkeit erzielte, reichte nicht zum Leben, sodass er weitere Jobs hatte, um sich über Wasser zu halten, und Elend, Hunger und Angst auch für Böll allgegenwärtig waren.
Heinrich Böll wurde aufgrund seiner Texte aber immer bekannter. Er trat der Schriftstellervereinigung PEN (**P**oets, **E**ssayists, **N**ovelists) bei und wurde auch deren Vorsitzender.
Außerdem engagierte sich Böll während seines Lebens für politisch verfolgte Schriftsteller. 1972 wurde ihm sogar der Nobelpreis für Literatur verliehen.
Neben vielen Kurzgeschichten sind einige seiner bekanntesten Werke die Erzählung „Die verlorene Ehre der Katharina Blum" oder der Roman „Ansichten eines Clowns". Böll möchte mit vielen seiner Texte eine Mahnung an die Menschen richten, nie wieder Krieg zu führen, und hofft auf Frieden. Im Jahr 1985 stirbt Heinrich Böll in einem kleinen Ort in der Eifel.

Literatur des 20. und 21. Jahrhunderts

8 a) Lesen Sie die Info zur Erzählperspektive und sehen Sie sich die Abbildung an.
b) Fertigen Sie eine Übersicht zu den verschiedenen Erzählperspektiven an.
c) Diskutieren Sie, warum Böll diese Geschichte so lebendig nacherlebbar gestalten konnte. Gehen Sie dabei auch auf die Erzählperspektive und die Zeitdarstellung ein.

Info

Erzählperspektive

Jeder epische Text hat **einen Erzähler**. Dabei handelt es sich um eine Stimme, aus deren Sicht dem Leser die Geschichte erzählt wird, und **nicht um den Autor**. Ein solcher Erzähler kann **verschiedene Perspektiven** einnehmen und diese im Laufe einer Geschichte auch ändern. Die Erzählperspektive ist also die **Sicht, aus der ein Text erzählt wird**. Man unterscheidet zwischen der **auktorialen, neutralen und personalen Erzählperspektive** sowie der **speziellen Form der Ich-Erzählung**.

Der **auktoriale Erzähler ist allwissend** und hat eine uneingeschränkte Sicht auf das Geschehen. Er weiß alles über die handelnden Figuren und blickt **von außen** auf das Geschehen (**Außensicht**).

Der **neutrale Erzähler** berichtet ebenfalls von **außen**, ist also nicht Teil der Handlung. Er kennt jedoch die **Gefühle und Gedanken von Figuren nicht**.

Im Gegensatz zum auktorialen und neutralen Erzähler ist der **personale Erzähler Teil der Handlung**, weiß aber nicht alles. Das Geschehen wird aus der **Perspektive einer einzelnen Figur des Textes** beschrieben sowie kommentiert und so auch vom Leser wahrgenommen (**Innenperspektive**).

Der Ich-Erzähler ist eine **Sonderform der Erzählperspektive**. Das Geschehen wird aus der Ich-Form erzählt, kann aber **auch Merkmale der anderen Erzählperspektiven** aufweisen. Wird ein Geschehen vom Ich-Erzähler im Nachhinein erzählt, kann diese Perspektive auktoriale Züge aufweisen; das Ich weiß mehr als der Leser. Wird die Geschichte jedoch unmittelbar erlebt, gibt es keinen Wissensvorsprung.

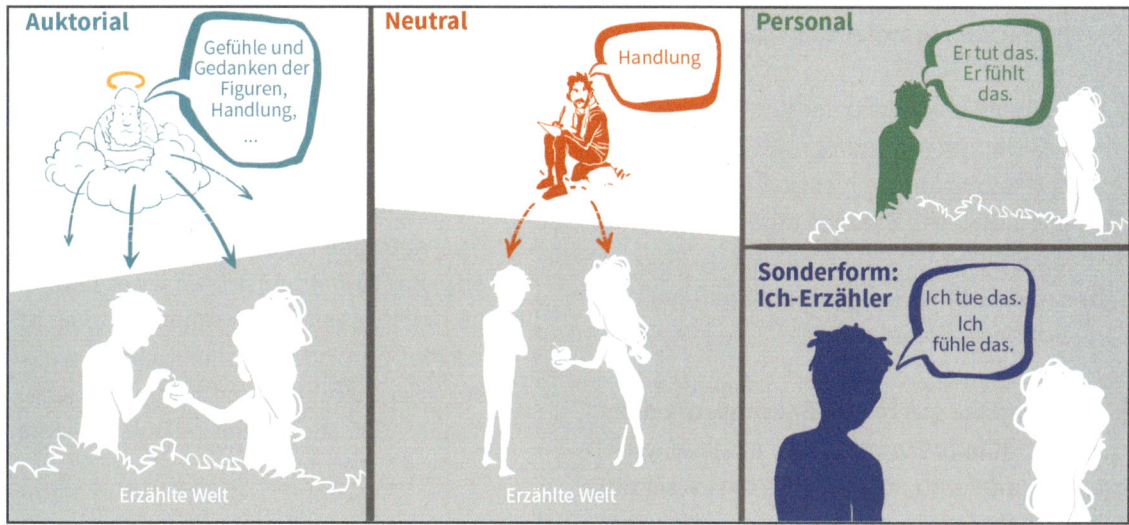

Spöttisch und humorvoll zugleich

1 a) Lesen Sie den Text „Babysitter".

Babysitter
Von Ephraim Kishon

Kürzlich, an einem subtropischen Abend, klingelte es wieder einmal an der Wohnungstür. Es war nur Jecheskel von gegenüber. „Tut mir leid, Sie zu so später Stunde noch zu stören, aber ich würde Sie gerne um eine größere Gefälligkeit bitten", katzbuckelte mein Nachbar. „Wir bekamen eben zwei Freikarten zur Generalprobe eines Musicals geschenkt, aber wir können unseren Danny unmöglich alleine lassen. Der Kleine ist erst sieben, und unser Babysitter will nicht kommen, weil die Klimaanlage kaputt ist. Daher wollten wir Sie herzlich bitten …" Ganz Großmut und gutnachbarliche Gefühle nahm ich einen spanischen Fächer aus der Vitrine und ging zu den Jecheskels hinüber. Frau Jecheskel war völlig überrascht über meine Hilfsbereitschaft, obwohl ich nicht umhin konnte zu bemerken, dass sie uns schon im Pelzmantel erwartete. Ich wurde noch schnell in Kenntnis gesetzt, was ich alles zu tun hätte, falls der liebe Kleine aufwachen sollte. Dann gingen sie beruhigt in die Generalprobe. Ich beschloss, bevor ich mich mit einem Buch niederließ, schnell noch einen Blick auf den kleinen Danny zu werfen. Ich wollte wissen, welcher der kleinen fußballspielenden Lausbuben er war, die regelmäßig die Azaleen in unserem Garten zertrampelten. Das Kind schlief friedlich im Bettchen, seinen Teddybären im Arm. Er hatte die Decke weggestrampelt. Ich beugte mich pflichtbewusst über ihn, um ihn väterlich zuzudecken. Und weil es in dem Zimmer ziemlich heiß war, drehte ich den Ventilator an. Die weiteren Ereignisse kann ich nicht mehr genau rekonstruieren. Ich bekam einen schrecklichen Schlag, hörte mich aufschreien und fiel in Ohnmacht.

Als ich wieder zu mir kam, lag ich am Boden, und Klein Danny beugte sich besorgt über mich. Auf meine Stirn hatte er einen nassen Lappen gelegt und zwischen meine Lippen eine Cognacflasche geschoben. Nach einiger Zeit war ich so weit wieder hergestellt, dass ich mich vorsichtig aufsetzen konnte. „Du hast einen elektrischen Schlag bekommen, Onkel", beruhigte mich Danny. „Aber keine Sorge, du bist bald wieder o. k. Ich mache dir jetzt einen starken Kaffee." Er stellte Wasser auf, rief den Arzt an und fragte mich, ob es mir etwas ausmache, einige Minuten allein zu bleiben. Nach kurzer Zeit kam er mit einer Schachtel Beruhigungstabletten zurück. Dann bettete er mich auf die Couch und blieb so lange bei mir sitzen, bis ich einschlief. Als die Jecheskels nach Hause kamen […].

b) Schreiben Sie den Text weiter und gehen Sie dabei darauf ein, wie Herr und Frau Jecheskel reagieren, als sie nach Hause kommen.

c) Stellen Sie Ihre Schlussvariante der Klasse vor.

Literatur des 20. und 21. Jahrhunderts

d) Lesen Sie den Originalschluss des Textes.

[...] und mich aufwecken, war ich ganz der Alte. „Wir wissen gar nicht, wie wir Ihnen danken sollen", sprudelten sie vor Freude über, „wir stehen tief in Ihrer Schuld." Ich sagte, es wäre nicht der Rede
5 wert, ich hätte nur meine Pflicht getan, und wandte mich rasch zum Gehen. Im Vorzimmer versperrte mir plötzlich der kleine Danny den Weg: „Macht 120 Jhekel[1], Onkel, der Nachttarif für einen Babysitter."

---
[1] Jhekel: *andere Bezeichnung für Shekel/Schekel – israelische Währung, 1 Schekel entspricht etwa 25 Cent*

e) Sprechen Sie darüber, wie sich Ihr Schlussgedanke vom Originalschluss des Textes unterscheidet.

2 Überlegen Sie gemeinsam, was mit dem Ausdruck „katzbuckelte" (Z. 5) gemeint ist. Gehen Sie dabei auf die Redesituation ein. Machen Sie Vorschläge, mit welchen Ausdrücken man „katzbuckeln" ersetzen könnte.

3 a) Halten Sie gemeinsam stichpunktartig an der Tafel fest, wie sich die Konfliktsituation beim Babysitten zuspitzt. Legen Sie hierzu ein Flussdiagramm an.

> *Babysitter trifft bei Nachbarn ein*
> ↓
> *Babysitter wird beim Zudecken des Jungen von Ventilator getroffen*
> ↓
> *...*

b) Notieren Sie stichpunktartig in Kleingruppen, wie der Babysitter beschrieben bzw. dargestellt wird. Belegen Sie die Eigenschaften des Babysitters am Text.

Babysitter
- *hilfsbereit* ➡ *hilft seinen Nachbarn, indem er das Babysitten übernimmt (vgl. Z. 11–14)*
- *...*

4 a) Als der Babysitter wieder in seiner eigenen Wohnung ist, notiert er die Erlebnisse – oder zumindest das, woran er sich noch erinnern kann – in seinem Tagebuch. Schreiben Sie einen Tagebucheintrag aus Sicht des Babysitters in Ihr Heft.

b) Stellen Sie den Tagebucheintrag in der Klasse vor. Lassen Sie sich Feedback geben.

5 Bei dem Text „Babysitter" handelt es sich um eine satirische Kurzgeschichte.
a) Sprechen Sie darüber, was man unter einer Satire versteht. Lesen Sie dazu die Info.

> **Info**
>
> **Satire**
>
> Die Satire übt **Kritik**, die sie auf **indirekte, zumeist humorvolle oder ironische Weise** ausspricht. Kritisiert werden politische Situationen, gesellschaftliche Missstände oder menschliche Schwächen. Sie bedient sich der Mittel der **Übertreibung, der Nachahmung auf humorvolle Weise, der Umkehrung der Verhältnisse**. Dadurch bringt die Satire den Leser oder Zuschauer zum Lachen oder Schmunzeln und zum Nachdenken. Hinter jeder Satire verbirgt sich also eine tiefere Wahrheit, die man erkennen soll.
> Satire findet sich **in literarischen, aber auch pragmatischen Texten** (z. B. Glosse).

b) Notieren Sie wesentliche Merkmale von Satire in Kleingruppen.
c) Belegen Sie die Merkmale mit passenden Textstellen, indem Sie diese auf einer Textkopie markieren.

6 a) Überlegen Sie, was bzw. wer in dem Text kritisiert wird.
b) Lesen Sie die Schülermeinungen dazu.

1 Die Eltern werden kritisiert, weil sie ihrem Sohn nicht zutrauen, ein paar Stunden alleine zu bleiben.
2 Die Naivität des Babysitters wird kritisiert.
3 Kritik wird daran geübt, dass Kinder so erzogen werden, als wären sie verantwortungsbewusster als Erwachsene.

c) Diskutieren Sie zu zweit, welchen Aussagen Sie zustimmen.
d) Besprechen Sie, welche weiteren Absichten neben der Kritikäußerung der Autor mit dem Text verfolgt. Belegen Sie diese immer mit passenden Textstellen.

7 a) Lesen Sie die Info zu E. Kishon und machen Sie sich Notizen zu wichtigen Fakten.
b) Geben Sie wieder, was Sie über Kishon erfahren haben, indem Sie zu zweit abwechselnd interessante Informationen nennen.
c) Sprechen Sie darüber, welche Erfahrungen Kishon mit dem Naziregime machen musste, welche Folgen sich für ihn ergaben und wie er damit umging.
Was meint Kishon mit seiner Aussage, dass er Genugtuung empfindet, wenn er sieht, wie die Enkel seiner Henker Schlange stehen, um einer seiner Lesungen zu lauschen?
d) Überlegen Sie, warum Kishon viele humorvolle Texte schrieb, obwohl er viel Leid in seinem Leben erfahren musste.

> **Info**
>
> ### Ephraim Kishon – Biografie und Werk
>
>
>
> Ephraim Kishon wurde als Ferenc Hoffmann 1924 in Budapest (Ungarn) geboren. Eigentlich wollte Kishon in seinem Heimatland Ungarn studieren, verwarf aber seine Pläne, nachdem die Zugangsbeschränkungen für Studierende jüdischen Glaubens 1938 verschärft wurden. Er begann eine Lehre als Goldschmied. 1942 wurde Kishon in ein Arbeitslager deportiert, aus dem ihm 1945 die Flucht nach Polen gelang. Doch viele Verwandte kamen in Auschwitz ums Leben.
> 1949 flüchtete Kishon mit seiner Frau nach Israel und begann bei einer lokalen Zeitung eine Kolumne zu schreiben. International wurde er durch sein Buch „Look Back Mrs. Lot" bekannt. Weltweit sind etwa 700 seiner Bücher in 37 Sprachen erschienen. Kishon gilt im deutschsprachigen Raum als einer der erfolgreichsten Satiriker des 20. Jahrhunderts. In seinen satirischen Texten zielte Kishon vor allem auf die kleinen Ärgernisse des Alltags ab, genauso wie auf die Bürokratie und die Politik. Kishons Filme erhielten drei Golden Globes und wurden zweimal für einen Oscar nominiert.
> Er selbst empfand es als Ironie, dass er gerade in Deutschland so beliebt ist, und sagte, dass er Genugtuung empfindet, wenn er sieht, dass die Enkel seiner Henker Schlange stehen, um einer seiner Lesungen zu lauschen. Nichtsdestotrotz hegte er aber gegenüber der jungen Generation von Deutschen keinen Hass, da er der Ansicht war, dass es keine kollektive Schuld gebe, sondern nur kollektive Schande. Mit seinem Humor wollte Kishon zur Versöhnung beitragen. 2005 starb Kishon in Appenzell (Schweiz).

Aus dem alltäglichen Leben

1 a) Lesen Sie den Text „Am Familientisch".

Am Familientisch
Von Axel Hacke

Max rülpst. Fünf Jahre alt und rülpst ständig. Er kann es noch nicht richtig, das Geräusch hat keine Tiefe und ist ein wenig blass, das liegt wohl am fehlenden Resonanzboden bei Fünfjährigen. Aber er übt stän-
5 dig – bei Tisch, bei den Großeltern, gern auch, wenn Besuch kommt.
Die Eltern: „Max, kannst du das mal bitte lassen. Man rülpst nicht, wenn andere Leute da sind, es stört sie."
10 Max rülpst.
Die Eltern: „Du, Max, das finden wir jetzt echt nicht so gut. Lässt du das mal bitte?"
Max rülpst.
Die Eltern (Versuch einer paradoxen Intervention[1]
15 des dreifachen Axels[2] der Kindererziehung): „Max, wir hören es gerne, wenn du rülpst, das Geräusch gefällt uns so, bitte rülpse noch mehr."
Kurzes Nachdenken. Max rülpst.
Die Eltern unter sich: „Wir müssen das Rülpsen ig-
20 norieren. Es geht ihm nur darum, auf sich aufmerksam zu machen. Er ist der Zweigeborene, vergessen wir es nicht." Sie ignorieren das Rülpsen.
Max rülpst.
Die Eltern denken darüber nach, ob es sinnvoll wäre,
25 das Kind einem Arzt vorzustellen. Es könnte einfach Verdauungsprobleme haben. Sie verwerfen den Gedanken; der Stuhlgang des Knaben ist normal.
Max rülpst.
Die Eltern bringen Max in sein Zimmer. Das Kind
30 schreit, klagt, weint, öffnet die Zimmertüre und schlägt sie wieder zu, bejammert sein Schicksal, schreit seine Wut hinaus, bricht heulend auf dem Ziegenhaarteppichboden seiner Behausung zusammen.

Die Eltern werden mitleidig, gehen nach oben: „Du darfst jetzt wieder herunterkommen, wenn du nicht mehr rülpst."
Max kommt wieder an den Esstisch, setzt sich mit versteinertem Gesicht auf seinen Platz. Die Eltern (denkend): „Es war hart, aber nun haben wir es geschafft." Die Familie isst schweigend. Es kehrt Ruhe ein im Haus. Stille senkt sich über den Tisch, Frieden in die Herzen der Erziehenden.
Man hängt seinen Gedanken nach.
Da rülpst Max.

---
[1] paradoxe Intervention: *widersinniges Eingreifen*
[2] dreifacher Axel: *schwieriger Sprung im Eiskunstlauf*

b) Tauschen Sie sich zu zweit über die Problematik aus, die im Text dargestellt wird.

2 Die Situation zwischen den Eltern und Max spitzt sich zu.
a) Gehen Sie in Kleingruppen zusammen und bringen Sie die Handlungsschritte zur Konfliktentwicklung in die richtige Reihenfolge. Notieren Sie hierzu die Buchstabenabfolge.

> **Ausgangssituation:**
> **Problem – Max rülpst**

| A | Eltern bitten Sohn, weiterhin zu rülpsen. |

| B | Eltern drohen Max mit Konsequenzen. |

| C | Eltern überlegen, Max medizinisch untersuchen zu lassen. |

| D | Erklärung der Eltern, dass sie das Rülpsen nicht gutheißen. |

| E | Eltern reißt der Geduldsfaden. |

| F | Eltern ignorieren das Rülpsen. |

| G | Bitte der Eltern, Max solle nicht rülpsen. |

| H | Eltern hinterfragen ihre Einstellung zum Rülpsen. |

b) Ergänzen Sie weitere fehlende Handlungsschritte. Schreiben Sie diese unter die Buchstabenfolge.

3 Sprechen Sie über die Bedeutung des Satzes „Versuch einer paradoxen Intervention des dreifachen Axels der Kindererziehung" in Zeile 14–15. Recherchieren Sie gegebenenfalls schwierige Begriffe im Internet.

4 a) Sprechen Sie darüber, welche Erklärungsversuche die Eltern äußern, warum ihr Sohn immer wieder rülpst.
b) Markieren Sie auf einer Textkopie zu zweit Textstellen, an denen man erkennt, dass die Eltern mit ihren Erziehungsmethoden hadern und diese hinterfragen.
c) Besprechen Sie mit Ihrem Partner, woran man merkt, dass Max seine Eltern fest im Griff hat.

5 a) Im Text wechseln sich Hypotaxen mit Parataxen ab. Markieren Sie äußerst kurze Sätze im Text und sprechen Sie mit Ihren Mitschülern, wie dies auf Sie wirkt.
b) Wie schafft es der Autor, Max' Gleichgültigkeit zu den Forderungen seiner Eltern darzustellen? Tauschen Sie sich aus.
c) Max wirkt auf den Leser sympathisch. Überlegen Sie gemeinsam, woran das liegt, obwohl er selbst nie zu Wort kommt.

6 a) Wie gelingt es dem Autor, dass man sich sowohl in Max als auch in seine Eltern einfühlen kann? Sprechen Sie in der Klasse darüber und gehen Sie dabei auch auf die Erzählperspektive (vgl. Info, S. 62) ein.
b) Überlegen Sie gemeinsam, warum der Autor als Zeitdarstellung die Zeitraffung wählt. Was bewirkt dies beim Leser?
c) Diskutieren Sie darüber, woran es liegt, dass die Geschichte so lustig wirkt und den Leser zum Schmunzeln bringt.

7 a) Lesen Sie die Aussage eines Germanistikprofessors aufmerksam.

„Satirische Texte sind Schriftstücke, die nicht ganz ernst gemeint sind. Sie erlauben es uns, im Alltag über Dinge zu schmunzeln und manchmal auch lauthals zu lachen, da die Themen, die beschrieben werden, ein jeder von uns kennt. Alltägliche Probleme, Missgeschicke und Ärgernisse – über die man vielleicht in der Öffentlichkeit nicht gerne spricht –, werden meist überspitzt dargestellt. Satirische Texte leben daher z. B. von Übertreibungen, aber auch Untertreibung, wodurch eine Verzerrung der Wirklichkeit entsteht, Floskeln, Wortspielen, Vergleichen und Metaphern, teilweise Umgangssprache oder sehr kurzen Sätzen, die das Geschehen oder Problem auf den Punkt bringen. Auch Kritik an einer Person oder einem Verhalten wird mittels Spott und Ironie verstärkt. Satirische Darstellungen in Form von Bildern nennt man Karikatur oder Cartoon."

Literatur des 20. und 21. Jahrhunderts

b) Besprechen Sie zu zweit, was der Professor über satirische Texte sagt.
c) Überprüfen Sie in Kleingruppen, welche sprachlichen Mittel, die der Professor nennt, im Text „Am Familientisch" zu finden sind. Markieren Sie diese.

8 Jeder Text erzielt beim Leser eine bestimmte Wirkung. Und auch der Verfasser eines Textes verfolgt eine bestimmte Absicht, warum er diesen schreibt.
a) Lesen Sie unten die möglichen Wirkungen bzw. Absichten aufmerksam.
b) Tauschen Sie sich zu zweit darüber aus, wie der satirische Text „Am Familientisch" auf sie wirkt und welche Absicht mit dem Text verfolgt wird.
c) Notieren Sie passende Textstellen, an denen die Wirkung auf den Leser bzw. die Absicht des Autors deutlich wird.

9 a) Lesen Sie die Info über Axel Hacke und informieren Sie sich im Internet über ihn, z. B. auf seiner Homepage.
b) Tauschen Sie sich in Ihrer Klasse über Ihre Rechercheergebnisse aus. Empfehlen Sie ggf. weitere Texte von ihm.

Info

Axel Hacke wurde 1956 in Braunschweig geboren. Nach dem Studium in Göttingen und München arbeitete er von 1981 bis 2000 als **Mitglied der Redaktion der Süddeutschen Zeitung**. Seit dem Jahr 2000 lebt Axel Hacke **als freier Schriftsteller und Kolumnist in München** und Oberbayern. Er hat für seine Texte **eine Reihe bedeutender Auszeichnungen** erhalten.

Wirkungen	Absichten
– humorvoll	– belustigen, zum Lachen bringen
– lustig übertrieben	– informieren, berichten
	– zum Nachdenken anregen
– realitätsnah	– kritisieren, Fehler / Schwächen aufzeigen
– beängstigend	– etwas / jemanden ins Lächerliche ziehen
– ironisch, spöttisch	– zum Handeln bewegen
	– unterhalten
– sachlich, informativ	– etwas hinterfragen
	– Änderung von Verhaltensweisen hervorrufen

Das Labyrinth der Wörter

1 a) Lesen Sie den Auszug aus dem Roman „Das Labyrinth der Wörter" von Marie-Sabine Roger aufmerksam.

Margueritte sagt, sich zu bilden, das ist, wie wenn man versucht, auf einen Berg zu steigen. Heute verstehe ich das besser. Solange man auf seiner Weide steht, meint man, alles zu sehen und zu kennen
5 von der Welt: die Wiese, den Klee und die Kuhfladen (das Beispiel ist von mir). Aber eines schönen Morgens nimmt man seinen Rucksack und wandert los. Und je weiter man geht, desto kleiner wird das, was man hinter sich lässt: Die Kühe werden so win-
10 zig wie Karnickel, wie Ameisen, wie Fliegendreck. Und andersrum erscheint einem die Landschaft, die man beim Höherkommen entdeckt, immer größer. Man dachte, die Welt würde beim nächsten Hügel aufhören, aber nein! Dahinter ist ein anderer, und
15 noch einer, ein etwas höherer, und noch einer. Und dann ganz viele. Dieses Tal, in dem man so vor sich hin lebte, war nur ein Tal von vielen und nicht einmal das größte. Es war letztlich der Arsch der Welt! Beim Wandern begegnet man anderen Leuten, aber
20 je mehr man sich dem Gipfel nähert, desto weniger werden es, und desto mehr friert man sich einen ab. Bildlich gesprochen, meine ich natürlich. Und wenn man dann ganz oben steht, ist man froh und stolz, dass man höher gekommen ist als alle anderen.
25 Man hat einen irre weiten Ausblick. Aber nach einer Weile, da fällt einem was ganz Blödes auf: dass man nämlich allein ist, ohne irgendjemanden, mit dem man noch reden kann. Ganz allein und schrecklich klein.
30 Und vom Standpunkt des Herrn aus, Er sei gelobt, sind wir sicher auch nicht größer als ein verdammter Fliegenschiss.
Das ist es wahrscheinlich, was Margueritte meint, wenn sie sagt: „Wissen Sie eigentlich, Germain, dass
35 Bildung einsam macht?"

Ich glaube, da hat sie nicht unrecht, und außerdem muss einem ja ganz schön schwindelig werden, wenn man das Leben immer so tief unter sich hat. Die Moral von der Geschichte: Ich werde auf halber Höhe stehen bleiben und glücklich sein, wenn ich es 40 so weit schaffe.

b) Fassen Sie den Inhalt mit eigenen Worten kurz zusammen.

2 a) Was will Margueritte mit dem ersten Satz (Z. 1–2) vermutlich sagen? Tauschen Sie sich zu zweit darüber aus.
b) Diskutieren Sie darüber, warum das, was Margueritte unter Bildung versteht, von der Hauptfigur so ausführlich in bildlicher Sprache beschrieben wird (Z. 3–32).
c) Legen Sie Ihren Standpunkt gegenüber Ihren Mitschülern dar, ob Bildung wirklich einsam macht / machen kann. Beziehen Sie auch eigene Erfahrungen mit ein, die Sie innerhalb Ihrer Schullaufbahn gemacht haben.
d) Teilen Sie den Standpunkt der Hauptfigur (Z. 39–41)? Tauschen Sie sich in der Klasse aus.

3 a) Lesen Sie auf der nächsten Seite weiter.

Literatur des 20. und 21. Jahrhunderts

Margueritte hat einen Abschluss. Nicht nur einen popeligen kleinen Abschluss [...], den jeder Dahergelaufene hat (na ja, bis auf mich), sondern sie hat ein richtiges Studium hinter sich. So was dauert so lange, dass man schon alt ist, wenn man damit fertig wird, und keine Zeit mehr hat, genug Arbeitsjahre zusammenzubringen, um eine anständige Rente zu kriegen.

Sie hat einen Doktor, nur dass sie nicht Doktor ist, sie hatte mit Pflanzen zu tun. Margueritte untersuchte Traubenkerne. Ich weiß zwar nicht, was es da zu untersuchen gibt, so ein Kern ist ja ziemlich übersichtlich. Aber das war ihre Arbeit und man soll nicht überheblich sein.

Es gibt keine dummen Berufe, nur dumme Leute. Jedenfalls ist das vielleicht der Grund, warum sie immer von „Kultur" redet, davon, „sich zu kultivieren". Wieder Wörter, die gleich klingen, aber verschiedene Sachen meinen. Bei der Bodenkultur gräbst du die Erde mit dem Spaten um, du ziehst deine Furchen, lockerst den Boden auf oder machst deine Aussaat. Und bei der anderen Kultur, der von der Margueritte spricht, nimmst du einfach nur ein Buch und liest.

Aber das ist nicht unbedingt leichter, im Gegenteil! Über Bücher kann ich Ihnen jetzt was erzählen! Sie können sich nicht vorstellen, wie kompliziert das Lesen ist, wenn man nicht gebildet ist, so wie ich. Man liest ein Wort, gut, man versteht es, das nächste auch, und mit ein bisschen Glück sogar das dritte. Man geht weiter, immer der Fingerspitze nach, acht, neun, zehn, zwölf, bis zum Punkt. Aber wenn man da angekommen ist, ist man keinen Schritt weiter! Man versucht zwar, alles zusammenzufügen, aber es ist nichts zu machen: Die Wörter bleiben so durcheinander wie eine Handvoll Schrauben und Muttern in einer Blechdose.

Für Leute, die sich auskennen, ist das einfach. Sie brauchen nur zusammenzuschrauben, was zusammengehört. Fünfzehn Wörter oder zwanzig Wörter, das macht ihnen keine Angst, das nennt man einen Satz. Aber für mich sah das lange Zeit ganz anders aus. Ich konnte lesen, klar, ich kannte die Buchsta-

ben und alles. Das Problem war der Sinn. Ein Buch, das war wie eine Rattenfalle für meinen Stolz, ein scheinheiliges, hinterhältiges Ding, das auf den ersten Blick ganz harmlos aussah.

Tinte und Papier, was sollte schon dabei sein? Aber es war eine Mauer. Eine Mauer, an der ich mir den Kopf einrannte. Deswegen sah ich nicht ein, wozu Lesen gut sein sollte, solange man nicht dazu gezwungen war, wie für die Steuer oder die Krankenkasse.

Ich glaube, das ist es, was mich bei Margueritte am meisten fasziniert hat – *siehe: eine fesselnde Wirkung auf jemanden ausüben.*

Jedes Mal, wenn ich sie sah, tat sie entweder nichts, oder sie blätterte in einem Buch. Und wenn sie nichts tat, dann hatte sie ihr Buch gerade zurück in die Tasche gesteckt, um sich mit mir zu unterhalten. Das hab ich mit der Zeit rausgefunden. Wenn Sie mich heute fragen würden, was alles in ihrer schwarzen Handtasche ist, könnte ich mit geschlossenen Augen sagen: ein Päckchen Papiertaschentücher, ein Kuli, Pfefferminzbonbons, ein Buch, ihre Brieftasche und Parfum in einem kleinen Zerstäuber aus dunkelblauem Glas.

Es ist immer alles gleich, bis auf das Buch, das wechselt.

Es ist komisch: Wenn ich Margueritte anschaue, sehe ich nur eine winzige Alte, vierzig Kilo, leicht zerknittert wie eine Klatschmohnblüte, mit einem krummen Rücken und tatterigen Händen, aber in ihrem Kopf, da sind Tausende von Büchern aufgereiht, alle schön sortiert und nummeriert. Man sieht ihr nicht an, dass sie intelligent ist. Sie redet ganz normal mit mir, sie geht im Park spazieren, sie zählt Tauben, genau wie gewöhnliche Leute.
Sie macht sich kein bisschen wichtig.

Dabei gab es damals, als sie jünger war, nicht viele Frauen, die so spezielle Sachen studierten, das hat sie mir erzählt. Ich weiß immer noch nicht richtig, was sie eigentlich an ihren Traubenkernen untersucht hat, und auch nicht, wozu das gut sein sollte, aber sie arbeitete in Labors mit Mikroskopen, Reagenzgläsern und Fläschchen, und schon das allein macht mir Eindruck.
Das und auch die Bücher, die sie die ganze Zeit liest. Die sie las, vielmehr.

    b) Sprechen Sie darüber, welche Problematik bezüglich der Hauptfigur im Text dargestellt wird.

c) Überlegen Sie, was mit dem folgenden Satz gemeint ist: „Die Wörter bleiben so durcheinander wie eine Handvoll Schrauben und Muttern in einer Blechdose. Für Leute, die sich auskennen, ist das einfach. Sie brauchen nur zusammenschrauben, was zusammengehört." (Z. 75–77)

4 a) Die Hauptfigur ist von Analphabetismus betroffen. Recherchieren Sie im Internet, was genau man unter Analphabetismus versteht.
b) Sprechen Sie darüber, welche Art von Analphabetismus die Hauptfigur vermutlich hat bzw. hatte.
c) Woran erkennt man, dass die Hauptfigur ihre Schwäche überwunden hat? Markieren Sie hierzu passende Textstellen.
d) Stellen Sie gemeinsam Vermutungen an, was Margueritte dazu beigetragen haben könnte, dass die Hauptfigur kein Analphabet mehr ist.

5 a) Sehen Sie sich die markierten Textstellen auf S. 70 aufmerksam an.
b) Erarbeiten Sie in Kleingruppen, welche sprachlichen Mittel verwendet werden, um das Problem der Hauptfigur mit dem Lesen und Verstehen von Texten möglichst anschaulich und nacherlebbar, sowie für jeden verständlich zu gestalten. Notieren Sie auf einer Textkopie neben den markierten Textstellen passende sprachliche Mittel.

Literatur des 20. und 21. Jahrhunderts

6 a) Sprechen Sie in der Klasse darüber, was Sie über die Hauptfigur und Margueritte erfahren haben. Legen Sie hierzu eine Tabelle an und notieren Sie Ihre Gedanken. Belegen Sie dies mit passenden Textstellen, indem Sie Zeilenangaben notieren.

Hauptfigur	Margueritte
– nicht so gebildet (vgl. Z. 44)	– hat einen Doktortitel (Z. 50)
– spricht offen über ihre Schwächen (z. B. Z. 89 f.)	– liest viel (Z. 96–99)
– …	– …

b) Was fällt Ihnen auf, wenn Sie die beiden Figuren miteinander vergleichen? Ergänzen Sie Ihre Notizen.
c) Trotz ihrer Gegensätze verstehen sich die Hauptfigur und Margueritte gut. Dennoch steht die Hauptfigur gebildeten Menschen kritisch gegenüber. Markieren Sie die Textstelle, an der dies deutlich wird.

7 a) Überlegen Sie, woran es liegt, dass die Hauptfigur sympathisch wirkt.
b) Lesen Sie die Antworten von Schülerinnen und Schülern und besprechen Sie zu zweit, welchen Aussagen Sie zustimmen und welche Sie ablehnen. Nennen Sie Gründe.

Meryem: „Die Hauptfigur wirkt auf mich sympathisch, weil sie Dinge ausspricht, die andere zwar denken, sich aber nicht trauen, laut zu sagen. Und weil einige Stellen umgangssprachlich formuliert sind, wirkt die Figur nicht gekünstelt."

Simon: „Auch wenn die Hauptfigur nicht sehr gebildet scheint, wirkt sie ganz und gar nicht dumm. Das macht die Hauptfigur sympathisch."

Emin: „Ich finde, dass die Figur damit, dass sie nicht so intelligent ist, sehr offen umgeht. Sie steht dazu, dass sie nicht alles so gut weiß oder kann wie Margueritte."

Anna: „Mir persönlich gefallen die persönlichen Kommentare und Ergänzungen der Hauptfigur. Die Figur äußert so ganz unverschämt die eigene Meinung. Das macht sie für mich sympathisch."

Ugur: „Die Hauptfigur erklärt manche Begriffe, die für sie selbst schwierig erscheinen, auch für die Leser. Außerdem erzählt sie aus ihrer persönlichen Perspektive als Ich-Erzähler. Dadurch kann man sich in die Figur einfühlen. Das finde ich gut."

Literatur des 20. und 21. Jahrhunderts

8 a) Der Text ist ein Romanauszug. Lesen Sie die Info und notieren Sie die Merkmale von Romanen auf einer Lernkarte.

> **Info**
>
> **Roman**
>
> Bei einem Roman handelt es sich um eine **Langform einer Erzählung**. Der Roman ist meist in **Kapiteln** aufgebaut. Während des Romanverlaufs wird das **Schicksal eines Einzelnen oder einer Gruppe von Menschen** in der Auseinandersetzung mit der Umwelt geschildert. Dabei handelt es sich oft um eine **Reihe fiktiver Ereignisse**, die z. T. auf wahren Begebenheiten basieren kann. Im Zentrum der Erzählung steht die **Entwicklung einer Hauptfigur**. Der Leser lernt die Hauptfigur (den Protagonisten) in verschiedenen Situationen in der Interaktion mit seiner Umwelt kennen. Im Gegensatz zu einer Kurzgeschichte ist der Roman von einer **komplexen Struktur** geprägt, welche u. a. durch **eine Vielfalt von handelnden Figuren, verstrickten Figurenkonstellationen und vielschichtigen Handlungssträngen** zustande kommt. Auch ein **Perspektivwechsel** kann dazu beitragen. Außerdem kommen im Roman häufig **zeitliche Sprünge** vor, Rückblicke oder eine Vorschau sind möglich.

b) Weisen Sie folgende Romanmerkmale an den Ausschnitten auf S. 69–71 nach. Übernehmen und ergänzen Sie die Tabelle.

Merkmal	Textstelle
Schicksal eines Einzelnen	Hauptfigur hatte Analphabetismus (Z. ...)
Auseinandersetzung der Figur mit ihrer Umwelt	Erzählung, wann Leseschwäche ... (Z. ...)

9 Bei einem Roman wird bei der zeitlichen Darstellung häufig das Element der Zeitraffung angewendet.
a) Diskutieren Sie in der Klasse, warum häufig die Zeitraffung eingesetzt wird. Lesen Sie die Info „Erzählzeit und erzählte Zeit".
b) Überfliegen Sie die Romanausschnitte erneut und überlegen Sie, welche Art der Zeitdarstellung verwendet wurde.

> **Info**
>
> **Erzählzeit und erzählte Zeit**
>
> Als **erzählte Zeit** wird die Zeitspanne bezeichnet, die ein Werk umfasst, es ist also die (fiktive) Zeitspanne bzw. Dauer des erzählten Geschehens.
> Unter **Erzählzeit** hingegen versteht man die Zeit, die ein Leser benötigt, um einen Text zu lesen.
> Je nachdem, in welchem Verhältnis diese Erzählzeit und erzählte Zeit stehen, spricht man von Zeitraffung, Zeitdeckung oder Zeitdehnung.
> Ist die erzählte Zeit in einem Werk länger als die Zeit, die man zum Lesen des Textes braucht, handelt es sich um eine **Zeitraffung**; Ereignisse werden in Geschichten dann meist zusammengefasst, z. B. werden mehrere Jahre in nur einem Absatz geschildert. Sind erzählte Zeit und Erzählzeit ungefähr gleich lang, spricht man von zeitdeckendem Erzählen (**Zeitdeckung**). Dies ist oftmals bei Dialogen oder (inneren) Monologen der Fall. Eine **Zeitdehnung** erfährt ein Text dann, wenn etwas sehr detailreich, beispielsweise von einem auktorialen Erzähler, und mit Abschweifungen dargestellt wird. Eine besondere Form der Zeitdehnung ist der Sekundenstil, bei dem in Zeitlupe berichtet wird.

2.2 Ein breites Spektrum an literarischen Texten unterscheiden (Roman); Unter Verwendung von Fachbegriffen wesentliche Elemente von Texten (Erzählperspektive, Figuren-, Raum-, Zeitdarstellung, Konfliktverlauf) beschreiben

Expressionistische Lyrik

Heutige Ängste von Menschen

In diesem Kapitel lernen Sie,
- sich mit Gedichten aus der Zeit des Expressionismus auseinanderzusetzen,
- Merkmale dieser Gedichte kennen,
- Bezüge zu Ihrem eigenen Erleben und der heutigen Zeit herzustellen.

1 Jeder Mensch hat bestimmte Ängste.
   a) Überlegen Sie gemeinsam, welche Ängste Menschen heutzutage haben könnten. Notieren Sie Ihre Überlegungen in einer Mindmap.
   b) Sehen Sie sich das Diagramm zu den häufigsten Ängsten von Menschen unten an.
   c) Vergleichen Sie Ihre Ideen aus Aufgabe 1 a) mit dem Diagramm. Sprechen Sie über Unterschiede und Gemeinsamkeiten.
   d) Mit welchen Ängsten haben Sie zu kämpfen? Schreiben Sie Ihre Ängste auf.
   e) Priorisieren Sie die Ängste, die im Diagramm vorkommen, für sich. Notieren Sie die neue Reihenfolge von „Macht mir große Angst" bis zu „Macht mir wenig/keine Angst." Ergänzen Sie gegebenenfalls weitere Ängste aus Aufgabe 1 e), die Sie betreffen.

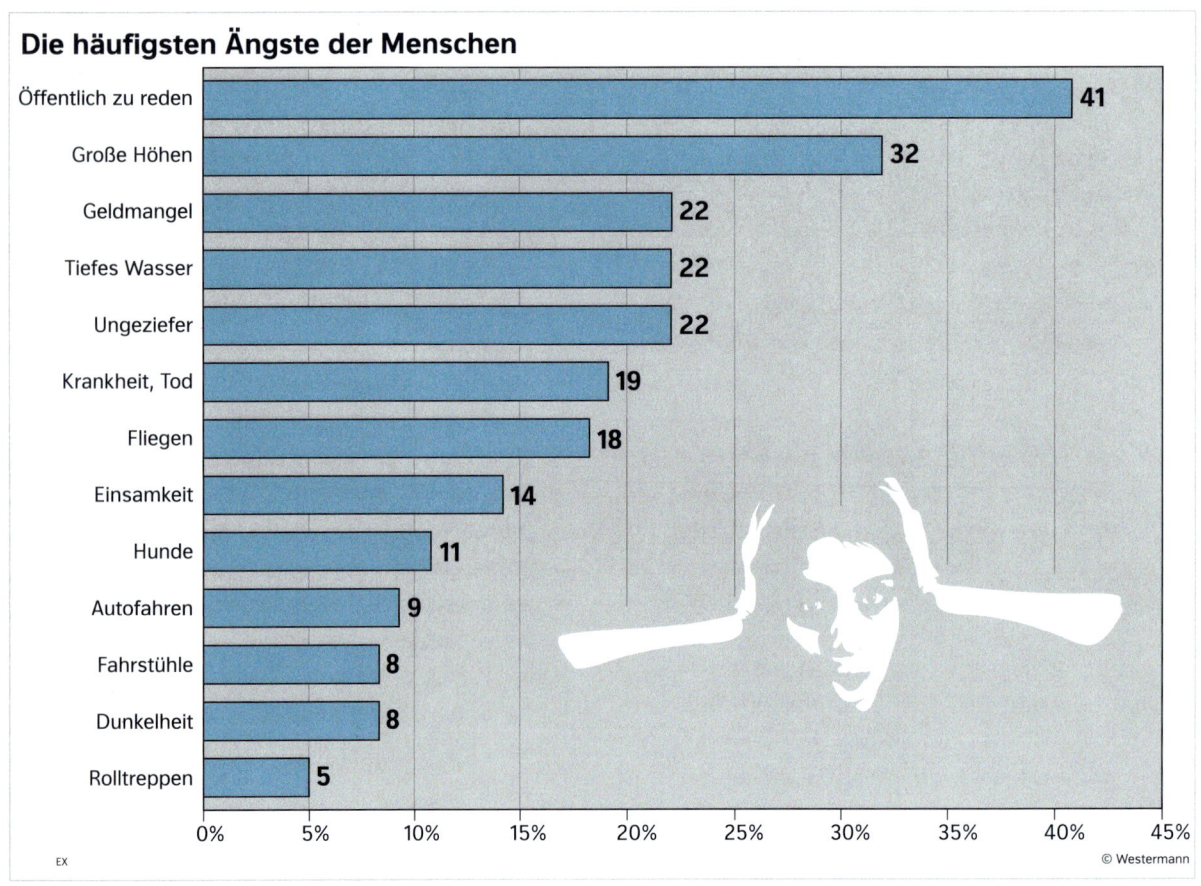

Die häufigsten Ängste der Menschen

- Öffentlich zu reden: 41
- Große Höhen: 32
- Geldmangel: 22
- Tiefes Wasser: 22
- Ungeziefer: 22
- Krankheit, Tod: 19
- Fliegen: 18
- Einsamkeit: 14
- Hunde: 11
- Autofahren: 9
- Fahrstühle: 8
- Dunkelheit: 8
- Rolltreppen: 5

© Westermann

2.2 Typische Merkmale expressionistischer Lyrik an ausgewählten Themenschwerpunkten (z. B. Ängste) beschreiben und diese in Beziehung zu eigenem Erleben (z. B. Befürchtungen oder bedrohlich empfundene aktuelle Entwicklungen) setzen

2 a) Lesen Sie den Text „Wenn die Zukunft jungen Menschen Angst macht" aufmerksam.

Wenn die Zukunft jungen Menschen Angst macht

Während der Pubertät und Adoleszenz verändert sich nicht nur der Körper: Auch die eigene Zukunft wird auf dem Weg ins Erwachsenenleben zum Thema. Viele haben Angst vor dem, was da auf sie zukommt – das ist normal. Ein paar Tipps können helfen, Zukunftssorgen entgegenzutreten.

Berlin (dpa/tmn) – Junge Menschen haben noch Träume, heißt es. Genauso ist die Jugend von heute aber von Zukunftssorgen geplagt. Finde ich den richtigen Job? Finde ich überhaupt einen Job? Wie entwickelt sich die Welt? Wie entwickle ich mich selbst? Im Laufe der Pubertät fängt man an, sich solche Fragen zu stellen. Grundsätzlich sind Zukunftsängste ganz normal – nur auf den richtigen Umgang mit ihnen kommt es an. […]

Die Ängste zu erzählen, erleichtert
Rainer Schütz hat in seiner täglichen Arbeit vor allem mit konkreten Zukunftssorgen zu tun. Er ist Geschäftsführer des Vereins „Nummer gegen Kummer" in Wuppertal. Diese kostenlose Hotline können Jugendliche wählen, um über Probleme zu sprechen. Häufig seien Ängste vor möglichen Schwangerschaften und Schulsorgen Thema am Telefon, sagt Schütz. Der diplomierte Sozialwissenschaftler rät bei solchen konkreten Zukunftsängsten zum Handeln. „Wer ungeschützten Sex hatte, sollte sich schnell mit einem Test Klarheit verschaffen." Denn: „Ängste mit sich herumschleppen macht die meist nur schlimmer." Es kann auch helfen, sich einem Freund oder Verwandten mit seinen Zukunftsängsten anzuvertrauen. „Erzählen eignet sich gut, um seine Sorgen und Nöte einmal zu sortieren und zwischen begründeten und unbegründeten Ängsten zu unterscheiden", sagt Schütz.

Auch die Ellenbogengesellschaft stellt Heranwachsende manchmal vor Probleme. In der Schule wird schon Leistung verlangt, um später für den Kampf um die besten Arbeitsplätze gerüstet zu sein. Oft machen hier auch die Eltern Druck. „Die Jagd nach guten Noten ist der rationale Weg, um auf diese Anforderungen zu reagieren", sagt Hurrelmann. Wer das jedoch nicht schafft, sieht sich häufig auf der Verliererstraße – und bekommt wegen der entstehenden Zukunftsängste im Extremfall sogar psychische Probleme.

Auch der Körper reagiert

Akute Zukunftsangst macht sich körperlich bemerkbar. „Anspannung, ständige innere Unruhe, Probleme mit dem Schlaf sind mögliche Folgen von Ängsten", erklärt Christiane Wempe, Entwicklungspsychologin an der Universität Mannheim. Grundsätzlich sei Angst kein negatives Gefühl, betont sie. „Ängste gelten erst dann als psychische Störung, wenn sie das tägliche Leben erheblich beeinflussen." Meist seien Betroffene regelrecht gelähmt in ihrem Tun. „Ihnen gelingt es dann etwa nicht, ihre Ausbildung zu Ende zu machen."

Wer sich von Zukunftsängsten erdrückt fühlt, sollte sich helfen lassen. Neben den Beratungsstellen an Universitäten und Schulen empfiehlt Wempe auch den Blick ins Internet. „Gerade junge Männer haben beim Thema Angst Hemmungen, sich anderen anzuvertrauen", beobachtet die Psychologin. Im Netz können sie sich laut Wempe erst einmal orientieren und Hilfsangebote sondieren. Bei etwas Anspannung muss aber nicht gleich ein Experte ran. Hier helfe oft schon Sport weiter, um Druck abzubauen, weiß Wempe. Ein klares No-Go seien hingegen Alkohol und Drogen. „Das ist nur Problembewältigung für einen kurzen Moment. Danach kehren die Sorgen umso stärker zurück", warnt die Psychologin.

Gelassenheit gegen Ängste

Auch wenn es einfach klingt: Schütz rät bei Gedanken an die persönliche Zukunft zu Gelassenheit. Junge Leute sollten keine Angst haben, sich auszuprobieren. Und keine Furcht vor dem Scheitern empfinden. „Fehler gehören dazu. Die können genauso eine Chance für etwas Neues sein." Ein gewisses Maß an Zukunftsangst sei manchmal sogar nützlich, findet wiederum Wempe. „Damit kann eine Extraportion Energie aktiviert werden." Die hilft dann vielleicht in Prüfungen und bei anderen Herausforderungen, etwa einem Vorstellungsgespräch. Angst vor der Zukunft ist im Jugendalter übrigens normal. „Sie gehört zu dem Lebensabschnitt dazu", betont Hurrelmann. „Familie, Schule, Gesellschaft. All das wird kritisch beäugt." Und weil Jugendliche dazu neigen, wahrgenommene Probleme und deren Folgen auch auf sich selbst zu projizieren, machen diese Beobachtungen schnell Angst. Ein kleiner Trost: „Mit zunehmendem Alter nehmen die Zukunftsängste wieder ab."

Sorgentelefon für Kinder und Jugendliche:
Die Nummer gegen Kummer ist von montags bis samstags zwischen 14.00 und 20.00 Uhr unter 116 111 kostenlos erreichbar.

b) Tauschen Sie sich zu zweit über den Inhalt des Textes aus.

3 a) Markieren Sie in einer Textkopie die Ängste junger Menschen.
b) Diskutieren Sie in der Klasse, woher diese Ängste bei jungen Menschen kommen.

4 Besprechen Sie, warum man als Jugendlicher gewisse Zukunftsängste hat.

5 Recherchieren Sie, wie Menschen ihre Ängste bezwingen können. Halten Sie Ihre Ergebnissen in Gruppenarbeit in einem Cluster fest.

6 a) Lesen Sie den Text „Die Stadt".
b) Tauschen Sie sich aus, was der Hauptfigur des Textes zu schaffen macht.
c) Sprechen Sie darüber, was den Wendepunkt der Geschichte markiert.
d) Sammeln Sie mögliche Enden des Textes.

Die Stadt

Von Selita Telli

Er ging über die Straße. Der Regen lief ihm übers Gesicht, vermischte sich mit seinen Kleidern und bildete zusammen mit ihm eine graue Silhouette, die sich in die Mitte der Stadt vorschob.
Sein Denken war getränkt von den Eindrücken der Stadt: Graue Fassaden glotzten ihn an, die stellenweise von grellen Werbeplakaten unterbrochen wurden. Menschen ohne Gesichter schnellten an ihm vorbei. Ampeln wechselten zeitgerecht ihre Farbe und beschleunigten oder bremsten Automassen. Wellenartige Motorengeräusche, einzelne Gesprächsfetzen und aufschreckende Autohupen wurden von dem dumpfen Aufklatschen des Regens gedämpft.
Um ihn herum erdrückte ihn die Hektik der Großstadt, drängte sich an ihn heran, versuchte in ihn hineinzudringen, doch genauso sehr versuchte er, sich ihr entgegenzustellen und Einhalt zu gebieten.
Sein mittlerweile vom Regen durchnässter Mantel saugte sich an ihm fest. Er eilte weiter. Ein stechender Schmerz hatte sich in seinem Kopf festgesetzt.
Der Regen peitschte ihn voran. Wohin er wollte, wusste er nicht. Er war ziellos, hoffnungslos. Es schien, als würden Stunden vergehen, sich an ihn heranschleichen, ihn anspringen, um dann wieder von ihm abzulassen. Der Rhythmus der Stadt hatte von ihm Besitz ergriffen. Er war schon nicht mehr ganz bei sich, so völlig gefangen genommen in dieser anderen Welt, als er plötzlich ruckartig stehen blieb. Sie war das schönste, was er jemals gesehen hatte.

Er verharrte bewegungslos vor ihr und war unfähig, etwas anderes zu tun als sie zu betrachten. Wie fein und zerbrechlich sie wirkte, und dennoch konnte diese Stadt ihr nichts anhaben. Sie trotzte allem, hatte Fuß gefasst zwischen Beton und dem ganzen Schmutz, den trampelnden Füßen und der Eile, von welcher sie täglich umgeben war.
Auf einmal wurde es ruhig um ihn und in ihm. Die Geräusche und der Schmerz in seinem Kopf verebbten, bis sie sich völlig aufgelöst hatten. Der Schmutz, die Hektik, die ganzen Häuser und Autos waren vergessen, als ob sie niemals zuvor existiert hätten. [...]

e) Lesen Sie das Ende des Textes.

[...] Er befand sich in einem Tunnel, wo es nur noch ihn und die Blume gab. Ihr dunkles Karminrot reflektierte alle seine sehnlichsten Wünsche, die er in sich verborgen trug. Das Licht, welches sie umgab, fand seinen Weg direkt in seine Seele und erleuchtete sie. Er war unfähig, noch etwas zu denken. Er war nur noch. Er, ein Mensch, die Ewigkeit, alles.

f) Überlegen Sie, warum das Ende des Textes für Sie wahrscheinlich sehr überraschend ist.
g) Die Blume wird im Text symbolisch verwendet. Diskutieren Sie, wofür die Blume steht.

7 a) Besprechen Sie in Kleingruppen, durch welche sprachlichen Mittel es der Autorin gelingt, die trostlose Umgebung so nacherlebbar darzustellen.
b) Untersuchen Sie die Darstellung der Stadt als tristen Ort. Markieren Sie relevante Textstellen. Schreiben Sie daneben, welches sprachliche Mittel dafür eingesetzt wurde. Lassen Sie sich hierzu den Text kopieren.
c) Vergleichen Sie Ihre Ergebnisse in der Klasse untereinander.

Expressionistische Lyrik

Als Angst und Verfall allgegenwärtig waren – Zeit des Expressionismus

1 Ängste hatten Menschen schon immer. Betrachten Sie die Bilder aus der Zeit des Expressionismus und besprechen Sie, was auf den Bildern dargestellt ist.

2 a) Informieren Sie sich über die Zeit des Expressionismus. Lesen Sie hierzu die Info und notieren Sie Wichtiges in Ihrem Heft.
b) Sprechen Sie zu zweit über diese Zeit.
c) Vergleichen Sie die Ängste, die Menschen heutzutage haben (S. 74), mit denen, die die Menschen während der Zeit des Expressionismus hatten.
d) Diskutieren Sie in der Klasse, ob die Ängste damals und heute ähnlich sind oder ob gravierende Unterschiede bestehen. Überlegen Sie, woran das liegen könnte.

3 a) Sammeln Sie in Gruppen häufige Themen der Literatur des Expressionismus.
b) Ordnen Sie diese Themen den Bildern auf dieser Doppelseite zu.
c) Tauschen Sie sich in der Klasse über die Zuordnung zwischen Bild und Motiv aus. Begründen Sie Ihre Zuordnung.

Ludwig Meidner: Ich und die Stadt (1913)

Otto Dix: Sturmtruppe geht unter Gas vor (1924)

Ludwig Meidner: Potsdamer Platz (1918)

Expressionistische Lyrik

Info

Zeit des Expressionismus

Die Zeit des Expressionismus (ca. 1910–1925) fand ihren Ausdruck sowohl in der **Musik, im Film, als auch in der Malerei und in der Literatur**. Das Wort Expressionismus wird von dem lateinischen Wort „expressio" (Ausdruck) hergeleitet. Der Expressionismus bildet so eine Gegenbewegung zum unästhetisch, nicht künstlerisch empfundenen Naturalismus. Das größte Problem der Zeit des Expressionismus war das ständig **wachsende Leid der Bevölkerung**, das unter anderem auf den (drohenden) Ersten Weltkrieg, den Untergang des Kaiserreichs und auf die Weltwirtschaftskrise zurückzuführen ist.

Häufig in Gedichten des Expressionismus behandeltes Thema war die **Großstadt**. Den Menschen machte die **Überbevölkerung** der großen Städte, zu der es aufgrund der schell voranschreitenden **Industrialisierung** kam, zu schaffen. Schlechte Arbeitsbedingungen oder Arbeitslosigkeit waren die Folge, weshalb die Armut in großen Städten allgegenwärtig war und sich Armenviertel bildeten, in denen die Menschen in Mietskasernen hausten. Die Großstadt war für viele aufgrund von Hektik, Lärm und Gestank kein lebenswerter Ort. Manchen Bewohnern machten auch die Anonymität, Einsamkeit sowie die Hässlichkeit der Stadt zu schaffen, zum Teil fühlten Sie sich sogar von der Stadt bedroht. Vor allem Männer jener Zeit suchten Trost im Alkohol. Auch die Prostitution war weit verbreitet. Neben der für viele als feindlich empfunden Großstadt wurde auch der **Erste Weltkrieg** thematisiert, der äußerst grausam war. Überlebende waren neben körperlichen Schäden schwer traumatisiert.

Daher standen der **Verfall** und **Tod** der Menschen im Mittelpunkt vieler expressionistischer Gedichte. Bei vielen Menschen machte sich auch die **Angst** vor dem drohenden **Weltuntergang** breit; die Wiederkehr des Halleyschen Kometen, der im Jahr 1910 ein besonderes und zugleich bedrohliches Himmelsphänomen darstellte, löste in der Bevölkerung eine Massenpanik aus; die Menschen glaubten, der Komet würde die Erde treffen und alles Leben auslöschen.

Ludwig Meidner: Apokalyptische Landschaft (1913)

Ludwig Meidner: Brennendes Fabrikgebäude (1912)

Expressionistische Lyrik ▸

Wenn der vermeintliche Weltuntergang naht …

1 Zu allen Zeiten gab und gibt es immer wieder Menschen, die sich vor einem drohenden Weltuntergang fürchten.
   a) Lesen Sie das Gedicht „Weltende" aufmerksam und betrachten Sie das Bild.

Weltende

Von Jakob van Hoddis

Dem Bürger fliegt vom spitzen Kopf der Hut,
In allen Lüften hallt es wie Geschrei.
Dachdecker stürzen ab und gehn entzwei
Und an den Küsten – liest man – steigt die Flut.

5 Der Sturm ist da, die wilden Meere hupfen
An Land, um dicke Dämme zu zerdrücken.
Die meisten Menschen haben einen Schnupfen.
Die Eisenbahnen fallen von den Brücken.

   b) Sprechen Sie darüber, welche Katastrophe den Weltuntergang im Gedicht ankündigt.
   c) Welche Folgen bringt die Katastrophe mit sich? Besprechen Sie sich mit Ihrem Banknachbarn.
   d) Das Gedicht weist eine inhaltliche Zweiteilung auf. Sprechen Sie in der Klasse darüber, an welcher Stelle im Gedicht diese deutlich wird. Begründen Sie Ihre Entscheidung, indem Sie auf den Inhalt des Gedichts eingehen.

2 a) Ordnen Sie die Begriffe einer passenden Verszeile zu. Notieren Sie Ihre Lösung.
   b) Vergleichen Sie untereinander und sprechen Sie über Gemeinsamkeiten und Unterschiede in der Zuordnung.

> Zeitungslektüre – tödliche Unfälle – Panik – erfolglose Reparaturarbeiten – erwartete Springflut – hohe Wellen / stürmischer Ozean – heftiger Sturm – Verkehrsunglück – leichte Erkältung – Verlust – Dammbruch

Expressionistische Lyrik

3 a) Lesen Sie die Aussagen zu dem Gedicht auf dieser Seite in den Sprechblasen.

> *Ich finde das Gedicht komisch. Auf der einen Seite beschreibt van Hoddis eine Katastrophe, wodurch die Welt sogar untergehen wird, auf der anderen Seite erwähnt er ganz nebenbei, dass viele Menschen an einem harmlosen Schnupfen leiden.*

> *Der vermeintliche Weltuntergang und die Menschen, die schon jetzt durch den Sturm ums Leben kommen, stehen im Gegensatz zu so unwichtigen Dingen wie dem Verlust eines Hutes oder einem Schnupfen. Ich denke, dass van Hoddis diese Dinge ganz bewusst miteinander in Verbindung gesetzt hat. Wahrscheinlich glaubt er selbst gar nicht an ein bevorstehendes Ende der Welt.*

> *Irgendwie wirkt der Inhalt des Gedichts etwas ironisch auf mich. An manchen Stellen verniedlicht der Autor den bevorstehenden Weltuntergang, das passt nicht. Anteilnahme am Schicksal der Menschen oder Mitgefühl fehlen.*

b) Tauschen Sie sich mit Ihren Mitschülern darüber aus, wie Sie zu den Aussagen stehen. Stimmen Sie diesen zu? Begründen Sie Ihre Meinung.

4 a) Überlegen Sie gemeinsam, warum das Gedicht so emotionslos wirkt. Lesen Sie dazu auch die Notizen einer Schülerin unten.

Die Emotionslosigkeit des Gedichts entsteht dadurch, dass …
… es kein lyrisches Ich gibt.
… sprachliche Bilder wie Metaphern und Vergleiche fehlen.
… einzelne Ereignisse unverbunden nebeneinanderstehen, nur aufgezählt werden (Reihungsstil).
… keine Adjektive verwendet werden.
… die Ereignisse so schnell aufeinanderfolgen.
… van Hoddis die Sturmflut viele Bürger im Gedicht nicht selbst miterleben lässt, sondern diese nur in der Zeitung davon lesen.

b) Diskutieren Sie in der Klasse darüber.

5 Stellen Sie mithilfe Ihres Wissens zur Epoche Expressionismus dar, warum die Menschen damals die Befürchtung hatten, das Ende der Welt würde bevorstehen.

6 Sehen Sie sich die expressionistischen Bilder auf S. 78–79 erneut an. Diskutieren Sie in der Klasse, welches der Bilder am besten zum Gedicht „Weltende" passt. Begründen Sie Ihre Meinung.

7 Sprechen Sie in der Klasse darüber, was Menschen in der heutigen Zeit so sehr Angst machen könnte, dass sie sich vor einem Weltuntergang fürchten.

Die Darstellung der Stadt im Expressionismus

1 a) Sammeln Sie Ideen in der Klasse, die Ihnen spontan in den Sinn kommen, wenn Sie an eine Großstadt denken. Halten Sie Ihre Ideen in einer Ideensammlung fest.

b) Markieren Sie die Begriffe grün, mit denen Sie etwas Positives verbinden, und diejenigen, die eher mit etwas Negativem in Verbindung gebracht werden, rot.

2 a) Lesen Sie das Gedicht „Städter".

Städter

Von Alfred Wolfenstein

Dicht wie die Löcher eines Siebes stehn
Fenster beieinander, drängend fassen
Häuser sich so dicht an, dass die Straßen
Grau geschwollen wie Gewürgte stehn.

Ineinander dicht hineingehakt
5 Sitzen in den Trams die zwei Fassaden
Leute, ihre nahen Blicke baden
Ineinander, ohne Scheu befragt.

Unsre Wände sind so dünn wie Haut,
Dass ein jeder teilnimmt, wenn ich weine.
10 Unser Flüstern, Denken … wird Gegröle …

Und wie still in dick verschlossner Höhle
Ganz unangerührt und ungeschaut
Steht ein jeder fern und fühlt: alleine.

b) Fassen Sie mit eigenen Worten zusammen, wie ein Bewohner der Großstadt in Alfred Wolfensteins Gedicht lebt.

3 a) Lesen Sie die Stichpunkte (A–I) zur sprachlichen Gestaltung eines Gedichts.

A Damit sind nicht die Außenwände eines Hauses gemeint, sondern die Menschen, die eigentlich nichts von sich preisgeben wollen.

B Es wird gezeigt, dass alle Straßen gleich aussehen, also vollkommen eintönig sind.

C Es gibt keine Privatsphäre, auch wenn man sich noch so sehr zurückhält.

D Trotz der vielen Menschen haben die Großstadtbewohner nur wenig soziale Kontakte.

E Hierbei zeigt sich die Überbevölkerung großer Städte. Die Menschen können sich kaum bewegen. Sie können der unangenehmen Situation nicht entfliehen, auch wenn sie es wollten.

F Die qualvolle Enge in großen Städten wird deutlich.

G Es zeigen sich Einsamkeit und Verzweiflung der Großstadtbewohner, die unter der Anonymität der Großstadt leiden.

H Dieses Bild vermittelt eine gewisse Gefängnisatmosphäre. Es gibt kein Entkommen.

I Wildfremde Menschen blicken sich zwangsweise an.

Expressionistische Lyrik

b) Ordnen Sie die Stichpunkte (A–I) einer passenden Stelle im Gedicht zu, indem Sie die Buchstaben A–I neben der entsprechenden Verszeile notieren. Lassen Sie sich hierzu das Gedicht kopieren.

4 a) Sammeln Sie in Kleingruppen sprachliche Mittel, die im Gedicht verwendet wurden. Notieren Sie neben den von Ihnen ergänzten Schülerideen (A–I) das passende sprachliche Mittel. Lesen Sie hierzu die Info „Sprachliche Mittel expressionistischer Lyrik".

b) Tauschen Sie sich über Ihre Lösungen mit Ihren Mitschülern aus.

5 a) Sehen Sie sich die Ideensammlung aus Aufgabe 1 a) an. Überlegen Sie gemeinsam, welche Begriffe Sie dem Gedicht „Städter" zuordnen würden und begründen Sie Ihre Meinung, indem Sie auf den Inhalt des Gedichts eingehen.

b) Glauben Sie, dass die beschriebene Lebenssituation im Gedicht „Städter" auch noch auf die heutigen Lebensumstände in Großstädten zutrifft? Tauschen Sie sich mit Ihren Klassenkameraden darüber aus.

6 Vergleichen Sie das Gedicht „Städter" von Alfred Wolfenstein mit „Die Stadt" von Selita Telli auf S. 77. Beschreiben Sie, wie die Stadt jeweils auf die Menschen wirkt.

7 a) Sammeln Sie Vor- und Nachteile, die ein Leben in der Stadt oder auf dem Land im Allgemeinen und für Sie persönlich mit sich bringt.

b) Diskutieren Sie in der Klasse darüber, ob Sie auf dem Land oder in der Stadt leben möchten.

> **Info**
>
> **Sprachliche Mittel expressionistischer Lyrik**
>
> Die Sprache in Gedichten des Expressionismus ist oftmals stark von **Bildern, die durch Symbole, Vergleiche und Metaphern** entstehen, geprägt. Besonders auffällig dabei ist der Einsatz von **Personifikationen**, um Dinge zum Leben zu erwecken. Die Autoren dieser Zeit verwenden aber auch **Verdinglichungen**: Menschen werden verdinglicht – also zum Objekt degradiert und dadurch zur Passivität und Handlungsunfähigkeit gezwungen. Expressionistische Lyrik lebt von **Gegensätzen** und **Kontrasten**, die durch **Hyperbeln** betont werden. Zudem werden durch **Farbsymbolik** beim Leser gezielt Assoziationen geweckt.
>
> Ebenfalls typisch für die Lyrik dieser Zeit ist der **Reihungsstil**. Dabei werden Informationen aneinandergereiht und stehen teilweise **zusammenhanglos** nebeneinander. Unterstützt wird dies häufig durch die **Verwendung radikaler Vereinfachungen**, wodurch der Inhalt eine **Reduzierung aufs Wesentliche** erfährt. In diesem Zusammenhang findet man auch oft **Ellipsen**. Teilweise sind Gedichte so **bruchstückhaft** gestaltet, dass sich der Inhalt des Gedichts nicht beim ersten Lesen erschließen lässt, was durch **Neologismen** verstärkt wird.

Expressionistische Lyrik

„Ich fühle deutlich, dass ich bald vergeh ..."

1 a) Lesen Sie das Gedicht „Punkt".

Punkt

Von Alfred Lichtenstein

Die wüsten Straßen fließen lichterloh
Durch den erloschnen Kopf. Und tun mir weh.
Ich fühle deutlich, dass ich bald vergeh –
Dornrosen meines Fleisches, stecht nicht so.

5 Die Nacht verschimmelt. Giftlaternenschein
Hat, kriechend, sie mit grünem Dreck beschmiert.
Das Herz ist wie ein Sack. Das Blut erfriert.
Die Welt fällt um. Die Augen stürzen ein.

b) Lesen Sie die Schülerfragen unten.
c) Versuchen Sie, in Kleingruppen Antworten auf die Schülerfragen zu finden.
– *Was ist mit „fließen lichterloh" in Vers 1 gemeint?*
– *Was genau tut dem lyrischen Ich weh in Vers 2?*
– *Glaubt das lyrische Ich, dass es bald sterben wird?*
– *Warum verschimmelt die Nacht?*
– *Wie hängen „Giftlaternenschein" in Vers 5 und „mit grünem Dreck beschmiert" in Vers 6 zusammen?*

2 a) Beschreiben Sie, in welcher Situation sich das lyrische Ich befindet und wie es sich dabei fühlt. Wovor hat es Angst?
b) Stellen Sie Vermutungen an, warum das Gedicht den Titel Punkt trägt.
c) Welche Wirkung hat das Gedicht auf Sie? Beschreiben Sie dies Ihren Mitschülern.

Nollendorfplatz von Ernst Ludwig Kirchner (1912)

3 a) Erstellen Sie ein Akrostichon. Schreiben Sie die Buchstaben des Titels untereinander. Notieren Sie zu jedem Buchstaben einen passenden Begriff oder einen kurzen Satz, den Sie mit dem Inhalt des Gedichts verbinden.
b) Stellen Sie Ihr Akrostichon der Klasse vor und lassen Sie sich Feedback geben.

4 Diskutieren Sie in der Klasse, mithilfe welcher sprachlichen Mittel es Alfred Lichtenstein gelingt, den Verfall des lyrischen Ichs eindrucksvoll darzustellen. Lesen Sie hierzu die Info „Sprachliche Mittel expressionistischer Lyrik" auf S. 83.

Todesangst – Stete Begleiterin des Soldaten

1 a) Lesen Sie das Gedicht „Abschied".

Abschied

Von Alfred Lichtenstein

(kurz vor der Abfahrt zum Kriegsschauplatz)
Vorm Sterben mache ich noch mein Gedicht.
Still, Kameraden, stört mich nicht.

Wir ziehn zum Krieg. Der Tod ist unser Kitt.
O, heulte mir doch die Geliebte nit.

Was liegt an mir. Ich gehe gerne ein.
Die Mutter weint. Man muss aus Eisen sein.

Die Sonne fällt zum Horizont hinab.
Bald wirft man mich ins milde Massengrab.

Am Himmel brennt das brave Abendrot.
Vielleicht bin ich in dreizehn Tagen tot.

b) Sprechen Sie in der Klasse darüber, in welcher Situation sich das lyrische Ich befindet.

2 a) Formulieren Sie einen Tagebucheintrag, in dem das lyrische Ich seine Gedanken kurz vor der Abfahrt zum Kriegsschauplatz aufschreibt.
*Vielleicht werden das die letzten Zeilen sein, die ich in meinem Leben schreiben werde.
…*
b) Stellen Sie sich die Tagebucheinträge gegenseitig vor.

3 a) Tauschen Sie sich darüber aus, was mit „Der Tod ist unser Kitt" gemeint sein könnte.

b) Überlegen Sie gemeinsam, durch welche Formulierungen der erahnte Tod des lyrischen Ichs deutlich wird.

4 a) Das Gedicht weist viele Gegensätze auf. Markieren Sie zu zweit diese im Gedicht. Lassen Sie sich den Text hierzu kopieren.
b) Tauschen Sie sich darüber aus, was durch die Gegensätze bewirkt werden soll.

5 Diskutieren Sie darüber, ob das lyrische Ich Angst vor dem Krieg bzw. dem drohenden Tod hat. Belegen Sie Ihre Meinung anhand passender Textstellen.

Politische Lyrik

Wissen ist Macht!?

In diesem Kapitel lernen Sie vor allem lyrische Texte kennen – auch Lieder –, die sich mit politischen Themen beschäftigen. Sie erkennen die Beweggründe der Autoren, solche Texte zu verfassen, und welche Ziele sie mit ihrer politischen Lyrik verfolgen.

1
a) Sprechen Sie in der Klasse über die Ausgrenzung der Juden während des Zweiten Weltkriegs.
b) Sehen Sie sich die Bilder zu den Holocaust-Denkmälern an und geben Sie Ihre Eindrücke wieder.
c) Recherchieren Sie im Internet, welche Bedeutung die Denkmäler haben und was genau symbolisiert werden soll.

2 Nach dem Zweiten Weltkrieg wurden Anhänger des NS-Regimes vor Gericht gestellt und verurteilt, da sie den Tod vieler Menschen – vor allem Juden – zu verantworten hatten. Manche dieser Menschen leugneten jedoch ihre Mitschuld an den Verbrechen.
a) Lesen Sie den Artikel über Brunhilde Pomsel auf der nächsten Seite.

Holocaust-Mahnmal in Berlin

Holocaust-Mahnmal in Miami Beach

Gib acht vor der Nazi-Sekretärin in dir

Die Sekretärin von Goebbels behauptet, sie habe „nichts" von den Nazi-Verbrechen gewusst. In ihrem Verhalten steckt die Feigheit, die wir auch alle in uns tragen.

Von Paul Garbulski

Vielleicht gab es ihn irgendwo, den im Großdeutschen Reich lebenden Menschen, der nichts von den Naziverbrechen wusste. In Einödsbach zum Beispiel, auf 1113 Metern Höhe, im südlichsten Winkel, fernab der Zivilisation. Vielleicht drangen dort nicht mal die Gerüchte über den Blitzkrieg oder die Verbrennung von Millionen Juden hindurch.

„Nichts haben wir gewusst, es ist alles schön verschwiegen worden, und das hat funktioniert", sagt eine Frau. Sie kommt nicht aus Einödsbach. Sie hat im Herzen der Propagandazentrale als Sekretärin von Joseph Goebbels gearbeitet und kannte dessen Ehefrau Magda gut genug, um von ihr Anzüge geschenkt zu bekommen. Dass diese Frau also nichts von der Naziagenda wusste, klingt völlig absurd und könnte doch wahr sein.

Brunhilde Pomsel ist 105 Jahre alt (2016), sie hat für Hitlers Propagandaminister von 1942 bis zum Ende gearbeitet. In wenigen Wochen wird der Dokumentarfilm „Ein deutsches Leben" über die noch Lebende in den amerikanischen Kinos erscheinen.

Im Zuge der Premiere erklärt Pomsel gegenüber dem Guardian: „Wenn ich den Film schaue, ist es wichtig für mich, das Bildnis im Spiegel zu erkennen, mittels dessen ich verstehen kann, was ich alles falsch gemacht habe. Aber wirklich, ich habe nichts anderes getan, als im Büro von Goebbels Schreibmaschine zu tippen."

Leider zerschlägt dieses „Aber" den Spiegel, in dem die ehemalige Sekretärin ihr Bildnis zu entdecken versucht. In dem „Aber" konzentriert sich ihre Sehnsucht nach Unschuld. Es macht Reue unmöglich. Auch deshalb, weil Pomsel fälschlicherweise Unschuld mit Unwissenheit gleichsetzt. Ebenso hatte es Hitlers Sekretärin Traudl Junge getan, nur noch viel krasser, als sie sich aus der Verantwortung gegenüber den Opfern des Holocausts herauszureden versuchte: „Ich habe mich damit zufriedengegeben, dass ich persönlich keine Schuld hatte und auch davon nichts gewusst habe – von diesem Ausmaß habe ich nicht gewusst."

In diesem Zusammenhang bemerkt der Historiker und Redakteur Sven Kellerhoff in der Welt ganz richtig, dass, wenn auch die Sekretärinnen nichts von den Verbrechen gewusst haben sollten, dann nur deshalb, weil sie nichts wissen wollten, und nicht, weil sie nichts wissen konnten. Feigheit simuliert hier Unschuld. Und vielleicht ist genau dies die tatsächliche „Banalität des Bösen", von der Hannah Arendt[1] vor gut 50 Jahren sprach. Ursprünglich verwendete sie diese Bezeichnung für die Gräueltaten von Adolf Eichmann. Der SS-Obersturmbannführer war eine zentrale Figur bei der Deportation und Vernichtung von Juden gewesen. [...]

Die 105-jährige Reichssekretärin sollte uns interessieren, weil in der Feigheit dieser ganz gewöhnlichen Person das ausgereift ist, was auch bei uns munter gedeiht: Ignoranz und Passivität. [...] Und es ist diese ignorante Passivität, die mich so indifferent gegenüber so vielem sein lässt.

Klar, es gibt sie, die Flüchtlinge, und sie tun mir auch leid, genau wie der Hass der AfD, nur habe ich den einen weder wirklich geholfen noch den anderen etwas entgegengesetzt.

Ich lebe ganz gut damit, beide sich selbst zu überlassen, obwohl ich mich dafür genauso gut schämen könnte, ja vielleicht sogar müsste. Ich lebe auch ganz

---

[1] Hannah Arendt: *jüdisch-deutsche Schriftstellerin, die selbst vom Nazi-Regime verfolgt worden ist*

Politische Lyrik

gut mit meinen Hemden und Hosen, vermutlich gemacht aus Kinderarbeit, ich lebe ganz gut mit Massentierhaltung, Chauvinismus[2] im Alltag, dreckiger Luft, ach die Liste ist lang und hat einen Bart wie der Weihnachtsmann.

Doch genau deshalb sollte Brunhilde Pomsel uns interessieren, weil sie auf eine der ganz großen Gefahren aufmerksam macht: nämlich uns selbst, also den gewöhnlichen Mann und die gewöhnliche Frau, Normalos eben, und die Macht, die von uns ausgeht, wenn nichts von uns ausgeht. „Die Menschen, die heutzutage sagen, sie wären den Nazis gegenübergetreten – ich glaube, dass sie das ernst meinen, doch glauben Sie mir, die meisten von ihnen hätten es nicht getan." Diese Worte Pomsels können als Warnung […] gelesen werden. […] Geben wir acht auf das bisschen Pomsel in uns.

[2] Chauvinismus: *aggressiver Nationalismus bzw. Sexismus, meist abwertend*

Brunhilde Pomsel an ihrer Schreibmaschine während des Zweiten Weltkriegs

b) Sprechen Sie zu zweit darüber, was Sie über Brunhilde Pomsel erfahren haben.
c) Beschreiben Sie Ihren Mitschülern, wie Sie Pomsel einschätzen. Bewerten Sie auch die Erklärungen, die Pomsel für ihr eigenes Verhalten nennt. Begründen Sie Ihre Meinung.
d) Nennen Sie Textstellen, die zeigen, dass der Autor an seinem eigenen Verhalten Kritik übt.
e) Tauschen Sie sich aus, warum angeblich in jedem Menschen ein kleines bisschen Brunhilde Pomsel steckt.
f) Gehen Sie in Kleingruppen zusammen und überlegen Sie, ob auch Sie schon in bestimmten Situationen weggeschaut haben, obwohl sie hätten einschreiten oder helfen können.
g) Reflektieren Sie, warum Sie in diesen Situationen nicht eingeschritten sind.

3 a) Erklären Sie, wer Traudl Junge war und wie sie zu den Nazi-Verbrechen steht.
b) Über Traudel Junge und ihre Zusammenarbeit mit Hitler erschien ein Buch. Lesen Sie, mit welchem Zitat von Reiner Kunze, einem bekannten deutschen Autor, dieses beginnt.

> *Wir können unsere Biografie im Nachhinein nicht korrigieren, sondern müssen mit ihr leben. Aber uns selbst können wir korrigieren.*

c) Überlegen Sie gemeinsam, was der Satz Kunzes zu bedeuten hat und warum das Buch über Traudl Junge genau mit diesem Satz beginnt.

Politische Lyrik

4 a) Lesen Sie das Gedicht „Die Unwissenden".

Die Unwissenden
Von Erich Fried

Es heißt
die von nichts ← *Wer sind die?*
gewusst hatten
waren naiv ← *Waren sie naiv?*

5 Im Gegenteil: *Wovon sollte man besser*
Es war damals ← *nichts wissen?*
sehr praktisch   *Von welcher Zeit wird hier*
von nichts zu wissen   *gesprochen?*

Und später dann ← *Was ist mit später gemeint?*
10 war es weise
von gar nichts
gewusst zu haben

Nur Dummköpfe ← *Warum sollen Menschen,*
oder Narren   *die etwas wissen (wollen),*
15 versuchten   *dumm sein?*
alles zu wissen

Und die Suche
nach Wissen   *Wieso mussten Menschen,*
brachte viele von ihnen   *die etwas wissen wollten,*
20 ums Leben ← *sterben?*

Drum fehlen uns jetzt ← *Warum fehlen uns diese*
diese Dummköpfe   *Menschen?*
und diese Narren
so bitter

b) Sehen Sie sich die Fragen aufmerksam an, die sich ein Schüler an den Rand des Gedichts geschrieben hat.

c) Finden Sie in Kleingruppen Antworten auf diese Fragen. Beziehen Sie dabei Ihr Wissen aus den Aufgaben 1 und 2 mit ein.

d) Stellen Sie die Ergebnisse Ihrer Gruppenarbeit in der Klasse vor.

Politische Lyrik

5 Das Gedicht bezieht sich nicht allein auf Brunhilde Pomsels oder Traudl Junges Umgang mit den Geschehnissen während der Zeit des Nationalsozialismus. Dennoch gibt es einige Textstellen, die das Verhalten der Sekretärinnen gut beschreiben könnten.
a) Tauschen Sie sich in der Klasse darüber aus und nennen Sie passende Stellen des Gedichts.
b) Diskutieren Sie, inwiefern die Sekretärinnen als „Unwissende" gelten können.

6 a) Sammeln Sie zu zweit Merkmale und Besonderheiten von Gedichten und notieren Sie Ihre Ergebnisse.
b) Stellen Sie fest, was dafürspricht, den Text „Die Unwissenden" als Gedicht zu bezeichnen, bzw. was dagegenspricht. Notieren Sie dazu Stichworte.
c) Überlegen Sie gemeinsam, warum es gelingt, dem Leser den Inhalt des Gedichts so eindrücklich zu vermitteln.

7 Diskutieren Sie in der Klasse, welches Ziel Ihrer Meinung nach Erich Fried mit dem Gedicht „Die Unwissenden" verfolgt.

8 Das Gedicht „Die Unwissenden" bezieht sich auf die NS-Zeit und deren Auswirkungen. Aber auch heute kann das Gedicht als aktuell gelten. Diskutieren Sie in der Klasse darüber, bei welchen Taten Menschen heutzutage lieber wegsehen als einzugreifen bzw. Stellung zu beziehen, weil sie Angst haben, sonst eingesperrt oder getötet zu werden.

Info

Erich Fried

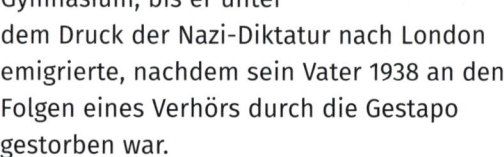

Erich Fried wurde am 06.05.1921 in Wien geboren. Dort ging er auch auf das Gymnasium, bis er unter dem Druck der Nazi-Diktatur nach London emigrierte, nachdem sein Vater 1938 an den Folgen eines Verhörs durch die Gestapo gestorben war.
Er arbeitete bei verschiedenen Zeitschriften und als politischer Kommentator für den *German Service* der *BBC* und engagierte sich politisch: Er hielt Vorträge, nahm an Demonstrationen teil und gab sich öffentlich als Anhänger der Opposition zu erkennen. Stets setzte er sich für Verfolgte und Unterdrückte ein. In konservativen und rechten Kreisen galt er daher als „Stören-Fried" und hatte viele Feinde.

Seine Leidenschaft zum Dichten und das politische Engagement waren für Fried untrennbar miteinander verbunden. In seinen Werken prangert er Missstände an und bringt sie unverhüllt zum Ausdruck, sodass seine kritische Haltung stets deutlich wurde. Neben seinen politischen Gedichten schrieb Erich Fried auch Liebesgedichte, die zu den schönsten der deutschen Sprache zählen. 1987 erhielt er den Georg-Büchner-Preis.

Am 22.11.1988 starb Fried in Baden-Baden.

Politische Lyrik

9
a) Lesen Sie die Info zu Erich Fried.
b) Sprechen Sie darüber, warum Erich Fried eine ganze Reihe von Gedichten zu politischen Themen veröffentlich hat.
c) Informieren Sie sich, welche Formen der Emigration es unter Autoren während der Zeit des Zweiten Weltkriegs gab. Lesen Sie hierzu die Info „Äußere und innere Emigration" und halten Sie wichtige Fakten fest.
d) Die Karte in der Info gibt Ihnen einen Überblick über die Fluchtbewegung. Ergänzen Sie Ihre Faktensammlung um wichtige Informationen.
e) Überlegen Sie gemeinsam, für welche Art der Emigration sich Erich Fried entschieden hat und warum.

Info

Äußere und innere Emigration

Während der Zeit des Zweiten Weltkriegs mussten sich nicht nur **Juden** davor fürchten, verhaftet zu werden, sondern auch **Schriftsteller, die sich gegenüber Hitler und seiner Partei kritisch äußerten**. So kam es, dass neben einer **Vielzahl jüdischer Menschen auch einige Autoren in Konzentrationslager** gebracht wurden. Man quälte sie zu Tode, bis sie an den **Folgen schwerer Misshandlungen** starben. Wollten regimekritische Schriftsteller dieser Folter entgehen, blieb ihnen oft nichts anderes übrig, als **Deutschland zu verlassen und ins Exil zu gehen**, um aus einem anderen (sicheren) Land ihre Texte gegen die NS-Diktatur Hitlers weiterhin veröffentlichen zu können (= **äußere Emigration**). Andere Schriftsteller zogen es trotz drohender Gefahren vor, in Deutschland zu bleiben. Ihnen blieb jedoch nichts anderes übrig, als ihre **Kritik** an den Nationalsozialisten in ihren Werken zu **verstecken** bzw. **heimlich zu äußern**, sich **unpolitischen Themen** zuzuwenden oder **ganz mit dem Schreiben aufzuhören** (= **innere Emigration**). Einige Autoren zerbrachen an der **Angst vor Verfolgung durch die Nationalsozialisten**, sodass sie ihren einzigen Ausweg nur im **Selbstmord** sahen.

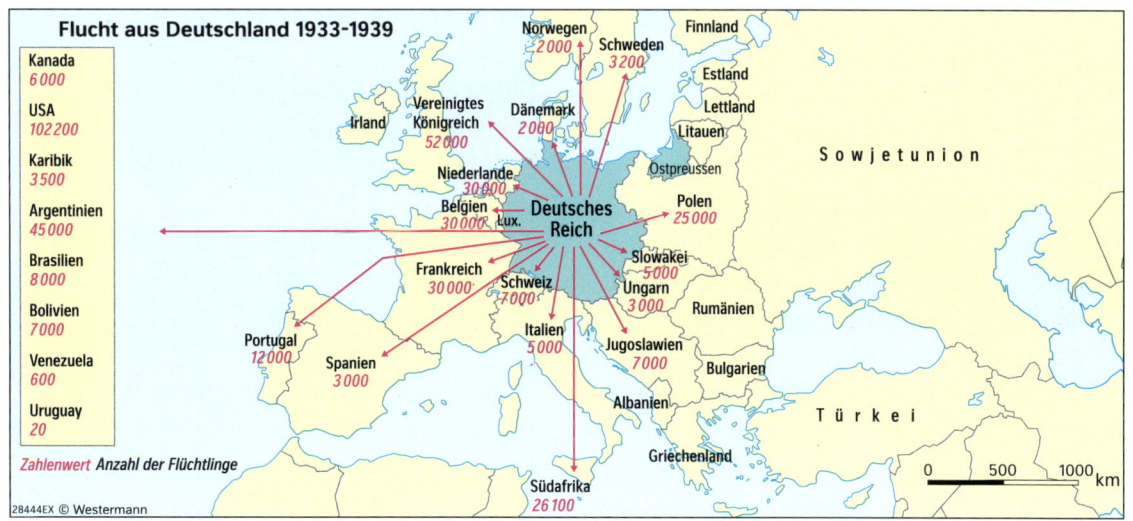

Politische Lyrik

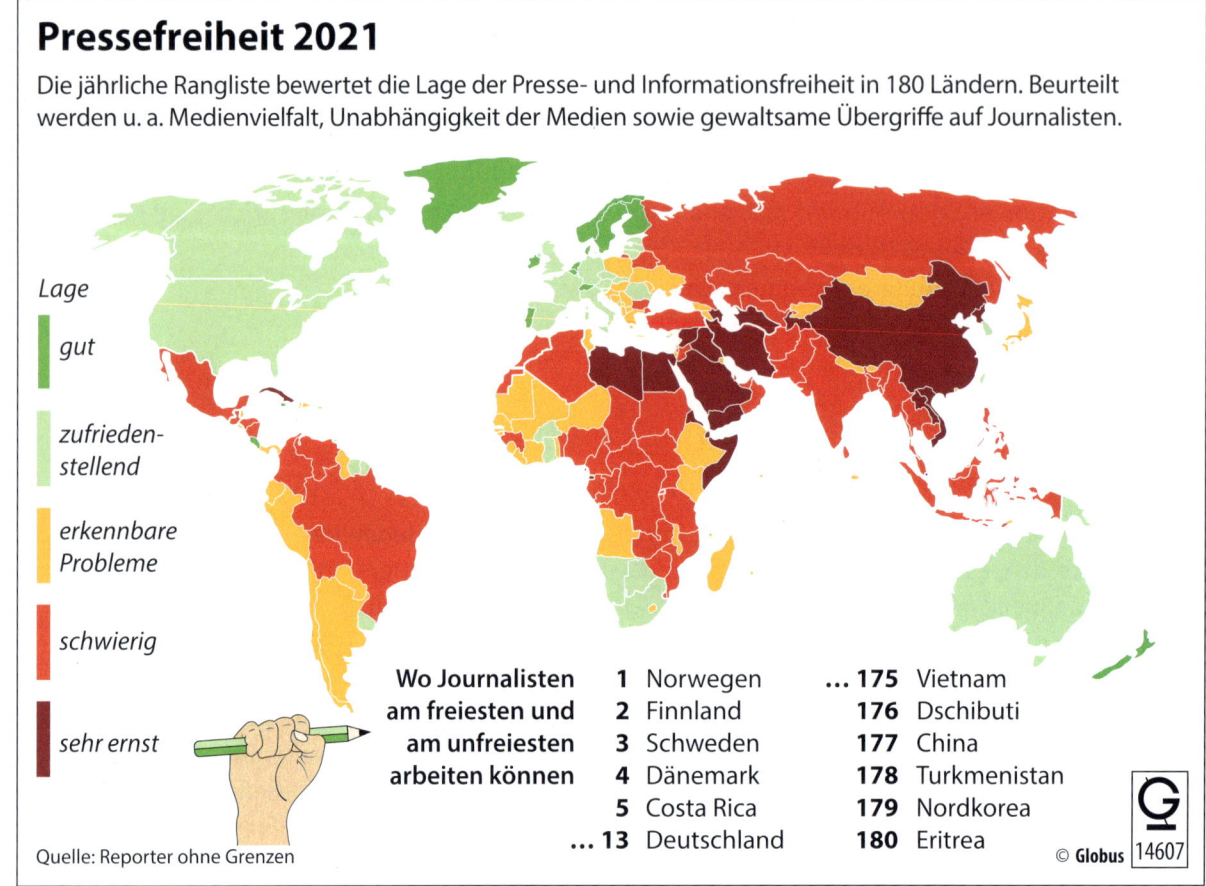

10
a) Sehen Sie sich die Abbildung sowie die Schlagzeilen in der rechten Spalte an.
b) Erklären Sie sich gegenseitig, was man unter „Pressefreiheit" versteht.
c) Beschreiben Sie Auffälligkeiten der Infografik zur Pressefreiheit.
d) Besprechen Sie, inwiefern Pressefreiheit das Wissen der Menschen beeinflusst.
e) Diskutieren Sie, ob man Menschen in Ländern mit eingeschränkter Pressefreiheit ihre Unwissenheit vorwerfen kann.

11 Diskutieren Sie darüber, ob Wissen Macht bedeutet oder ob Wissen auch zur Gefahr werden kann. Begründen Sie Ihre Meinung, indem Sie diese mit Beispielen belegen und auch Bezug zu Erich Frieds Gedicht nehmen.

**Nach Putsch-Versuch:
Erdogan schließt mehr als 170 Medien und Verlage in der Türkei**

**China und die Pressefreiheit – schlechter geht's nicht:
Strikte Zensur, Dutzende Journalisten in Haft**

Totale Kontrolle – in Nordkorea sind nicht einmal mehr die Gedanken frei

Russlands staatliche Kontrolle des Internets: Putin baut neuen, modernen Eisernen Vorhang auf und schottet so das Web ab

Politische Lyrik

Du hast ja ein Ziel vor den Augen

1 Lesen Sie die Kurzgeschichte „Du hast ja ein Ziel vor den Augen" |WES-122907-007| und bearbeiten Sie die zugehörigen Aufgaben.

2 a) Hören Sie sich im Internet das Lied an, von dem Sie bereits die erste Strophe kennen, oder lesen Sie es aufmerksam.
b) Tauschen Sie sich aus, wie das Lied auf Sie gewirkt hat.

Du hast ja ein Ziel vor den Augen
Von Louis Fürnberg

Du hast ja ein Ziel vor den Augen
damit du in der Welt dich nicht irrst
damit du weißt was du machen sollst
damit du einmal besser leben wirst
5 Denn die Welt braucht dich, genau wie du sie
Die Welt kann ohne dich nicht sein
Das Leben ist eine schöne Melodie
Kamerad, Kamerad stimm' ein

Allen die Welt und jedem die Sonne
10 fröhliche Herzen, strahlender Blick
Fassen die Hände Hammer und Spaten
wir sind Soldaten, Kämpfer fürs Glück

Und hast du dich einmal entschlossen
dann darfst du nicht mehr rückwärts geh'n
15 dann musst du deinen Genossen
als Fahne vor dem Herzen steh'n
Denn sie brauchen dich, genau wie du sie
du bist Quelle, und sie schöpfen aus dir Kraft
drum geh voran und erquicke sie
20 Kamerad, dann wird's geschafft [...]

3 a) Sprechen Sie darüber, wer in dem Lied wozu aufgefordert wird.

Info
Pionier- und Jugendlieder in der DDR

Die Jugendorganisation der Thälmann-Pioniere war eine **beliebte politische Kinderorganisation**. Ein Gebot lautete: „Wir Jungpioniere singen und tanzen, spielen und basteln gern." Das gemeinsame Singen wurde **mit Fröhlichkeit verbunden, als Kulturgut wahrgenommen und stärkte das Zusammengehörigkeitsgefühl**. Die positive Ausstrahlung des gemeinsamen Singens wurde für die **Zwecke der Regierung der DDR instrumentalisiert**. Die Lieder wurden zu Propagandazwecken missbraucht und durch ihren eingängigen Marschrhythmus wurde eine **Aufbruchstimmung** erzeugt.

b) Klären Sie gemeinsam, wer dieses Lied zu welchem Zweck/Anlass gesungen hat. Lesen Sie hierzu die Info.
c) Diskutieren Sie, welches Ziel durch das gemeinsame Singen dieses und ähnlicher Volkslieder in der DDR verfolgt wurde.

4 Schüler haben Ideen gesammelt, durch welche sprachlichen Besonderheiten der Liedtext bei den Sängern eine positive Grundstimmung/-haltung vermittelt:
Reime, Du-Anrede, anschauliche Adjektive, Wortwiederholungen, Metaphern, Appelle, Gegensatz: einer – viele/alle (Gemeinschaftsgefühl)
a) Lesen Sie die Ideen von Schülern.
b) Bilden Sie Kleingruppen und ordnen Sie die sprachlichen Auffälligkeiten passenden Textstellen des Liedes zu.
c) Überlegen Sie, welcher Zweck mit den sprachlichen Besonderheiten verfolgt wird.

Politische Lyrik

Eine Band bezieht doch politisch Stellung

1
a) Hören Sie sich das Lied „Schrei nach Liebe" im Internet an oder lesen Sie den Songtext auf der nächsten Seite.

b) Überlegen Sie, warum in dem Lied eine vulgäre Sprache (z. B. „Arschloch") verwendet wird.

c) Besprechen Sie in der Klasse, was man unter den rosa markierten Begriffen Attitüde (V. 2), Terz (V. 10), artikulieren (V. 7), Faschist (V. 21) und projizieren (V. 22) versteht. Recherchieren Sie ggf. im Internet.

2
a) Ordnen Sie den Schülernotizen eine oder mehrere passende Strophen (auch Refrain) des Liedes zu.

- *Probleme der Figur werden zusammengefasst.*
- *Dummheit wird als Grund für die Aggressionen der Figur genannt.*
- *Verhalten der Figur wird durch ironische Kommentare verstärkt; Aufforderung, Figur solle wahres Ich zeigen.*
- *Brutales und rücksichtsloses Verhalten der Figur wird infrage gestellt, und das eigentliche Wesen beschrieben.*

b) Begründen Sie Ihre Zuordnung gegenüber Ihren Mitschülern.

c) Markieren Sie ironische Bemerkungen im Lied. Lassen Sie sich den Text kopieren.

d) Diskutieren Sie darüber, was durch die ironischen Kommentare in Bezug auf das Verhalten der Figur erreicht werden soll.

3 Das Lied „Schrei nach Liebe" von der Band „Die Ärzte" ist auf dem 1993 veröffentlichten Album „Bestie in Menschengestalt" erschienen.

a) Sprechen Sie darüber, welche Art von „Bestie" in Menschenform beschrieben wird.

b) Die Menschenbestie wird nach dem Motto „Harte Schale, weicher Kern" beschrieben. Legen Sie eine Tabelle an und notieren Sie gegensätzliche Eigenschaften, die der Bestie zugeschrieben werden.

„Harte Schale"	„Weicher Kern"
Markantes äußeres Erscheinungsbild ➡ *Springerstiefel* ...	*sehnt sich nach Liebe* ...

c) Ein personaler Erzähler beschimpft einen fiktiven Rechtsextremisten, hat aber gleichzeitig auch Mitleid mit ihm. Belegen Sie dies mit passenden Textstellen.

d) Notieren Sie in Gruppen, warum die beschriebene Figur zum Faschisten wurde.

e) Überlegen Sie zu zweit, welche Probleme die Figur durch ihr gewalttätiges Verhalten zu kompensieren versucht und was sie erreichen will.

Politische Lyrik

Schrei nach Liebe
Von Die Ärzte

Du bist wirklich saudumm, darum geht's dir gut
Hass ist deine Attitüde, ständig kocht dein Blut
Alles muss man dir erklären, weil du wirklich gar nichts weißt
Höchstwahrscheinlich nicht einmal, was Attitüde heißt

Deine Gewalt ist nur ein stummer Schrei nach Liebe
Deine Springerstiefel sehnen sich nach Zärtlichkeit
Du hast nie gelernt dich zu artikulieren
Und deine Eltern hatten niemals für dich Zeit

(Ohoho) Arschloch

Warum hast du Angst vorm Streicheln? Was soll all der Terz?
Unterm Lorbeerkranz mit Eicheln, weiß ich schlägt dein Herz
Und Romantik ist für dich nicht bloß graue Theorie
Zwischen Störkraft und den Onkelz steht 'ne Kuschelrock LP

Deine Gewalt ist nur ein stummer Schrei nach Liebe
Deine Springerstiefel sehnen sich nach Zärtlichkeit
Du hast nie gelernt dich zu artikulieren
Und deine Eltern hatten niemals für dich Zeit

(Ohoho) Arschloch

Weil du Probleme hast, die keinen interessieren
Weil du Schiss vorm Schmusen hast, bist du ein Faschist
Du musst deinen Selbsthass nicht auf andere projizieren
Damit keiner merkt was für ein lieber Kerl du bist
Oh oh oh Arschloch

Deine Gewalt ist nur ein stummer Schrei nach Liebe
Deine Springerstiefel sehnen sich nach Zärtlichkeit
Du hast nie gelernt dich zu artikulieren
Und deine Freundin die hat niemals für dich Zeit

(Ohoho) Arschloch! Arschloch! Arschloch, Arschloch!!!

4 a) Tauschen Sie sich darüber aus, was man unter den sprachlichen Mitteln rechts versteht. Recherchieren Sie gegebenenfalls im Internet.
b) Textbeispiele, die zu den angegebenen sprachlichen Besonderheiten passen, wurden bereits markiert. Ordnen Sie dem Textbeispiel das passende sprachliche Mittel zu.

Metapher • Personifikation • Hyperbel • Fremdwörter • Du-Anrede • Oxymoron • Vergleich • Pars pro toto • derbe Umgangssprache

Politische Lyrik

c) Lesen Sie die Fragen, die sich Lea zu den sprachlichen Auffälligkeiten gestellt hat.
d) Beantworten Sie die Fragen in Gruppen. Tauschen Sie sich dann in der Klasse aus.

Warum wird die Figur so oft direkt angesprochen?

Wieso werden die „Springerstiefel" in dem Song anstelle der Figur verwendet. Eigentlich sehnt sich doch die Figur nach Liebe, oder?

Weshalb werden so gegensätzliche, eigentlich nicht zusammenpassende Wörter wie „stumm" und „Schrei" miteinander verbunden?

Wofür steht eigentlich der „Lorbeerkranz mit Eicheln"?

Was ist mit „Ständig kocht dein Blut" gemeint?

Warum werden auf der einen Seite Fremdwörter verwendet, auf der anderen Seite aber auch Kraftausdrücke?

5 Nicht nur sprachlich zeigt sich die Zwiegespaltenheit der Figur, sondern auch musikalisch.
  a) Hören Sie sich das Lied an. Achten Sie vor allem auf die Lautstärke von Gesang und Instrumenten sowie deren Eindringlichkeit.
  b) Besprechen Sie, welche Textstellen musikalisch besonders hervorgehoben werden und wie dies umgesetzt wird.

6 Der Song „Schrei nach Liebe" gilt auch heute noch als aktuell. Tauschen Sie sich mit Ihren Mitschülern darüber aus und lesen Sie die Info „Die Ärzte – Schrei nach Liebe".

Info

Die Ärzte – Schrei nach Liebe

„Schrei nach Liebe" war 1993 das erste Lied, in dem die Ärzte zum ersten Mal öffentlich politisch Stellung bezogen. Die Ärzte vertraten schon immer eher **linke Positionen**, ihre **politische Gesinnung** thematisierten sie aber bis dahin **nicht in ihren Liedern**. Der **Spaßfaktor** ihrer Musik war **vordergründig**, wodurch sie sich vom **Politpunk** abgrenzten. 1993 gab es in Deutschland vermehrt **gewaltsame Übergriffe Rechtsradikaler** auf Ausländer. Dies nahm die Band als Anlass, sich erstmals in ihren Liedern politisch zu äußern.

Im Jahr 2015 erlebte das Lied „Schrei nach Liebe" **ein Revival**. Ein Musiklehrer rief damals die „**Aktion Arschloch**" ins Leben. Sein Ziel war es, möglichst viele Menschen auf die **rassistischen Ausschreitungen gegen Flüchtlinge** aufmerksam zu machen und für **Toleranz** zu werben. In Anlehnung an die Ausschreitungen von 1993 empfahl er den Menschen, sich das Lied auf diversen Plattformen anzuhören bzw. das Video dazu anzusehen, das Lied zu kaufen und positive Bewertungen in Onlineshops abzugeben sowie seine Aktion über die Social-Media-Kanäle zu verbreiten. Als die Band *Die Ärzte* von dieser Aktion erfuhr, beschloss sie, alle ihre Einnahmen, die auf diese Aktion zurückzuführen waren, an die Organisation „Pro Asyl" zu spenden. Das Lied fand sich nach über 20 Jahren erneut in den Deutschen Singlecharts und landete im September 2015 sogar auf Platz 1.

Politische Lyrik

Das Bad in der Menge, das Bad im Gedränge

1 a) Sehen Sie sich das Bild aufmerksam an.

b) Tauschen Sie sich zu zweit darüber aus:
– Wer könnten die hervorgehobenen Personen sein?
– Was bedeutet „ein Bad in der Menge nehmen"?

c) Überlegen Sie, zu welchen Anlässen und warum Personen, die in der Öffentlichkeit stehen, die Nähe zum Volk suchen und ein Bad in der Menge nehmen.

2 Lesen Sie das Gedicht „Das Bad im Gedränge".

Das Bad im Gedränge
Von Hans Henning Stubenrauch

Jovial[1] lächelnd stolzieren sie
Beifall heischend durch das Land
und schütteln dem Bürger auf den
Straßen mal wieder die Hand.
5 Es ist Wahljahr, so muss man das verstehen.
Nach dem Urnengang[2] wird man die
nicht mehr auf den Straßen sehen.
Jetzt lieben sie das Bad in der Menge.
Der Wähler, geschmeichelt, badet mit im Gedränge.
10 Eine raffinierte mediale Inszenierung.
Erst nach der kalten Dusche
erkennt er die kalkulierte Verführung.
Dann steht er wie der begossene Pudel da
und merkt, dass Vieles auch nur gelogen war.
15 Und die erwählten Damen und Herren der Politik,
verlieren die Interessen der Bürger mal wieder aus dem Blick.
Sie verschwinden frisch gebadet in der Legislaturperiode[3].
20 Das ist nun mal im Politsystem die gängige Mode.

---
[1] jovial: *wohlwollender Umgang mit meist Niedrigerstehenden, gönnerhaft, herablassend*
[2] Urnengang: *jemand geht wählen*
[3] Legislaturperiode: *Amtsdauer einer gewählten Person*

3 a) Erläutern Sie, warum den Politikern unterstellt wird, das „Bad in der Menge" (V. 8) sei eine „mediale Inszenierung" (V. 10).
b) Besprechen Sie, warum sich der Wähler „geschmeichelt" (V. 9) fühlt.
c) Erklären Sie, wie eine „kalkulierte Verführung" (V. 12) aussieht.

Politische Lyrik

4 a) Gehen Sie in Kleingruppen zusammen und beantworten Sie die Fragen zum Gedicht.
- *Was wird den Politikern vorgeworfen?*
- *Welche Erkenntnis erlangen die Wähler nach der Wahl?*
- *Warum wird der Vergleich zwischen Wähler und begossenem Pudel gezogen?*
- *Wieso wählen die Menschen Politiker, obwohl sie wissen, dass diese ihre Versprechungen oft nicht halten?*

b) Denken Sie gemeinsam darüber nach, warum es dennoch so wichtig ist zu wählen.

5 Diskutieren Sie, warum Politiker vor allem zu Wahlkampfzeiten so präsent sind. Beziehen Sie dabei auch die Karikatur mit ein.

6 a) Markieren Sie im Gedicht anschauliche Adjektive bzw. Partizipien. Lassen Sie sich hierfür den Text kopieren.
b) Sprechen Sie darüber, welche Wirkung mit den zahlreich verwendeten Adjektiven und Partizipien erzielt werden soll.

7 a) Überlegen Sie gemeinsam, welche Bedeutung die Metapher „Bad in der Menge" (V. 8) in dem Gedicht hat.
b) In dem Gedicht sind weitere Metaphern enthalten. Überprüfen Sie zu zweit, welche Metaphern das Gedicht noch enthält und markieren Sie diese.
c) Klären Sie gemeinsam die Bedeutung dieser sprachlichen Bilder.
d) Stellen Sie Vermutungen an, warum der Autor Metaphern verwendet hat.

8 a) Lesen Sie die Notizen von Schülern zu möglichen Zielen, die der Autor mit dem Gedicht verfolgt.

- *Der Verfasser will die Menschen wachrütteln.*
- *Der Autor zeigt die Probleme der Politik auf.*
- *Politiker werden an den Pranger gestellt.*
- *Das Handeln von Politikern wird kritisiert.*
- *Die Wähler sollen das, was Politiker sagen bzw. tun, stärker hinterfragen.*

b) Diskutieren Sie darüber, welches Ziele bzw. welche Ziele der Autor mit dem Gedicht verfolgt. Begründen Sie Ihre Meinung mit passenden Textstellen.

9 Auf den Seiten 89–98 haben Sie politische Lyrik in verschiedenen Zeiten kennengelernt. Vergleichen Sie die jeweiligen Texte miteinander. Sie können hierzu eine Tabelle anlegen, in der Sie die jeweiligen sprachlichen Mittel und die verfolgte Absicht eintragen. Gehen Sie auf Unterschiede und Gemeinsamkeiten ein.

Literatur im Überblick

Autoren und Texte im Wandel der Zeit

1 Die folgenden Seiten liefern Ihnen einen Überblick über die wichtigsten literarischen Epochen von der Zeit des Barock bis zur Gegenwart.
   a) Überfliegen Sie die Seiten 99–103. Schauen Sie sich die verschiedenen Epochen, Autoren und Werke an.
   b) Tauschen Sie sich im Gespräch darüber aus, was Ihnen aus den vergangenen Jahren noch in Erinnerung geblieben ist.

2 Lesen Sie anschließend die Info zu den literarischen Epochen.

Info

Literarische Epochen

Literarische Epochen beschreiben **typische gemeinsame Merkmale der Literatur** einer bestimmten Zeit. Diese literarischen Epochen sind **für alle europäischen Länder** gültig – mit **zeitlichen und stilistischen Abweichungen**. Auch innerhalb der Epochen der Länder gibt es **keine eindeutigen zeitlichen Abgrenzungen**, sondern die Übergänge sind fließend.
Der Expressionismus ist die letzte der großen, weit über die Grenzen des deutschen Sprachraums gültigen literarischen Epochen.

Mittelalter | 1550 — 1600 — 1650

Barock

Barock (ca. 1600 – 1720): Bezeichnung einer Kunstepoche, die alle Bereiche des Lebens umfasst: Gartenbauarchitektur, Architektur, Bildhauerei, Malerei, Musik und Literatur. Allerdings wird diese kulturelle Blütezeit auch bestimmt von den grauenhaften Geschehnissen des Dreißigjährigen Krieges (1618-1648). Neben Gedichten, die sich vor allem mit dem Motiv der Vergänglichkeit auseinandersetzen, wurde ein Roman weltberühmt: „Simplicius Simplicissimus" von Hans Jakob Christoffel von Grimmelshausen, 1668/69 erschienen. Er spiegelt durch seine Hauptperson, Simplicius Simplicissimus, nicht nur die Zeit des Dreißigjährigen Krieges wieder, sondern vermittelt uns auch viel von dem Alltagsleben und Wissen der damaligen Zeit.

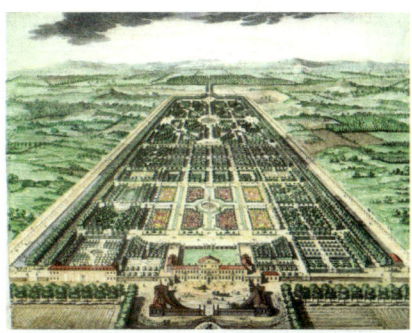
Hannover Herrenhausen, 1708

J. S. Bach
1685–1750

Grimmelshausen,
1621–1676

1. a) Wählen Sie ein Bild aus.
   b) Recherchieren Sie dazu, z.B. im Internet. Machen Sie sich Notizen und präsentieren Sie Ihre Ergebnisse vor der Klasse.

Literatur im Überblick

1650	1700	1750

Aufklärung

Aufklärung (ca. 1720 bis 1790)

In der Zeit der Aufklärung galt der Grundsatz, dass der Mensch, wenn er seinen eigenen Verstand benutzt, dazu fähig ist, die Wahrheit selbst zu erkennen: „Habe den Mut, dich deines eigenen Verstandes zu bedienen." (Immanuel Kant)

Damit richtet sich die Aufklärung gegen die Obrigkeit, egal ob weltlich oder kirchlich, die vorschrieb, was der Untertan zu denken hatte. Neben selbstständigem Denken und Handeln war Toleranz ein wichtiges Thema der Aufklärung.

Bedeutendster Vertreter der Literatur der Aufklärung war Gotthold Ephraim Lessing (1729–1781), der sich vor allem in Theaterstücken mit den Idealen der Aufklärung auseinandersetzte, aber auch zahlreiche noch heute bekannte Fabeln schrieb.

1. Informieren Sie sich über das Schauspiel „Nathan der Weise".
2. Fassen Sie den Inhalt der „Ringparabel" kurz zusammen.
3. Erklären Sie, inwiefern „Nathan der Weise" die Ideale der Aufklärung verdeutlicht. Lesen Sie dazu auch die Info zur Parabel auf S. 55.

Gotthold Ephraim Lessing (1729–1781)

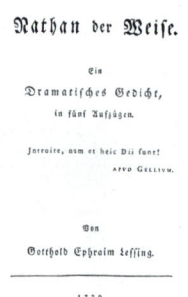

Titelblatt der Erstausgabe von 1779

Sturm und Drang

Sturm und Drang (ca. 1765 bis 1785) bezeichnet eine Strömung der deutschen Literatur, die als Gegenpol zur Aufklärung rein vernünftiges Denken überwinden wollte. Individuelle Gefühle sollten frei und im Überschwang ausgelebt werden. ==Im Gegensatz zu gesellschaftlichen Schranken sollte jeder frei und selbstbestimmt leben können.== Eine besondere Rolle spielt die Natur: Sie wird sehr intensiv wahrgenommen und vielfach als Spiegelbild der eigenen Gefühle empfunden. Vor allem Friedrich Schiller und Johann Wolfgang von Goethe behandeln in Dramen, aber auch Gedichten und Balladen typische Motive des Sturm und Drang. In ihren Tragödien stirbt der (tragische) Held für seine Ideale. Ein echter „Bestseller" war der Briefroman „Die Leiden des jungen Werther" von J. W. von Goethe.

1. Benennen oder recherchieren Sie, wer auf den beiden Porträts zu sehen ist.
2. Recherchieren Sie zu dem Drama „Kabale und Liebe" von Friedrich Schiller.
3. Fassen Sie den Inhalt zusammen und erklären Sie, inwiefern dieser dem grün markierten Satz oben entspricht.

Zeichnung aus Kabale und Liebe

Literatur im Überblick

Klassik

Klassik (ca. 1786 bis 1832): Ideale der Klassik sind Harmonie und Ausgewogenheit, aber auch Menschlichkeit und Toleranz. Dabei ließ man sich von der griechischen und römischen Antike inspirieren. Die bekanntesten Autoren dieser Epoche sind Friedrich Schiller und Johann Wolfgang von Goethe.

Vor allem Friedrich Schiller will in seinen Heldendramen („Wallenstein", „Maria Stuart", „Wilhelm Tell") Ideale verkörpern, die die Zuschauer durch Ergriffenheit intensiv miterleben sollen. Bei Goethe beeindruckt die Vielfalt seines literarischen Schaffens, das Dramen, aber auch Romane und Gedichte umfasst. Schiller und Goethe wetteiferten im sogenannten Balladenjahr (1797) im Schreiben von bis heute bekannten Balladen.

Die Zeit zwischen 1786 und 1832 gilt als Blütezeit deutscher Literatur. Da die bekanntesten Literaten jener Zeit sich rund um Weimar aufhielten, spricht man auch von der Weimarer Klassik.

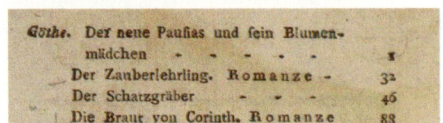

Die beiden Ausschnitte stammen aus dem „Musenalmanach" von 1798, einem Jahrbuch, in dem Friedrich Schiller literarische Texte veröffentlichte. „Romanze" ist ein damals auch für Ballade verwendeter Begriff.

1. Recherchieren Sie zu „Der Ring des Polykrates" und „Die Braut von Corinth".
2. Erklären Sie den markierten Satz mithilfe der Ergebnisse Ihrer Recherche.

Romantik

Romantik (ca. 1798 bis 1835):

Die Zeit der Romantik ist durch große Umbrüche gekennzeichnet. Während einerseits bahnbrechende Erfindungen gemacht wurden und die Wirtschaft einen gewaltigen Aufschwung erlebte, litten die Menschen andererseits unter einer Zensur, die keine Pressefreiheit zuließ und einer Geheimpolizei, die zum Beispiel die Teilnahme an Versammlungen gefährlich machte. Der rasante technische Fortschritt weckte bei vielen Menschen zusätzlich Angst. Daher ist die Sehnsucht ein bestimmendes Merkmal der Literatur. Wünsche, Träume und die Sehnsucht nach einer heilen Welt (in der Vergangenheit oder in einem anderen Land wie Italien) sollten helfen, die Wirklichkeit auszublenden. Neben Gedichten und Erzählungen entstanden zu jener Zeit ebenso Märchen, Sagen und Volkslieder. Das Werk Joseph von Eichendorffs, der neben einer berühmten Novelle vor allem Gedichte schrieb, spiegelt dabei im Besonderen die Sehnsucht der Romantiker nach einer engen Verbindung von Mensch und Natur wider.

Das Werk E. T. A. Hoffmanns, der neben seinem bürgerlichen Beruf dichtete, malte und komponierte, steht beispielhaft für die dunkle Seite der Romantik, in der Unheimliches, Dämonisches und Wahnsinn wichtige Motive sind.

1. Erklären Sie, inwiefern das Gemälde typisch für die Romantik ist.

Caspar David Friedrich: Zwei Männer in Betrachtung des Mondes
|WES-122907-008|

Literatur im Überblick

| 1850 | 1900 | 1950 |

Realismus

Realismus (ca. 1848 bis 1890): Durch den rasanten Aufschwung der Naturwissenschaften entstanden neue Techniken und Materialien, die die Arbeitswelt radikal veränderten, aber auch den Alltag vieler Menschen. Industrielle Fertigung ersetzte handwerkliche Betriebe, die Landwirtschaft änderte sich z. B. durch chemische Düngemittel. Die soziale Ungleichheit innerhalb der Bevölkerung der Städte wurde zusehends größer: Der Verelendung des sogenannten Proletariats stand der Reichtum Industrieller gegenüber.

Die Vertreter des Realismus waren bestrebt, mithilfe umfangreicher Recherchen Situationen und Personen möglichst realitätsnah darzustellen. Allerdings wurde die Realität nicht kritisch oder gar ironisch dargestellt, sondern sprachlich kunstvoll ausgestaltet.

Kritik an gesellschaftlichen Problemen wird dem Leser überlassen. Während der Zeit des Realismus wurden vor allem Romane und Novellen, Gedichte und Balladen geschrieben. Wichtige Vertreter sind Theodor Fontane, Gottfried Keller, Adalbert Stifter, Theodor Storm sowie Marie von Ebner-Eschenbach.

1. Informieren Sie sich über Theodor Storm und den Inhalt der Novelle „Der Schimmelreiter".
2. Stellen Sie einen Zusammenhang zwischen Storms letztem Wohnort und dem Inhalt des Schimmelreiters her.
3. Erklären Sie, inwiefern dieses Werk typisch für den Realismus ist.

Theodor Storm

Naturalismus

Naturalismus (ca. 1880 bis etwa 1900): Die Wirklichkeit sollte wie im Realismus möglichst genau, allerdings im Gegensatz zum Realismus **ungeschönt** dargestellt werden. Arno Holz fand dafür die eingängige Formel: Kunst = Natur – x, wobei x so klein wie möglich gehalten werden sollte. Die Literatur (Kunst) sollte also die Wirklichkeit (Natur) so exakt wie möglich abbilden. Dialekt und Alltagssprache spielen nun erstmals in der Literatur eine große Rolle. Der Mensch wurde – beeinflusst durch die Vererbungslehre und soziologische Studien – als **vorherbestimmt** durch **Vererbung** und **Milieu** (= gesellschaftliches Umfeld, in dem er aufwächst) gesehen. Vor allem das Werk Gerhart Hauptmanns wurde von diesen Theorien beeinflusst. Das gilt sowohl für die Novelle „Bahnwärter Thiel" als auch besonders für sein Drama „Die Weber" von 1892.

1. Informieren Sie sich über den Inhalt des Dramas „Die Weber".
2. Lesen Sie das Zitat aus dem Drama. Erklären Sie, welches Merkmal des Naturalismus dadurch deutlich wird.

Erste Weberfrau: Bloß a paar Greschl[1], dass m'r zu Brote komm'n. D'r Pauer borgt nischt mehr. Ma hat a Häufl Kinder …

[1] Greschl: *Groschen*

Plakat von Emil Orlik, 1897

Literatur im Überblick

Expressionismus

Expressionismus (ca. 1910 bis 1925): Berlin, in dieser Zeit eine der wichtigsten europäischen Hauptstädte, ist für den Expressionismus ein zentrales Thema. Maler, Komponisten, Filmschaffende und Dichter fanden in Berlin ideale Arbeitsbedingungen. Doch während die einen die Großstadt mit all ihrem Glanz genießen konnten, hausten die anderen unter schlimmsten Bedingungen in Mietskasernen und litten unter Hunger, Krankheit und großer Not. Großstadt war für sie Anonymität, Einsamkeit und letztlich Verlorenheit. Die Spaltung der Gesellschaft in „die ganz oben und die ganz unten" war Nährboden für Alkoholismus, Prostitution und Kriminalität in jeder Form.

Expressionistische Künstler stellen Menschen der Großstadt in ausdrucksstarken, expressiven Bildern, Liedern, Texten und im Film dar. Die Dichter gehen neue Wege: Sätze, Satzfetzen, einzelne Wörter, Ausrufe sind ebenso typisch wie sprachliche Bilder. Berühmte Dichter sind Georg Heym, Alfred Döblin, Gottfried Benn und Else Lasker-Schüler.

Filmbild aus Nosferatu, 1922

1. Recherchieren Sie im Internet zu dem Film „Nosferatu".
2. Recherchieren Sie zu dem Gedichtband „Morgue" von Gottfried Benn.
3. Stellen Sie jeweils Bezüge zum Expressionismus dar.

Nachkriegsliteratur

Nachkriegsliteratur ist ein Sammelbegriff für Literatur nach 1945. Eine Sonderrolle kommt der Literatur zu, die in der Emigration entstand.

Unter **Trümmerliteratur** (1945–1950) versteht man Werke aus den letzten Kriegsjahren und der Zeit unmittelbar danach. Wichtige Autoren sind Wolfgang Borchert und Wolfdietrich Schnurre. Bevorzugte literarische Formen sind neben Gedichten vor allem Kurzgeschichten, angelehnt an die englisch-amerikanischen Short Stories. Eine besondere Rolle spielt das Werk „Draußen vor der Tür" des todkranken Wolfgang Borchert. Das Drama eines traumatisierten Soldaten – ursprünglich ein Hörspiel – wurde als Theaterstück und Film zum Symbol einer ganzen Generation.

Heinrich Böll, Günter Grass, Martin Walser, Wolfgang Koeppen und Alfred Andersch setzten sich kritisch mit der Gesellschaft der 1950er-Jahre auseinander. Ab 1980 spricht man von „**Postmoderne**".

Theaterplakat, Uraufführung, 1947

1. a) Recherchieren Sie zu „Draußen vor der Tür".
   b) Erklären Sie, warum das Werk als das wichtigste der Trümmerliteratur gilt.
2. Finden Sie im Kapitel „Literatur des 20. und 21. Jahrhunderts" den Text, der der Trümmerliteratur zuzuordnen ist. Begründen Sie Ihre Auswahl.

Eine Theateraufführung bewerten

Der böse Bruder oder: Wie verhält man sich moralisch richtig?

In diesem Kapitel lernen Sie, die Aufführung eines dramatischen Werks mithilfe einer Videoaufzeichnung und weiterer Materialien zu bewerten. In einer persönlichen Stellungnahme setzen Sie sich mit der Frage nach moralischem Handeln auseinander.

1 Auf den folgenden Seiten beschäftigen Sie sich mit dem Theaterstück „Böser Bruder", aus dem Sie einen längeren Ausschnitt ansehen können. Das Theaterstück wurde als Auftragswerk für das Augsburger „Brechtfestival 2014" geschrieben. Der Autor, Sebastian Seidel, hat sich sowohl von Friedrich Schiller als auch von Bertolt Brecht und seinen Überlegungen zum moralischen Handeln inspirieren lassen.

a) Sehen Sie sich die Collage unten an.
b) Suchen Sie anhand der Aussagen nach Verbindungen zwischen Schiller, Brecht und Herrn Seidel und formulieren Sie dazu Sätze.
*Herr Seidel will wie Brecht, dass …
In beiden Theaterstücken geht es …*

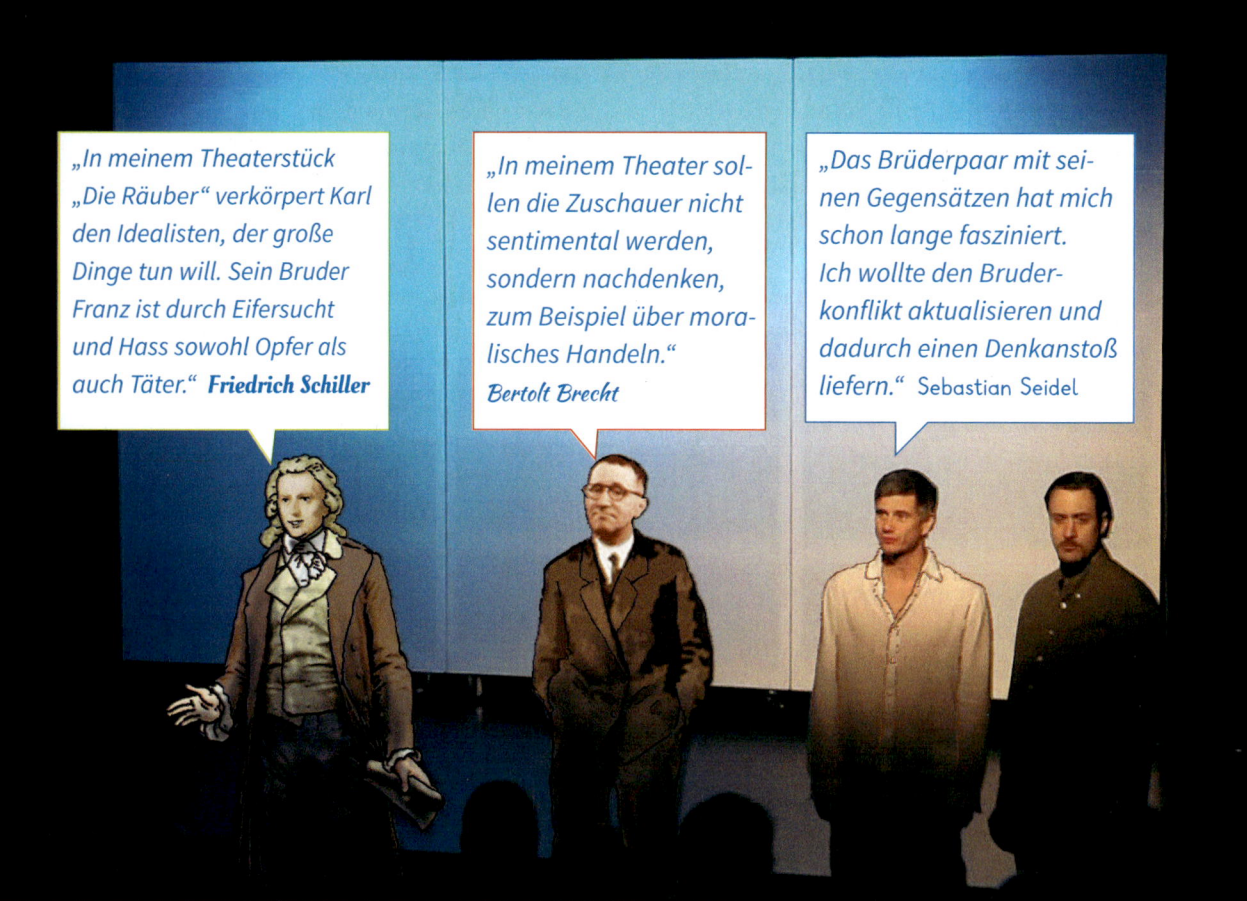

„In meinem Theaterstück „Die Räuber" verkörpert Karl den Idealisten, der große Dinge tun will. Sein Bruder Franz ist durch Eifersucht und Hass sowohl Opfer als auch Täter." **Friedrich Schiller**

„In meinem Theater sollen die Zuschauer nicht sentimental werden, sondern nachdenken, zum Beispiel über moralisches Handeln." **Bertolt Brecht**

„Das Brüderpaar mit seinen Gegensätzen hat mich schon lange fasziniert. Ich wollte den Bruderkonflikt aktualisieren und dadurch einen Denkanstoß liefern." **Sebastian Seidel**

Eine Theateraufführung bewerten

2 a) Informieren Sie sich über Schillers Drama „Die Räuber" |WES-122907-009| und geben Sie einem Partner kurz den Inhalt wieder.

b) Lesen Sie die Inhaltszusammenfassung des Theaterstücks „Böser Bruder" und schauen Sie sich dazu das Standbild an.

c) Sprechen Sie darüber, wer Ihrer Meinung nach der „böse Bruder" ist, und begründen Sie Ihre Meinung.

Franz | Karl

Info

Zusammenfassung „Böser Bruder"

Die beiden Brüder Karl und Franz haben sich viele Jahre lang nicht gesehen: Karl, der sich für World-Food-Programme der UNO engagierte, war in Krisengebieten unterwegs. Es hatte den Anschein, als wären ihm sein Vater, sein Bruder und Amalia, seine Freundin, egal. Allerdings hatte Franz die Briefe seines Bruders unterschlagen, sodass der Vater glauben musste, Karl wäre seine Familie gleichgültig. Franz hatte Amalia geheiratet und den väterlichen Lebensmittelladen übernommen. Der Laden ist inzwischen unrentabel. Der Vater, der nur noch durch eine Magensonde weiterleben kann, will sterben. Doch er verlangt von seinen beiden Söhnen, sich über Zeitpunkt und Art seines Sterbens einig zu werden. Noah, der Enkelsohn, ist derweilen mit seiner Band „We are the World" auf Tournee. Das Zusammentreffen der beiden Brüder wechselt zwischen Umarmung und Prügelei, echter Freude, gemeinsamen Erinnerungen an Lagerfeuerromantik und leidenschaftlichen Anschuldigungen. Die Situation eskaliert, als Franz erfährt, dass nicht er Noahs Vater ist, sondern Karl. Karl ist daher für Franz ein verbrecherischer Lügner. Daran ändert in seinen Augen auch die Tatsache nichts, dass Karl durch anonyme Geldüberweisungen das Weiterführen des Ladens ermöglicht hat. Am Ende bleibt offen, wie die Probleme gelöst werden.

Eine Theateraufführung bewerten ▶

3 Im Folgenden geht es um die Inszenierung des Theaterstücks und darum, wie Sie diese bewerten.
  a) Sprechen Sie über die unten aufgeführten Elemente einer Inszenierung. Welche finden Sie besonders wichtig? Begründen Sie Ihre Meinung.

  > Bühnenbild – Beleuchtung – zusätzliche digitale Effekte – Musik – Szenenwechsel

  b) Nennen Sie zu einem der Elemente ein konkretes Beispiel. Beziehen Sie sich auf die Standbilder oder auf eine Ihnen bekannte Theateraufführung.

4 a) Lesen Sie den Ausschnitt der Rezension zum Theaterstück „Böser Bruder" aus der Augsburger Allgemeinen rechts.
  b) Benennen Sie drei Gestaltungselemente, die in der Rezension genannt werden.

„Seidel erzählt nicht linear, sondern verschränkt den Dialog der beiden Brüder mit zusätzlichen Elementen: mit Protest-Songs der DDR-Jugendbewegung, die vom Allgäuer Sänger Rainer von Vielen interpretiert werden, mit einer Videoprojektion, in der der Vater (Heinz Schulan) das kaschubische Märchen vom „Bösen Bruder" erzählt, und mit einem Vortrag, in dem Karl sich ans Publikum wendet und Fakten über die Welternährungsproblematik vorträgt."
Quelle: Augsburger Allgemeine vom 10.02.2014

  c) Beschreiben Sie das Gestaltungsmerkmal, das auf dem Standbild unten zu erkennen ist. Welche Wirkung könnte Seidel damit beabsichtigen?
  d) Überlegen Sie, warum Seidel die Figur Karl direkt zum Publikum sprechen lässt.
  e) Vergleichen Sie Ihre Ergebnisse.

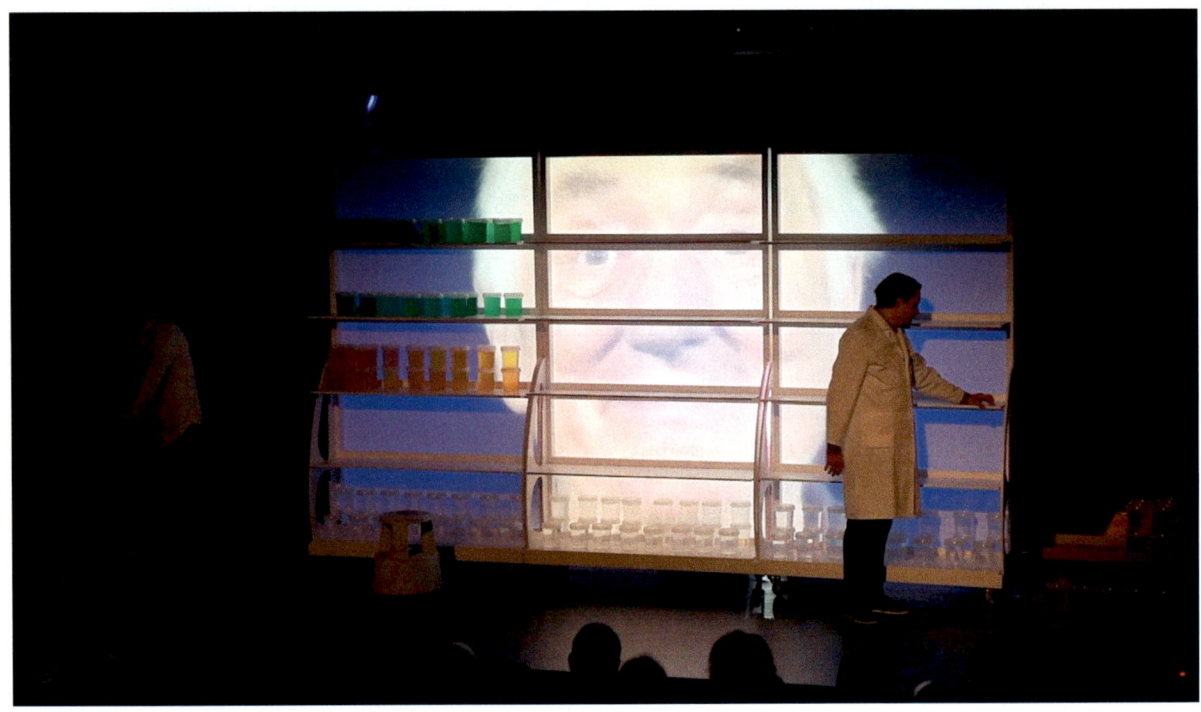

Eine Theateraufführung bewerten

5 a) Sebastian Seidel hat sich bei seiner Inszenierung an Bertolt Brecht und seiner Vorstellung von einem Theater orientiert, das den Zuschauer zum Nachdenken bringen soll. Lesen Sie dazu den ersten Teil der Informationen zu Brecht |WES-122907-010|.
b) Legen Sie eine Tabelle wie unten für den Videomitschnitt an.
c) Schauen Sie jetzt die Ausschnitte aus dem „Rohmitschnitt" des Theaterstücks an |WES-122907-011|. Lesen Sie ggf. im Infokasten zum Videoausschnitt nach.
d) Notieren Sie zu den Stichworten in der Tabelle unten jeweils ein konkretes Beispiel aus dem Videomitschnitt.
e) Schauen Sie zum Ergänzen der letzten Zeile in der Tabelle einen kurzen Ausschnitt aus dem Video an |WES-122907-012|.
f) Notieren Sie Ihre Beobachtung in der Tabelle.

6 Diskutieren Sie darüber, wie Sie den Einsatz der Verfremdungseffekte bewerten. Sie können den Einsatz insgesamt bewerten oder sich auf einzelne Verfremdungseffekte beziehen.
praktisch – spannend – eher störend – abwechslungsreich – raffiniert – eher komisch – passend

> **Info**
>
> **Worterklärungshilfen zum Videoausschnitt**
>
> **Kaschubisch:** Das **Kaschubische** ist eine westslawische Sprache, die in der Gegend in der Nähe von Danzig bis heute gesprochen wird.
>
> **Danzig (heute Gdańsk)** ist eine Hafenstadt an der Ostseeküste Polens.
>
> **Kaschubisches Märchen vom guten und bösen Bruder:** Geschichte zweier Brüder, die in die weite Welt wandern und von ihrem Vater Geld mitbekommen. Sie leben zuerst vom Geld des jüngeren Bruders. Später weigert sich der ältere, sein Geld zur Verfügung zu stellen. Stattdessen verlangt er vom jüngeren Bruder, zuerst das eine und dann auch das andere Augenlicht zu opfern, um Nahrung zu bekommen. Dann lässt er ihn blind und hilflos zurück. Durch drei Raben erfährt er zufällig, wie er wieder sehen kann, die nahelebenden Menschen lebensnotwendiges Wasser bekommen und die kranke Königstochter geheilt werden kann. Nachdem ihm all dies gelungen ist, wird er König. Als er seinen kranken älteren Bruder trifft, gesteht dieser seine Schuld ein und wird von seinem jüngeren Bruder aufgenommen.
>
> **„Allzeit bereit":** Pfadfindermotto, das vom Gründer Baden-Powell stammt

Verfremdungseffekte	Umsetzung in der Inszenierung
Kein aufwendiges Bühnenbild	Man sieht nur drei weiße Regale …
Szenenwechsel auf offener Bühne	…
Schauspieler wenden sich auch direkt an die Zuschauer	…
Unterbrechen der Handlung durch Songs	…
Unterbrechen der Handlung durch ?	…

Eine Theateraufführung bewerten ▶

7 a) Sehen Sie sich das Standbild und den kurzen Ausschnitt an. |WES-122907-013|
   b) Beschreiben Sie möglichst genau Bühnenbild, Musik und Lichtgestaltung.

8 a) Überlegen Sie gemeinsam, welche Effekte der Inszenierung dem Zuschauer helfen können, den Inhalt des Theaterstücks besser zu verstehen.
   b) Benennen Sie im Gespräch die Wirkung dieser zusätzlichen Effekte.

9 a) Schreiben Sie einen kurzen Text, in dem Sie die Inszenierung bewerten. Sie können die vorgegebenen Formulierungen verwenden oder Ihren Text frei gestalten.
   b) Wählen Sie aus allen Beiträgen eine positive und eine negative Bewertung aus, lesen Sie beide vor und sprechen Sie darüber.

- *Mir gefällt an der Inszenierung …*
- *Besonders … finde ich …*
- *Ich hätte mir mehr … erwartet …*
- *Erreicht wird das durch …*
- *Besonders gelungen finde ich …*
- *Auffällig ist …*
- *Dazu trägt besonders bei …*
- *Zusammenfassend meine ich …*
- *Mein abschließendes Urteil …*

2.2 Die Aufführung eines dramatischen Werks (ggf. auch als Hör-, Fernsehspiel oder filmische Aufzeichnung einer Inszenierung) bewerten; dazu eine persönliche Stellungnahme abgeben und dabei eigene Wertmaßstäbe offenlegen

Eine Theateraufführung bewerten

10 a) Beide Brüder erklären das Verhalten des anderen Bruders für unmoralisch. Konkretisieren Sie folgende Vorwürfe, indem Sie die folgenden Sätze erweitern und dabei das jeweilige Stichwort in Klammern verwenden. Schauen Sie, wenn nötig, noch einmal das Video an. |WES-122907-011|

b) Sprechen Sie über Ihre Lösungen.

c) Karl erklärt zu seiner Rechtfertigung, dass er sich um die Ernährung von Völkern kümmern müsse statt um einzelne Menschen. Diskutieren Sie kurz darüber, ob das eine Ausrede ist oder Karls Handeln rechtfertigt.

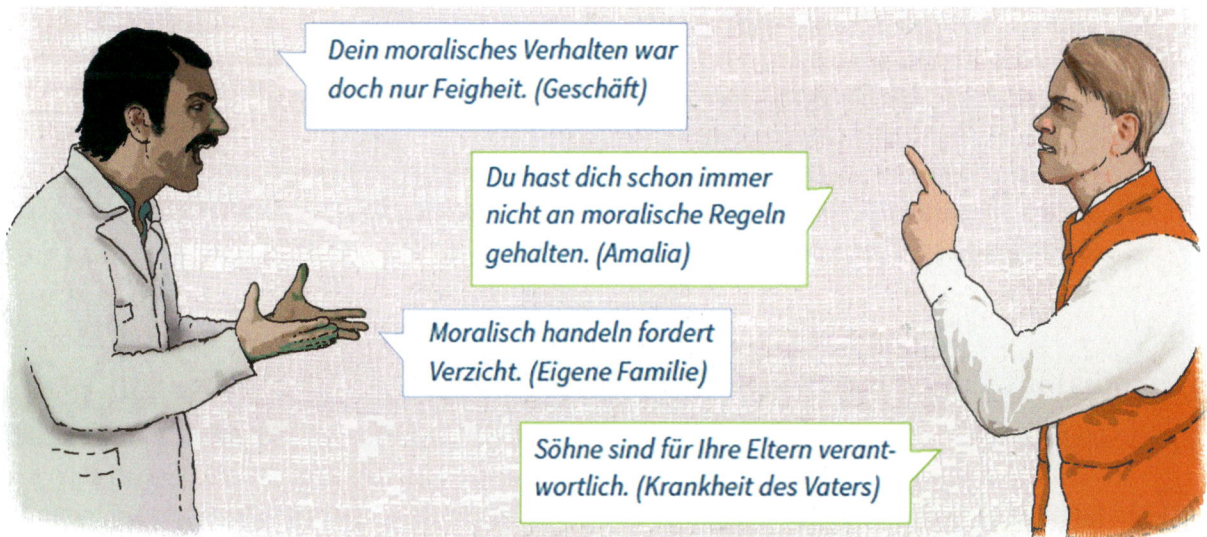

- Dein moralisches Verhalten war doch nur Feigheit. (Geschäft)
- Du hast dich schon immer nicht an moralische Regeln gehalten. (Amalia)
- Moralisch handeln fordert Verzicht. (Eigene Familie)
- Söhne sind für Ihre Eltern verantwortlich. (Krankheit des Vaters)

Das Brechtfestival

1 a) Lesen Sie die Info zum Brechtfestival.
b) Begründen Sie, warum das Theaterstück in ein Brechtfestival passt. Beziehen Sie dabei die Gestaltung des Plakats von 2019 ein.

Info

Brechtfestival

Das Brechtfestival wird von der Stadt Augsburg seit 2010 jedes Jahr mehrtägig um den Geburtstag des in Augsburg am 10.02.1898 geborenen Bertolt Brecht veranstaltet. Währenddessen finden Lesungen, Konzerte, Theateraufführungen, Workshops, Projekte mit Schulen, Diskussionsrunden und Wettbewerbe statt. Seit 1995 wird in diesem Rahmen auch der Bertolt-Brecht-Preis verliehen.

Plakat des Brechtfestivals 2019

Leseerfahrungen dokumentieren

Kreuz und quer durch die Literatur des 20. und 21. Jahrhunderts

In diesem Kapitel lernen Sie, Ihre Leseerfahrungen durch eine Buchvorstellung zu dokumentieren.

1
a) Lesen Sie zunächst die unterschiedlichen Auszüge aus literarischen Werken auf den Seiten 110–113 und die Infos.
b) Begründen Sie, welches der Bücher Sie am liebsten lesen möchten. Recherchieren Sie zu diesem Werk und zur Entstehungszeit.
c) Stellen Sie Zusammenhänge zwischen Entstehungszeit, Leben des Autors und Werk dar.

Cryptos (Auszug)

Von Ursula Poznanski

Heute lasse ich in Kerrybrook die Sonne scheinen. Das ist angemessen nach drei Tagen mit wolkenverhangenem Himmel und Nieselregen. Es ist acht Uhr morgens, und die ersten Bewohner sind bereits
⁵ vor Ort. Vierzehn Prozent, zeigt der Zähler an. Achtzehn. Siebenundzwanzig. Kerrybrook ist die kleinste meiner Welten und die, die am wenigsten Arbeit, dafür aber den meisten Spaß macht. Ich habe sie nach dem Vorbild irischer Dörfer modelliert: hügelig, mit
¹⁰ viel Grün, geduckten Häuschen und einer Burgruine, die über der Landschaft thront. Es gibt Schafe, gemütliche Pubs und jede Woche einen Markt auf dem Hauptplatz. Unendlich friedlich, all das. Manchmal ein bisschen eintönig vielleicht, aber das ist dann meine
¹⁵ Schuld. [...] Ich gleite im Ansichtsmodus die Küste entlang. [...] Am Fuß des Hügels spaziert eine Frau mit einem Korb über dem Arm, den Blick aufmerksam auf den Wegrand gerichtet. Sie sucht Goldschwämmchen, schätze ich. Ich habe die Pilze vor etwa zwei
²⁰ Monaten eingeführt, und sie sind ein voller Erfolg. Wer vierzig davon sammelt, kann sich einen Pass für eine von drei Welten aussuchen. Die Jagd nach den kleinen, goldenen schimmernden Hütchen hält meine Bewohner ziemlich auf Trab. So schön Kerrybrook auch ist, niemand hat etwas gegen eine Reise einzuwenden. Acht Uhr dreißig, und neunundfünfzig Prozent der Bewohner sind anwesend. Ein Blick auf die Statistik: nur drei Transfers in andere Welten. Das ist ein ausgezeichneter Wert. Wer einmal hier ist, fühlt sich so wohl, dass er bleibt. Auf Transfers muss ich nicht reagieren, nur auf Ausfälle, also wenn jemand, der zuletzt in meiner Welt war, überhaupt nicht mehr auftaucht. Weder hier noch anderswo im System.

Info

Ursula Poznanski wurde in Wien geboren. Lange war sie als **Journalistin für medizinische Zeitschriften** tätig. Sie feierte mit ihren **Jugendbüchern** *Erebos* und *Saeculum* einen riesigen Erfolg. In ihrem Thriller *Cryptos* erzählt sie von einer Wirklichkeit, in der das **Klimasystem** gekippt ist und die meisten Menschen nur **ins Virtuelle** flüchten können.

Der Tod in Venedig
(Auszug)

Von Thomas Mann

Info

Paul Thomas Mann war ein **deutscher Schriftsteller** und **einer der bedeutendsten Erzähler** des 20. Jahrhunderts. Er wurde 1929 mit dem Nobelpreis für Literatur ausgezeichnet. Dem 1901 erschienenen ersten **Roman** Buddenbrooks folgten **Novellen und Erzählungen** wie *Tonio Kröger, Tristan* und *Der Tod in Venedig*.

Gustav Aschenbach oder von Aschenbach, wie seit seinem fünfzigsten Geburtstag amtlich sein Name lautete, hatte an einem Frühlingsnachmittag des Jahres 19.., das unserem Kontinent monatelang eine so gefahrdrohende Miene zeigte, von seiner Wohnung in der Prinzregentenstraße zu München aus allein einen weiteren Spaziergang unternommen. Überreizt von der schwierigen und gefährlichen, eben jetzt eine höchste Behutsamkeit, Umsicht, Eindringlichkeit und Genauigkeit des Willens erfordernden Arbeit der Vormittagsstunden, hatte der Schriftsteller dem Fortschwingen des produzierenden Triebwerkes in seinem Innern, jenem „motus animi continuus", worin nach Cicero das Wesen der Beredsamkeit besteht, auch nach der Mittagsmahlzeit nicht Einhalt zu tun vermocht und den entlastenden Schlummer nicht gefunden, der ihm, bei zunehmender Abnutzbarkeit seiner Kräfte, einmal untertags so nötig war. So hatte er bald nach dem Tee das Freie gesucht, in der Hoffnung, dass Luft und Bewegung ihn wiederherstellen und ihm zu einem ersprießlichen Abend verhelfen würden. Es war Anfang Mai und, nach nasskalten Wochen, ein falscher Hochsommer eingefallen. Der Englische Garten, obgleich nur erst zart belaubt, war dumpfig wie im August und in der Nähe der Stadt voller Wagen und Spaziergänger gewesen. Beim Aumeister, wohin stillere und stillere Wege ihn geführt, hatte Aschenbach eine kleine Weile den volkstümlich belebten Wirtsgarten überblickt, an dessen Rand einige Droschken und Equipagen hielten, hatte von dort bei sinkender Sonne seinen Heimweg außerhalb des Parks über die offene Flur genommen und erwartete, da er sich müde fühlte und über Föhring Gewitter drohte, am Nördlichen Friedhof die Tram, die ihn in gerader Linie zur Stadt zurückbringen sollte. Zufällig fand er den Halteplatz und seine Umgebung von Menschen leer. Weder auf der gepflasterten Ungererstraße, deren Schienengeleise sich einsam gleißend gegen Schwabing erstreckten, noch auf der Föhringer Chaussee war ein Fuhrwerk zu sehen; hinter den Zäunen der Steinmetzereien, wo zu Kauf stehende Kreuze, Gedächtnistafeln und Monumente ein zweites, unbehaustes Gräberfeld bilden, regte sich nichts, und das byzantinische Bauwerk der Aussegnungshalle gegenüber lag schweigend im Abglanz des scheidenden Tages.

Leseerfahrungen dokumentieren ▶

Berlin Alexanderplatz (Auszug)

Von Alfred Döblin

Er stand vor dem Tor des Tegeler Gefängnisses und war frei. Gestern hatte er noch hinten auf den Äckern Kartoffeln geharkt mit den andern, in Sträflingskleidung, jetzt ging er im gelben Sommermantel, sie harkten hinten, er war frei. Er ließ
5 Elektrische auf Elektrische vorbeifahren, drückte den Rücken an die rote Mauer und ging nicht. Der Aufseher am Tor spazierte einige Male an ihm vorbei, zeigte ihm seine Bahn, er ging nicht. Der schreckliche Augenblick war gekommen (schrecklich, Franze, warum schrecklich?), die vier Jahre waren
10 um. Die schwarzen eisernen Torflügel, die er seit einem Jahre mit wachsendem Widerwillen betrachtet hatte (Widerwillen, warum Widerwillen?), waren hinter ihm geschlossen. Man setzte ihn wieder aus. Drin saßen die andern, tischlerten, lackierten, sortierten, klebten, hatten noch zwei Jahre, fünf Jah-
15 re. Er stand an der Haltestelle. Die Strafe beginnt. Er schüttelte sich, schluckte. Er trat sich auf den Fuß. Dann nahm er einen Anlauf und saß in der Elektrischen. Mitten unter den Leuten. Los. Das war zuerst, als wenn man beim Zahnarzt sitzt, der eine Wurzel mit der Zange gepackt hat und zieht, der Schmerz
20 wächst, der Kopf will platzen. Er drehte den Kopf zurück nach der roten Mauer, aber die Elektrische sauste mit ihm auf den Schienen weg, dann stand nur noch sein Kopf in der Richtung des Gefängnisses. Der Wagen machte eine Biegung, Bäume, Häuser traten dazwischen. Lebhafte Straßen tauchten auf,
25 die Seestraße, Leute stiegen ein und aus. In ihm schrie es entsetzt: Achtung, Achtung, es geht los. Seine Nasenspitze vereiste, über seine Backe schwirrte es. „Zwölf Uhr Mittagszeitung", „B. Z.", „Die neuste Illustrierte",
30 „Die Funkstunde neu", „Noch jemand zugestiegen?" Die Schupos haben jetzt blaue Uniformen. Er stieg unbeachtet wieder aus dem Wagen, war unter Menschen. Was
35 war denn? Nichts. Haltung, ausgehungertes Schwein, reiß dich zusammen, kriegst meine Faust zu riechen. Gewimmel, welch Gewimmel. Wie sich das bewegte.

Info

Alfred Döblin, geboren am 10. August 1878 als **Sohn einer jüdischen Kaufmannsfamilie,** war **Nervenarzt** in Berlin. Nach der Machtergreifung Hitlers 1933 **emigrierte** Döblin **nach Paris,** 1940 floh er nach **Amerika** und konvertierte zum Katholizismus. Nach dem Krieg kehrte er als **französischer Offizier nach Deutschland zurück,** wo er 1957 bei Freiburg starb.

Die Känguru-Chroniken (Auszug)

Von Marc-Uwe Kling

Ding Dong. Es klingelt. Ich gehe zur Tür, öffne und stehe einem Känguru gegenüber. Ich blinzle, kucke hinter mich, schaue die Treppe runter, dann die Treppe rauf. Kucke geradeaus. Das Känguru ist immer noch da.

„Hallo", sagt das Känguru. Ohne den Kopf zu bewegen, kucke ich noch mal nach links, nach rechts, auf die Uhr und zum Schluss auf das Känguru.

„Hallo", sage ich.

„Ich bin gerade gegenüber eingezogen, wollte mir Eierkuchen backen, und da ist mir aufgefallen, dass ich vergessen habe, Eier zu kaufen …"

Ich nicke, gehe in die Küche und komme mit zwei Eiern zurück.

„Vielen lieben Dank", sagt das Känguru und steckt die Eier in seinen Beutel.

Ich nicke, und es verschwindet hinter der gegenüberliegenden Wohnungstür. Mit meinem linken Zeigefinger tippe ich mir mehrmals auf meine Nasenspitze – und schließe die Tür.

Bald darauf klingelt es wieder. Sofort reiße ich die Tür auf, denn ich stehe immer noch dahinter.

„Oh!", sagt das Känguru überrascht. „Das ging aber schnell. Äh … Gerade ist mir aufgefallen, dass ich auch noch kein Salz habe …"

Ich nicke, gehe in die Küche und komme mit einem Salzstreuer wieder.

„Vielen Dank! Wenn Sie vielleicht noch ein wenig Milch und Mehl hätten …" Ich nicke und gehe in die Küche. Das Känguru nimmt alles, bedankt sich und geht. Zwei Minuten später klingelt es wieder. Ich öffne und halte dem Känguru Pfanne und Öl hin. „Danke", sagt das Känguru, „gut mitgedacht! Wenn Sie vielleicht noch einen Schneebesen hätten oder ein Rührgerät …"

Ich nicke und gehe los.

„Und vielleicht eine Schüssel zum Mixen?", ruft mir das Känguru hinterher.

Zehn Minuten später klingelt es wieder.

„Kein Herd…", sagt das Känguru nur.

Ich nicke und gebe den Weg frei.

„Gleich rechts", sage ich.

Das Känguru geht in die Küche, und ich folge ihm. Es stellt sich so ungeschickt an, dass ich die Pfanne übernehme. „Wenn Sie vielleicht noch etwas zum Füllen hätten…", sagt das Känguru. „Buntes Gemüse oder gar Hackfleisch?" „Hackfleisch müsste ich erst kaufen", sage ich.

„Kein Problem. Ich hab Zeit", sagt das Känguru.

Info

Der Stuttgarter Marc-Uwe Kling, geboren 1982, ist ein deutscher **Liedermacher, Kabarettist, Kleinkünstler und Autor**. Mit 20 zog er nach Berlin, wo er Philosophie und Theaterwissenschaft studierte. Seit 2003 tritt er auf Berliner Bühnen auf. Sehr bekannt ist die **Känguru-Trilogie**, die es auch als Hörbuch gibt. Der erste Teil kam 2020 in die Kinos.

Leseerfahrungen dokumentieren

Ein Buch präsentieren

1. Erzählen Sie in der Klasse von Büchern, die Sie in letzter Zeit gelesen haben.

2. Wählen Sie aus dem Bücherstapel ein Buch aus, das Sie Ihrer Klasse präsentieren.

3. Erarbeiten Sie eine Buchpräsentation. Gehen Sie dabei so vor:

> **A Eine Buchpräsentation vorbereiten**
>
> 1. Lesen Sie das Buch aufmerksam. Legen Sie sich dabei Bleistift und Block bereit, um sich während des Lesens zu Folgendem Notizen anzufertigen:
>   – handelnde Figuren
>   – Eigenschaften der Figuren
>   – Handlung.
>
> 2. Wählen Sie eine Textstelle aus, die Sie besonders spannend, emotional oder lustig finden.
>
> 3. Fertigen Sie eine Figurenkonstellation an.
>
> 4. Wählen Sie eine Hauptfigur aus und charakterisieren Sie diese mithilfe geeigneter Zitate aus dem Buch.
>
> 5. Recherchieren Sie nach Informationen zum Verfasser.

B Eine Buchpräsentation ausarbeiten

Wenn Sie alle Schritte zur Vorbereitung erledigt haben, können Sie nun an die genaue Ausarbeitung gehen.

1. Überlegen Sie sich einen Einstieg für die Buchpräsentation.
2. Sortieren Sie die Informationen zum Verfasser und wählen Sie die für Sie wichtigsten aus.
3. Bereiten Sie die Figurenkonstellation so vor, dass Sie diese unter der Dokumentenkamera zeigen können. Sie können dazu Figuren nach Ihren Vorstellungen zeichnen und während der Präsentation nach und nach zeigen und in Verbindung zu anderen Figuren setzen.
4. Formulieren Sie mithilfe Ihrer Notizen eine Charakterisierung aus.
5. Führen Sie zu der von Ihnen ausgewählten Textstelle hin und trainieren Sie das laute Vorlesen. Lesen Sie dazu die Arbeitstechnik „Texte vortragen – kein Problem!" auf S. 288 und den Tipp auf der nächsten Seite.
6. Begründen Sie, aus welchen Gründen Sie sich für diese Textstelle entschieden haben.
7. Geben Sie abschließend eine Buchempfehlung.
8. Schreiben Sie stichpunktartig einen Ablaufplan, aus dem hervorgeht, wie Sie Ihr Referat gliedern, welche Medien Sie einsetzen, wann Sie zu welcher Textstelle hinführen, wie lange der Lesevortrag dauern soll.

C Die Buchpräsentation trainieren

Üben Sie mithilfe Ihres Ablaufplans die Buchvorstellung.
Tipp: Lassen Sie sich von einem Zuhörer (Eltern, Geschwister, Freund) ein Feedback geben.

Achten Sie auf folgende Aspekte:
- Wurde die Buchpräsentation sinnvoll eingeleitet?
- Waren die Informationen zum Verfasser nachvollziehbar?
- Ist nachvollziehbar, worum es in dem Buch geht?
- Unterstützt die Figurenkonstellation das Verständnis des Textinhalts?
- Überzeugt die Figurencharakterisierung? Wurden passende Textstellen zitiert?
- Wurde nachvollziehbar zur ausgewählten Textstelle hingeführt?
- Wurde der Lesevortrag so gestaltet, dass man gerne zuhört?
- Konnte begründet werden, warum gerade diese Textstelle ausgewählt wurde?
- Gab es abschließend eine überzeugende Buchempfehlung?
- War das Sprech- und Lesetempo angemessen?
- Wurde während der Präsentation frei gesprochen?

Leseerfahrungen dokumentieren ◀

5 Präsentieren Sie Ihr Buch vor der Klasse. Die Zuhörer geben Ihnen mithilfe des Feedbackbogens (in Kopie) eine Rückmeldung.

6 Besprechen Sie, welches der präsentierten Bücher Sie gerne lesen möchten. Begründen Sie Ihre Wahl.

> **Tipp**
>
> **Tricks zur Unterstützung Ihres Lesevortrags**
>
> – Zur Unterstützung Ihres Lesevortrags können Sie Lesehilfen in Form von Markierungen in den Text einbauen.
>
> – Längere oder besonders schwierige Wörter mehrmals lesen.
>
> – Nicht so schnell lesen, damit genügend Zeit bleibt, Textstellen, die Ihnen besonders gut gefallen, durch den Einsatz von Mimik und Gestik zu unterstützen.

Feedbackbogen: Ein Buch präsentieren

Vortrag von: _____

Auftreten vor der Klasse

Verbesserungsvorschlag:

_____
_____

Verständlichkeit
- *Gelungene Einleitung*
- *Nachvollziehbare Informationen zum Autor*
- *Inhalt verständlich zusammengefasst*

Verbesserungsvorschlag:

_____
_____

Vortragstechnik
- *Sprechtempo*
- *Blickkontakt*
- *frei gesprochen*
- *…*

Verbesserungsvorschlag:

_____
_____

Hinweis: Du kannst zwischen einem der fünf Smileys wählen, um ein Feedback zu jeweils einem der Punkte zu geben.

Lesetechniken und -strategien anwenden

Verstehen, was man liest

In diesem Kapitel üben Sie, wie Sie Texten wichtige Informationen mithilfe einer geeigneten Lesetechnik entnehmen.

1 a) Informieren Sie sich, was man unter der SQ3R-Methode versteht. Lesen Sie hierzu die Info „Lesestrategie – SQ3R-Methode".
b) Wenden Sie die einzelnen Schritte der SQ3R-Methode zur inhaltlichen Erschließung des Textes „Paula Schießl über die Jugend von heute" an.

2 a) Tauschen Sie sich zu zweit darüber aus, was Ihrer Meinung nach die wichtigsten Aussagen des Textes sind. Notieren Sie jede Aussage auf einer einzelnen Karteikarte.
b) Hängen Sie die Karteikarten mit den wichtigsten Aussagen gesammelt auf und diskutieren Sie in der Klasse über Unterschiede und Gemeinsamkeiten.

3 a) Überlegen Sie, welche der folgenden Absichten die Autorin mit dem Text verfolgt. *Kritik üben • Informieren • Überzeugen • Zum Handeln bewegen • Auf etwas aufmerksam machen*
b) Besprechen Sie in der Klasse, was der Text darüber hinaus beim Leser bewirken soll.
c) Belegen Sie zwei Absichten der Autorin hinsichtlich des Textes schriftlich, indem Sie Bezug zum Textinhalt nehmen. Gehen Sie auch darauf ein, welche Wirkung dabei erzielt wird.
Mit dem Text sollen die Leser darüber informiert werden, dass …
d) Stellen Sie Ihre schriftlich formulierte Absicht der Klasse vor und lassen Sie sich Feedback geben.

Info

Lesestrategie – SQ3R-Methode

Unter der SQ3R-Methode (**S**urvey, **Q**uestion, **R**ead, **R**ecite, **R**eview) versteht man ein systematisches Vorgehen beim Erschließen von Texten, das aus fünf Phasen besteht. Ziel ist es, den Text eingehend zu verstehen und sich langfristig zu merken.

Phase 1: Survey (Überblick)
- Schlagzeile, Zwischenüberschriften und Vorspann lesen
- Hervorhebungen (Fett-/Kursivdruck) beachten
- Abbildungen und Tabellen betrachten
- Bildunterschriften lesen
- Name des Autors und Quelle zur Kenntnis nehmen

Phase 2: Question (Befragen)
- mögliche Fragen an den Text stellen, um festzustellen, worauf man beim Lesen achten will (Lesemotivation, Leseziel)

Phase 3: Read (Lesen)
- Text komplett lesen, passende Technik anwenden
- wichtige Textstellen und Aspekte markieren; Symbole am Rand des Textes notieren, wenn etwas wichtig oder unklar ist

Phase 4: Recite (Wiedergeben)
- Text erneut abschnittsweise lesen und Antworten auf die Fragen aus Phase 2 in eigenen Worten notieren
- optional: Mindmap erstellen, die Struktur bzw. Inhalt des Textes wiedergibt

Phase 5: Review (Rekapitulieren)
- Text, Fragen und Antworten nochmals durchgehen und auf Stimmigkeit prüfen
- wichtige Informationen für Vortrag, Textzusammenfassung usw. notieren

Paula Schießl über die Jugend von heute

Unpolitisch, unselbstständig und handysüchtig – das wird jungen Menschen häufig vorgeworfen. Paula Schießl (18) aus Straubing hält von diesen Unterstellungen nichts. Eine Meinung.

Von Paula Schießl

Über sie wird viel geredet, gemutmaßt, sie wird von allen Seiten beurteilt, auch verurteilt, sie gilt als ungelöstes Mysterium und ist natürlich durch und durch verdorben: die Jugend von heute. Als Mitglied jener hatte ich noch nie das Bedürfnis, mir einen derartigen Kopf über uns zu machen. Ganz anders aber geht es denen, die nicht mehr dazugehören: den älteren Semestern. Als Experte, schließlich habe ich auch zwei dieser Sorte zu Hause, traue ich mich, ganz parteiisch, subjektiv und voreingenommen zu allerhand Unterstellungen, die uns jungen Leuten nachgesagt werden, zu äußern.

Wir sind unpolitisch

Politik von reichen alten Männern für reiche alte Männer zieht – Überraschung – bei Jüngeren nicht. Und wenn gewisse Politiker, die kurz vor der Rente stehen, beispielsweise in Österreich die Vierzigstundenwoche auflösen, denn schließlich soll jeder so lange arbeiten dürfen, wie er will, zeigt das immer mehr, dass wir von der älteren Generation in eine Gesellschaft gepackt werden, in der wir gar nicht sein wollen. Sie schaffen eine Welt, in der es nur um Leistung, schnellen Erfolg, schnelles Geld und noch mehr Leistung geht. Und uns ist das angeblich egal. Unpolitisch werden wir genannt und, wenn wir auf die „Fridays for Future"-Demos gehen, uninformiert. Natürlich gibt es neben den politisch Interessierten auch welche, die es eben nicht sind. Genauso, wie es damals auch solche gab, die bei den Anti-WAA-Demos[1] nicht vor, sondern hinter den Wasserwerfern standen.

In unserer liberaleren, feministischeren, moderner vernetzten, gebildeteren Zeit mit unendlichem Zugang zu Informationen verschwimmen die Grenzen im Schwarz-Weiß-Denken. Die Vereinsmeierei[2] hört auf und somit werden die großen, radikalen, gefährlichen und extremen politischen Gruppierungen in der Jugendszene weniger. Dadurch verlieren die Jugendlichen jedoch an Aufmerksamkeit.

[1] Anti-WAA-Demo: *Demonstration gegen die Wiederaufbereitung von atomaren Brennstäben*
[2] Vereinsmeierei: *übertriebenes Wichtignehmen von Vereinstätigkeiten*

Wir sind unselbstständig

Unselbstständigkeit ist ein Zustand, der einen nicht aus heiterem Himmel befällt, sondern man eignet sich ihn an oder vielmehr: Er wird einem angeeignet. Denn in Zeiten der Helikoptereltern, die ihre Kinder auf Händen tragen, ist es kein Wunder, dass die Jugend unselbstständig wirkt. Wahrscheinlich sieht es aber einfach nur so aus, weil wir überfordert sind, weil uns nach dem Schulabschluss die Welt offensteht. Deshalb trifft es eher das Wort Orientierungslosigkeit. Und im Grunde ist das was Gutes, dass wir mittlerweile so individuell unter Tausenden von Möglichkeiten wählen können. Früher ist der Bub vom Schuster eben Schuster geworden. Ich aber will keine Finanzbeamtin werden.

Wir sind handysüchtig

Wenn den Älteren sonst nichts mehr einfällt, um die Jugend zu kritisieren, wird die gut bewährte Handykeule gezückt. Die Jugendlichen sitzen nur noch vor dem Handy, während die ältere Generation zur damaligen Zeit ausschließlich tiefschürfende Gespräche führte, am besten im Wald, versteht sich ja von selbst.

Das ist aber keine große Leistung, wenn man bedenkt, dass es damals schlichtweg noch keine Handys gab. Was ehemals an technischen Errungenschaften zur Verfügung stand – Fernsehen, Telefon, Radio – wurde aus Vernunftgründen natürlich nur in Maßen genossen.

Das Aufwachsen mit digitalen Medien ist nicht nur positiv – ganz klar! Es ermöglicht uns aber, ein besseres Bewusstsein für diese zu entwickeln. Dämliche Katzenvideos, Weihnachtsvideos oder unlustige Witzevideos sind ein Phänomen, das nur bei Ü30-Menschen vorkommt. Selbige sind es auch, die beim Essengehen telefonieren, die Lesebrille rausholen, um Nachrichten schreiben zu können und unglaublich unscharfe Fotos herzeigen. Aber wir sind es, die kritisiert werden, wenn wir uns an der Bushaltestelle mit dem Handy die Zeit vertreiben.

Fazit

Dass die Gesellschaft Probleme mit den Jungen hat, ist nichts Neues. Schon Sokrates und Aristoteles lamentierten über die verdorbene Jugend. Doch überleg' mal: Wo wären wir jetzt, wäre jede Generation seit der Antike tatsächlich noch schlimmer geworden als die vorherige? Es wird sich herausstellen, ob auch meine Generation mal so über die Jugend sprechen wird. Denn auch wir sind nicht sicher vor der Zeit.

4 a) Wie stehen Sie zu den Vorwürfen, die den Jugendlichen im Text gemacht werden? Diskutieren Sie in der Klasse darüber.

b) Stellen Sie Vermutungen an, warum Jugendlichen beispielsweise unterstellt wird, unpolitisch, unselbstständig und handysüchtig zu sein.

Pragmatische Texte verstehen und nutzen

Gefährlicher Straßenverkehr

In diesem Kapitel lernen Sie,
- anspruchsvollen Texten aller Art Informationen zu entnehmen,
- verschiedene Textsorten anhand typischer Merkmale zu unterscheiden,
- unterschiedliche Textfunktionen gegenüberzustellen und zu bewerten,
- mithilfe der aus Texten gewonnenen Informationen Schlussfolgerungen zu ziehen.

1
a) Schauen Sie die Infografik genau an.
b) Welche Aussagen lassen sich aus der Grafik ableiten? Formulieren Sie mindestens drei Aussagen in Ihr Heft.
c) Überlegen Sie Gründe, zu welchem Zweck das Statistische Bundesamt derartige Infografiken veröffentlicht.
d) Diskutieren Sie miteinander, ob sich die Aussagen in den Sprechblasen aus der Statistik ableiten lassen oder nicht. Begründen Sie jeweils Ihren Standpunkt.

Ein Hauptgrund für Verkehrstote ist Alkohol am Steuer!

Erhöht die Bußgelder für mehr Sicherheit auf unseren Straßen!

Je mehr Regeln es im Straßenverkehr gibt, desto sicherer wird das Autofahren!

Ein Tempolimit auf deutschen Autobahnen senkt die Anzahl tödlicher Verkehrsunfälle!

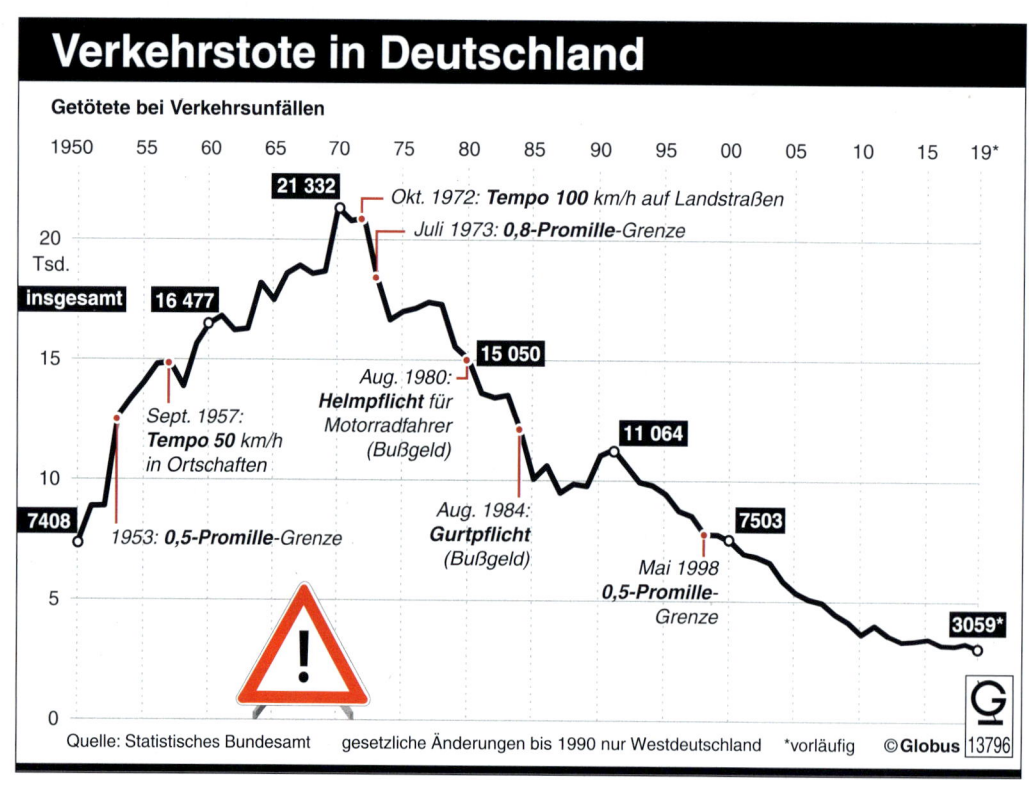

2.3 Auch anspruchsvolleren kontinuierlichen und diskontinuierlichen Texten Informationen entnehmen, vergleichen und prüfen

2 a) Lesen Sie gemeinsam die folgende Nachricht.

München

Am Freitagabend ereignete sich gegen 23:20 Uhr in der Fürstenrieder Straße ein verhängnisvoller Verkehrsunfall. An einer Bushaltestelle stiegen vier Jugendliche aus einem Linienbus und wollten eine Straße überqueren, als ein schwarzer BMW mit überhöhter Geschwindigkeit auf sie zuraste. Zwei der vier Jugendlichen entgingen knapp einer Kollision, ein Mädchen und ein Junge wurden dagegen vom PKW erfasst. Während die Sechzehnjährige schwer verletzt ins Krankenhaus gebracht wurde, kam für einen vierzehnjährigen Schüler jede Hilfe zu spät. Ein anderer Verkehrsteilnehmer musste mit seinem PKW ausweichen und fuhr gegen eine Litfaßsäule. Der Fahrer blieb unverletzt. Auf den Verursacher, einen 35-jährigen Vorbestraften, wartet nun eine Anklage wegen Mordes.

b) Beantworten Sie mithilfe der Nachricht die folgenden W-Fragen:

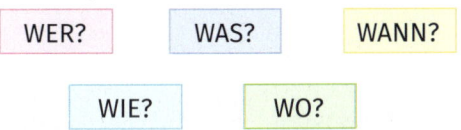

c) Bei dem Text handelt es sich um eine Nachricht. Welche Merkmale sind für diese Textsorte typisch? Belegen Sie diese an konkreten Beispielen aus dem vorliegenden Text. (Eine Hilfestellung zur Textsorte erhalten Sie auf S. 152–155.)

d) Sprechen Sie zu zweit darüber, mit welcher Intention dieser Text verfasst wurde.

3 a) Aufgrund der Kürze fehlen einige Angaben und Informationen zum Unfall. Arbeiten Sie mit Ihrem Banknachbarn zusammen und schreiben Sie Fragen auf, die Sie nach dem Lesen des Textes haben.

b) Vergleichen Sie Ihre Fragen innerhalb der Klasse.

Pragmatische Texte verstehen und nutzen

4 Lesen Sie den folgenden Text.

Nach Tod eines Schülers: 35-Jähriger wegen Mordes angeklagt

Die Staatsanwaltschaft klagt einen 35-Jährigen an, der im Alkohol- und Drogenrausch einen 14-Jährigen zu Tode fuhr.

Von Isabel Bernstein und Andreas Salch

Im Bruchteil einer Sekunde wurde Max aus dem Leben gerissen. Gerade einmal 14 Jahre war der Schüler alt. Er besuchte das Erasmus-Grasser-Gymnasium in Sendling-Westpark, nicht weit entfernt von
5 der Stelle in der Fürstenrieder Straße, an der er in der Nacht frontal vom Auto eines 35-Jährigen erfasst wurde, der auf der Flucht vor der Polizei war. Es gibt davon ein Video eines Unfallzeugen. Die Aufnahme vom 15. November 2019 zeigt, wie der Junge „regel-
10 recht in die Luft katapultiert" und meterweit über die Fahrbahn geschleudert wurde, berichtete der Leiter der Münchner Mordkommission später. Der Fall sorgte bundesweit für Schlagzeilen. Eine 16-Jährige, die die Straße im selben Moment wie Max überqueren wollte, touchierte der schwarze BMW. Die Schülerin erlitt eine Beinfraktur.

Am Steuer des Wagens saß Victor B. aus dem Landkreis Bad Tölz-Wolfratshausen. Gegen ihn hat die Staatsanwaltschaft am Landgericht München I jetzt Anklage erhoben – unter anderem wegen Mordes an dem 14-jährigen Max sowie versuchten Mordes an dem Mädchen und drei weiteren Verkehrsteilnehmern.

Laut einer am Freitag veröffentlichten Mitteilung gehen die Behörden davon aus, dass Victor B. vor der Polizei flüchtete, weil er unter dem Einfluss von Kokain und Alkohol stand. Der 35-Jährige selbst macht bislang von seinem Schweigerecht Gebrauch, wie die Staatsanwaltschaft erklärte. Zum Zeitpunkt der mutmaßlichen Tat habe B. unter offener Bewährung gestanden; er war wegen Handelns mit Betäubungsmitteln verurteilt worden.

Gegen 23.20 Uhr an jenem Freitag im November vor einem Jahr hatte eine Streife beobachtet, wie B. verbotenerweise mit seinem BMW auf der Landsberger Straße wendete und dabei eine Sperrfläche überfuhr. Als die Beamten ihn aufforderten anzuhalten, raste der 35-Jährige mit mehr als 120 Kilometern pro Stunde in halsbrecherischer Manier davon. Nachdem er in die Fürstenrieder Straße abgebogen war, jagte er mit unverminderter Geschwindigkeit auf der falschen Fahrbahnseite als Geisterfahrer in Richtung Süden weiter. Dabei kamen B. sechs Fahrzeuge entgegen, mit einem Taxi wäre es fast zur Kollision gekommen.

An der Bushaltestelle Aindorferstraße raste der schwarze BMW auf einen MVG-Bus der Linie 168 zu. Kurz zuvor waren vier Jugendliche aus dem Bus ausgestiegen und wollten die Fürstenrieder Straße überqueren. Zwei der vier hatten Glück, sie entgingen einem Zusammenstoß, ihre 16-jährige Freundin wurde schwer verletzt. Den 14-jährigen Max jedoch erfasste der Wagen frontal. Laut Staatsanwaltschaft hatte der Bub keine Chance, er habe unter anderem eine „nicht überlebbare Ruptur der Aorta" erlitten.

Obwohl durch die Kollision der Fahrer-Airbag und beide Fenster-Airbags ausgelöst wurden, setzte Victor B. seine Flucht in dem BMW ungebremst mit etwa Tempo 120 auf der falschen Fahrspur fort. Dabei musste ihm ein weiterer PKW ausweichen. Um einen Frontalzusammenstoß zu verhindern, wich dessen Fahrer aus und prallte gegen eine Litfaßsäule. Sie wurde durch die Wucht um fast einen halben Meter verschoben. Erst jetzt, so die Staatsanwaltschaft, habe B. gebremst und sei aus seinem Auto ausgestiegen. Nicht um sich zu stellen: Der 35-Jährige flüchtete zu Fuß in den Westpark, wo ihn mehrere Polizeibeamten stellten. Bei der Festnahme habe B. „massiven Widerstand" geleistet.

In den sozialen Medien war der Polizei später vorgeworfen worden, sie habe Victor B. gehetzt – ein Vorwurf, den ein Sprecher des Präsidiums umgehend verärgert zurückwies. Die Stelle, an der der 14-Jährige Max tödlich verletzt wurde, verwandelte sich kurze Zeit danach zu einem Gedenkort mit einem Meer von Kerzen, Blumen und Kuscheltieren. Auf einem Zettel war zu lesen: „Wir werden dein Lächeln nicht vergessen."

5 a) Setzen Sie sich in Kleingruppen zusammen. Wurden Ihre Fragen aus Aufgabe 2 c) beantwortet? Gehen Sie in Ihrer Gruppe die Aufzeichnungen durch.
b) Arbeiten Sie fünf weitere Informationen heraus, die nicht in der Nachricht enthalten waren.
c) Der Text „Mordvorwurf gegen Raser" ist anhand seiner typischen Merkmale gut als Bericht zu erkennen. Wiederholen Sie in Ihrer Gruppe die Besonderheiten der Textsorte und belegen Sie diese am Text. (Eine Hilfestellung zur Textsorte erhalten Sie auf S. 152–155.)
d) Vergleichen Sie in der Kleingruppe die Nachricht und den Bericht zum Unfall. Nennen Sie bezogen auf die Merkmale der jeweiligen Textsorte Unterschiede und Gemeinsamkeiten.
e) Stellen Sie Ihre Ergebnisse vor der Klasse vor.

Pragmatische Texte verstehen und nutzen

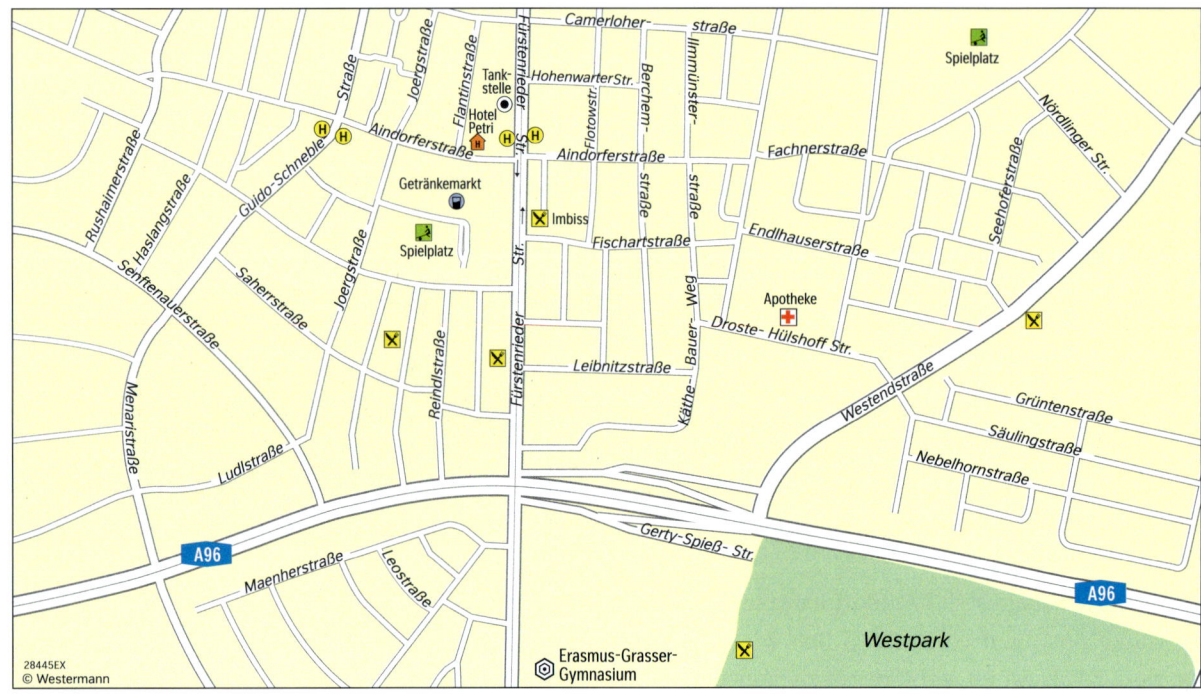

6 Arbeiten Sie mithilfe der Informationsquellen (Nachricht, Bericht, Stadtplan) den genauen Unfallhergang heraus.
   a) Fertigen Sie zunächst ein Flussdiagramm zum Unfallhergang an, in dem Sie alle Details eintragen.
   b) Fassen Sie in Stichworten zusammen, wie sich der Unfall genau zugetragen hat.

7 a) Verteilen Sie die Rollen (rechte Spalte) und sammeln Sie zunächst in Einzelarbeit für Ihre Rolle alle Informationen, die Sie aus dem Bericht entnehmen können.
   b) Versetzen Sie sich in Ihre Rolle und überlegen Sie, mit welchen Argumenten oder Überlegungen die von Ihnen gewählte Person in einem Prozess zum Unfall ihre Position vertreten würde.

> **Tipp**
> Sie können den Prozess auch in Form einer Gerichtsverhandlung spielen.

c) Machen Sie sich Notizen zu Ihrer Rolle auf einem Spickzettel.

d) Tragen Sie im Plenum die Argumente der jeweiligen Rolle vor.
e) Diskutieren Sie eine mögliche Verurteilung von Victor B. Wie könnten die Plädoyers von Verteidiger oder Staatsanwalt lauten?
f) Wie würden Sie selbst Victor B. verurteilen? Begründen Sie Ihren Standpunkt.

8 a) Lesen Sie gemeinsam den folgenden Text.

Tödlicher Raserunfall: Mehr als fahrlässig, aber weniger als Mord

Es gibt skrupellose Autofahrer. Aber ein Raser, der wie nun in München einen Jugendlichen tötet, ist deswegen nicht gleich ein Mörder. Eine harte Strafe verdient er gleichwohl.

Kommentar von Hans Holzhaider

Jeder hat das schon erlebt: Man steht an einer Kreuzung, der übliche Verkehr, Autos, Radler, Fußgänger, rote Ampel, grüne Ampel - und plötzlich röhrt da ein Auspuff, Reifen quietschen und einer donnert los, dass man den Kopf gar nicht schnell genug drehen kann, um ihm hinterherzuschauen. Und man denkt sich: Scheißkerl. Aus dem Verkehr ziehen müsste man ihn, und ihn nie mehr ans Steuer lassen.

Und dann hört man die Nachricht: Da hat einer, nur weil er sich einer Verkehrskontrolle entziehen wollte, mit Tempo 120 ein paar rote Ampeln überfahren und ist dann in eine Gruppe Jugendlicher gerast, ein 14-Jähriger ist tot und ein Mädchen schwer verletzt, und der ist nicht mal stehen geblieben. Man stellt sich vor, was das bedeutet für die Eltern des Buben, und es packt einen die blanke Wut, und man ist schnell bei der Hand mit seinem Urteil: Einsperren, so lang wie nur irgend möglich.

Jahrzehntelang war es herrschende Meinung in der deutschen Justiz: Wer im Straßenverkehr den Tod eines Menschen verursacht, wird wegen fahrlässiger Tötung verurteilt, zu höchstens fünf Jahren Freiheitsstrafe. In Fällen wie dem, der sich vor drei Tagen in München zugetragen hat, sträubt sich alles gegen ein solches Urteil. Fahrlässig? Wenn einer mit 120 durch die Innenstadt rast? Nahezu unbegreiflich, wie sich eine solche Rechtsauffassung über so lange Zeit halten konnte.

Seit dem 27. Februar 2017 gibt es in der deutschen Rechtsprechung die Neigung zum anderen Extrem. An diesem Tag verurteilte das Landgericht Berlin zwei Männer wegen Mordes zu lebenslangen Freiheitsstrafen. Sie hatten auf dem Kurfürstendamm ein Autorennen ausgetragen und dabei einen Jeep gerammt, dessen Fahrer noch an der Unfallstelle starb. Andere Gerichte folgten diesem Beispiel. Der Bundesgerichtshof hat nicht einheitlich entschieden. Das Berliner Urteil hat er zunächst verworfen, in einem Fall in Hamburg hat er das Mordurteil bestätigt.

Aber, so berechtigt und nachvollziehbar die Empörung über Autofahrer ist, die rücksichtslos das Leben anderer (und ihr eigenes) aufs Spiel setzen: Ist „Mörder" wirklich das richtige Wort für sie? Ein Mörder ist einer, der bewusst und vorsätzlich aus einem verwerflichen Motiv einen anderen Menschen tötet. Sicher, die Rechtsprechung kennt den „bedingten Vorsatz", die „billigende Inkaufnahme". „Billigen" bedeutet, wenn das Wort einen Sinn haben soll, „gutheißen". Dass ein Autofahrer, so skrupellos er mit seinem Gefährt auch umgehen mag, den Tod eines Menschen „gutheißen" würde – wer soll das mit der nötigen Sicherheit nachweisen?

Der Gesetzgeber hat ungewöhnlich schnell nach dem Berliner Mordurteil eine vernünftige Konsequenz aus den sich häufenden Todesfällen durch Raser gezogen. Der im Oktober 2017 ins Strafgesetzbuch eingefügte Paragraf 315d eröffnet die Möglichkeit, Auto- oder Motorradfahrer, die durch „nicht angepasste Geschwindigkeit" den Tod oder die schwere

Pragmatische Texte verstehen und nutzen ▶

Gesundheitsschädigung eines anderen Menschen verursachen, zu bis zu zehn Jahren Freiheitsstrafe zu verurteilen. Die Vorschrift bietet zwar noch einige Ansatzpunkte für juristische Spitzfindigkeiten, aber sie weist doch einen rationalen Mittelweg zwischen der Verharmlosung als „Fahrlässigkeit" und der Brandmarkung des Täters als „Mörder".

65

b) Fassen Sie die Kernaussagen des Kommentars mündlich knapp zusammen.

c) Im Text wird sowohl der persönlichen Meinung des Autors als auch sachlichen Informationen ein breiter Raum eingeräumt. Erstellen Sie in Ihrem Heft eine Tabelle, in der Sie Beispiele für beides eintragen. Geben Sie Ihren Abschnitten jeweils eine aussagekräftige Überschrift.

Persönliche Meinung	Sachliche Information
Z. 1–4 Bewertung der Tat durch den Autor Hans Holzhaider …	…

d) Welches Urteil schlägt der Autor vor? Fassen Sie in Stichpunkten seine Begründung zusammen.

e) Skizzieren Sie, wie sich die deutsche Rechtsprechung in den vergangenen Jahren entwickelt hat. Suchen Sie im Text nach Hinweisen, warum sich die Gesetzeslage weiterentwickelt haben könnte.

9 a) Auf Seite 124 haben Sie sich bereits eine persönliche Meinung zum Fall des Rasers aus München gebildet. Führen Sie in Ihrer Klasse eine Blitzlichtrunde durch. Jeder Schüler stellt in einem kurzen Statement dar, ob sich seine Meinung nach der Lektüre des Kommentars geändert hat.

b) Verfassen Sie ein eigenes argumentatives Schreiben, in dem Sie Ihre persönliche Meinung zum Raser aus München darstellen. Begründen Sie ausführlich Ihre Meinung. Sie können so beginnen:

Am 15. November 2019 verursachte Victor B. in München einen schweren Verkehrsunfall, bei dem ein Jugendlicher im Alter von 14 Jahren zu Tode gekommen ist. Ein weiteres Mädchen wurde bei dem Unfall schwer verletzt. Aus meiner Sicht ist Victor B. daher wie folgt zu verurteilen …

10 a) Lesen Sie die abgedruckten Zeitungsschlagzeilen. Diskutieren Sie darüber, inwieweit sich die Diskussion in den Medien auf die Entwicklung der Gesetzgebung ausgewirkt haben könnte.

5 Jahre Haft für Raser – das ist doch keine Strafe!

Raserei ist Mord!

Keine Gnade für diese Tiere!

Sperrt ihn lebenslänglich ein!

b) Recherchieren Sie im Internet nach vergleichbaren Fällen in den letzten Jahren. Stellen Sie diese vor und gehen Sie dabei auch auf eine Verurteilung der Täter ein.

Info

Blitzlicht

Nach der Reihe äußert jedes Klassenmitglied seine Meinung in bis max. zwei Sätzen. Die Bemerkungen der einzelnen Mitglieder bleiben unkommentiert.

Bitte recht freundlich – Unterhaltsame Texte

1 a) Benennen Sie das Thema, das vom Zeichner der Karikatur angesprochen wird.
b) In dem Wortspeicher unten befinden sich verschiedene Adjektive, mit deren Hilfe die Kernaussage der Karikatur gut beschrieben werden könnte. Wählen Sie drei aus, die Ihnen besonders geeignet erscheinen, und begründen Sie Ihre Auswahl.

> witzig – sarkastisch – ernst – albern – ironisch – unterhaltsam – spritzig – lächerlich – mutig – überspitzt – verfremdend – wahr – aggressiv – nachdenklich – anklagend

c) Wählen Sie drei weitere Adjektive aus, die Ihrer Meinung gar nicht geeignet sind.
d) Karikaturen stellen „gesellschaftliche Missstände" dar. Erläutern Sie den in der Karikatur oben dargestellten Missstand möglichst genau.

2 a) Recherchieren Sie nach dem CO_2-Fußabdruck im Internet. Welchen Anteil haben Flugreisen an ihm?
b) Verfassen Sie einen Appell, auf Flugreisen zu verzichten.

Pragmatische Texte verstehen und nutzen

3 Im Folgenden lernen Sie einen Text kennen, den der Autor Axel Hacke für seine Rubrik „Das Beste aus aller Welt" im wöchentlich erscheinenden Magazin der Süddeutschen Zeitung geschrieben hat.

a) Informieren Sie sich in der Info auf S. 68 über den Autor Axel Hacke.
b) Lesen Sie den Text.

Hörst du mich? Hallo?

Unsere Enkel werden womöglich nicht mehr wissen, was ein Funkloch war. Wo manche in Panik geraten, sehen andere ein Paradies. Ein Abschiedsgruß an die Unerreichbarkeit.

Von Axel Hacke

Am Anfang, kurz nachdem Gott Himmel und Erde geschaffen hatte (und auch noch lange danach), war die ganze Welt ein Funkloch, ja, man kann sagen, das Funkloch ist der Urzustand der Welt. Die
5 Menschheit ist im Funkloch geboren, und wer weiß, ob sie nicht eines Tages wieder dorthin zurückkehren wird?
Immer wieder sehnt sich der Mensch nach diesem Urzustand
10 zurück. Bisweilen hört man von Freunden – nach dem Urlaub auf einer Alm oder einer entlegenen Insel – die Worte: kein Netz, ja, so schwär-
15 men sie, keine Mails, keine SMS, keine Anrufe, es sei herrlich gewesen. Überhaupt gibt es bis heute Leute, die in diesem Urzustand leben, ohne
20 Mobiltelefone, ohne Laptops, ohne Tablets, reinste Festnetzler, personifizierte Funklöcher, ein bisschen fremd in dieser Welt. Aber sie klagen nicht. Um sie herum scheint der Frieden des Paradieses zu herrschen.
25 Jedoch: Es sind Ausnahmen. Alle anderen werden von Panik befallen, wenn sie in ein Funkloch geraten. Es ist, als fürchteten sie das Wüste und Leere, das in der Welt kurz nach dem Schöpfungsakt herrschte, jene Zeit, als der Tag noch nicht von der Nacht geschieden war, als es den Menschen nicht 30 gab und Gott unschlüssig war, ob er ihn überhaupt erschaffen sollte. Menschen im Funkloch rufen: Hörst du mich? Sie schreien: Ja, ich höre dich, aber hörst du mich?! Sie greinen ein verzweifeltes Kannst du mich hören? ins digitale Nichts, ein Kannst 35 du mich jetzt hören?, gefolgt wieder von einem Hörst du mich?, schließlich vom blanken Entsetzen der gottverlassenen Kreatur: Nein, ich höre dich nicht, immer noch 40 nicht ... Manchmal senden sie schreckliche, im Nirgendwo verhallende Flüche hinterher. Aber es bleibt auf ihren Gesichtern am Ende 45 nur der fahle Horror der auf sich allein zurückgeworfenen Menschentöchter, Menschensöhne.
Was das Funkloch speziell in Deutsch- 50 land angeht, kennen wir verschiedene Thesen. Eine lautet: Ganz Deutschland ist ein Funkloch, in dem es nur Inseln des Empfangs gibt. Eine weitere ließe sich derart formulieren, dass Funklöcher in Deutschland eine spezielle Form annehmen, sie sei- 55 en schlauchförmig an die Strecken der Deutschen Bahn geschmiegt. Eine dritte: Manche Menschen fühlen sich von Funklöchern verfolgt, sie glauben,

dass es ein jeweils speziell auf sie abgerichtetes digitales Schattenloch gebe, das sie auf Schritt und Tritt verfolge, sodass es ihnen fast nirgends möglich sei, in Telefonkontakt mit der Welt zu treten.

Dass es indes mit dem Funkloch an sich zu Ende geht, wissen wir, seitdem das Bundeskabinett in Meseberg beschloss, eine Milliarde Euro in die Verbesserung der digitalen Infrastruktur zu investieren. Löcher werden mit Geld gestopft, das übliche Verfahren.

Könnte sein, dass es Zeit ist, sich zu verabschieden. Werden unsere Enkel noch wissen, was das war: ein Funkloch? Was es bedeutete, dass ein Mensch einfach nicht erreichbar war, außer man suchte ihn persönlich auf? Es hat doch auch sein Gutes, das Funkloch! Es ermöglicht, an schwierigen Punkten eines Telefonats zu sagen: Hallo, hallo, was sagten Sie? Ich habe Sie nicht … Hallo? Hören Sie mich? … Funklöcher haben manchem aus der Patsche geholfen, das sollten wir ihnen nicht vergessen.

Auch müssen wir bedenken: Das Loch gehört zum Begriff des Netzes. Ein Netz ohne Löcher ist kein Netz, sondern eine Plane, ein Tuch, eine alles dicht deckende Persenning. Solange ein Netz Löcher hat, ist ein Entkommen denkbar. Nun aber zieht das Netz um uns sich zu. Im Funkloch war noch ein Verschwinden möglich. Aber da nun dieses Loch selbst sich schließt, für immer womöglich, grüßen wir es mit einem letzten, lauten, dreifachen, an den Lochwänden sich echohaft brechenden, immer leiser werdenden:

HALLO! HALLO! HALLO! … LO, Lo, lo … o …

Da das Funkloch bald verschwunden ist, hat Axel Hacke sich eine andere Ausrede ausgedacht, um unliebsame Anrufer abzuwimmeln: „Du, kann grad nicht. Sitze in der Oper, bekomme eine Wurzelbehandlung und muss währenddessen die Kolumne fertig schreiben." Erste Tests verliefen recht vielversprechend.

4 a) Sind Sie schon einmal in ein Funkloch geraten? Erzählen Sie von Ihre eigenen Erfahrungen zum Thema.
b) Insbesondere bei Glossen und Kolumnen ist es häufig nicht einfach, den eigentlichen Anlass des jeweiligen Artikels zu erkennen. Benennen Sie den Schreibanlass für die vorliegende Kolumne und recherchieren Sie nach diesbezüglichen Hintergründen.
c) Der Autor geht in seinem Artikel sehr ausführlich auf das Thema „digital detox" ein. Darunter versteht man den freiwilligen Verzicht auf digitale Medien aller Art. Welche Position vertritt Axel Hacke bei dieser Angelegenheit?
d) Der Autor stellt an verschiedenen Textstellen Bezüge zum Alten Testament der Bibel her. Arbeiten Sie mit einem Partner zusammen und suchen Sie diese Abschnitte heraus.
e) Erläutern Sie die Zusammenhänge zwischen Bibel und „Funkloch" und vergleichen Sie die Ergebnisse innerhalb Ihrer Klasse.
f) Am Ende seines Artikels geht der Autor darauf ein, dass Funklöcher sehr nützlich sein können. Wie steht Axel Hacke selbst dazu? Beziehen Sie sich auf konkrete Textstellen und nennen Sie jeweils Beispiele.

5 a) Lesen Sie die Info zur Glosse auf der nächsten Seite.
b) Begründen Sie mithilfe von Textbelegen, inwiefern es sich bei dem Text „Hörst du mich? Hallo?" um eine Kolumne handelt.
c) Gehen Sie in Kleingruppen zusammen und suchen Sie im Text nach Beispielen für starke Übertreibungen, Vergleiche, Ironie und Wortspiele.

Pragmatische Texte verstehen und nutzen

d) Diskutieren Sie in der Kleingruppe, wie die ausgewählten Textstellen auf Sie wirken.
e) Stellen Sie Ihre Ergebnisse vor und sichern Sie diese gemeinsam an der Tafel.

6 Analysieren Sie die sprachlichen Auffälligkeiten im folgenden Satz der Kolumne.
„Aber da nun dieses Loch selbst sich schließt, für immer womöglich, grüßen wir es mit einem letzten, lauten, dreifachen, an den Lochwänden sich echohaft brechenden, immer leiser werdenden […]"

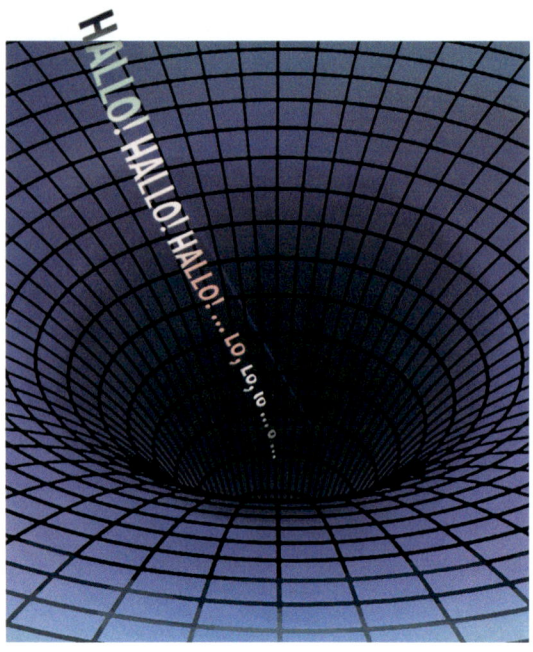

7 Erläutern Sie mögliche Absichten des Verfassers.

8 Diskutieren Sie in Ihrer Klasse, ob die Kolumne Jugendliche anspricht. Ziehen Sie gegebenenfalls weitere Texte von Axel Hacke hinzu.

Info

Glosse

Die Bedeutung der Glosse hat sich im Laufe der Zeit verändert. Ursprünglich verstand man unter einer Glosse eine **„Randbemerkung"** in einem fremden Text. Aus dieser „Randbemerkung" hat sich im Laufe der Jahre eine **eigenständige Textsorte** entwickelt, die Sachverhalte auf eine sehr kritisch ironische Art und Weise beleuchtet. Die Glosse ist aufgrund **ihrer zugespitzten Art und eines knappen Textumfangs sehr unterhaltsam**. Bereits der Titel ist häufig **ironisch** formuliert. Am Anfang wird der Anlass der Glosse mittels eines **„Aufhängers"** („Openers") vorgestellt. Anschließend wird das **Thema an Beispielen überspitzt** dargestellt. Das **Ende** mündet in der Regel in eine **Pointe** oder einen **Abschlusswitz**.
Typische Mittel der Glosse sind **die starken Übersteigerungen durch Ironie, Vergleiche oder Übertreibungen**. Auch **Wortspiele** sind ein fester Bestandteil dieser Textsorte. Das Wort „Ironie" kommt aus dem Griechischen und bedeutet so viel wie „Verstellung". Es betrifft sowohl Schriftsprache als auch Gesprochenes. Wenn man Ironie verwendet, **heuchelt man Unkenntnis** vor. Der Sprecher bzw. Schreiber **meint das Gegenteil von dem, was er sagt**. Beispiel: „Das hast du toll gemacht!" (Jemand hat aus Versehen etwas kaputtgemacht.)

Eine Besonderheit der Glosse stellt die **Kolumne** (dt.: **„Säule"**) dar. Kolumnen sind **regelmäßig erscheinende Texte des gleichen Autors**, die einen **festen Platz in einem Druckerzeugnis** haben. Inhaltlich und sprachlich sind dabei die **Grenzen** zwischen **Glossen, Kolumnen und Kommentaren meist fließend**.

9 Lesen Sie die folgende Glosse.

Wie die MVG das Zeitreisen erfand

In Bus und Bahn verschmelzen theoretische Physik, Science-Fiction und Realität jeden Tag aufs Neue. Die Münchner Verkehrsbetriebe nutzen das und machen daraus einen neuen Service.

Von Stefan Simon

Wem die Relativitätstheorie zu kompliziert ist, dem sei die BBC-Kultserie „Doctor Who" empfohlen – oder eine Fahrt mit öffentlichen Verkehrsmitteln in München. In Bus und Bahn verschmelzen theoretische Physik, Science-Fiction und Realität jeden Tag aufs Neue. Ein Beleg sind die Fahrpläne, die seit dem Wochenende an den Haltestellen der MVG aushängen. Auf diesen sind jetzt kleine quadratische Muster aufgedruckt, QR-Codes. Wie die Verkehrsbetriebe mitteilen, kann man mithilfe von Quadrat und Handy künftig die „Echtzeitdaten zu aktuellen Abfahrtszeiten" ermitteln. Echtzeit?
Tatsächlich dürfte diese Echtzeit in vielen Fällen eine Falschzeit sein, sonst bräuchte es das Ganze wohl nicht. Und die Frage ist, in welcher dieser Zeiten man sich als Fahrgast gerade aufhält. „Zeit vergeht nicht, der Lauf der Zeit ist eine Illusion", sagt der Doctor, ein außerirdischer Reisender durch Raum und Zeit. Er kennt sich mit diesen Dingen aus: „Du erinnerst dich, dass du gestern am Leben warst, und du hoffst, dass du morgen noch am Leben bist. Deshalb fühlt es sich an, als würdest du von einem Tag zum anderen reisen. Aber niemand bewegt sich irgendwo hin." Das ist nichts anderes als das jahrhundertealte Dilemma der Physik – und eine verblüffend genaue Beschreibung einer U-Bahn-Fahrt mit den Linien U3 und U6 im Berufsverkehr. In eine Formel gebracht: $E = mvg^2$.
Wenn aber eine U-Bahn nicht der tatsächlichen Abfahrtszeit folgt, sie sich also in einer Echtzeit bewegt, die in Wahrheit eine Falschzeit ist: Was passiert dann beim Umsteigen in eine Tram, die pünktlich ist und sich in einer ganz anderen Version der Echtzeit bewegt? Vielleicht sind Zeitreisen am Ende doch möglich. Oder Reisen zu Paralleluniversen, deren Existenz jeweils um ein paar Minuten zueinander verschoben ist. Und wenn ein Bus zu früh abfährt und sich seine Zeitlinie mit der einer verspäteten Trambahn kreuzt, wenn also positive auf negative Echtzeit trifft, ähnlich wie Materie auf Antimaterie, was dann? Wird alles neutralisiert, kommt es zum Urknall, zur Supernova, zu einem neuen Tarifsystem? Vermutlich gibt es in München deshalb jede Nacht einen Betriebsschluss. Weil auch die Zeit manchmal ein bisschen Zeit für sich braucht.

10 a) Erklären Sie, wie der Autor die Begriffe „Echtzeit" und „Falschzeit" versteht.
b) Die U-Bahn-Fahrt wird in eine Formel gebracht – analog zu einer Formel Albert Einsteins. Erläutern Sie die Hintergründe.
c) Erarbeiten Sie zu zweit, welche Kernaussage der Autor mit der Glosse verfolgt.

11 Suchen Sie im Text nach für die Textsorte Glosse typischen sprachlichen Mitteln und erläutern Sie die jeweilige Wirkung.

12 Schreiben Sie einen Paralleltext in Form eines Leserbriefes, um darin Ihre Kritik an der Münchner Verkehrsgesellschaft (MVG) auszudrücken.

Klimaschutz statt Deiche

1 Lesen Sie den folgenden Text.

Der ultimative Anstieg der Ozeane

Wissenschaftler haben die Folgen des Meeresspiegelanstiegs für die nächsten Jahrhunderte berechnet. Vor allem in Asien könnten zahlreiche Großstädte versinken, aber auch Deutschland wäre stark betroffen.

Von Benjamin von Brackel

Noch lange wird die Bremer Innenstadt trocken bleiben. Irgendwann aber werden sich die Wassermassen mit der Flut hineinfressen. Sie werden die Wallanlagen am Stadtgraben überwinden, den Domshof einnehmen und schließlich, wenn sich die Welt um vier Grad erwärmt hat, den Vorplatz des 600 Jahre alten Rathauses fluten.

Solch ein Szenario droht, folgt man einer Analyse von Climate Central. Die Forscher der US-Organisation haben mithilfe von neuen Topographie- und Populationsdaten den weltweiten Anstieg des Meeresspiegels simuliert. Würde es beim derzeitigen Emissionspfad bleiben, würden auf lange Sicht 50 Großstädte mindestens zwei Meter unterhalb des Meeresspiegels liegen und einen Großteil ihrer derzeit bewohnten Fläche verlieren, sollten bis dahin nicht Dämme ungekannten Ausmaßes sie schützen. Von heute auf morgen würde Bremen natürlich nicht untergehen. Hunderte von Jahren könnte das dauern. „Wir wissen nicht, wann es passiert, nur dass es passiert – sollten wir die Emissionen nicht rasch auf null fahren", sagt Anders Levermann vom Potsdam Institut für Klimafolgenforschung (PIK). In einer gemeinsamen Studie, die im Fachblatt *Environmental Research Letters* erschienen ist, haben Levermann und Wissenschaftler von Climate Central sowie der Princeton-Universität erstmals die ultimativen Folgen des Meeresspiegelanstiegs für die Welt untersucht. Insbesondere für tief liegende Küstenstädte haben sie durchgespielt, was bei zwei oder vier Grad Erwärmung (innerhalb dieser Spanne bewegen wir uns derzeit) in den nächsten 200 bis 2000 Jahren passieren würde.

„Wir entscheiden jetzt, wie viel unseres Kulturerbes vom Meer aufgefressen wird."

Warum aber sollte man sich Gedanken über etwas machen, das in so ferner Zukunft liegt, zumal die Menschen Zeit genug haben, um umzusiedeln? „Niemand muss vor dem Meeresspiegelanstieg Angst haben", sagt Levermann. Die Frage sei vielmehr, ob es Hamburg noch weitere 750 Jahre geben wird. Oder New Orleans, Tokio oder Kalkutta. „Wir entscheiden jetzt, wie viel unseres Kulturerbes vom Meer aufgefressen wird."

Das Trügerische am Meeresspiegelanstieg ist, dass er sich über Jahrhunderte oder Jahrtausende entfaltet. Selbst für den Fall, dass die Staaten von heute auf morgen gar kein CO_2 mehr ausstoßen, würde sich die Welt unter anderem aufgrund der langen Verweilzeit von Kohlendioxid in der Atmosphäre weiter erwärmen und Ozeane in den kommenden Jahrhunderten im Schnitt um knapp zwei Meter heben, so die Studie. Rund 360 Millionen Menschen würden heute auf Flächen leben, die womöglich bereits dem Untergang geweiht sind, darunter Teile der deutschen Nord- und Ostseeküste sowie der Elbmündung. „Geisterland", nennt sie Hauptautor Benjamin Strauss, der Leiter und Chefwissenschaftler von Climate Central. „Viele Städte werden ein nasses Ende erleben."

Würde sich die Welt um zwei Grad erwärmen, wie es das Pariser Klimaabkommen als obere Grenze vorsieht, könnten im Schnitt sogar ultimativ fast fünf Meter Meeresspiegelanstieg zu Buche stehen und damit Flächen betroffen sein, auf denen heute mehr als 700 Millionen Menschen leben. Im Fall von vier Grad wären es sogar über zehn Meter Anstieg und Flächen, auf denen heute rund eine Milliarde Menschen leben. „Würde ein Land auf der Welt einem anderen androhen, dass es zehn Prozent seiner Landesfläche abgeben muss, dann gäbe es Krieg", sagt Levermann. „Das Gleiche passiert mit der globalen Erwärmung, nur macht sich kein Land wirklich klar, dass es einen Teil seiner Fläche dem Ozean übergeben muss."

Gegen einen Anstieg um mehrere Meter schützen Deiche kaum noch

Von den zehn am stärksten bedrohten Ländern befinden sich neun im bevölkerungsreichen Asien. Darunter die Länder, die am meisten die Kohlekraft vorantreiben, etwa China, Indien und Indonesien. Würde sich die Welt um zwei Grad erwärmen, befänden sich etwa in Bangladesch und Vietnam bei Flut Landflächen unter Wasser, auf denen heute mehr als die Hälfte der Bevölkerung lebt.

Aber können sich die Küstenstädte nicht doch schützen? Die Berechnungen der Wissenschaftler gehen schließlich von keinerlei Schutzmaßnahmen aus und Länder wie die Niederlande beweisen, dass sich selbst Städte, die sich bereits unterhalb des Meeresspiegels befinden, erhalten lassen. „Hohe Deiche werden in den meisten Fällen keine Lösung sein", meint Levermann. Die Weltmeere würden sich irgendwann über den Köpfen der Menschen befinden. Diese müssten dann im Wissen weiterleben, dass ein Deichbruch zur sofortigen Katastrophe führen würde. „Die Deiche haben wir dafür, dass sie uns vor Sturmfluten schützen und nicht, um die Weltmeere dauerhaft abzuhalten."

Benjamin Strauss sieht auch ein moralisches Problem darin, auf Deiche statt auf Klimaschutz zu setzen und den Meeresspiegelanstieg laufen zu lassen. „Wir hinterlassen ein Schlamassel für jede Generation, die nach uns kommt", sagt er. „Was wir in den nächsten zehn Jahren tun, kann sich auf die nächsten Jahrtausende auswirken." Die Frage sei also, welches Vermächtnis wir hinterlassen wollen. „Wenn unsere Staatslenker beim Klimaschutz versagen, dann wird das das Einzige sein, das von uns in Erinnerung bleiben wird", so Strauss.

2 a) Im Text werden verschiedene Szenarien genannt, die sich auf unterschiedlich starke Temperaturanstiege in den kommenden Jahrzehnten beziehen. Benennen Sie die konkreten Folgen der einzelnen Szenarien, z. B.: *Wenn sich die Temperatur auf der Erde um XY Grad erhöht, dann …*
b) Erläutern Sie, warum es so schwierig ist, Küstenregionen vor dem Anstieg des Meeresspiegels zu schützen.
c) Begründen Sie, warum Asien besonders vom Meeresspiegelanstieg betroffen ist.
d) Erklären Sie, warum unser Handeln der kommenden Jahre Auswirkungen auf die nächsten Jahrtausende hat.

3 a) Recherchieren Sie im Internet, welche Großstädte durch den Anstieg des Meeresspiegels besonders bedroht sind.
b) Welche Auswirkungen hätte der Meeresspiegelanstieg für die deutsche Küste? Informieren Sie sich.

4 Der Text ist eine Reportage. Weisen Sie typische Merkmale der Textsorte nach.

5 Welche Absichten könnte der Autor mit der Reportage verfolgen? Gehen Sie auch auf mögliche Zielgruppen ein.

Pragmatische Texte verstehen und nutzen

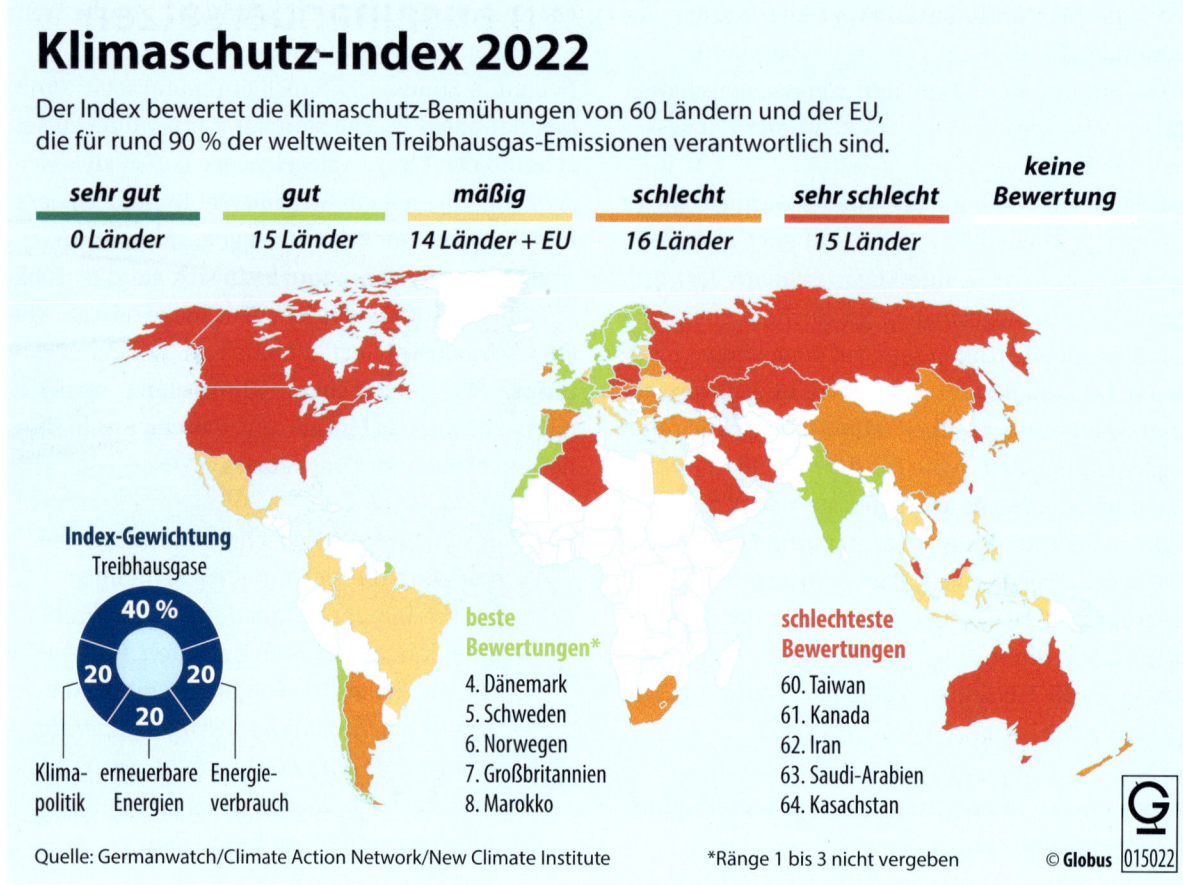

6 a) Untersuchen Sie die obige Infografik.
b) Fassen Sie die zentralen Aussagen der Infografik in wenigen Sätzen zusammen.
c) Überlegen und begründen Sie, warum die Ränge 1 bis 3 nicht an die am besten bewerteten Länder vergeben wurden.
d) Erklären Sie, weshalb der Kontinent Afrika in der Infografik größtenteils ohne Farbe dargestellt ist, d. h. nicht bewertet wurde.
e) Nennen Sie die Faktoren, die in die vom Klimaschutz-Index vorgenommene Bewertung einfließen.
f) Beurteilen Sie mithilfe der Infografik den aktuellen Stand unseres Planeten Erde. Ist der Stand aus Ihrer Sicht eher positiv oder negativ?

g) Deutschland liegt im Jahr 2022 auf Platz 13 des Klimaschutz-Indexes.
– In welchen der bewerteten Bereiche steht Deutschland Ihrer Einschätzung nach besonders gut da?
– Gibt es Bereiche, in denen Sie besonderen Handlungsbedarf sehen?
Im Bericht des Klimaschutz-Index (Climate Change Performance Index = CCPI) finden Sie weitere Informationen zum Stand in Deutschland.
|WES-122907-014|

7 Welche Anliegen könnten die Verfasser der Infografik „Klimaschutz-Index 2022" verfolgen?

Testen Sie Ihr Können

Sich mit pragmatischen Texten auseinandersetzen

1 Lesen Sie den folgenden Text.

Das Streiflicht[1]

Im Münchner Stadtteil Haidhausen soll es Menschen geben, die ihr Auto vor zehn Jahren am Straßenrand abgestellt und es seither nicht mehr bewegt haben, weil die schöne Parklücke sonst für immer verloren wäre. Nicht anders ist es in Städten wie Hamburg oder Berlin, ja selbst auf dem Land sind Parkplätze ein so hohes Gut, dass man dafür gerne die spätbarocke Dorflinde mitsamt der letzten Streuobstwiese opfert. Bauerntöchter, zu deren Mitgift ein Stellplatz gehört, sind dort als Bräute hochbegehrt. In München aber ist die Parkraumnot, die jedes anständige ADAC-Mitglied am Leben verzweifeln lässt, noch viel extremer, weil jeder Münchner und jede Münchnerin mindestens drei Autos haben muss: einen SUV für die Fahrt zur Kita, einen lässigen Flitzer für die Soloparade durch die Maximilianstraße und ein Elektroauto, um zur Kreisversammlung der Grünen zu kutschieren – und wieder umzukehren, weil es auch vor dem Versammlungslokal keinen Parkplatz gibt.

Was aber kann der moderne Automobilist, der ja schon genug mit Radfahrern, Klimarettern und all den doofen anderen Automobilisten zu kämpfen hat, noch tun, um dem täglichen Albtraum Parkplatzsuche zu entgehen? Nun, eigentlich ist es ganz einfach. Er muss nur den Nobelpreis gewinnen – so wie der Münchner Astrophysiker Reinhard Genzel, der soeben mit dem Nobelpreis für Physik ausgezeichnet worden ist. Rund 900 000 Euro gibt es dafür, von denen Genzel aber nur ein Viertel erhält, also ungefähr 225 000. Damit kommt man im exquisiten München gerade mal ein paar Wochen über die Runden. Doch als Hauptpreis bekommt der Wissenschaftler etwas wirklich Wertvolles: einen Parkplatz auf Lebenszeit. Das ist die gute Nachricht. Die schlechte lautet: Der Parkplatz ist ein wenig abseits von München, auf dem Campus der Universität Berkeley. Genzel hat dort eine Teilzeitprofessur, und es ist ein schöner Brauch der kalifornischen Universität, jedem ihrer Nobelpreisträger einen der raren Parkplätze zu spendieren. Für Genzel, der die Milchstraße vergeblich nach einem Parkplatz abgesucht hat, heißt das künftig: in München leben, in Berkeley parken. Mehr kann man nicht erreichen im Leben.

Übrigens darf auch Jennifer Doudna, die den Chemie-Nobelpreis erhält, ihr Auto jetzt lebenslang in Berkeley abstellen, natürlich kostenlos. 18 Jahre lang hat sie auf diesen Moment gewartet. „Es freut mich wirklich riesig", sagt sie, und das ist eine Botschaft insbesondere an junge Frauen: Es lohnt sich, Naturwissenschaften zu betreiben. Gut, viele junge Frauen und – Scheuer sei's geklagt – sogar Männer fahren heute lieber mit dem Fahrrad. Womöglich würden sie den Nobelpreis ablehnen, wäre er mit einem Pkw-Parkplatz verbunden. Und für Münchner, Genzel mal ausgenommen, hätte der Preis schon gar keinen Wert. Sie brauchen drei Parkplätze.

---

[1] Das Streiflicht: *Glosse, die in der Süddeutschen Zeitung täglich auf der ersten Seite erscheint.*

Testen Sie Ihr Können

2 a) Geben Sie den Inhalt des Textes mündlich wieder.
b) Benennen Sie das Kernthema bzw. den Anlass, warum der Autor den Text verfasst hat.
c) Schüler haben zu dem Text Kernsätze für die Einleitung formuliert. Welcher Satz gibt den Inhalt am treffendsten wieder? Begründen Sie Ihre Auswahl.

> A *Das Streiflicht handelt von dem großen Problem, dass es in Deutschlands Großstädten kaum Parkplätze gibt.*
>
> B *Reinhard Genzel hat in diesem Jahr den Nobelpreis für Physik erhalten. Eine Universität aus Kalifornien stellt ihm zur Belohnung einen kostenlosen Parkplatz zur Verfügung. Diesen bräuchte er aber viel eher in München.*
>
> C *Bewohner der Stadt München leiden unter der großen Belastung, die der Autoverkehr mit sich bringt. Im Text wird dazu aufgerufen, mehr mit dem Fahrrad zu fahren.*
>
> D *Viele Stadtbewohner besitzen mehr als ein Auto, obwohl diese die überwiegende Zeit unbenutzt auf öffentlichen Parkplätzen stehen. Dieses führt zu Engpässen in Ballungsgebieten.*

d) Im Text werden mehrere Namen genannt. Schreiben Sie diese heraus und recherchieren Sie nach Hintergrundinformationen zu diesen Personen im Internet. Vergleichen Sie Ihre Ergebnisse.

3 a) Beschreiben Sie sprachliche Auffälligkeiten im ersten Absatz des Textes (Z. 1 bis 20).

b) Untersuchen Sie folgende Formulierungen. Gehen Sie auch auf die jeweiligen Wirkungen ein.
> – *Gut, viele junge Frauen und – Scheuer sei's geklagt – sogar Männer fahren heute lieber mit dem Fahrrad. (Z. 51 ff.)*
> – *Was aber kann der moderne Automobilist, der ja schon genug mit Radfahrern, Klimarettern und all den doofen anderen Automobilisten zu kämpfen hat, noch tun, um dem täglichen Albtraum Parkplatzsuche zu entgehen? (Z. 21–25)*

4 Weisen Sie am Text Merkmale der Glosse nach. Begründen Sie Ihre Ausführungen, indem Sie sich auf konkrete Textbeispiele beziehen.

5 a) Erläutern Sie mögliche Verfasserabsichten.
b) Im Folgenden werden mögliche Zielgruppen genannt. Untersuchen Sie, in welcher Hinsicht diese Zielgruppen angesprochen werden. Begründen Sie Ihre Ausführungen unter anderem mithilfe des Textes.

Autofahrer	Umweltschützer
Stadtbewohner	Professoren

c) Spricht die Glosse Sie an? Begründen Sie Ihre Meinung.

Das kann ich jetzt

- ✔ Die wichtigsten pragmatischen Texte anhand wesentlicher Merkmale voneinander unterscheiden.
- ✔ Unterschiedliche Texte erfassen und wesentliche Informationen entnehmen.
- ✔ Mithilfe gewonnener Informationen eigene Rückschlüsse ziehen und diese vorstellen.

Weitere Medien verstehen und nutzen

Mediale Darstellungen untersuchen

In diesem Kapitel lernen Sie,
- die Wirkung medienspezifischer Gestaltungsmittel zu bewerten,
- neue Medien selbständig und verantwortlich zu nutzen,
- Medien gezielt für den eigenen Lernprozess einzusetzen.

1 Lesen Sie gemeinsam den Romananfang.

Das Schloss – Erstes Kapitel

Von Franz Kafka

Es war spätabends, als K. ankam. Das Dorf lag in tiefem Schnee. Vom Schlossberg war nichts zu sehen, Nebel und Finsternis umgaben ihn, auch nicht der schwächste Lichtschein deutete das große Schloss an. Lange stand K. auf der Holzbrücke, die von der Landstraße zum Dorf führte, und blickte in die scheinbare Leere empor.

Dann ging er ein Nachtlager suchen; im Wirtshaus war man noch wach, der Wirt hatte zwar kein Zimmer zu vermieten, aber er wollte, von dem späten Gast äußerst überrascht und verwirrt, K. in der Wirtsstube auf einem Strohsack schlafen lassen. K. war damit einverstanden. Einige Bauern waren noch beim Bier, aber er wollte sich mit niemandem unterhalten, holte selbst den Strohsack vom Dachboden und legte sich in der Nähe des Ofens hin. Warm war es, die Bauern waren still, ein wenig prüfte er sie noch mit den müden Augen, dann schlief er ein.

Aber kurze Zeit darauf wurde er schon geweckt. Ein junger Mann, städtisch angezogen, mit schauspielerhaftem Gesicht, die Augen schmal, die Augenbrauen stark, stand mit dem Wirt neben ihm. Die Bauern waren auch noch da, einige hatten ihre Sessel herumgedreht, um besser zu sehen und zu hören. Der junge Mensch entschuldigte sich sehr höflich, K. geweckt zu haben, stellte sich als Sohn des Schlosskastellans vor und sagte dann: „Dieses Dorf ist Besitz des Schlosses, wer hier wohnt oder übernachtet, wohnt oder übernachtet gewissermaßen im Schloss. Niemand darf das ohne gräfliche Erlaubnis. Sie aber haben eine solche Erlaubnis nicht oder haben sie wenigstens nicht vorgezeigt."

K. hatte sich halb aufgerichtet, hatte die Haare zurechtgestrichen, blickte die Leute von unten her an und sagte: „In welches Dorf habe ich mich verirrt? Ist denn hier ein Schloss?"

„Allerdings", sagte der junge Mann langsam, während hier und dort einer den Kopf über K. schüttelte, „das Schloss des Herrn Grafen Westwest."

„Und man muss die Erlaubnis zum Übernachten haben?", fragte K., als wolle er sich davon überzeugen, ob er die früheren Mitteilungen nicht vielleicht geträumt hätte.

„Die Erlaubnis muss man haben", war die Antwort, und es lag darin ein großer Spott für K., als der junge Mann mit ausgestrecktem Arm den Wirt und die Gäste fragte: „Oder muss man etwa die Erlaubnis nicht haben?"

„Dann werde ich mir also die Erlaubnis holen müssen", sagte K. gähnend und schob die Decke von sich, als wolle er aufstehen.

„Ja von wem denn?", fragte der junge Mann.

„Vom Herrn Grafen", sagte K., „es wird nichts anderes übrig bleiben."

„Jetzt um Mitternacht die Erlaubnis vom Herrn Grafen holen?", rief der junge Mann und trat einen Schritt zurück. „Ist das nicht möglich?", fragte K. gleichmütig. „Warum haben Sie mich also geweckt?" Nun geriet aber der junge Mann außer sich. „Landstreichermanieren!", rief er. „Ich verlange Respekt vor der gräflichen Behörde! Ich habe Sie deshalb geweckt, um Ihnen mitzuteilen, dass Sie sofort das gräfliche Gebiet verlassen müssen."

2.4 Einsatz und Wirkung medienspezifischer Gestaltungsmittel bewerten und mediale Darstellungen reflektieren, indem man z.B. Vertonungen bzw. Verfilmungen literarischer Texte mit dem Original selbst vergleicht

Weitere Medien verstehen und nutzen

2
a) Der Protagonist des Romans, ein gewisser „K.", erreicht einen unbekannten Ort. Beschreiben Sie diesen.
b) Im Wirtshaus wird „K." vor ein großes Problem gestellt. Erläutern Sie dieses.
c) Wie könnte der Roman weitergehen? Besprechen Sie sich mit Ihrem Banknachbarn und diskutieren Sie Ihre Vermutungen in der Klasse.

3
a) In einer Sendung des Bayerischen Rundfunks aus der Reihe „Radiowissen" wird der Roman „Das Schloss" vorgestellt. Hören Sie sich gemeinsam die ersten 45 Sekunden an. |WES-122907-015|
b) Bewerten Sie den Einsatz von Ton und Wort in dem gehörten Ausschnitt. Welche Atmosphäre wird dadurch erzeugt?
c) Hören Sie weiter bis zur Minute 2'23. Beobachten Sie dabei die Musik im Hintergrund. Wann wird sie eingesetzt? Welche Stimmung wird mit ihrer Hilfe erzeugt?
d) Teilen Sie die Klasse in zwei Gruppen. Entscheiden Sie sich, ob Sie einen Steckbrief über das Schloss oder von „K" anfertigen möchten.
e) Hören Sie weiter bis Minute 9'32 und machen Sie sich beim Zuhören Notizen. Erstellen Sie anschließend den Steckbrief.
f) Vergleichen Sie innerhalb der Klasse Ihre Ergebnisse und übertragen Sie auch den Steckbrief der anderen Gruppe in Ihr Heft.

Eine ungewöhnliche Liebesnacht

1 a) In der rechten Spalte ist ein Auszug aus dem Manuskript zur Sendung abgedruckt. Lesen Sie ihn gemeinsam.
b) Hören Sie weiter und achten Sie insbesondere auf die entsprechende Szene aus dem Podcast von Minute 15'23 bis 16'54.
c) Beschreiben Sie die Atmosphäre, die durch die Hintergrundgeräusche und die Musik während der Liebesszene erzeugt wird. Welche Wirkungen werden dadurch erzielt?

2 a) Die Beschreibung der Liebesszene wirkt ungewöhnlich und wenig romantisch. Sammeln Sie gemeinsam an der Tafel Adjektive, die Ihren persönlichen Eindruck dieser Szene besonders gut beschreiben.

b) Schlagen Sie den Begriff „grotesk" nach und erläutern Sie, inwiefern dieser auf die Liebesszene zutrifft.

3 a) Lesen Sie in der rechten Spalte den Abschnitt „Zitator (Schloss)".
b) Wie würde die Szene wirken, wenn sie in der „Ich-Form" stünde?
c) Begründen Sie, warum sich Kafka zu dieser Änderung gezwungen sah.

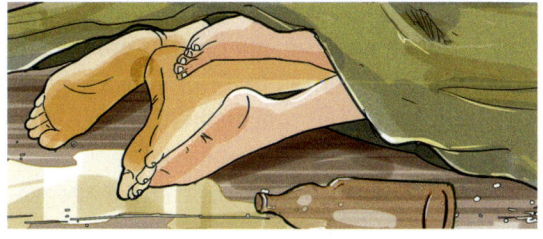

Auszug aus dem Podcast
[Minute 15'23 bis zu Minute 16'54]

Zitator (Schloss)
Ein unscheinbares, kleines, blondes Mädchen mit traurigen Augen und mageren Wangen, das aber durch ihren Blick überraschte, einen Blick von besonderer Überlegenheit.

Sprecherin
Im Wirtshaus, vor Klamms Zimmertür, kommt es zu einer seltsamen Liebesnacht. *Musik* [...]

Zitator (Schloss)
... der kleine Körper brannte in K.s Händen, sie rollten in einer Besinnungslosigkeit, aus der sich K. fortwährend, aber vergeblich, zu retten suchte, ein paar Schritte weit, schlugen dumpf an Klamms Tür und lagen dann in den kleinen Pfützen Biers und dem sonstigen Unrat, von dem der Boden bedeckt war. Dort vergingen Stunden, Stunden gemeinsamen Atems, gemeinsamen Herzschlags, Stunden, in denen K. immerfort das Gefühl hatte, er verirre sich oder er sei so weit in der Fremde, wie vor ihm noch kein Mensch, einer Fremde, in derselbst die Luft keinen Bestandteil der Heimatluft habe, in der man vor Fremdheit ersticken müsse und in deren unsinnigen Verlockungen man doch nichts tun könne als weiter gehen, weiter sich verirren. *Musik Ende*

Oliver Jahraus
Kafka hat diesen Roman ja begonnen, in der Ich-Form zu schreiben. Und als er an der Stelle war, als es wirklich zu diesem intimen Verkehr mit Frieda kommt, hat er gemerkt, dass er das nicht mehr durchhalten kann. Dann ist er das ganze Manuskript noch einmal durchgegangen und überall, wo „ich" stand, hat er „er" geschrieben, wo „mir" stand, hat er dann „sich" geschrieben, oder „ihm", „mein" hat er zu „sein" korrigiert.

Informationen zum Autor Kafka recherchieren

1 a) Lesen Sie die Info zu Franz Kafka.
b) Recherchieren Sie zu zweit nach den unten stehenden Stichpunkten im Internet.

- Die Krankheit Tuberkulose
- Folgen des Ersten Weltkrieges für das Kaiserreich Österreich-Ungarn
- Geschichte der Juden in Tschechien

c) Vergleichen Sie Ihre Ergebnisse in der Klasse.
d) Erörtern Sie, inwieweit die recherchierten Hintergründe Einfluss auf Kafka gehabt haben könnten.

2 a) Hören Sie gemeinsam weiter von Minute 16'54 bis 19'55.
b) Diskutieren Sie auf der Basis Ihrer Recherchen und des Podcasts folgende Aussagen:

> „K." spiegelt im Roman die persönliche Lebenssituation von Kafka wider.

> Kafka ist ein Außenseiter der Gesellschaft im Prag der 1920er-Jahre.

c) Legen Sie in Stichpunkten dar, warum bei dem Roman „Das Schloss" von einem „Fragment" gesprochen wird. Lesen Sie dazu die Info.

Info

Franz Kafka (1883 bis 1924)

Kafka entstammte einer **bürgerlich jüdischen Kaufmannsfamilie**, die als Muttersprache Deutsch sprach und zu einer Minderheit in Prag gehörte. Nach dem Abitur studierte er **Jura** und war anschließend bei der **halbstaatlichen Arbeiter-Unfallversicherungs-Anstalt** tätig. Im Jahr 1917 wurde bei ihm eine Tuberkulose festgestellt, die nicht heilbar war und schließlich **zu seinem frühen Tod führte**. Kafka litt einerseits unter einer **konfliktbehafteten Beziehung zu seinem Vater**. Andererseits hatte er auch ein **zwiespältiges Verhältnis zu Frauen**.
Neben drei unvollendeten **Romanen** hinterließ Kafka eine Reihe von **Erzählungen**. Viele seiner Protagonisten stehen in **undurchschaubaren** und teils **bedrohlichen Situationen**, die auch durch das Ausgeliefertsein an unheimliche Mächte gekennzeichnet sind. Für ein solches Gefühl der Bedrohung oder der existenziellen Unsicherheit wird das **Adjektiv „kafkaesk"** verwendet (abgeleitet von seinem Namen).

Info

„Das Schloss" als Romanfragment

Von Kafka wurden drei Romane veröffentlicht, die alle als **Fragment** gelten. Das bedeutet, dass sie **von ihrem Autor nicht legitimiert** wurden bzw. von ihm nicht **als „abgeschlossen" angesehen wurden**. Max Brod, der die Werke wenige Jahre nach Kafkas Tod veröffentlichte, tat dies **gegen den ausdrücklichen Wunsch des Verfassers**.

Schluss des Romans – Offen oder unvollendet?

1
a) Wie könnte der Roman enden? Diskutieren Sie in arbeitsgleichen Kleingruppen verschiedene Möglichkeiten, die Handlung abzuschließen.
b) Einigen Sie sich in der Gruppe auf ein mögliches Ende und stellen Sie dieses der Klasse vor.
c) Lesen Sie im Anschluss das Ende des Romans rechts.
d) Viele Leser sind am Ende enttäuscht. Welche Gründe könnte es für diese Reaktion geben?
e) Auch im Podcast wird über das fragmentarische Ende des Romans gesprochen. Hören Sie sich den Schluss des Podcasts von Minute 19:56 bis zum Schluss an. Machen Sie sich Notizen, welche Erklärungen es für den offenen Schluss gibt.
f) Lesen Sie das Zitat von Louis Begley bezüglich der Interpretation des Romans. Welche Empfehlung gibt Begley für die Interpretation des Romans?

Hüten Sie sich vor dem Trugschluss, in der Dichtung liege die Wahrheit über den Dichter; ... – eine Unsitte, die ungefähr so viel Sinn hat wie der Wunsch, beim Verzehren eines Omeletts in einem Drei-Sterne-Restaurant sehen zu können, wie der Koch aus dem Rührei wieder ganze Eier macht. Lassen Sie lieber die Dichtung ihr Werk tun, lassen Sie sich auf den Flügeln einer erfundenen Geschichte davontragen.

Das fragmentarische Ende von „Das Schloss"

K. begibt sich zum Herrenhof, einer Gastwirtschaft im Dorfzentrum, wo sich viele Beamte des Schlosses aufhalten. Eine Chance, mit einem Beamten zu sprechen, verpasst K., weil er einschläft. Der Roman endet mit einem Gespräch zwischen K. und der Wirtin des Herrenhofs über Mode.

„Das siehst du ohne Weiteres. Du musst nirgends nachfragen und weißt gleich, was die Mode verlangt. Da wirst du mir ja unentbehrlich werden, denn für schöne Kleider habe ich allerdings eine Schwäche. Und was wirst du dazu sagen, dass dieser Schrank voll von Kleidern ist?" Sie stieß die Schiebetüren beiseite, man sah ein Kleid gedrängt am andern, dicht in der ganzen Breite des Schrankes, es waren meist dunkle, graue, braune, schwarze Kleider, alle sorgfältig aufgehängt und ausgebreitet. „Das sind meine Kleider, alle veraltet, überladen, wie du meinst. Es sind aber nur die Kleider, für die ich oben in meinem Zimmer keinen Platz habe, dort habe ich noch zwei Schränke voll, zwei Schränke, jeder fast so groß wie dieser. Staunst du?"
„Nein, ich habe Ähnliches erwartet; ich sagte ja, dass du nicht nur Wirtin bist, du zielst auf etwas anderes ab."
„Ich ziele nur darauf ab, mich schön zu kleiden, und du bist entweder ein Narr oder ein Kind oder ein sehr böser, gefährlicher Mensch. Geh, nun geh schon!"
K. war schon im Flur, und Gerstäcker hielt ihn wieder am Ärmel fest, als die Wirtin ihm nachrief: „Ich bekomme morgen ein neues Kleid, vielleicht lasse ich dich holen."

Weitere Medien verstehen und nutzen

2 a) Achten Sie in der Schlussszene des Podcasts erneut auf den Einsatz von Gestaltungsmitteln. Lesen Sie parallel im Skript rechts mit.
b) Bewerten Sie den Einsatz medialer Gestaltungsmittel (Musik, Hintergrundgeräusche, Stimme des Erzählers …). Sie können sich dazu folgende Fragen stellen:
- Wie wirkt der Roman mit/ohne Gestaltungsmittel?
- Inwiefern unterstützen diese Gestaltungsmittel die Stimmung des Romans?
- Inwiefern beeinflussen diese Gestaltungsmittel die Interpretation bestimmter Szenen?

3 Auf der Internetseite von Bayern 2 kann man zahlreiche Podcasts über Literatur finden. Würden Sie dieses Format weiterempfehlen (auch im Vergleich zur Originallektüre)? Begründen Sie Ihre Meinung.

4 a) Betrachten Sie das Cover der Buchausgabe des Romans. Sprechen Sie darüber, wie es gestaltet wurde.
b) Ist das Cover gelungen? Begründen Sie Ihre Meinung.

Schluss des Podcasts zu „Das Schloss"

Sprecherin
Warum beendete Kafka den Roman nicht (*MUSIK ENDE*)? Louis Begley hat dazu in seiner Kafka-Biografie eine überzeugende Erklärung: Kafka hat für das von ihm selbst gestellte Rätsel keine Auflösung gefunden.

Zitator (Begley)
Sehr wahrscheinlich ist der Roman deshalb unvollendet geblieben, und nicht etwa, weil Kafka zu krank und zu geschwächt war … Kafka trieb … das Schloss so weit voran, wie er konnte, und gab sich dann geschlagen.

Sprecherin
Trotzdem gehört dieser Roman zum Ergreifendsten, was Franz Kafka geschrieben hat, auch wenn er konventionelle Antworten verweigert (*Musik*). Er rührt unmittelbar an die Sehnsüchte und Ängste der Lesenden. Vielleicht ist es „Das Schloss", das am nächsten an Kafkas hohen Anspruch kommt.

Zitator (Kafka)
Wenn das Buch, das wir lesen, uns nicht mit einem Faustschlag auf den Schädel weckt, wozu lesen wir dann das Buch? … Wir brauchen aber die Bücher, die auf uns wirken wie ein Unglück, das uns schmerzt … ein Buch muss die Axt sein für das gefrorene Meer in uns.

5 Verfassen Sie eine kurze Rezension zum Roman auf der Basis Ihrer Kenntnisse. Geben Sie am Ende eine klare Empfehlung für oder gegen das Buch ab. Alternativ können Sie auch eine Rezension zum Podcast verfassen.

Suchmaschinen im Internet effektiv nutzen

Checkliste für Suchmaschinen

Name der Suchmaschine: _____

Ergebnisse und Werbungen sind klar voneinander zu unterscheiden. ☆☆☆☆☆

Die Funktionen sind übersichtlich und leicht zu bedienen. ☆☆☆☆☆

Die Suchmaschine lässt sich vielseitig einsetzen, z. B. im Browser oder als App, und funktioniert mit verschiedenen Betriebssystemen. ☆☆☆☆☆

Die Suchgeschwindigkeit ist komfortabel. ☆☆☆☆☆

Man kann auf einen Klick die Ergebnisse filtern, z. B. nach „Bilder" oder „Shopping". ☆☆☆☆☆

Die Suchergebnisse sind hilfreich. Die besten Treffer stehen am Anfang. ☆☆☆☆☆

Die Suchtipps funktionieren. ☆☆☆☆☆

Unser Fazit:

1 a) Auf dieser Seite sind mehrere Logos von Suchmaschinen im Internet abgebildet. Welche sind Ihnen bekannt? Haben Sie bereits mit diesen Suchmaschinen gearbeitet?
b) Sammeln Sie in der Klasse weitere Suchmaschinen, die Sie kennen.
c) Recherchieren Sie, worin sich die abgebildeten Suchmaschinen voneinander unterscheiden.

2 a) Setzen Sie sich in Kleingruppen zusammen.
b) Im Kasten befinden sich Suchaufträge für das Internet. Teilen Sie die Suchmaschinen aus Aufgabe 1 a) und 1 b) in der Klasse auf und erproben Sie sie.

> - Erklären Sie den Begriff Apposition.
> - Gab es einen amerikanischen Präsidenten, der nicht verheiratet war?
> - Nennen Sie die drei wichtigsten Götter der alten Ägypter und beschreiben Sie ihre Aufgaben.
> - Die Wendung „Heureka" ist heute ein geflügeltes Wort. Woher kommt es?

c) Dokumentieren Sie Ihre Erfahrungen, indem Sie für jede verwendete Suchmaschine jeweils eine Checkliste wie rechts abgebildet ausfüllen.
d) Erproben Sie bei der Recherche verschiedene Strategien, indem Sie Ihre Suchanfragen variieren, z. B. weniger oder mehrere Suchwörter. Welche Herangehensweisen erweisen sich als hilfreich?
e) Stellen Sie Ihre Ergebnisse vor und formulieren Sie Ratschläge für eine gelingende Internetrecherche mit der jeweiligen Suchmaschine.
f) Diskutieren Sie in der Klasse über Ihre unterschiedlichen Erfahrungen bei der Recherche.

Weitere Medien verstehen und nutzen ▶

3 a) Erweitern Sie Ihre Recherchekompetenz, indem Sie in einer Suchmaschine die Stichwörter „Klicksafe Suchmaschinen" eingeben.
b) Lesen Sie aufmerksam die Tipps für eine Internetsuche und notieren Sie sich die für Sie wichtigsten Neuerungen.
c) Erproben Sie die Tipps an konkreten Beispielen.
d) Suchen Sie im Internet nach dem Geburtsjahr von Karl dem Großen. Vermutlich werden Sie sehr rasch auf unterschiedliche Angaben stoßen. Bewerten Sie die verschiedenen Quellen, legen Sie sich auf ein Geburtsjahr fest und begründen Sie, warum Sie sich dafür entschieden haben und nicht für die Alternativen.

4 a) Eine weitere zentrale Funktion von Suchmaschinen stellt die Bildersuche dar. Betrachten Sie dazu die Abbildung – hier beispielhaft für die Suchmaschine Google – und lesen Sie die Tipps.

b) Bei der Suche im Internet kann es immer wieder vorkommen, dass die Herkunft von Bildern fragwürdig erscheint bzw. Bilder manipuliert wirken. In solchen Fällen kann eine „umgekehrte Bildersuche" Klarheit bringen.
Probieren Sie diese Suche mit verschiedenen selbst gewählten Bildern aus.

Tipp

Bildersuche

Nach vorgegebenen Lizenzarten suchen
Die meisten Bilder im Internet sind **urheberrechtlich geschützt**, deshalb darf man sie nicht ohne vorherige Genehmigung benutzen.
Es gibt jedoch auch Bilder, die frei verfügbar sind. Man findet Sie über die Suche nach Bildern mit **CC-Lizenz** (Creative Commons). Bei einigen Suchmaschinen ist es möglich, die Suche auf vorgegebene Lizenzarten einzuschränken.
Auf der Seite „Pixabay" kann man gezielt nach **kostenlosen** und **lizenzfreien** Bildern suchen.

Umgekehrte Bildersuche

Mitunter sucht man nach **Copyright-Informationen** zu einem Bild oder **nach ähnlichen Bildern**. Die „umgekehrte Bildersuche" hilft hier weiter.
Schritt 1: Öffnen Sie den Webbrowser und rufen Sie „google Bilder" auf.
Schritt 2: Klicken Sie auf die Funktion „Bildersuche" (= Kamerasymbol im Suchfeld).
Schritt 3: Klicken Sie auf „Bild hochladen" und tun Sie dieses.
Schritt 4: Alternativ können Sie das Bild auch per „Drag an Drop" in das Suchfeld ziehen.
Schritt 5: Im Anschluss zeigen sich Treffer mit vermuteten Bezügen zum Bild.

Mithilfe geeigneter Suchstrategien Informationen zu einem Gedicht sammeln

1 Auf der folgenden Seite finden Sie ein Gedicht. Lesen Sie zunächst nur die Überschrift und beantworten Sie die folgenden Fragen.
- Welche Erwartungen haben Sie an das Gedicht? Wovon könnte es handeln?
- Sprechen Sie mit einem Partner darüber, warum es im 21. Jahrhundert nicht mehr üblich ist, bestimmte Berufsgruppen als „Arbeiter" zu bezeichnen.
- Ordnen Sie den Begriff „Arbeiter" historisch ein. Aus welcher Epoche stammt er?

2 a) Lesen Sie nun das Gedicht.
b) Fassen Sie den Kerninhalt des Gedichts in maximal drei bis fünf Sätzen zusammen. Beginnen Sie folgendermaßen:
In dem Gedicht „Fragen eines lesenden Arbeiters" bringt der Autor Bertolt Brecht zum Ausdruck, dass …
c) Übertragen Sie die im Gedicht genannten historischen Ereignisse und Eroberungen in das unten abgebildete Schaubild.
d) Überlegen Sie zusätzlich, welche Intention der Autor mit seinen zahlreichen Fragen verfolgt.
e) Was könnte mit den letzten beiden Versen „So viele Fragen. So viele Berichte" (V. 26 f.) gemeint sein? Tauschen Sie sich zunächst zu zweit darüber aus und einigen Sie sich in Ihrer Klasse auf eine gemeinsame Deutung.

Fragen eines lesenden Arbeiters

Inhalt
historische Ereignisse:
- Bau des siebentorigen Thebens
- …

Eroberungen:
- …
- …

Zusammenfassung und Ergebnis:
„So viele Berichte. So viele Fragen."

bedeutet → _____

Weitere Medien verstehen und nutzen

3 a) Bilden Sie Kleingruppen und wählen Sie auf S. 147 eine Stationskarte aus.

b) Bearbeiten Sie die Arbeitsaufträge Ihrer Station. Recherchieren Sie dazu ggf. im Internet.

Fragen eines lesenden Arbeiters

Von Bertolt Brecht

Wer baute das siebentorige Theben?
In den Büchern stehen die Namen von Königen.
Haben die Könige die Felsbrocken herbeigeschleppt?
Und das mehrmals zerstörte Babylon,
Wer baute es so viele Male auf? In welchen Häusern
Des goldstrahlenden Lima wohnten die Bauleute?
Wohin gingen an dem Abend, wo die chinesische Mauer fertig war,
Die Maurer? Das große Rom
Ist voll von Triumphbögen. Über wen
Triumphierten die Cäsaren? Hatte das vielbesungene Byzanz
Nur Paläste für seine Bewohner? Selbst in dem sagenhaften Atlantis
Brüllten doch in der Nacht, wo das Meer es verschlang,
Die Ersaufenden nach ihren Sklaven.
Der junge Alexander eroberte Indien.
Er allein?
Cäsar schlug die Gallier.
Hatte er nicht wenigstens einen Koch bei sich?
Philipp von Spanien weinte, als seine Flotte
Untergegangen war. Weinte sonst niemand?
Friedrich der Zweite siegte im Siebenjährigen Krieg.
Wer siegte außer ihm?
Jede Seite ein Sieg.
Wer kochte den Siegesschmaus?
Alle zehn Jahre ein großer Mann.
Wer bezahlte die Spesen?

So viele Berichte,
So viele Fragen.

Weitere Medien verstehen und nutzen

c) Präsentieren Sie die Ergebnisse vor der Klasse und geben Sie sich Feedback.

4 Sprechen Sie im Anschluss erneut über das Gedicht. Welche Intention verfolgte Brecht damit? Wie stehen Sie persönlich dazu?

5 a) Informieren Sie sich über den Autor Bertolt Brecht und erstellen Sie einen Steckbrief zu seinen wichtigsten Lebensdaten. Nutzen Sie u. a. |WES-122907-10|.

b) Begründen Sie, warum das Gedicht ein gutes Beispiel für seine politische Anschauung darstellen könnte.

Station 1

„Wer baute das siebentorige Theben?" (V. 1)

1. Stellen Sie die Stadt Theben vor.
   - Wo liegt die Stadt?
   - Wer erbaute sie?
2. Suchen Sie nach den sieben Toren.
3. Recherchieren Sie, wer für die Erbauer gearbeitet hat, und gehen Sie auf die damaligen Arbeitsbedingungen ein.

Station 2

„Wohin gingen an dem Abend, wo die Chinesische Mauer fertig war, die Maurer?" (V. 7 f.)

1. Stellen Sie die chinesische Mauer vor; nutzen Sie eine Karte.
2. Erläutern Sie Hintergründe zum Bau. Warum wurde sie errichtet? Wer erbaute sie?
3. Gehen Sie darauf ein, ob der Bau der Mauer seinen Zweck erfüllt hat.

Station 3

„Der junge Alexander eroberte Indien. Er allein?" (V. 14 f.)

1. Erstellen Sie einen Steckbrief von „Alexander".
2. Skizzieren Sie seinen Feldzug, indem Sie eine Karte zu Hilfe nehmen und die wichtigsten Schlachten nennen.
3. Wie viele Soldaten begleiteten ihn und was geschah mit ihnen?

Station 4

„Philipp von Spanien weinte, als seine Flotte untergegangen war. Weinte sonst niemand?" (V. 18 f.)

1. Wer war „Philipp von Spanien"?
2. Erläutern Sie den Anlass, weshalb er seine Flotte ausgesandt hatte.
3. Was geschah mit seiner Flotte? Erläutern Sie Hintergründe. Nehmen Sie eine Karte zu Hilfe.
4. Welche politischen Folgen hatte der Untergang der Flotte?

Weitere Medien verstehen und nutzen ▸

Die eigene Mediennutzung reflektieren

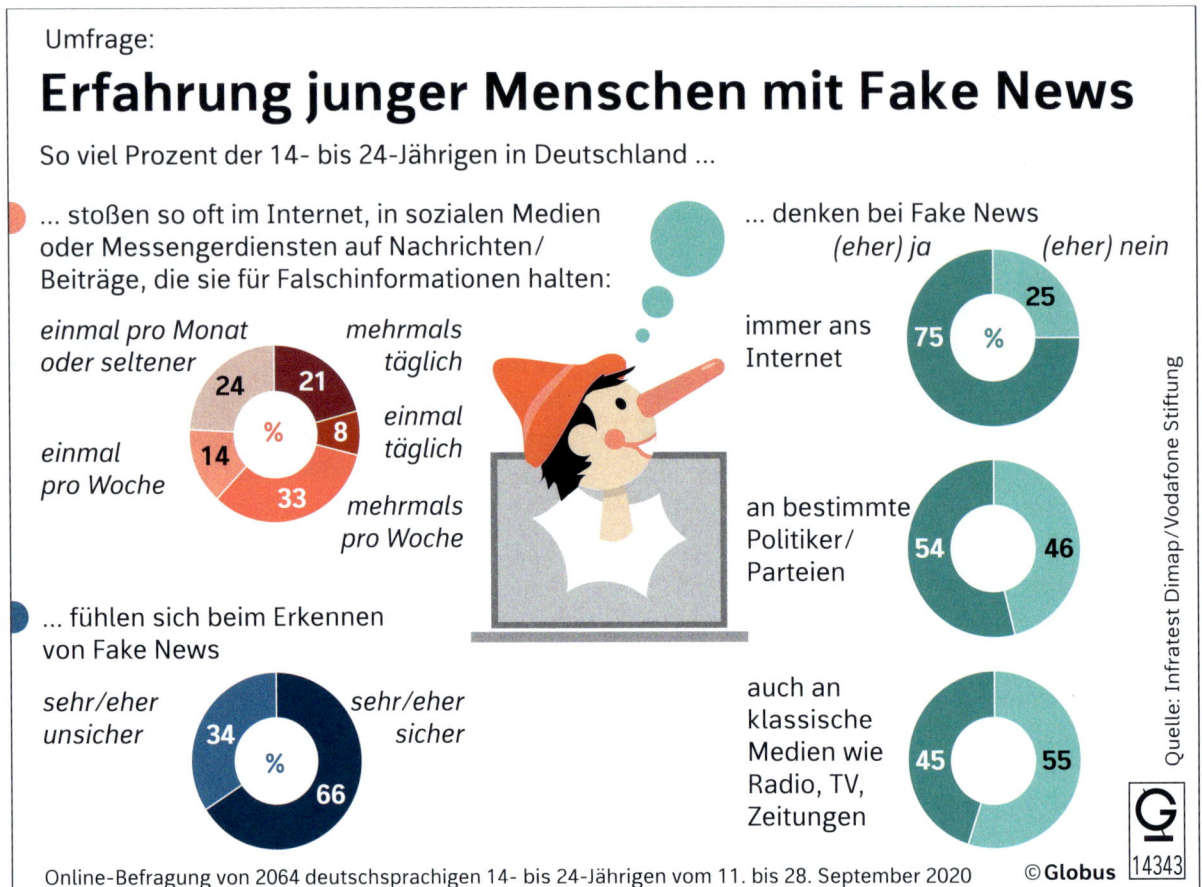

1. a) Untersuchen Sie das abgedruckte Schaubild.
   b) Erläutern Sie die zentralen Informationen bzw. Aussagen des Schaubildes.
      – Worum geht es?
      – Fassen Sie die wesentlichen Aussagen in Stichworten zusammen.
   c) Halten Sie die Ergebnisse für realistisch? Diskutieren Sie in Ihrer Klasse darüber.

2. a) Setzen Sie sich in Kleingruppen zusammen und sprechen Sie über folgende Fragen rechts.
   b) Stellen Sie Ihre Ergebnisse vor und sammeln Sie die Tipps zur Erkennung von Fake News an der Tafel.
      – *Welche Erfahrungen haben Sie persönlich mit Fake News gesammelt?*
      – *Wo begegnen Ihnen Ihrer Einschätzung nach Fake News am häufigsten?*
      – *Sind Sie persönlich schon einmal auf Fake News hereingefallen, sodass Sie dadurch einen Nachteil oder Schaden erlitten haben?*
      – *Welchen Tipp würden Sie einer Freundin oder einem Freund geben, wie man Fake News besser erkennen kann?*

Weitere Medien verstehen und nutzen

3 a) Lesen Sie in Ihren Kleingruppen die verschiedenen Tipps zur Erkennung von Fake News und erörtern Sie den Nutzen der jeweiligen Tipps. Einigen Sie sich auf ein Ranking von „sehr hilfreich" bis „unbrauchbar".

b) Bewerten Sie die folgenden Schlagzeilen hinsichtlich ihres Wahrheitsgehaltes.

> Schlagzeilen aus dem Internet:
>
> *Der Anschlag auf das **World Trade Center am 11. September 2001** wurde vom amerikanischen Präsidenten angeordnet, um einen Kriegsgrund gegen den Irak zu haben.*
>
> ```
> Alkohol-Test:
> Ein Mann in Karlsruhe wurde
> mit 7,06 Promille getestet.
> ```
>
> Sensationelle Erfindung:
> Jetzt gibt es Zahnpasta für Kinder mit „Burger"-Geschmack.

c) Finden Sie eine „wahre" Nachricht und überlegen Sie sich eine „unwahre". Stellen Sie beide Nachrichten so gut dar, dass sie möglichst glaubwürdig wirken.

d) Stellen Sie Ihre Nachrichten der Klasse vor. Lassen Sie erraten, welche Nachricht falsch ist.

Hilfreiche Tipps zum Umgang mit Fake News?

A *Fragen Sie einen Experten um Rat, wenn möglich.*

B *Schauen Sie nach, wie alt oder neu die Informationen sind.*

C *Wenn die Seite optisch gut aussieht, kann man ihr meist vertrauen.*

D *Im Impressum nachsehen, wer der Urheber der Seite ist.*

E *Fragen Sie bei der Auskunft der Deutschen Telekom nach.*

F *Gibt es diese Informationen auch in anderen Quellen, z. B. Büchern oder Zeitschriften oder auch anderen Internetseiten?*

G *Was sagt Ihr gesunder Menschenverstand dazu?*

H *Fragen Sie jemanden aus der Nachbarschaft, der sich zum gleichen Thema geäußert hat.*

I *Schalten Sie Ihren Computer vorübergehend aus und starten Sie ihn neu. Ist die Information immer noch da?*

4 a) Betrachten Sie die beiden Bilder einer Schülerin. Nennen Sie Unterschiede.

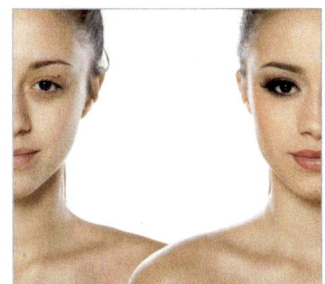

b) Viele Jugendliche verbreiten Bilder von sich in sozialen Netzwerken, die vorher mit Filtern oder speziellen Programmen bearbeitet wurden. Diskutieren Sie in Kleingruppen über folgende Fragen:

- Wo liegen die ethischen Grenzen der Bildbearbeitung bzw. was ist Ihrer Meinung nach erlaubt und was nicht?
- Darf man Ihrer Meinung nach Bilder anderer (z. B. Freunde) mit Filtern oder einer Bildbearbeitungssoftware verändern?
- Ist es erlaubt, bei Bewerbungen oder in sozialen Netzwerken (z. B. bei einem Dating-Portal) bearbeitete Bilder zu verwenden?

5 Lesen Sie den Text „Von Putins Löwen und schwulen Pinguinen" auf der nächsten Seite.

Weitere Medien verstehen und nutzen

Von Putins Löwen und schwulen Pinguinen

Fake News kursieren in jeder Altersgruppe. Sie als Falschmeldungen zu entlarven, fällt Kindern und Jugendlichen besonders schwer. Doch es gibt Spiele und Programme, die ihnen dabei helfen – und sogar Spaß machen.

BREAKING NEWS
+++ Putin lässt 800 Löwen und Tiger frei, damit Leute in der Corona-Pandemie daheim bleiben +++

BREAKING NEWS
+++ Schwule Pinguine werden Eltern +++

Fake oder Fakt?

Von Nicole Grün

[...] Kinder und Jugendliche gehen immer früher online und sind demnach immer früher obskuren Nachrichten ausgesetzt, die sie nicht richtig einordnen können und im Zweifel für wahr halten. Nicht immer sind sie so harmlos wie die Beispiele des Fakefinders. „Putin lässt 800 Löwen und Tiger frei, damit die Leute in Corona-Krise daheimbleiben", hieß es kürzlich auf Twitter. Im US-Wahlkampf von 2016 wurde unter deutschen Jugendlichen per Instagram und Whatsapp das Gerücht verbreitet, Hillary Clinton lasse CIA-Agenten ermorden, weshalb ganze Schulklassen hofften, Trump möge die Wahl gewinnen. Das tat er bekanntlich und fabrizierte während seiner Amtszeit laut Washington Post mehr als 30 000 Fake News. [...]

Extreme Gruppierungen versuchen oft erfolgreich, auch unter jungen Menschen Hass und Angst zu verbreiten, etwa durch Fantasiemeldungen wie „Bayerisches Sozialamt verteilt Bordell-Gutschein für Geflüchtete" oder „Zahl der Vergewaltigungen in Bayern um 50 Prozent gestiegen", vor allem in sozialen Medien wie Facebook, Instagram, Snapchat, Tiktok oder Youtube. Ausgerechnet diese waren bereits im Jahr 2017 zusammen mit dem Fernsehen für 59 Prozent von 400 befragten Jugendlichen zwischen 14 und 18 Jahren die Hauptinformationsquelle für tagesaktuelle Themen, hat eine Umfrage der Initiative Safer Internet ergeben.

Die JIM-Studie („Jugend, Information, Medien") kam 2019 zu dem Ergebnis, dass 12- bis 19-Jährige nicht mehr als zehn Prozent ihrer Online-Zeit der Informationssuche widmen. Nur fünf Prozent von ihnen lesen eine Tageszeitung. Der Begriff der Nachricht sei nur bei Älteren klar mit Journalismus verknüpft, erklärt Sascha Hölig, Medienforscher am Leibniz-Institut in Hamburg. Bei Jüngeren sei das nicht automatisch der Fall. „Um Nachrichten zu erfahren, können in der jungen Altersgruppe auch Youtuber eine Rolle spielen", sagt Hölig. Dadurch steigt natürlich die Gefahr, auf unseriöse Meldungen hereinzufallen. Eine aktuelle Umfrage von Infratest dimap im Auftrag der Vodafone-Stiftung zeigt, dass 76 Prozent der Befragten im Alter von 14 bis 24 Jahren mindestens einmal in der Woche mit Falschnachrichten konfrontiert werden – das ist ein Anstieg von 50 Prozent im Vergleich zu 2018. 21 Prozent der Befragten stoßen sogar mehrmals täglich auf Fake News. Die Corona-Pandemie, die laut WHO von einer „massiven Infodemie" begleitet wird, verschärft das Problem: Seit ihrem Beginn finde der Lebensalltag junger Menschen noch mehr als bisher im digitalen Raum statt, sagt Inger Paus von der Vodafone-Stiftung. „Gleichzeitig haben wir in den letzten Jahren versäumt, junge Menschen ausreichend im Umgang mit der digitalen Desinformation zu stärken."

Das sehen die befragten Kinder und Jugendlichen ähnlich. 85 Prozent von ihnen fordern, den Umgang mit Fake News in den Lehrplan der Schulen aufzunehmen – wie es Finnland 2016 gemacht hat, auch um der Kreml-Propaganda des Nachbarn Russland etwas entgegenzusetzen. Dort wird nun „Informationskompetenz" gelehrt, und zwar fächerübergreifend: Im Mathematikunterricht lernen die Schüler etwa, wie man Statistiken fälscht, in Kunst, wie man gefälschte Bilder erkennt. Diese Strategie hat Erfolg: Im „Media Literacy Index" europäischer Länder, der ein Maß für die Resistenz gegenüber Fake News ist, belegt Finnland den ersten Platz.

Mittlerweile gibt es auch hierzulande Präventionsprogramme oder -spiele, die Kinder und Jugendliche für Falschnachrichten sensibilisieren sollen – wie eben den SWR-Fakefinder, der nicht nur pädagogisch wertvoll sein will, sondern auch humorvoll. Etwa bei der Meldung, dass die Regierung Zuhausebleiben mit 359 Euro belohnt. Der Spieler muss sich entscheiden: Daumen nach oben für wahr, Daumen nach unten für Fake, ein Unentschieden für Satire. Wer sich an der Nase herumführen lässt und auf das Formular klickt, mit dem die Belohnung beantragt werden soll, bekommt einen mittelfingerzeigenden Gorilla zu sehen. Also alles nur Fake.

Nicht ganz so einfach ist die Entscheidung bei dem Facebook-Post „Coronavirus: Tränen am Notruf – manchmal braucht die Seele einfach etwas #Schokolade": Weil seine Mutter außer Haus war, habe sich ein elfjähriger Junge einsam gefühlt und weinend bei der Polizei angerufen. Daraufhin sei eine Streife bei ihm vorbeigefahren und habe ihm zum Trost ein Nutellabrot geschmiert. Eine fiktive Freundin gibt dem Spieler den Tipp, die Quelle unter die Lupe zu nehmen: die Polizei Mittelfranken, wobei sie darauf hinweist, dass das Polizei-Profil mit einem blauen Häkchen versehen ist – bei Facebook oder Twitter das Zeichen dafür, dass der Account verifiziert ist. Daumen hoch also für Nachricht – und das Quiz, das auch Erwachsenen Spaß machen dürfte. [...]

Doch auch die finnischen Schüler dürften an der eingangs erwähnten Meldung zu knabbern haben, nach der zwei schwule Pinguine zu Eltern wurden. So viel sei verraten: Die Nachricht ist wahr. Sphen und Magic heißen die beiden männlichen Eselspinguine, die sich so aufopferungsvoll um ein Fake-Ei kümmerten, dass sie von ihren Tierpflegern im Zoo ein echtes bekamen.

6 a) Verfassen Sie mithilfe des Textes zu zweit einen Wiki-Eintrag zu „Fake News".
b) Vergleichen und diskutieren Sie in Ihrer Klasse Ihre Ergebnisse. Einigen Sie sich auf eine gemeinsame Formulierung.
c) Begründen Sie, warum Jugendliche in Finnland weniger empfänglich für Fake News sind als andere Jugendliche.

7 a) Im Internet gibt es zahlreiche Angebote – vor allem für Jugendliche, um sich im Umgang mit dem Wahrheitsgehalt von Nachrichten selbst schulen zu können. Suchen Sie nach mindestens zwei unterschiedlichen Seiten und erproben Sie das Angebot selbst.
b) Verfassen Sie eine Rezension über die einzelnen Seiten. Legen Sie dazu im Vorfeld in Ihrer Klasse Kriterien fest.
c) Stellen Sie im Klassenzimmer in einem Gallery Walk Ihre Rezensionen vor. Geben Sie sich gegenseitig Rückmeldungen.

Textsorten im Überblick

Strategien zur Textsortenbestimmung

1
a) Lesen Sie die Info rechts.
b) Textquelle und Layout helfen, verschiedene Textsorten zu unterscheiden. Lesen Sie den Tipp.
c) Weisen Sie diese Quellen einem pragmatischen oder einem literarischen Text zu.
Wiese, Sibylle: Ein verregneter Sommer, Bamberg: Neuer Verlag 2021. S. 83–94.
Rudolf Holz: Rettet das Klima. Aus: Stettinger Nachrichten vom 19.08.2021.

Tipp

Textquelle und Layout erkennen

Überprüfen Sie zur Bestimmung der Textsorte die Textquelle. Deutet diese auf eine Veröffentlichung in **journalistischen Seiten** oder Zeitungen hin, handelt es sich um einen pragmatischen Text. Pragmatische Texte weisen häufig auch ein typisches Layout auf, das mehrere Überschriften, fett gedruckte Vorspanne, Verweise auf Nachrichtenagenturen oder Bilder enthält. Ist die Textquelle ein **gedrucktes Buch** oder eine Sammlung von Erzählungen, wird meist der Verlag genannt und es liegt ein literarischer Text vor. Literarische Texte verzichten in der Regel auf ein auffälliges Layout und haben meist nur wenige Illustrationen.

Info

Textsorten

Pragmatische Texte:
Pragmatische Texte **informieren** oder **kommentieren**. Es handelt sich um funktionale Texte, da es ihre **Absicht** ist, **Fakten oder Informationen zu vermitteln**. Pragmatische Texte werden in journalistische Medien wie z. B. der Zeitung veröffentlicht.

Literarische Texte:
Literarische Texte **unterhalten den Leser**. Sie sind fiktional, d. h., der Autor denkt sich die Inhalte seiner Geschichten aus. Die **sprachlichen Formulierungen lassen ein Hineinversetzen in Figuren oder Situationen** zu. Literarische Texte finden sich in Büchern oder literarischen Internetseiten.

2 Erstellen Sie zu den Absichten pragmatischer und literarischer Texte eine Sketchnote.

3
a) Begründen Sie, warum in der Textsortenübersicht unten die Karikatur eingeklammert wurde.
b) Diskutieren Sie, wie die satirischen Texte einzuordnen sind. Begründen Sie Ihre Meinung.

Textsorten	
Pragmatische Texte	**Literarische Texte**
Nachricht, Bericht Reportage, Kommentar Glosse, (Karikatur)	Kurzgeschichte, Roman, Parabel (Weitere literarische Textsorten, die für die Abschlussprüfung nicht oder selten verwendet werden, sind z. B. Märchen, Fabel, Novelle, Anekdote.)

Literarische Textsorten erkennen und bestimmen

1 a) Verschaffen Sie sich einen Überblick über literarische und satirische Texte.
b) Suchen Sie im Schülerband z. B. mithilfe des Stichwortverzeichnisses nach Texten, die Sie der Übersicht zuordnen können. Lesen Sie die Textsorten, zu denen Sie den größten Übungsbedarf haben und überprüfen Sie, inwiefern typische Merkmale vorhanden sind.

Der Roman
→ Info, S. 73

Die Parabel
→ Info, S. 55

Die Kurzgeschichte

Inhalt: Eine Kurzgeschichte ist eine Form der Erzählung. In ihr werden Alltagspersonen in alltäglichen Situationen dargestellt, die jedoch eine besondere Bedeutung für sie haben. Grundsätzlich könnte jeder Mensch eine solche erleben.

Aufbau: Die Kurzgeschichte beginnt oft unvermittelt im Geschehen, ohne dass beispielsweise die Hauptpersonen, der Ort oder der Zeitpunkt erläutert werden. Am Schluss spricht man von einem offenen Ende, da dem Leser der genaue Ausgang des Geschehens vorenthalten wird. Die Kurzgeschichte konzentriert sich auf wenige Personen und verzichtet auf verzweigte Handlungsstränge.
Gegen Ende tritt häufig eine unerwartete Wendung ein (Pointe).

Sprache: Die Sprache kann bewusst einfach oder monoton wirkend eingesetzt sein. Im Satzbau kommen häufig verknappte, kurze Sätze, teilweise Ellipsen, zum Einsatz. Mitunter haben Gegenstände, Orte oder auch bestimmte Handlungen in Kurzgeschichten eine symbolische Bedeutung.

Satirische Texte

Inhalt: Satirische Texte üben Kritik, die sie auf indirekte, zumeist humorvolle oder ironische Weise aussprechen. Kritisiert werden politische Situationen, gesellschaftliche Missstände oder menschliche Schwächen. Hinter jeder Satire verbirgt sich also eine tiefere Wahrheit, die man erkennen soll.

Aufbau: Es gibt keinen typischen Aufbau, da es sich bei einem satirischen Text um einen epischen, lyrischen oder dramatischen handeln kann.

Sprache: Sie bedient sich der Mittel der Übertreibung (Hyperbel) sowie der Untertreibung, der Nachahmung auf humorvolle Weise, der Umkehrung der Verhältnisse und der Mehrdeutigkeit. Dadurch bringt die Satire den Leser oder Zuschauer zum Lachen, Schmunzeln und Nachdenken. Typische sprachliche Mittel sind Floskeln, Wortspiele, Vergleiche und Metaphern. Die Sätze sind oft kurz und enthalten Umgangssprache.

Pragmatische Textsorten erkennen und bestimmen

1 a) Auf dieser und der nächsten Seite finden Sie die zentralen Textsorten im Bereich pragmatischer Texte.
Legen Sie im Heft eine Tabelle mit sechs Spalten an und notieren Sie sich zu jeder Textsorte die wesentlichen Merkmale.
b) Unten wurden einige Fragen zur Unterscheidung der Textsorten notiert. Beantworten Sie die Fragen zusammen mit Ihrem Banknachbarn mündlich.
c) Suchen Sie in Tageszeitungen und im Internet nach passenden Beispielen zu den genannten Textsorten.
d) Untersuchen sie die gefundenen Texte hinsichtlich der Merkmale und markieren Sie diese.

Tatsachenbezogene Texte und kommentierende Texte

- *Warum werden die Textsorten in tatsachenbezogene Texte und kommentierende Texte unterschieden?*
- *Gibt es zwischen den Textsorten Gemeinsamkeiten?*
- *Gibt es Unterschiede?*
- *Wo liegen die Gefahren, sie zu verwechseln?*
- *Wie kann ich sie bei der Abschlussprüfung sicher unterscheiden?*

Der Bericht

Inhalt: Vergleichbar der Nachricht befassen sich Berichte mit aktuellen, konkreten Themen. Allerdings gehen diese Texte deutlich weiter in die Tiefe, sodass die Leser mehr Hintergründe erfahren.

Aufbau: Häufig werden in einem Vorspann die wichtigsten Informationen kurz angerissen. Im Hauptteil werden viele konkrete Fakten und Einzelheiten genannt. Ähnlich der Nachricht stehen wesentliche Informationen am Anfang, sodass er vom Ende her kürzbar ist.

Sprache: Auch Berichte sind sehr sachlich formuliert. Wortwahl und Satzbau sind verständlich und schlicht. Fachbegriffe werden nur bei Bedarf verwendet.

Layout: Häufig werden Bilder zur Veranschaulichung eingebunden.

Die Nachricht

Inhalt: Nachrichten beschäftigen sich mit aktuellen Ereignissen oder Themen, die für die Leser von Interesse sind. Nachrichten sind recht kurz gefasst. Oft werden in Tageszeitungen Texte von Nachrichtenagenturen wiedergegeben.

Aufbau: Es werden die wesentlichen W-Fragen (vor allem Was, Wer, Wann und Wo) beantwortet. Um sich schnell informieren zu können, steht das Wesentliche gleich am Anfang.

Sprache: Nachrichten sind sachliche Texte, die keine Meinungen enthalten.

Textsorten im Überblick

Der Kommentar

Inhalt: Ein Kommentar ist die persönliche Stellungnahme eines Journalisten zu einem bestimmten Ereignis oder einer aktuellen Fragestellung. Dem Kommentar geht in der Regel eine Nachricht voraus.

Aufbau: Am Anfang wird zunächst das Thema aufgegriffen und vorgestellt. Im weiteren Verlauf werden Hintergründe und Zusammenhänge erklärt und vom Autor kommentiert, also aus seiner Sicht betrachtet. Oft beendet der Autor den Kommentar mit einem Appell oder einer zusammenfasssenden Schlussfolgerung.

Sprache: Aufgrund der Verwendung vieler Fremdwörter und Fachbegriffe ist die Sprache meist anspruchsvoll und setzt ein gewisses Bildungsniveau voraus.

Layout: Kommentierende Textsorten heben sich in Tageszeitungen oftmals durch ein besonderes Layout ab, z. B. kann eine andere Schriftart verwendet werden oder ein Kommentar wird eingerahmt. Oft wird explizit darauf hingewiesen, dass ein Kommentar folgt. Der Autor wird stets genannt.

Die Glosse

➡ Info, S. 130

Die Reportage

Inhalt: Vielen Reportagen liegt eine Nachricht mit einem konkreten Ereignis zugrunde. Ansonsten beschreiben sie meist aktuelle Vorgänge oder Zustände oder gehen auf gesellschaftliche Entwicklungen ein.

Aufbau: Persönliche Darstellungen wechseln mit sachlichen Informationen ab. Es kommen Betroffene, Augenzeugen oder Experten zu Wort, sodass die Perspektive immer wieder wechselt. Der Verfasser lässt persönliche Erfahrungen einfließen bzw. war vor Ort. Ein weiteres wichtiges Merkmal ist die Zoom-Technik: Reportagen beginnen oft mit einer konkreten Situation, einer persönlichen Schilderung, einem Zitat oder einem Erlebnis („szenischer Einstieg"). Im weiteren Verlauf öffnet sich der Fokus der Reportage immer weiter und es werden Hintergründe und allgemeine Entwicklungen genannt. Zum Ende hin wird der Blickwinkel meist wieder verengt.

Sprache: Im Gegensatz zur Nachricht und dem Bericht kann die Sprache der Reportage gefühlsbetont und emotional sein, aber auch sachlich und objektiv. Typisch sind Wechsel in der Zeit zwischen Präsens und Präteritum. Oft kommt wörtliche Rede vor.

Layout: Häufig werden Bilder zur Veranschaulichung eingebunden. Die Überschriften sind meist auffällig und ansprechend.

Die Karikatur

Inhalt: Eine Karikatur ist eine Zeichnung, die eine aktuelle Fragestellung oder ein aktuelles Thema auf lustige Art und Weise aufgreift. Vielen Karikaturen liegen politische Themen zugrunde. Sie sind parteiisch – der Betrachter ist entweder dafür oder dagegen. Karikaturen haben ähnlich einer Glosse einen doppelten Boden, also eine versteckte Botschaft.

Aufbau: Sie beschränken sich in ihrer Darstellung stark auf das Wesentliche. Menschen, Tiere oder Dinge werden überspitzt gezeichnet (z. B. mit besonders ausgeprägten Körpermerkmalen), sodass bereits auf den ersten Blick zu erkennen ist, dass es sich um eine Karikatur handelt. Ein zentrales Mittel der Darstellung ist die Übertreibung.

Einen Text erschließen

Eine Texterschließung planen

In diesem Kapitel lernen Sie,
– über Inhalte von Texten zu informieren und dabei Inhalte zusammenzufassen, die Textsorte zu bestimmen und die sprachliche Gestaltung eines Textes genau zu beschreiben,
– auf die Verfasserabsicht einzugehen
– sowie kreative und argumentative Aufgaben mit Bezug zum Text zu bearbeiten.

1 Die Texterschließung weist wie viele andere Aufsatzformen eine Dreiteilung in Einleitung, Hauptteil und Schluss auf.
a) Betrachten Sie die Lernkarten, die ein Schüler zur Texterschließung gestaltet hat.

EINLEITUNG
- *Autor*
- *Titel*
- *Textsorte*
- *Quelle (Erscheinungsort, Erscheinungsdatum)*
- *Kernsatz (1–2 Sätze im Präsens, nur die wichtigsten Informationen zum Inhalt)*

HAUPTTEIL
- *Inhalt zusammenfassen*
- *Textsorte bestimmen (evtl. mit Layout)*
- *Sprachliche Gestaltung beschreiben*
- *…*

SCHLUSS
- *Eigene Meinung zum Text*
- *…*

Inhalt zusammenfassen
- *Im Präsens schreiben*
- *Wörtliche Aussagen im Konjunktiv wiedergeben*
- *…*

Textsorte bestimmen
- *Journalistische Textsorten: Bericht, Reportage, Kommentar, Glosse / Kolumne*
- *Literarische Textsorten: …*
- *…*

Textsorte: BERICHT
- *Sachliche Sprache*
- *Keine persönliche Meinung / Stellungnahme des Autors*
- *…*

Textsorte: GLOSSE
- *…*

Einen Text erschließen

b) Besprechen Sie, wie der Schüler beim Erstellen der Lernkarten vorgegangen ist. Lesen Sie dazu auch den Tipp rechts.

2 a) Lesen Sie die folgenden Schülernotizen zum Hauptteil einer Texterschließung.

Beim Schreiben des Hauptteils wichtig:
- *Zusammenfassung des Inhalts*
- *Handlungsverlauf bei literarischen Texten wiedergeben, in Sinnabschnitte bei journalistischen Texten einteilen*
- *Textsorte bestimmen*
- *Figuren charakterisieren*
- *Beschreibung sprachlicher Besonderheiten, weitere sprachliche Mittel*
- *Sprachebene, Wortwahl, Satzbau*
- *weiterführende Aufgaben*
- *argumentative Aufgaben*
- *produktive bzw. kreative Aufgaben*

b) Diskutieren Sie in Kleingruppen, welche Begriffe zueinandergehören und auf einer Lernkarte notiert werden können.
c) Stellen Sie Ihren Mitschülern Ihre Überlegungen vor und begründen Sie diese.
d) Legen Sie Lernkarten zu Themen an, die Sie während des Kapitels ergänzen.

3 Der Schluss einer Texterschließung rundet den Aufsatz ab. Sammeln Sie mit Ihren Mitschülern wichtige Punkte für den Schluss und legen Sie dazu eine Lernkarte an.

> **Tipp**
>
> Bevor Sie mit der Bearbeitung des Kapitels beginnen, können Sie sich auf S. 190–197 einen Überblick über mögliche Aufgabenstellungen verschaffen und diese miteinander vergleichen.

> **Tipp**
>
> **Mit Lernkarten arbeiten**
>
> Legen Sie sich zur Vorbereitung auf die Abschlussprüfung Lernkarten zu wichtigen Themen an. Vor allem bei der Texterschließung gibt es viele Punkte bei der Bearbeitung der einzelnen Teilbereiche zu beachten. Lernkarten helfen Ihnen dabei, sich zu strukturieren und den Überblick zu behalten. Gehen Sie so vor:
>
> - Legen Sie eine oder mehrere Lernkarten (Größe DIN A6 oder DIN A5) für alle Teilbereiche der Texterschließung an. Wählen Sie unterschiedliche Farben für Einleitung, Hauptteil und Schluss.
> - Sammeln und notieren Sie auf den Lernkärtchen wesentliche Informationen.
> - Ergänzen Sie bereits bestehende Lernkarten, während Sie die Kapitel zur Texterschließung erarbeiten.
> - Nutzen Sie beim Üben die Lernkarten als „Spickzettel".
> - Sammeln Sie die Lernkarten in einem Briefumschlag oder einer Klarsichtfolie und haben Sie sie im Unterricht immer dabei. So können Sie auch spontan die Lernkarten um Punkte ergänzen.

Einen Text erschließen

Einen pragmatischen Text bewusst lesen

1 a) Betrachten Sie das Bild des höchsten Berges der Welt, des Mount Everests, unten auf der Seite.
b) Beschreiben Sie das Bild und besprechen Sie, was Ihnen daran skurril vorkommt.

2 a) Lesen Sie die Überschrift des Textes und recherchieren Sie über Reinhold Messner.
b) Stellen Sie Vermutungen an, wovon der Text handelt.
c) Lesen Sie nun den Text aufmerksam. Die Kennzeichnungen im Text sind zunächst nicht von Bedeutung.

Bekloppter als Reinhold Messner

Ein Nepalese besteigt in nur sieben Monaten alle 14 Achttausender. Dafür wird er bewundert – aber auch kritisiert. – *Von Anne-Sophie Galli, Deepak Adhikari und Oliver Beckhoff (alle dpa)*

KATHMANDU. Am Anfang hielten viele Nirmal Purjas Idee für ein Hirngespinst. Der Mann aus Nepal wollte den Mount Everest und die 13 anderen Achttausender der Welt besteigen – in gerade einmal sieben Monaten. 189 Tage nachdem Purja den ersten der 14 Gipfel, den Annapurna in Nepal, erklommen hat, ist der 36-Jährige am Ziel. Der Bergsteigerclub Nepal Mountaineering Association hat jetzt mit dem Xixabangma in Tibet Purjas 14. Gipfelstürmung bestätigt. Aufgebrochen war das Team im April. Die ersten sechs Achttausender in Nepal – inklusive des 8848 Meter hohen Mount Everest – waren nach nur einem Monat geschafft, wie das nepalesische Tourismusministerium und der Alpine Club of Pakistan der *Deutschen Presse-Agentur* in Neu Delhi bestätigten. Auch die übrigen Gipfel hat der frühere Gurkha-Soldat Purja, der in einer Elite-Einheit der britischen Armee diente, demnach in der angegebenen Zeit erreicht.

„Die Leute haben gelacht"

Alle Achttausender besteigen – für eine solche Mission haben sich Vorgänger Purjas wie der Bergsteiger Jerzy Kukuczka aus Polen oder Kim Chang-ho aus Südkorea deshalb zuvor knapp acht Jahre Zeit gelassen. Entsprechend fielen die Reaktionen auf das Vorhaben des 36-Jährigen Nepalesen aus. ==„Als ich von dem Projekt erzählte, haben die Leute gelacht", berichtete er jetzt in Nepals Hauptstadt Kathmandu. „Sie sagten, das wäre nicht möglich."== In einer Mischung aus Trotz und Selbstbewusstsein nannte Purja seine Mission „Project Possible" (Projekt Möglich).

Ganz unbedarft ging er die Sache aber nicht an: Zwei Einträge im Guinness-Buch der Rekorde verweisen bereits auf den Nepalesen. 2017 wanderte er von der Everest-Spitze zum Gipfel des benachbarten Achttausenders Lhotse – in 10 Stunden und 15 Minuten. Zudem erreichte er anschließend die Spitze eines dritten Achttausenders in insgesamt etwas mehr als fünf Tagen – auch dies eine Leistung, die die Rekordrichter als einmalig ansahen.

In der Bergsteigerszene sind Purjas Methoden aber nicht unumstritten: Bei seinen Guinness-Rekorden und der späteren Achttausender-Mission setzte er angesichts der Höhenluft auf Sauerstoffflaschen. Als „sehr nahe am Doping" bezeichnet das etwa Ulrich Limper vom Deutschen Zentrum für Luft- und Raumfahrt. Profi-Bergsteiger kletterten heute üblicherweise ohne künstlichen Sauerstoff auf die Giganten, sagt er. ==„Mann gegen Berg"==, darum gehe es, erklärt der amerikanische Bergsteiger und Blogger Alan Arnette.

Hat er einen Sherpa gerettet?

Die Vorwürfe ärgern Purja, wie er auf Instagram schreibt und auch Journalisten immer wieder sagt. Mit dem Sauerstoff habe er Menschen retten können, verteidigt er sich, ohne jedoch direkt auf die Kritik einzugehen. Beim Abstieg vom Gipfel des Kanchenjunga hätten er und sein Team zwei Bergsteiger und einen Sherpa gefunden, denen in großer Höhe der Sauerstoff ausgegangen sei, schrieb Purja im Mai auf Instagram. Der Sherpa habe mit Hilfe des Sauerstoffs aus den Flaschen von Purjas Team überlebt, für die anderen sei die Hilfe zu spät gekommen. Nachprüfen lässt sich dies kaum.

==Um seine Reise zu finanzieren, habe er sein Haus verkauft und Freunde und Bekannte um Unterstützung gebeten, sagt Purja. Über die Crowdfunding-Plattform GoFundMe sammelte er bis zum Ende der Reise rund 40 000 Euro ein.== Überhaupt sei das der schwierigste Teil der Expedition gewesen – das Geld für sein kühnes Vorhaben zusammenzukriegen.

Denn Extrem-Bergsteigen ist teuer: Neben der überlebenswichtigen Ausrüstung müssen Kletterer auch Gebühren zahlen, um Berge wie den Mount Everest überhaupt besteigen zu dürfen. Mehr als 9900 Euro sind das pro Person im Falle des höchsten Berges der Erde. Doch im Laufe der Mission seien große Sponsoren dazugekommen, sagt Purja über die Finanzierung. Für den Bergsteiger-Experten Arnette ist Purjas Leistung auf jeden Fall „extrem beeindruckend" – trotz der Sauerstoffflaschen. So schnell wie der Nepalese sei noch niemand gewesen. „Für mich ist eine der wichtigsten Eigenschaften eines Spitzenathleten eine kurze Erholungszeit", sagte Arnette. Und:

Einen Text erschließen

„Achttausender zu besteigen ist schwer, auch wenn er es einfach scheinen lässt." Purja meint ebenfalls, dass er die richtigen Voraussetzungen mitbringt: Er habe gemerkt, dass sein Körper sich gut erholen könne, sagt der Ex-Soldat. Auch deshalb sei er auf die Idee gekommen, die 14 Giganten quasi im Sturm zu erklimmen, sagte er. Außerdem gefalle ihm die Aussicht.

Und als ihm die Aussicht einmal nicht gefiel, machte Purja gleich Schlagzeilen: Auf dem Mount Everest schoss er im Frühjahr 2019 ein Foto, das Bergsteiger zeigt, die Schlange stehen. Das Bild ging um die Welt – und löste eine Debatte darüber aus, ob sich zu viele und zu viele schlecht vorbereitete Menschen am Aufstieg versuchen. Für Purja bedeutete der Andrang, was wohl alle Rekordjäger fürchten: Zeitverlust. „Ich musste stundenlang warten, und ich schoss das Bild nur, um einen Beweis dafür zu haben."

Quelle: Nürnberger Nachrichten / dpa vom 31.10.2019

3 a) Sprechen Sie darüber, wovon der Text handelt.
   Lesen Sie die Notizen einer Schülerin, die sie sich nach dem ersten Lesen des Textes spontan gemacht hat.
   b) Tauschen Sie sich in der Klasse darüber aus, in welchem Zusammenhang die Begriffe zum Inhalt des Textes stehen.

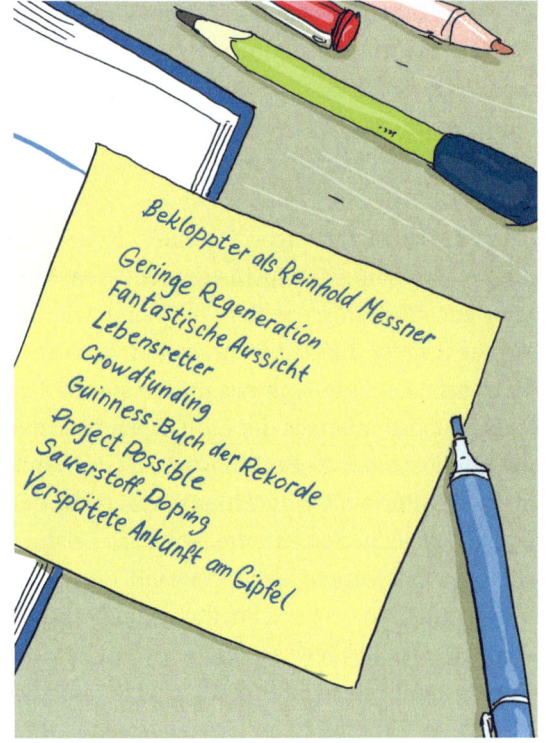

4 Zur Bestimmung der Textsorte ist es sinnvoll, sich schon beim ersten Lesen Gedanken zu möglichen Verfasserabsichten zu machen.
   a) Sehen Sie sich die folgenden Verfasserabsichten an.

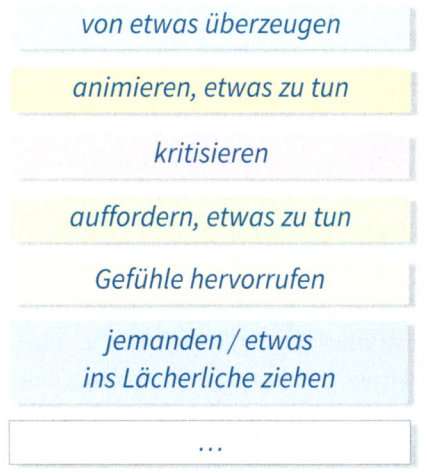

   b) Nennen Sie weitere Absichten von Texten.
   c) Diskutieren Sie, welche Intentionen mit dem Text „Bekloppter als Reinhold Messner" verfolgt werden.
   d) Um welche Textsorte handelt es sich bei dem vorliegenden Text? Begründen Sie Ihre Meinung.

Die Einleitung zu einer Texterschließung verfassen

1 Zu einer Einleitung einer Texterschließung gehören mehrere Bestandteile, u. a. ein Kernsatz zum Inhalt des Textes.
a) Lesen Sie die Kernsätze aufmerksam.

> **Lotte:** Nirmal Purja, der in kürzester Zeit alle 14 über 8000 Meter hohen Berge bestiegen hat, steht im Mittelpunkt des Textes.
>
> **David:** Die Leser lernen den Extrembergsteiger Nirmal Purja kennen, der bei der Besteigung der 14 8000er einen neuen Rekord aufgestellt hat.
>
> **Paula:** Der Wunsch Nirmal Purjas, durch die Besteigung aller 8000er ins Guinness-Buch der Rekorde aufgenommen zu werden, wird beschrieben.
>
> **Wladimir:** Der Text geht auf Nirmal Purja und seinen fragwürden Erfolg der schnellsten Besteigung aller 8000er der Welt ein.

b) Besprechen Sie in Kleingruppen, welcher der Kernsätze den Inhalt des Textes am besten zusammenfasst. Begründen Sie Ihre Meinung.
c) Legen Sie in Partnerarbeit eine Tabelle für die Bestandteile einer Einleitung zur Texterschließung an und füllen sie diese für den Text „Bekloppter als Reinhold Messner" aus. Lesen Sie ggf. in der Info nach.

2 Einige Schüler sind sich unsicher, welche Präposition sie verwenden sollen, um die Einleitung korrekt zu formulieren.
a) Lesen Sie die Formulierungen.

> Der Text befasst sich von / mit / über …
> Der Text handelt um / von / über …
> Der Text berichtet über / von / um …
> In dem Text geht es mit / über / um …
> Der Text geht um / auf / von … ein.
> Der Text beschäftigt sich über / mit / um …

b) Entscheiden Sie sich, welche Präposition jeweils sprachlich korrekt ist. Notieren Sie den richtigen sprachlichen Ausdruck.
c) Vergleichen Sie Ihr Ergebnis in der Klasse.

3 a) Lesen Sie die folgende Einleitung und beurteilen Sie diese.

> Der Text von Galli, Adhikari und Beckhoff schreibt über das Besteigen aller 14 Berge, die über 8000 Meter hoch sind. Der Text ist in den „Nürnberger Nachrichten" am 31.10.2019.

b) Sprechen Sie darüber, was inhaltlich und sprachlich verbessert werden müsste.
c) Überarbeiten Sie die Einleitung und schreiben Sie die korrigierte Variante ins Heft.

> **Info**
>
> **Einleitung in die Texterschließung**
>
> Die Einleitung einer Texterschließung umfasst die Angabe des **Titels**, des **Autors/der Autorin**, der **Textsorte** und der **Quelle** des Textes. Zudem wird in einem **Kernsatz** das Thema des Textes zusammengefasst.

Einen Text erschließen

Den Inhalt eines Textes zusammenfassen

1 a) Lesen Sie die Notizen zur Inhaltszusammenfassung als Teil einer Texterschließung.

1 Wortwörtliche Übernahmen aus dem Text und Zitate werden mithilfe des Konjunktivs als indirekte Rede wiedergegeben.
2 Jeder Textabschnitt ist ein Sinnabschnitt.
3 Literarische Texte werden nicht in Sinnabschnitte unterteilt, sondern es wird der Verlauf des Geschehens kurz wiedergegeben.
4 Inhaltliche Zusammenhänge stellt man durch passende Konjunktionen her.
5 Eine emotionale Ausdruckweise ermöglicht es dem Leser, den Inhalt des Textes besser nachzuvollziehen.
6 Die eigene Meinung zum Inhalt des Textes sowie persönliche Anmerkungen zur Thematik des Textes können am Ende der Einleitung geäußert werden.

b) Notieren Sie im Heft, welche Aussagen richtig bzw. falsch sind, und verbessern Sie falsche Aussagen stichpunktartig.
Aussage 1: falsch ➡ Präsens
Aussage 2: …

c) Vergleichen Sie Ihre Ergebnisse.
d) Erstellen Sie eine Lernkarte zum Zusammenfassen von Inhalten.

2 Der Text „Bekloppter als Reinhold Messner" weist 11 Sinnabschnitte auf.
a) Lesen Sie den Text noch einmal.
b) Teilen Sie den Text in Sinnabschnitte ein und nummerieren Sie diese durch. Lassen Sie sich den Text hierfür kopieren.
c) Begründen Sie, warum die Zeilen 94–114 einen Sinnabschnitt bilden.

3 a) Lesen Sie die stichpunktartigen Zusammenfassungen einiger Sinnabschnitte.
b) Ordnen Sie die Zusammenfassungen dem passenden Sinnabschnitt zu.
c) Vergleichen Sie Ihre Ergebnisse in der Klasse.

A *Nirmal Purjas Zuhilfenahme von Sauerstoff bei der Besteigung der 8000er wird von anderen als Doping gesehen.*

B *Menschen nehmen Nirmal Purja und sein „Project Possible" nicht ernst; andere, die alle 8000er bezwangen, brauchten 8 Jahre.*

C *Trotz Zuhilfenahme von Sauerstoff ist für Experten die Leistung Purjas imponierend.*

D *Vorwürfe, er dope, weist Purja zurück; durch den Sauerstoff habe er anderem Bergsteiger das Leben gerettet.*

E *Purja ist sich der Vorzüge seines Körpers (kurze Regenerationszeit) bewusst.*

4 a) Im ersten Sinnabschnitt wurden Begriffe für die Inhaltszusammenfassung blau markiert. Besprechen Sie zu zweit, warum genau diese Begriffe markiert wurden.
b) Fassen Sie gemeinsam den Inhalt des ersten Sinnabschnitts stichpunktartig zusammen.

5 a) Markieren Sie in den übrigen Sinnabschnitten jeweils maximal zehn Begriffe für die Textzusammenfassung.
b) Besprechen Sie, welche Begriffe Sie markiert haben, und begründen Sie dies.
c) Fassen Sie den Inhalt der übrigen Sinnabschnitte jeweils kurz zusammen.

6 a) Lesen Sie die Aufgabe und besprechen Sie, was zu beachten ist.

> Fassen Sie den Inhalt des Textes zusammen, sodass der Aufbau erkennbar wird.

b) Lesen Sie den Beginn der beiden Inhaltszusammenfassungen.

Ben: *Die Reportage „Bekloppter als Reinhold Messner" kann in mehrere Sinnabschnitte unterteilt werden. Zu Beginn des Textes (Z. 1–28) wird dem Leser die außergewöhnliche Leistung des 36-jährigen Extrembergsteigers Nirmal Purja aufgezeigt, die Besteigung aller über 8000 Meter hohen Berge der Welt innerhalb von nur sieben Monaten. Außerdem erfährt man, dass Purja mit seinem Team die sechs nepalesischen 8000er in nur einem Monat bestiegen hat (Z. 13–19). In den Zeilen 28–35 wird deutlich, dass viele Menschen Purja sowie sein „Project possible" nicht ernst nehmen, da alle vor Purja dafür etwa acht Jahre gebraucht haben. Dass …*

Lina: *Der erste Sinnabschnitt des Textes von Zeile 1–12 zeigt die außergewöhnliche Leistung des 36-jährigen Nepalesen Nirmal Purja, die Besteigung aller 8000er innerhalb kürzester Zeit. Im nächsten Sinnabschnitt erfährt man, dass Purjas sechs der 14 8000er in nur sieben Monaten bestieg. Der folgende Sinnabschnitt geht darauf ein, dass viele Menschen Purja nicht ernst nehmen …*

c) Besprechen Sie, welche der beiden Inhaltszusammenfassungen besser gelungen ist. Begründen Sie Ihre Meinung. Lesen Sie dazu die Info „Den Inhalt eines Textes zusammenfassen".
d) Schreiben Sie die gelungene Zusammenfassung aus Aufgabe 6 b) weiter.

Info

Den Inhalt eines Textes zusammenfassen

Gehen Sie bei einer Inhaltszusammenfassung so vor:

Schritt 1: Vorarbeit
– Lesen Sie den Text aufmerksam.
– Teilen Sie journalistische Texte in Sinnabschnitte (mit Zeilenangabe) ein. **Achtung:** Bei literarischen Texten muss der Handlungsverlauf der Geschichte beschrieben werden, eine Einteilung in Sinnabschnitte wird hierbei nicht verlangt.
– Markieren Sie wichtige Stellen des Textes (Schlüsselbegriffe).
– Notieren Sie stichpunktartig, worum es in dem jeweiligen Sinnabschnitt geht.

Schritt 2: Zusammenfassen des Inhalts
– Fassen Sie den Originaltext mit eigenen Worten zusammen.
– Übernehmen Sie keine ganzen Sätze aus dem Text.
– Formulieren Sie einen zusammenhängenden Text mit den wesentlichen Informationen.
– Schreiben Sie sachlich und vermeiden Sie persönliche Meinungsäußerungen.
– Geben Sie Zitate bzw. wörtliche Reden im Konjunktiv als indirekte Rede wieder.
– Schreiben Sie im Präsens.

Einen Text erschließen ▶

Die Textsorte bestimmen

1 a) Sammeln Sie Textsorten, die für die Abschlussprüfung relevant sein können. Die Übersichten auf den Seiten 153–155 helfen Ihnen dabei.

b) Bringen Sie die gesammelten Textsorten in ein Schema. Übertragen Sie dazu das folgende Schema in Ihr Heft und ergänzen sie es.

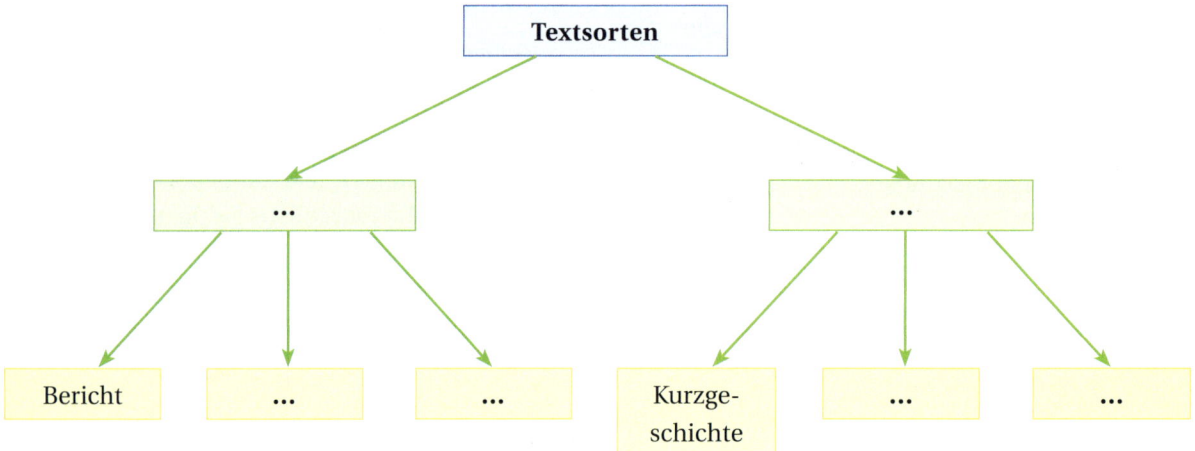

2 a) Lesen Sie die Tabelle auf der nächsten Seite, in der Textsortenmerkmale zu einer Textsorte teilweise fehlerhaft zugeordnet wurden. Falls Ihnen die Textsorte „Glosse" nicht bekannt ist, schlagen Sie im Grundwissen nach.

b) Der Schüler Dario hat die Fehleranzahl bei der Zuordnung der Merkmale zu einer Textsorte notiert. Lesen Sie diese.

Reportage: 2 fehlerhafte Punkte
Kommentar: 1 fehlerhafter Punkt
Glosse: 0 Fehler
Kurzgeschichte: 1 fehlerhafter Punkt

c) Überprüfen Sie zu zweit Darios Ergebnisse.

d) Vergleichen Sie Ihre Ergebnisse in der Klasse.

e) Verbessern Sie die Fehler, die bei der Zuordnung der Textsortenmerkmale unterlaufen sind. Übertragen Sie dazu die Tabelle mit den korrekten Textsortenmerkmalen ins Heft.

f) Ergänzen Sie die Tabelle um weitere Textsortenmerkmale.

g) Legen Sie Lernkarten zu jeder Textsorte an.

> **Tipp**
>
> Im Grundwissen können Sie die Textsortenmerkmale jeder Textsorte nachlesen. Wenn Sie noch Probleme bei der Bestimmung von Textsorten haben, trainieren Sie auf S. 152–155 Ihre Fähigkeiten.

Einen Text erschließen ▸

Reportage	Kommentar	Glosse	Kurzgeschichte
– Ergebnis vielfältiger Nachforschungen (Recherchen)	– liefert die persönliche Meinung des Autors zu einem Sachverhalt	– kurzer, humorvoller Kommentar	– unvermittelter Beginn
– Neugier weckende Überschrift	– häufig als Reaktion auf eine Meldung oder Bericht verfasst	– steht oft an einem festen Platz in Zeitungen oder Zeitschriften und haben das gleiche Layout	– keine Angaben zu Ort, Zeit und Figuren
– Anfang lässt die Leserschaft ein Geschehen miterleben, unvermittelter Beginn	– häufiger Zeitstufenwechsel (Präteritum für Rückblick, Präsens für Interviewpassagen)	– Form der persönlichen Meinungsäußerung	– häufig halbfett gedruckter Vorspann, der über den Inhalt informiert
– sachlich-informierende Textpassagen im Wechsel mit persönlich-schildernden	– illustrierende oder erklärende Bilder zur Unterstützung der Textaussagen	– zugespitzt formuliert, humorvoll / witzig geschrieben	– oftmals wertende Meinungsäußerungen des Autors
– dreiteiliger Aufbau: 1. Darstellung der wichtigsten Informationen, die zum Verständnis der Stellungnahme nötig sind 2. Begründete Meinungsdarlegung des Autors 3. Wunsch oder Ausblick als Abschluss	– Name des Autors ist angegeben	– Kritik an aktuellen Themen, auch spöttisch	
– auf das Wesentliche beschränkte Darstellung der Handlung		– Kenntnis des Sachverhalts wird vorausgesetzt	
		– oftmals überraschende Wende am Schluss (Pointe)	
		– häufig ironische Formulierungen sowie Anspielungen	

2.3 Journalistische Textsorten (Nachricht, Bericht, Reportage, Kommentar, Glosse) anhand ihrer spezifischen Merkmale unterscheiden;
3.2 Selbstständig die vorherrschende Textfunktion bzw. Textsorte pragmatischer und literarischer Texte erschließen

Einen Text erschließen

3 a) In Aufgabe 4 auf S. 160 haben Sie die Textsorte des Textes „Bekloppter als Reinhold Messner" bestimmt. Nutzen Sie die betreffende Lernkarte und überprüfen Sie die Textsortenmerkmale am Text.
b) Im Text wurden bereits einige Textstellen unterstrichen, die als Beispiele für eine Textsortenbestimmung dienen können. Lesen Sie die unterstrichenen Stellen aufmerksam.
c) Ordnen Sie in Kleingruppen jedem unterstrichenen Textbeispiel ein passendes Textsortenmerkmal zu. Notieren Sie Ihre Lösung.
d) Finden Sie weitere Beispiele. Unterstreichen Sie passende Textstellen auf Ihrer Kopie und benennen Sie das Textsortenmerkmal.
e) Vergleichen Sie Ihre Ergebnisse in der Klasse.

4 Insbesondere bei journalistischen Texten ergibt es Sinn, sich das Layout genauer anzusehen und die Besonderheiten in die Textsortenbestimmung einfließen zu lassen.
a) Sehen Sie sich typische Layoutmerkmale an.
b) Erklären Sie sich in Kleingruppen abwechselnd, was man unter den Begriffen im folgenden Kasten jeweils versteht.

> Spalten
> Absätze
> Fettdruck
> Kursivdruck
> Zwischenüberschriften
> Titel
> Untertitel
> Quellenangabe
> Dachzeile
> Bild (Foto, Zeichnung, Karikatur …)
> Bildunterschrift
> Initial
> Autorenangabe

2.1 Unter Verwendung von Fachbegriffen Zusammenhänge (zwischen Aufbau, Inhalt, Wirkung, Absicht) darstellen;
3.2 Selbstständig die vorherrschende Textfunktion bzw. Textsorte pragmatischer und literarischer Texte erschließen

Einen Text erschließen ▶

5 a) Diskutieren Sie darüber, welche Layoutmerkmale typisch für eine Reportage sind und welche gleichzeitig die Reportage von anderen Textsorten abgrenzen.
b) Überprüfen Sie, ob die Ihrer Meinung nach wichtigen Layoutmerkmale auch im Text „Bekloppter als Reinhold Messer" nachgewiesen werden können. Notieren Sie Ihr Ergebnis.

6 a) Lesen Sie den Beginn der Textsortenbestimmung aufmerksam.

*Bei dem vorliegenden Text handelt es sich um eine Reportage. Das lässt sich anhand einiger typischer Textsortenmerkmale sowie Auffälligkeiten im Layout nachweisen.
Die Reportage bedient sich der Zoom-Technik. Zu Beginn wird eine Szene geschildert: „Am Anfang hielten viele Nirmal Purjas Idee für ein Hirngespinst" (Z. 3 f.). Dem Leser wird so in den ersten Zeilen des Textes die aufsehenerregende Idee der Besteigung aller 8000er der Welt in nur wenigen Monaten nähergebracht. Das Foto, das den Mount Everest zeigt, wirkt auf den Leser imposant, unterstützt aber gleichzeitig auch die Aussagen des Textes über Nirmal Purjas gewagtes Projekt zur 8000er-Besteigung. Vor allem aber der Wechsel von persönlich-schildernden („‚Als ich von dem Projekt erzählte, haben die Leute gelacht.' […] ‚Sie sagten, das wäre nicht möglich'", Z. 30 ff.) und sachlich informierenden Passagen („Ganz unbedarft ging er die Sache aber nicht an […] auch dies eine Leistung, die die Rekordrichter als einmalig ansahen.", Z. 36–45) lässt die Reportage sehr lebendig wirken. Der Leser kann sich in die angespannte Situation, in der sich Nirmal Purja bei der Rekordjagd der Besteigung der 14 8000er befand, durch seine Zitate gut einfühlen bzw. hineinversetzen. …*

b) Tauschen Sie sich mit Ihren Mitschülern aus, ob die aufgezählten Textsorten- sowie Layoutmerkmale der Reportage passend nachgewiesen wurden. Lesen Sie hierzu die Info. Tipp: Wenn Ihnen der Begriff der Zoom-Technik nicht bekannt ist, lesen Sie auf Seite 155 nach.
c) Schreiben Sie die Textsortenbestimmung weiter. Beachten Sie dabei die Aufgabenstellung zur Reportage „Bekloppter als Reinhold Messner" in Aufgabe 5 a).

Info

Die Textsorte bestimmen

Bei der Bestimmung der Textsorte ist es wichtig, diese anhand bestimmter **textsortentypischer Merkmale** zu belegen. Dabei muss das jeweilige Textsortenmerkmal genannt und mit einer **passenden Textstelle** (mit Zeilenangabe) mithilfe direkter oder **indirekter Zitate belegt** werden. Auch die Beschreibung eines konkreten **Textbezugs** mit passender **Deutung** darf nicht fehlen.

Einen Text erschließen ▶

Sprachliche Besonderheiten eines Textes beschreiben

1 a) Lesen Sie die Beispiele für sprachliche Besonderheiten aufmerksam.

1 Freud und Leid liegen beim Extrem-Bergsteigen oft eng beieinander.

2 Neben dem Mount Everest zählen beispielsweise auch die Berge K2, Lothse, Nanga Parbat und Annapurna zu den 14 Achttausendern.

3 Nach der Besteigung eines Berges fühlt man sich, als hätte man eine unstillbare Sucht besiegt.

4 Gib nicht auf! Lauf weiter! Quäl dich! Geh an deine Grenzen!

5 Zuerst waren es die Viertausender, die er bestieg, doch damit gab er sich nicht zufrieden. So folgten nach einigen Jahren die Siebentausender und am Ende die höchsten Gipfel der Erde mit über 8000 Metern.

6 Der Glaube versetzt Berge.

7 Der Mount Everest hat bereits eine bedeutende Anzahl von Menschen verschlungen.

8 Nicht selten pfeift einem ein eiskalter, schneidiger Wind ins schmerzverzerrte Gesicht oder die glutheiße Sonne brennt auf einen nieder.

b) Besprechen Sie zu zweit, um welche sprachlichen Mittel es sich handelt. Notieren Sie die passende Ziffer des Beispiels und Ihre Vermutungen.
1 Antithese / Gegensatz
2 …
3 …

c) Gehen Sie in Kleingruppen zusammen und vergleichen Sie Ihre Ergebnisse.
d) Legen Sie eine Tabelle wie unten an.
e) Ordnen Sie die benannten sprachlichen Mittel in die Tabelle ein.

Sprachebene	Wortwahl	Satzbau	weitere sprachliche Mittel
…	…	*Ellipse*	*Vergleich*
…	…	…	…

168   3.2 Ausgehend von textbezogenen Fragestellungen weitere Besonderheiten pragmatischer Texte (z.B. textsortentypische sprachliche Mittel) erschließen; Textverständnis und Deutung zum Ausdruck bringen, indem man Ergebnisse strukturiert darstellt

Einen Text erschließen ▸

2 a) Sammeln Sie in der Klasse weitere sprachliche Mittel und erklären Sie sie.
b) Ordnen Sie die gesammelten sprachlichen Mittel in die Tabelle ein.
c) Vergleichen Sie Ihre Ergebnisse in der Klasse und ergänzen Sie Ihre Tabelle.

3 a) Ordnen Sie den gelb markierten Textstellen im Text „Bekloppter als Reinhold Messner" (S. 159–160) das jeweils passende sprachliche Mittel zu.
b) Vergleichen Sie Ihre Ergebnisse untereinander.
c) Finden Sie für die sprachlichen Mittel nun die zum Inhalt passende Deutung A–E.

A *Arnette bringt auf den Punkt, worauf es beim Bezwingen eines Achttausenders ankommt. Das Wichtigste ist, dies ohne zusätzliche Hilfe bzw. Unterstützung von Sauerstoff zu schaffen. Nur die eigene Kraft und das eigene Können sollten darüber entscheiden, ob man den Gipfel (in Rekordzeit) erreicht oder nicht.*

B *Es wird deutlich, was Nirmal Purja alles in Kauf genommen hat und welches finanzielle Risiko er eingegangen ist, um seinen Traum von der Besteigung aller 14 8000er in Rekordzeit zu erreichen.*

C *Der Gegensatz zwischen Nirmal Purjas Vision, die Besteigung aller 14 Achttausender in kürzester Zeit, und vieler Menschen, die sein Vorhaben lächerlich finden, kommt zum Ausdruck.*

D *So wird beschrieben, wie problematisch das Warten bei der Besteigung des Mount Everests war und dass Nirmal Purja dadurch drohte, seinen selbst gesteckten Rekord aufgeben zu müssen. Der wichtigste Faktor, der Zeitverlust, wird somit betont.*

E *Nirmal Purja beschreibt äußerst anschaulich, wie er auf seine „verrückte" Idee gekommen ist, alle Achttausender in einer atemberaubenden Rekordzeit zu erklimmen. Für ihn stellt sein Vorhaben zwar etwas Besonderes dar, aber nichts Unmögliches.*

4 a) Lesen Sie die Aufgabenstellung zur sprachlichen Gestaltung des Textes „Bekloppter als Reinhold Messner".
b) Tauschen Sie sich aus, was laut Aufgabenstellung von Ihnen gefordert wird.

> Legen Sie anhand sprachlicher Mittel dar, wie es die Autoren schaffen, die herausragende Leistung Nirmal Purjas – die Besteigung aller 8000er innerhalb kurzer Zeit – dem Leser eindrücklich näherzubringen.

5 Eine Schülergruppe hat sich zur Aufgabenstellung Notizen gemacht.
a) Lesen Sie die Notizen der Schüler.

> *Herausragende Leistung Nirmal Purjas:*
> - *nachgestellte Sätze*
> - *umgangssprachliche Formulierung*
> - *Nomen der Superlative*
> - *Einschub*
> - *Wiedergabe von Expertenmeinungen*
> - *Hypotaxen wechseln mit Parataxen*

b) Tauschen Sie sich über die Begriffe, die die Schüler notiert haben, aus.
c) Gehen Sie in Kleingruppen zusammen und markieren Sie im Text passende Beispiele zu den sprachlichen Mitteln aus Aufgabe 5 a).

3.2 Ausgehend von textbezogenen Fragestellungen weitere Besonderheiten pragmatischer Texte (z. B. textsortentypische sprachliche Mittel) erschließen; Textverständnis und Deutung zum Ausdruck bringen, indem man Ergebnisse strukturiert darstellt

Einen Text erschließen

d) Vergleichen Sie Ihre Ergebnisse mit Ihren Mitschülern.
e) Legen Sie eine Tabelle wie rechts abgebildet an und tragen Sie die sprachlichen Mittel mit Fachbegriff sowie passende Textbeispiele ein.

6 Eine ausführliche Deutung der sprachlichen Mittel stellt einen konkreten, direkten Textbezug her.
   a) Lesen Sie die stichpunktartigen Notizen zu Deutungen der sprachlichen Mittel A–D rechts.
   b) Überlegen Sie, welche stichpunktartige Deutung welchem sprachlichen Mittel zugeordnet werden kann.
   c) Formulieren Sie die Stichpunkte aus und ergänzen Sie die letzte Spalte der Tabelle. Lesen Sie hierzu auch die Info „Beschreibung sprachlicher Mittel" unten.
   d) Gehen Sie in Kleingruppen zusammen und notieren gemeinsam passende Deutungen für die übrigen sprachlichen Mittel in der Tabelle.

Textbeispiel	sprachliches Mittel	Deutung
„Hirngespinst" (Z. 2)	umgangssprachliche Formulierung	…
„… in gerade einmal sieben Monaten" (Z. 6 f.)	nachgestellte Sätze	…
…	…	…

A Besteigung der sechs nepalesischen Achttausender wird durch Zusatz (Mount Everest) noch bedeutender

B Ein neuer Rekord wird beschrieben, den viele niemals für möglich gehalten hätten → Bewunderung für Purjas Leistung

C Verdeutlichung, wie irrsinnig für viele Purjas Vorhaben ist; auch Purja wird nicht immer ernst genommen

D Betonung / Hervorhebung, dass Zeitspanne für Besteigung aller 8000er unvorstellbar kurz ist → Vorhaben wird nicht ernst genommen

E Erklärende Passage → Purja verteidigt Gebrauch von Sauerstoff, Leser soll von Notwendigkeit (Beispiel: Hilfe für anderen Bergsteiger) überzeugt werden; kurze, knappe, nüchterne Erkenntnis, dass Purjas Geschichte nicht überprüfbar ist

F Unterschiedliche Ansichten (auch Kritik) zu Purjas Leistung → einzigartige Leistung bekommt einen noch höheren Stellenwert

> **Info**
>
> **Beschreibung sprachlicher Mittel**
>
> Sprachliche Gestaltungsmittel verfolgen auch immer **eine bestimmte Wirkung**. Wie genau ein sprachliches Mittel wirkt, hängt vom **Textzusammenhang** ab, in dem es verwendet wird. Allgemeingültige Wirkungen können genannt werden, müssen aber **in einen konkreten Zusammenhang mit dem vorliegenden Text** gebracht werden, um eine **überzeugende Deutung** zu erreichen.

Einen Text erschließen

7 a) Die folgende Beschreibung sprachlicher Auffälligkeiten zur Aufgabenstellung aus Aufgabe 4 b) auf S. 169 weist einige Fehler auf. Lesen Sie den Beginn der Sprachanalyse aufmerksam.

> *Betrachtet man den Text genauer, fallen einem viele sprachliche Besonderheiten auf, die dazu beitragen, dass man als Leser Nirmal Purjas Leistung als etwas Außergewöhnliches begreift. In den Zeilen 3–4 verwendet der Autor Umgangssprache, wodurch deutlich wird, dass nicht alle Menschen von seiner Mission begeistert sind, einige finden sein Vorhaben eher lächerlich. Durch*
> 5 *den nachgestellten Satz „ in gerade einmal sieben Monaten." erkennt man, dass die Zeitspanne zur Besteigung aller Achttausender äußerst knapp bemessen ist. Des Weiteren kommen viele anschauliche Adjektive vor, die die Situation beschreiben: „kühne Vorhaben" (Z. 78) oder „überlebenswichtige Ausrüstung" (Z. 81). Mit „Mann gegen Berg" (Z. 55) bringt der Bergsteiger-Experte Arnette auf den Punkt, worauf es beim Bezwingen eines Achttausenders ankommt. Das*
> 10 *Wichtigste ist, dies ohne zusätzliche Hilfe bzw. Unterstützung von Sauerstoff zu schaffen. Nur die eigene Kraft und das eigene Können sollten darüber entscheiden, ob man den Gipfel (in Rekordzeit) erreicht oder nicht.*

b) Ordnen Sie folgende Korrekturen den entsprechenden Fehlerstellen der Beschreibung der sprachlichen Mittel zu. Lassen Sie sich hierzu die Sprachanalyse kopieren.

- *Zeilenangabe fehlt*
- *Textbeispiel fehlt*
- *Fachbegriff für sprachliches Mittel fehlt*
- *Deutung zu allgemein, konkreter Textbezug fehlt*

c) Gehen Sie in Kleingruppen zusammen und verbessern Sie die Beschreibung der sprachlichen Auffälligkeiten.

d) Stellen Sie Ihren überarbeiteten Text Ihren Mitschülern vor und lassen Sie sich Feedback geben.

8 a) Lesen Sie noch einmal die Aufgabenstellung zum Text „Bekloppter als Reinhold Messner" in Aufgabe 4 b) auf S. 169.

b) Führen Sie die Beschreibung der sprachlichen Mittel fort. Nutzen Sie hierzu die Informationen aus den Aufgaben 6 und 7.

Einen Text erschließen ▸

Verfasserabsicht und Reaktionen von Lesern erkennen

1 a) Lesen Sie die Aussagen zur Absicht, die die Verfasser mit dem Text „Bekloppter als Reinhold Messner" verfolgen.

Die Verfasser der Reportage …
… wollen über die schnellste Besteigung aller 8000er berichten.
… appellieren an Sportler, Nirmal Purja nicht nachzueifern.
… informieren über die Gefährlichkeit des Extrem-Bergsteigens.
… möchten den Leser unterhalten.
… machen auf den Trendsport Extrem-Bergsteigen aufmerksam.
… kritisieren Nirmal Purjas 8000er-Projekt.
… sollen die Neugier von Bergsteigern wecken.

b) Schreiben Sie die Aussagen auf, die Ihrer Meinung nach am besten auf die Verfasserabsicht zutreffen.
c) Vergleichen Sie Ihr Ergebnis.
d) Gehen Sie in Kleingruppen zusammen und notieren Sie Textstellen, die diese Verfasserabsichten belegen können.

2 a) Lesen Sie die verschiedenen Aufgabenstellungen zur Verfasserabsicht zum Text „Bekloppter als Reinhold Messner".
b) Tauschen Sie sich zu zweit über Unterschiede und Gemeinsamkeiten der Aufgabenstellungen A–D aus.

> **A** Welche Absichten verfolgen die Verfasser mit dem Text „Bekloppter als Reinhold Messner"? Gehen Sie dabei auch auf den Titel ein.
>
> **B** An wen wenden sich die Verfasser mit ihrem Text und welche Absichten verfolgen sie damit?
>
> **C** Gehen Sie auf mögliche Absichten der Autoren ein: Welche Reaktionen können diese bei der Leserschaft hervorrufen?
>
> **D** Die Verfasser wollen die Leser mit ihrem Text nicht nur über die herausragende Leistung Nirmal Purjas informieren, sondern verfolgen auch noch andere Absichten. Legen Sie diese dar.

Einen Text erschließen

3 a) Lesen Sie das Beispiel zur Darlegung der Verfasserabsicht aufmerksam.
b) Tauschen Sie sich aus, welche der Aufgabenstellungen A–D aus Aufgabe 3 a) zur beschriebenen Verfasserabsicht passt.

Die Autoren der Reportage möchten über das besondere Vorhaben Nirmal Purjas, die Besteigung aller 14 8000er in nur sieben Monaten, informieren. Auch wenn die Leistung des Spitzenbergsteigers als einmalig und außergewöhnlich von den meisten angesehen wird, werden auch kritische Stimmen von Bergsteigerexperten in den Text aufgenommen. So kann sich der Leser ein differenziertes Bild von der Leistung des Nepalesen machen und sich seine eigene Meinung bilden, ob er die Zuhilfenahme von Sauerstoff bei der Besteigung der Berge als Doping sieht oder nicht. Dennoch wird eines schon durch den treffenden Titel der Reportage „Bekloppter als Reinhold Messner" deutlich. Reinhold Messner wurde in seiner aktiven Zeit als Extrembergsteiger von vielen als etwas verrückt angesehen, doch Purjas Projekte übertreffen Messners Leistungen im Bergsteigersport um einiges. Durch die Überschrift wird bereits deutlich, wie herausragend, gleichzeitig aber auch „bekloppt" die Rekordbesteigung aller 8000er des Nepalesen Nirmal Prurja war bzw. immer noch ist.

4 Formulieren Sie zu Aufgabenstellung D auf S. 172 nun selbst eine Verfasserabsicht.
a) Lesen Sie hierzu die Info „Verfasserabsicht und Leserreaktion darlegen".
b) Nutzen Sie Ihre Notizen aus den Aufgaben 1 und 2 zur Ausformulierung der Verfasserabsicht.

c) Stellen Sie Ihren Text Ihren Mitschülern vor und lassen Sie sich mithilfe der Info Rückmeldung geben, ob Ihre Darlegung der Verfasserabsicht gelungen ist.

Info

Verfasserabsicht und Leserreaktion darlegen

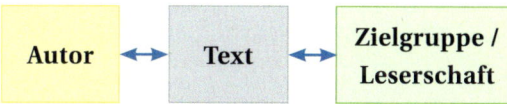

Der Verfasser eines Textes verfolgt mit seinem Text eine bestimmte Absicht. Diese kann oftmals von der Textsorte her erschlossen werden und sollte immer mit passenden Textstellen belegt werden.

Ein Autor könnte mit seinem Text **informieren, unterhalten, Neugier wecken, auf etwas aufmerksam machen, zum Nachdenken anregen, zu einer Verhaltensveränderung bewegen, Kritik üben, etwas humorvoll ins Lächerliche ziehen** oder **zu etwas aufrufen bzw. ermuntern** wollen.

Die **Wirkung**, die durch einen Text beim Leser erzielt wird, hängt vor allem von der Person, die den Text liest, ab. **Nachdenklich stimmen, amüsieren, Interesse wecken, provozieren** oder **Problembewusstsein schaffen** können mögliche Wirkungen sein.

Auch wenden sich Autoren mit ihren Texten an bestimmte **Leserschichten** bzw. **Zielgruppen** (z. B. Jugendliche, Senioren …). Das Medium, in dem ein Text erscheint, der Inhalt oder auch sprachliche Besonderheiten können Aufschluss über diese Zielgruppe geben.

Weitere Aufgaben zum Inhalt des Textes bearbeiten

1 Im Rahmen einer Texterschließung werden weitere Aufgaben gestellt, die über eine unmittelbare Auseinandersetzung mit dem Text hinausgehen.
   a) Lesen Sie sich die beiden Texte, die zwei Schülerinnen zur Reportage „Bekloppter als Reinhold Messner" bearbeitet haben.

Text A von Mascha:
Ein verrückter Tag geht zu Ende. Heute Morgen, in aller Herrgottsfrüh, hätte ich nicht geglaubt, dass ich so etwas Schlimmes erlebe – eine Menschenschlange auf den letzten Höhenmetern bis zum Gipfel des Mount Everest. Auch wenn ich schon im Vorfeld gelesen habe, dass die Besteigung des höchsten Berges zur Massenveranstaltung verkommt, hätte ich mir im Leben nicht träumen lassen, dass es so viele verrückte und vor allem untrainierte Menschen gibt, die ihr Leben aufs Spiel setzen, nur um sagen zu können, dass sie den Mount Everest bezwungen haben. Das Entsetzen darüber steht mir immer noch ins Gesicht geschrieben. Meine Männer und ich waren guter Dinge, die Besteigung des Berges in Rekordzeit zu schaffen, die Voraussetzungen dafür waren gut: Die Sonne schien und die Temperaturen waren für die Höhe relativ mild. Unsere Rekordjagd nahm jedoch plötzlich ein jähes Ende, als ich meinen Fuß um die Bergwand setzte und den Gipfel erblicken konnte. Ich war so schockiert, dass ich wie vom Blitz getroffen stehen blieb. Mir fehlten die Worte. Menschen über Menschen, einer nach dem anderen quälte sich – einige mehr tot als lebendig – Schritt für Schritt nach oben. Meine Bedenken, dass es Kritik geben könnte, dass ich beim Bezwingen der höchsten Gipfel der Welt Sauerstoff zu Hilfe nahm, waren beim Anblick der Menschenmassen wie verflogen. ...

Text B von Aleyna:
*Sehr geehrte Damen und Herren,
ich freue mich sehr, heute Abend vor Ihnen sprechen zu dürfen und Sie hoffentlich hautnah an meinem „Project Possible" teilhaben zu lassen – 14 Achttausender in 189 Tagen. Geht nicht, gibt's nicht. Viele Menschen empfanden mein Vorhaben als absurd, sie belächelten meine Mission – oder vielmehr mich. Doch nun stehe ich vor Ihnen und kann Ihnen sagen, dass mein Plan aufgegangen ist. Sechs der 14 Achttausender bezwang ich zusammen mit meinem Team gleich im ersten Monat. Wie ich das geschafft habe, fragen Sie sich!? Diese Frage kann ich mir selbst nicht einmal zu 100 Prozent beantworten. Ich denke jedoch, dass mir meine Zeit als Soldat in einer Eliteeinheit zugute kam. Außerdem habe ich das große Glück, dass sich mein Köper nach einer immensen Anstrengung relativ schnell wieder regeneriert und ich zu neuen Kräften gelange. Und dass ich nicht der schlechteste Bergsteiger war, wusste ich, spätestens seitdem ich diverse Einträge im Guinness-Buch der Rekorde erlangt hatte. Das ist die beste Voraussetzung für mentale Stärke. All diese Erfolge bringen jedoch nicht nur Ruhm und Ehre, sondern auch Neid und Missgunst mit sich. ...*

   b) Besprechen Sie zu zweit, um welche Arten von Aufgaben es sich handelt. Lesen Sie dazu die Info auf der nächsten Seite.
   c) Wählen Sie Text A oder B aus und machen Sie durch Markierungen auf einer Kopie deutlich, an welchen Stellen sich der Schülertext auf die Reportage bezieht.

Einen Text erschließen

Info

Weitere mögliche Aufgabenstellungen

Im Hauptteil einer Texterschließung müssen auch **kreative** sowie **argumentative Schreibaufträge** bearbeitet werden. Diese Aufgaben beziehen sich in der Regel auf das allgemeine Thema, mit dem sich der Text befasst.
Folgende Aufgaben können beispielsweise vorkommen:

Argumentative Schreibaufgaben:
Es muss zu einer Aussage des Textes oder zu einer Frage Stellung bezogen und die eigene Meinung argumentativ dargelegt werden.

Kreative bzw. produktive Schreibaufgaben:
– das Handeln von Figuren bewerten bzw. diese charakterisieren
– einen Dialog zwischen Figuren des Textes verfassen
– Leerstellen des Textes mit Inhalt füllen
– den Text fortsetzen
– den Text aus einer anderen Perspektive erzählen
– aus der Sicht einer Textfigur einen inneren Monolog schreiben
– einen Tagebucheintrag oder einen persönlichen Brief verfassen
– eine Situation schildern

2 a) Wählen Sie Aufgabe A oder B als weitere mögliche Aufgabenstellung zum Text „Bekloppter als Reinhold Messner" aus und gehen Sie wie angegeben vor.
b) Stellen Sie Ihren Text den Mitschülern vor und lassen Sie sich Rückmeldung geben.

Aufgabe A:

Bergsteiger-Experte Arnette bezeichnet Nirmal Purjas Leistung als „extrem beeindruckend" (Z. 89). Wie stehen Sie zu Nirmal Purjas Leistung? Legen Sie Ihre Meinung dazu begründet dar.

So gehen Sie bei Aufgabe A vor:

Machen Sie sich Notizen, wie Sie zu Nirmal Purjas Projekt stehen, gehen Sie dabei auf für Sie positive sowie negative Aspekte bei Besteigung aller 8000er in kurzer Zeit ein.
Überfliegen Sie den Text und markieren Sie Textpassagen, auf die Sie sich beziehen möchten.
Formulieren Sie die Stellungnahme aus.

Aufgabe B:

Verfassen Sie zwischen Nirmal Purja und Bergsteiger-Experte Arnette einen Dialog, in dem beide ihre Ansichten zum Besteigen von Bergen mit Sauerstoffunterstützung darstellen.

So gehen Sie bei Aufgabe B vor:

Überfliegen Sie den Text und markieren Sie Stellen, an denen sich Nirmal Purjas selbst und Arnette zum Besteigen aller 8000er mit Sauerstoffunterstützung äußern.
Legen Sie eine Tabelle an, in die Sie stichpunktartig eintragen, wie das Gespräch zwischen Nirmal Purja und Arnette verlaufen könnte.
Formulieren Sie den Dialog aus.

Einen Text erschließen

Eine Texterschließung passend abrunden

1 a) Lesen Sie die Schüleraussagen zum Text „Bekloppter als Reinhold Messner" aufmerksam.
b) Sprechen Sie darüber, wie die Einzelnen zum Inhalt des Textes stehen und welche Meinung Sie zu der Reportage bzw. Nirmal Purjas Projekt vertreten.

Ich persönlich fand die Reportage sehr informativ. Mir war nicht bewusst, dass es überhaupt einen Menschen gibt, der alle 8000er erklommen hat. (Chiara)

Wenn ich mir vorstelle, dass die Besteigung des Mount Everests zum Massentourismusziel für Reiche wird, dann mache ich mir große Sorgen um die Umwelt im Himalaya. (Felix)

Ich würde mir wünschen, dass die Menschen künftig eher auf sanften, für die Umwelt besser verträglichen Tourismus setzen, und nicht, nur weil sie es sich leisten können, die höchsten Berge der Welt besteigen. Auch das Bergsteigen in den heimischen Alpen oder einem Mittelgebirge kann Freude bereiten, für ein tolles Erlebnis in der Natur muss man nicht unbedingt erst um die halbe Welt fliegen. (Pia)

Mich persönlich stimmt es nachdenklich, dass Menschen wie Nirmal Purja solch einen Aufwand betreiben und ein finanzielles Risiko eingehen, nur um einen weiteren fragwürdigen Erfolg und damit einen Eintrag im Guinness Buch der Rekorde zu erreichen. (Michele)

Auf mich wirkt Nirmal Purja sympathisch, auch wenn er von anderen wegen des Einsatzes von Sauerstoff bei der schnellen Besteigung aller 8000er kritisiert wird. Ich kann dem Experten Arnette nur zustimmen, dass Nirmals Purjas Leistung sehr beeindruckend ist. (Timur)

Ich hoffe sehr, dass Nirmal Purjas Projekt nicht allzu viele Extrem-Bergsteiger nacheifern werden. Ich könnte mir vorstellen, dass das die zum Teil unberührte Natur der hohen Berge sehr schädigen könnte. (Soraya)

2 Formulieren Sie einen Schluss zur Reportage „Bekloppter als Reinhold Messner".
a) Lesen Sie die Info unten aufmerksam.
b) Notieren Sie Stichpunkte, worauf Sie im Schluss inhaltlich eingehen möchten. Sie können auch Überlegungen der Schüler aus Aufgabe 1 mit einfließen lassen.
c) Schreiben Sie einen passenden Schluss.
d) Lesen Sie Ihren Schluss Ihren Mitschülern vor und lassen Sie sich von ihnen Rückmeldung geben.

Info

Den Schluss einer Texterschließung verfassen

Der Schluss bei einer Texterschließung **rundet den eigenen Text ab**. Dabei sollte man **Stellung zum Inhalt** des zugrundeliegenden Textes beziehen, ob man ihn als **gelungen oder weniger gelungen** empfindet und welchen **Aspekt** man besonders **interessant** oder **bedenklich** sieht. Neben der **eigenen Meinung** sollten Sie in den Schluss auch weitere Informationen wie **persönliche Erfahrungen, Wünsche** oder **Hoffnungen** des Lesers einfließen lassen, die in Bezug zum Thema des Textes stehen.

Das Erschließen eines literarischen Textes üben

1 a) Lesen Sie den Romanauszug aus „Mein letzter bester Sommer" von Anne Freytag.

Ich dachte, sterben ist einfach. Ich dachte, es geht schnell. Wie geboren werden, nur rückwärts. Aber die Wahrheit ist, ich hatte keine Ahnung. Mein ganzes Wissen ist nichts wert. Man lernt in der Schule nicht, wie sterben geht. Man lernt es nicht in Filmen oder Büchern. Wenn es darum geht, ist man allein. Ich bin siebzehn Jahre alt und werde niemals achtzehn werden. Irgendwie warte ich darauf, es zu verstehen. Wirklich zu begreifen, was das bedeutet. Früher dachte ich immer, es wäre gut zu wissen, wie viel Zeit man noch hat, aber da bin ich auch davon ausgegangen, dass es viele Jahre sein werden. Ich habe ein Verfallsdatum. Okay, zugegeben, letztlich hat jeder eines, aber zu wissen, dass die meisten Konservendosen in unserer Speisekammer länger hier sein werden als ich, ist hart. Die Wahrheit ist, dass ich nicht weiß, was ich verpassen werde. Ich habe zu wenig gelebt. Und vor allem viel zu kurz. Ich werde als siebzehnjährige Jungfrau sterben. Als Musterschülerin ohne Führerschein. Ich werde nie ausziehen und eine eigene Wohnung haben. Ich werde sterben, ohne jemals einen Jungen nackt gesehen zu haben – und damit meine ich nicht im Fernsehen oder im Internet. [...]

Ich trockne mich ab, lege das Handtuch zur Seite und binde mir das feuchte Haar zusammen. Die Reflexion im noch leicht beschlagenen Badezimmerspiegel zeigt mir eine junge Frau, gefangen im Körper eines dürren Mädchens. Sie starrt mich nur an mit ihren großen grünblauen Augen und diesem Blick, als wären sie und ich nicht dieselbe Person. Unter der weißen Haut zeichnen sich meine Knochen ab. Das Becken und die viel zu spitzen Hüften, die Schlüsselbeine und Rippenbögen.

[...] Ich war schon immer schlank, aber inzwischen bin ich nur noch ein blasser Schatten. Meine Augen wandern weiter über meinen klapprigen, nackten Oberkörper und bleiben zwischen meinen kleinen Brüsten hängen. Diese Narbe anzusehen ist wie eine seltsame Sucht. Etwas, das mich unendlich anwidert und abstößt, dem ich mich aber einfach nicht entziehen kann. Als bräuchte ich den Ekel. Wie bei einem Unfall. Man will wegsehen, aber es geht nicht. Ich strecke zaghaft die Finger aus und berühre vorsichtig das seltsam weiche, vernarbte Gewebe. Das Gefühl unter meinen Fingerkuppen treibt mir sofort einen eisigen Schauer über den Rücken. Meine Augen wandern über die Narbe, die meinen gesamten Oberkörper in Rechts und Links teilt. Die zeigt, wie oft ich offen dalag. Mein Vater hat mal zu mir gesagt, dass ich das gute Herz meiner Großmutter geerbt habe, aber das stimmt leider nicht. Verborgen unter fahler Haut schlägt eine tickende Zeitbombe ihren letzten Sekunden entgegen.

Als es neben mir an der Tür klopft, zucke ich zusammen und greife schnell nach dem Bademantel. Ich schlüpfe hinein und verstecke mich und die Narbe im weichen Frottee, dann öffne ich die Tür.

Einen Text erschließen

„Was ist?"
„Tessa, Liebes, alles okay?", fragt meine Mutter. Ich nicke. „Hast du heute schon deine Medikamente genommen?"
„Was geht es dich an?"
„Hast du?", bohrt sie.
„Es sind meine Schmerzen." Meine Mutter sieht mich nur wartend an, mit diesem Blick, dem ich nicht ausweichen kann. Schließlich verdrehe ich genervt die Augen und antworte: „Ja, ich habe sie genommen, zufrieden?"
„Morgens und mittags?" Ich nicke genervt. „Gut", sagt sie und lächelt mich an. „In eineinhalb Stunden erwarten wir Besuch. Kommst du dann bitte runter?"
„Was für ein Besuch?"
„Ein Studienfreund deines Vaters."
„Und was hat das bitte mit mir zu tun?"
„Jetzt komm schon, Süße, es wird dir guttun, mal rauszukommen."
„Rauskommen? Das Esszimmer ist wohl kaum rauskommen", antworte ich patzig.
„Es ist ein Anfang." Sie hat recht. Ich gehe gar nicht mehr raus. „Bitte, Tessa."
„Wozu? Ich werde bald tot sein."
„Sag das nicht."
„Aber es ist doch so."
„Liebes, du bist noch nicht tot."
„Na ja, vielleicht übe ich ja …"
Ihr Blick verändert sich, und hinter einer wütenden Maske entdecke ich Tränen. „Du wirst runterkommen, verstanden? Dieses Wiedersehen ist für deinen Vater sehr wichtig. Karl war während des Jurastudiums sein bester Freund, und sie haben sich seit Jahren nicht gesehen." Ich frage mich noch immer, warum ich dabei sein muss, sage aber nichts. „Außerdem wird es dir nicht schaden, auch mal etwas Vernünftiges zu essen." Das macht garantiert einen riesigen Unterschied. Ein paar Vitamine und Ballaststoffe sind bestimmt die Lösung. „Ich habe den ganzen Tag in der Küche verbracht und gekocht."
„Ganz sicher nicht meinetwegen."
„Hör zu, Tessa, es ist eine Sache, mir nicht zu helfen, aber ich finde, es ist wirklich nicht zu viel verlangt, dass du nach unten kommst." Ich will gerade widersprechen, da hebt sie nur die Hände und sagt: „Du wirst mitessen. Keine Widerrede. Und bitte zieh dir zur Abwechslung mal etwas Schönes an, ich kann diese schreckliche Jogginghose langsam nicht mehr sehen." Mit diesem Satz wendet sie mir den Rücken zu und geht wütend die Stufen hinunter.
Einen Moment lang bleibe ich in der Tür stehen und starre ins Leere, an die Stelle, wo sie eben noch stand. Ich kann mich nicht bewegen, fast so, als würden meine Gedanken mich in den Schwitzkasten nehmen. Das war das erste Mal seit Wochen, dass meine Mutter laut geworden ist. Egal wie ich mich aufführe, sie lächelt. Immer. Aber ich will nicht, dass sie lächelt. Ich will, dass sie mich in Ruhe lässt, und sie weiß noch nicht einmal warum. Sie hat keine Ahnung, wieso ich so gemein zu ihr bin. Sie denkt, es liegt am Sterben. Aber das ist es nicht. Zumindest nicht direkt. Ich denke an den Ordner in der Garage, und die Wut zieht meinen Magen zusammen.

Ich benehme mich andauernd daneben, aber niemand sagt etwas. Ich glaube, wenn man stirbt, hat man immer das letzte Wort. Man bekommt einen Freifahrtschein. Vielleicht weil die Leute sich davor fürchten, dass ich mitten im Streit plötzlich tot umfalle und sie keine Chance mehr haben, sich zu entschuldigen. Sie lassen einem alles durchgehen, auch wenn es falsch oder gemein ist. Sie tun es, weil sie wissen, dass es nur auf Zeit ist, und weil sie insgeheim froh sind, dass es dich trifft und nicht sie. Die Einzige, die mich genauso behandelt wie immer, ist meine kleine Schwester. Und auch wenn sie mich fast zu Tode nervt, rechne ich ihr das hoch an – was ich natürlich niemals zugeben würde. Bis auf Larissa sind alle so bemüht. Mit diesem Lächeln, das nicht bis in ihre Augen dringt, und diesem Blick, in dem sich Mitleid spiegelt.

Quelle: Aus: Anne Freytag: Mein bester Sommer, Heyne Verlag 2016.

b) Fassen Sie in der Klasse den Text mit eigenen Worten zusammen. Gehen Sie dabei vor allem darauf ein, in welcher Situation sich die Ich-Erzählerin befindet.
c) Tauschen Sie sich über eine mögliche Einleitung zur Texterschließung des Romanauszugs aus.
d) Formulieren Sie eine passende Einleitung.

2 Achmed hat sich einen Schreibplan zur Zusammenfassung des Textinhalts angelegt.
a) Lesen Sie die Fragen des Schreibplans.

Schreibplan: Inhaltszusammenfassung	
Welche Situation wird im Textauszug beschrieben?	
Wann und wo spielt die Handlung?	
Wer ist die Hauptfigur?	
Was erfährt man über die Hauptfigur?	

b) Übertragen Sie den Schreibplan in Ihr Heft und ergänzen Sie bei zwei Fragen mögliche Antworten.

3 a) Lesen Sie die Notizen zum Inhalt des Textauszugs aufmerksam.

A *Bohrende Fragen der Mutter reißen das Mädchen aus seinen Gedanken.*

B *Es beschäftigt sich mit seinem eigenen Tod, der bevorsteht, und ihm wird klar, dass das eigene Leben viel zu kurz war, um viele Dinge erleben zu können.*

C *Zwischen dem Mädchen und seiner Mutter kommt es zum Wortgefecht, weil es sich weigert, einen Freund der Familie zu begrüßen, der zu Besuch ist.*

D *Das eigene Spiegelbild betrachtet die Hauptfigur sehr kritisch. Aufgrund ihrer dürren Figur und einer großen Narbe ekelt sie sich vor sich selbst.*

E *Das Mädchen erkennt, dass man nicht weiß, wie es ist, zu sterben.*

b) Bringen Sie die Stichpunkte zum Textinhalt in die richtige Reihenfolge. Notieren Sie hierzu die Buchstabenabfolge.
c) Vergleichen Sie Ihr Ergebnis in der Klasse.
d) Gehen Sie in Kleingruppen zusammen. Notieren Sie weitere wichtige Punkte zum Handlungsverlauf.
e) Stellen Sie Ihre Notizen zum weiteren Handlungsverlauf der Klasse vor. Lassen Sie sich Rückmeldung dazu geben. Verbessern bzw. ergänzen Sie Ihre Notizen.

Einen Text erschließen

4 a) Lesen Sie die Anfänge der beiden Textzusammenfassungen aufmerksam.

Zusammenfassung 1 von Emily:
Die Hauptfigur erkannte, dass sie nichts darüber wusste, wie es ist, zu sterben.
Sie beschäftigte sich mit ihrem eigenen Tod, der bevorsteht, und ihr wurde klar, dass das eigene Leben viel zu kurz war, um viele Dinge erleben zu können. Das eigene Spiegelbild betrachtete die Hauptfigur. Sie ekelt sich. Zwischen Mädchen und Mutter kommt es zum Streit. Zuvor rissen bohrende Fragen der Mutter das Mädchen aus seinen Gedanken. …

Zusammenfassung 2 von Kjell:
Man weiß nichts übers Sterben, das ist die erste Erkenntnis. Das Leben der Hauptfigur ist viel zu kurz. Viele Dinge hat sie nicht erlebt. Es ist traurig, dass die Hauptfigur das eigene Spiegelbild so kritisch betrachtet. Ich finde, sie sollte die letzte Zeit vor ihrem Tod noch genießen. Aufgrund ihrer dürren Figur und einer großen Narbe ekelt sie sich vor sich selbst. Das Mädchen jedoch wird plötzlich aus ihren Gedanken gerissen, als die Mutter ihr bohrende Fragen stellt. So kommt es zwischen dem Mädchen und seiner Mutter zum Wortgefecht, weil sich die Hauptfigur weigert, einen Freund der Familie, der zu Besuch ist, zu begrüßen. …

b) Besprechen Sie, was an Zusammenfassung 1 bzw. 2 verbessert werden müsste.
c) Überarbeiten Sie die Zusammenfassung 1 oder 2. Lesen Sie hierzu den Tipp.
d) Stellen Sie den überarbeiteten Text der Klasse vor. Lassen Sie sich Feedback geben.
e) Setzen Sie die überarbeitete Zusammenfassung fort. Nutzen Sie die Notizen aus den Aufgaben 2 c) und 3 e). Mithilfe der Seite 290 f. können Sie Ihren Text überarbeiten.

Tipp

Vermeidung von Wortwiederholungen

Häufig treten bei der Zusammenfassung eines Textes Wortwiederholungen auf. Mithilfe der folgenden Formulierungen können Sie sprachlich variieren:

Zu Beginn: als Erstes, am Anfang, zunächst, eingangs

Im weiteren Verlauf: des Weiteren, anschließend, im Anschluss, in der Folge, im Folgenden

Am Ende: zuletzt, abschließend, letztendlich

Allgemeine Formulierungen:
– Der Text geht darauf ein …
– Dem Leser wird mitgeteilt …
– Der Verfasser gibt preis …
– Man erfährt …
– Der Autor beschäftigt sich mit …
– Dem Leser wird vor Augen geführt …
– Der Leser erhält Informationen …
– Der Verfasser stellt dar …
– Der Autor beschreibt …
– Der Verfasser informiert über …
– Der Autor weist darauf hin …

Die Beschreibung sprachlicher Mittel üben

1 a) Lesen Sie die Aufgabe zum Romanausschnitt aufmerksam.

> Erklären Sie, durch welche sprachlichen Mittel die Autorin erreicht, dass die Gedanken der Hauptfigur über den eigenen Tod relativ nüchtern und abgeklärt wirken.

b) Besprechen Sie mit Ihren Mitschülern, was genau bei der Beschreibung sprachlicher Mittel von Ihnen verlangt wird.

2 Eine Schülergruppe hat sich Notizen zur sprachlichen Gestaltung des Textes gemacht.
a) Lesen Sie die Notizen aufmerksam.
b) Markieren Sie passende Textstellen zu den Notizen. Lassen Sie sich hierzu den Text kopieren.

3 a) Lesen Sie auf der nächsten Seite aufmerksam die Beschreibung sprachlicher Mittel eines Schülers zur Aufgabe unter 1 a) sowie die Anmerkungen am Rand.
b) Beurteilen Sie den Schülertext. Nennen Sie gelungene und verbesserungswürdige Stellen.
c) Überarbeiten Sie den Text des Schülers.
d) Schreiben Sie die Beschreibung sprachlicher Auffälligkeiten weiter. Nutzen Sie hierzu die Notizen aus Aufgabe 2 a).
e) Tauschen Sie Ihren Text mit einem Mitschüler aus und holen Sie sich Feedback dazu ein.

Anapher mit Parataxen:
klar strukturierte, einfach gebaute Sätze ➡ *Darlegung der problematischen Situation (bevorstehende Tod); Beschreibung des bevorstehenden Todes durch die Ich-Erzählerin erfolgt wenig emotional, sie hat sich mit ihrem Schicksal abgefunden*

Nachgestellte, elliptische Sätze, Akkumulation sowie Vergleich:
Erkenntnis der Hauptfigur, was sie alles nicht mehr in ihrem Leben erreichen wird, wirkt wie schwarzer Humor ➡ *bringt den Leser zum Schmunzeln; inhaltliche Ergänzungen betonen, wie unbedeutend manche Dinge im Leben sind bzw. wie wichtig Dinge werden, wenn einem bewusst wird, dass man Sachen, die man für selbstverständlich gehalten hat, es plötzlich nicht mehr sind*

Ellipse mit Vergleich:
nüchterne Beschreibung bzw. sachliche Erkenntnis, wie das Sterben vonstattengeht

Standardsprache (mit Umgangssprache):
die Gedanken der Ich-Erzählerin werden genau so, wie sie ihr durch den Kopf gehen, wiedergegeben ➡ *der Leser kann sich bestens in die Hauptfigur einfühlen*

Anapher:
Ich-Erzählerin kommt zur Erkenntnis, dass man nicht aufs Sterben vorbereitet wird ➡ *wirkt wie ein Vorwurf der Gesellschaft gegenüber*

Klimax:
Beschreibung aus Sicht der Hauptfigur, wie wenig bzw. Bedeutungsloses sie in ihrem zu kurzen Leben erreicht hat und was sie durch ihren baldigen Tod alles verpassen wird

Einen Text erschließen

Beschreibung sprachlicher Mittel

Betrachtet man die sprachliche Gestaltung des Romanauszugs, wirken die Gedanken der Hauptfigur über ihren Tod nüchtern und abgeklärt.	gute Überleitung
Dies schafft die Autorin, indem sie gleich zu Beginn des Textes Anaphern mit Parataxen kombiniert. Die klar strukturierten sowie einfach gebauten Sätze verdeutlichen die problematische Situation der Hauptfigur, den bevorstehenden Tod. Die Beschreibung des bevorstehenden Todes durch die Ich-Erzählerin erfolgt wenig emotional, sie hat sich mit ihrem Schicksal abgefunden. (Z. 5)	Textbeispiel fehlt

direkter, konkreter Textbezug gelungen |
| *„Wie geboren werden, nur rückwärts" stellt eine Ellipse in Verbindung mit einem Vergleich dar. Durch die nüchterne Beschreibung bzw. die sachliche Erkenntnis, wie das Sterben vonstattengeht, wird beim Leser kein Mitleid erweckt.* | Überleitung fehlt
Zeilenangabe fehlt

Wirkung auf Leser erkannt! Gut! |
| *Außerdem kommt die Ich-Erzählerin zur Erkenntnis, dass man nicht aufs Sterben vorbereitet wird: „Man lernt in der Schule nicht, wie sterben geht. Man lernt es nicht in Filmen oder Büchern." (Z. 5–7). Dies wirkt wie ein Vorwurf der Gesellschaft gegenüber. Auch die Standardsprache, in die immer wieder umgangssprachliche Begriffe einfließen, trägt dazu bei, dass die Beschreibung des bevorstehenden Todes auf den Leser sehr abgeklärt wirkt.* | sprachliches Mittel nicht genannt
Bezug zur Aufgabenstellung hergestellt, gut!
Textbeispiel, direkter Textbezug fehlen |

4 a) Lesen Sie eine weitere Aufgabe zur sprachlichen Gestaltung des Romanauszugs.
b) Sprechen Sie zu zweit darüber, was man bei der Bearbeitung der Aufgabe beachten sollte.
c) Bearbeiten Sie die Aufgabe im Kasten.

> Beschreiben Sie, durch welche sprachlichen Mittel die angespannte Situation zwischen der Hauptfigur und deren Mutter für den Leser nacherlebbar ist.

So gehen Sie dabei vor:

1. Lesen Sie den Romanauszug erneut.
2. Notieren Sie passende Textstellen zur Aufgabe und die Fachbegriffe der jeweiligen sprachlichen Mittel.
3. Diskutieren Sie mit Ihrem Partner, wie man die notierten Textstellen jeweils deuten und einen konkreten Bezug zwischen sprachlichem Mittel und Textinhalt herstellen kann.
4. Formulieren Sie die Beschreibung sprachlicher Besonderheiten zur Aufgabenstellung aus Aufgabe 4 a) aus.
5. Korrigieren Sie Ihre Texte gegenseitig.
6. Überarbeiten Sie Ihren eigenen Text.
7. Lassen Sie sich zu Ihrem Text Rückmeldung geben.

Das Charakterisieren von Figuren üben

 Bereits in den letzten Schuljahren haben Sie das Verhalten und die Gefühle von Figuren eines Textes beschrieben. Die ausführliche Beschreibung einer Figur nennt man „Charakterisierung".
a) Lesen Sie die Info unten.

b) Besprechen Sie in der Klasse, was man beim Verfassen einer Charakterisierung beachten muss. Halten Sie die wichtigsten Punkte in einer geeigneten Form – z. B. einer Mindmap – fest.

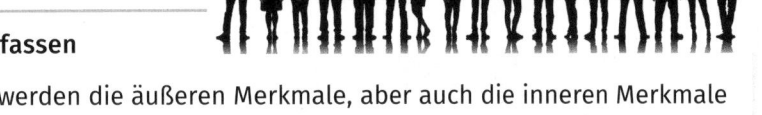

Info

Charakterisierung einer Figur verfassen

Beim Charakterisieren einer Figur werden die äußeren Merkmale, aber auch die inneren Merkmale wie Gedanken, Emotionen sowie Verhaltensweisen möglichst detailliert beschrieben. So erhält man ein genaues Bild von der Figur. Beim Verfassen einer Charakterisierung gehen Sie so vor:

Schritt 1: Text untersuchen und markieren

Lesen Sie den Text genau und markieren Sie passende Textstellen zu folgenden Punkten:

1. **Informationen bzw. Daten** zur Figur (Alter, Herkunft, Beruf ...)
2. **Aussehen** der Figur
3. **Verhalten und Handeln der Figur** sowie deren **Entwicklung** (Außensicht)
   Stellen Sie sich dazu folgende Fragen:
   – Wie verhält sich die Figur gegenüber anderen? (Umgang der Figur)
   – Wie verhält sich die Figur bei Problemen/Konflikten?
   – Wie spricht sie? (Auffälligkeiten)
   – Hat sich die Figur im Laufe der Erzählung verändert? Hat sie ihre Ansichten geändert? (Entwicklung)
4. **Innenleben** der Figur (Innensicht)
   Stellen Sie sich dazu folgende Fragen:
   – Welche Gefühle hat die Figur?
   – Was will die Figur, warum verhält sie sich so? (Handlungsmotive)
   – Welche Ansichten vertritt die Figur?
   – Welche Gedanken hat sie?

Schritt 2: Informationen sammeln

Sammeln Sie die Informationen strukturiert in geeigneter Form. Sie können z. B. die Tabelle auf S. 185 als Vorlage benutzen oder eine Mindmap anlegen. Vergessen Sie nicht, passende Textstellen zu notieren, die ihre Aussage belegen.

Gut zu wissen:
Die **Informationen**, die der Text über die Figur liefert, sind **nicht immer offensichtlich** und müssen deshalb **vom Leser zum Teil gedeutet werden**. Schreiben Sie Ihre Deutungsversuche direkt neben den Text und halten Sie sie in der Tabelle fest.

Schritt 3: Charakterisierung verfassen

Verfassen Sie nun die Charakterisierung der Figur. Gehen Sie dabei strukturiert vor und belegen Sie stets Ihre Aussagen mit geeigneten Textstellen. Sie können dabei Ihre Stichpunkte in der Tabelle als Grundlage verwenden. Achten Sie auf passende Überleitungen und abwechslungsreiche Formulierungen.

Einen Text erschließen

2 a) Lesen Sie die Notizen eines Schülers zur Figur Tessa aus den Zeilen 1–44 unten und notieren Sie in Partnerarbeit zu den Informationen (1–7) passende Textstellen.
b) Sammeln Sie zu zweit weitere Informationen über Tessa im Text.
c) Vergleichen Sie Ihre Ergebnisse mit einem anderen Paar.

Tessa (Hauptfigur)
1. *längere Haare*
2. *auffällige Augen*
3. *fühlt sich im eigenen Körper unwohl, distanziert sich von ihrem eigenen Spiegelbild*
4. *abgemagert (evtl. durch Krankheit), besteht nur aus Haut und Knochen*
5. *sehr blasse Haut*
6. *erkennt sich selbst nicht wieder, hat sich stark verändert*
7. *findet viele Stellen ihres Körpers sehr unattraktiv, teilweise abstoßend*

3 In den Zeilen 1–90 des Textes wurden bereits Markierungen zur Charakterisierung der Hauptfigur vorgenommen.
a) Lesen Sie die grünen Markierungen.
b) Notieren Sie am Rand Ihrer Textkopie eine passende Deutung und vergleichen Sie Ihre Ergebnisse miteinander.

4 a) Lesen Sie die Tabelle zur Charakterisierung der Hauptfigur des Romanauszugs auf der nächsten Seite.
b) Übertragen Sie die Tabelle über die Hauptfigur auf ein DIN-A3-Blatt im Querformat.
c) Ordnen Sie in Kleingruppen die markierten Textstellen aus den Aufgaben 3 bis 5 der passenden Kategorie zu. Geben Sie auch die Zeilen an.
d) Ergänzen Sie die Tabelle mit den passenden Deutungen bzw. Informationen.

5 a) Gehen Sie in Kleingruppen zusammen und überprüfen Sie den weiteren Text auf Stellen, die für die Charakterisierung der Hauptfigur wichtig sind.
b) Markieren Sie weitere wichtige Details, die zur Charakterisierung Tessas beitragen. Übertragen Sie diese in die Tabelle.
c) Ergänzen Sie Deutungen in der Tabelle.
d) Stellen Sie Ihr Ergebnis der Klasse vor.

6 a) Lesen Sie den Beginn der Charakterisierung der Hauptfigur des Romanauszugs.
b) Besprechen Sie, wie beim Schreiben der Charakterisierung vorgegangen wurde. Zeigen Sie dabei auf, an welchen Stellen Textbeispiele verwendet und an welchen Stellen Deutungen vorgenommen wurden.

Im Romanauszug „Mein bester letzter Sommer" von Anne Freytag stellt das Mädchen Tessa die Hauptfigur dar, die im Folgenden charakterisiert wird. Der Beginn des Textauszugs enthält viele allgemeine Informationen über Tessa. Das Mädchen ist siebzehn Jahre alt (vgl. Z. 9) und ist sich dessen bewusst, dass sie bald sterben wird: „[…] und werde niemals achtzehn werden" (Z. 9 f.). Des Weiteren gibt die Hauptfigur von sich selbst preis, dass sie bis jetzt noch keine intimen Erfahrungen mit dem anderen Geschlecht gemacht hat („Jungfrau", Z. 22). Außerdem ist das Mädchen eine „Musterschülerin" (Z. 22 f.), die noch nicht Auto fahren darf, da sie „ohne Führerschein" (Z. 23 f.) ist. …

Einen Text erschließen ▶

Daten/ Informationen	Aussehen	Außensicht (Verhalten, Handeln, …)		Innensicht (Gefühle, Gedanken, …)	
Textstelle	Textstelle	Textstelle	Deutung	Textstelle	Deutung
siebzehn Jahre alt, niemals achtzehn (Z. …) „Jungfrau" (Z. …) „Musterschülerin" (Z. …) „ohne Führerschein" (Z. …)				„Früher dachte ich immer, […]" (Z. …) „zu wenig gelebt." (Z. …)	denkt an vergangene Zeiten, schwelgt in Erinnerungen kurzes Leben viel zu wenig genossen

Zu Verfasserabsicht und Leserreaktion üben

1 a) Einige Schüler tauschen sich über die Absicht der Autorin und ihre eigenen Leserreaktionen aus. Lesen Sie die Aussagen.
b) Welchen dieser Aussagen stimmen Sie am meisten zu? Begründen Sie Ihre Meinung.
c) Diskutieren Sie darüber, welche weiteren Absichten die Autorin verfolgen könnte.
d) Formulieren Sie, welche Absicht mit dem Roman ihrer Ansicht nach verfolgt wird.

Mir macht der Text Mut. Trotz ihrer Krankheit erlebt Tessa den besten Sommer ihres Lebens. Man kann vieles im Leben meistern.

Vielleicht zielt die Autorin bei den Lesern auch auf eine Verhaltensänderung ab, dass man jeden Tag ein bisschen bewusster leben soll, weil das Leben schnell vorbei ist.

Mich macht der Text sehr nachdenklich. Wenn ich mir vorstelle, ich wüsste, dass ich bald sterben müsste, wäre mir auch vieles egal.

Ich denke, die Autorin wollte zeigen, dass das Leben nicht immer einfach ist und man sein Schicksal annehmen sollte.

3.1 Zur Untermauerung und Veranschaulichung von Aussagen zweckmäßige Textbelege nutzen; 3.2 Selbstständig weitere Besonderheiten literarischer Texte erschließen und Textverständnis und Deutung zum Ausdruck bringen, indem man Ergebnisse strukturiert darstellt

Einen Text erschließen ▸

Weitere Aufgaben zur Texterschließung

1 a) Lesen Sie die Aufgaben A und B.
b) Besprechen Sie, was genau bei der Bearbeitung der Aufgaben gefordert ist.

> **Aufgabe A**
> Der Titel eines Romans lautet „Mein bester letzter Sommer". Erzählen Sie anschaulich, was die Ich-Erzählerin in ihrem letzten Sommer vor ihrem Tod erlebt, um diesen als besten Sommer des Lebens zu bezeichnen.

> **Aufgabe B**
> Die Ich-Erzählerin bekommt von ihrer Freundin Tine Besuch. Die Hauptfigur rechtfertigt ihr Verhalten gegenüber ihrer Mutter, Tine aber kann den Standpunkt der Mutter nachvollziehen. Formulieren Sie zu dieser Situation einen Dialog aus.

2 a) Wählen Sie A oder B zur Bearbeitung aus. Bilden Sie arbeitsgleiche Kleingruppen.
b) Überfliegen Sie den zweiten Romanauszug (S. 177–179) und besprechen Sie, auf welche Textstellen Sie beim Ausformulieren von Aufgabe A oder B eingehen bzw. Bezug nehmen möchten.

3 a) Formulieren Sie einen Text zu A oder B.
b) Stellen Sie Ihren Text den Mitschülern vor. Lassen Sie sich Feedback geben.

4 a) Lesen Sie einen zweiten Auszug aus „Mein bester letzter Sommer" rechts.
b) Fassen Sie den Inhalt des Auszugs „Kartenlegen" in der Klasse zusammen. Charakterisieren Sie dabei Tessa. Halten Sie Ihre Überlegungen mit Zeilenangabe in einer Ideensammlung fest.

5 a) Lesen Sie die folgende Aufgabenstellung.

> **Aufgabe C**
> Die Hauptfigur verändert sich im Verlauf des Romans. Beschreiben Sie, wie sich Tessa wandelt und woran das deutlich wird. Geben Sie mögliche Gründe für diese Veränderung an.

b) Besprechen Sie, was von Ihnen verlangt wird und wie Sie am besten vorgehen.
c) Formulieren Sie einen Text zur Aufgabe C und nutzen Sie die Ideen aus Aufgabe 2 b) auf S. 184.
d) Lassen Sie sich von Ihren Mitschülern ein Feedback zu Ihrem Text geben.

Kartenlegen

Ich knie mich hin, falte die Karte auf und breite sie vor mir auf dem Dach aus. Und während mein Blick der roten Linie folgt, die Oskar mit einem dicken Edding eingezeichnet hat, fallen Tränen aus meinen Augen und werden vom Papier aufgesaugt.
Die *oskar'sche Reiseroute* geht von München nach Florenz, dann weiter nach Rom und über Neapel nach Bari. Neben Bari klebt ein riesiges Post-it mit dem Titel:

> Oskars Wunschzettel
> 1. Florenz und die vielen Schätze der Medici besuchen.
> 2. Auf der spanischen Treppe liegen, teuer essen gehen, ein Geldstück in den Trevi Brunnen werfen.
> 3. Auf eine Pizza nach Neapel. Pompeii besuchen?
> 4. In Bari unter Zitronenbäumen faul sein und zu Abend essen. (Plus Überraschung! ☺)

Ich drehe das Post-it um.

> Tessa, wir haben alles, was wir brauchen. Ich habe das Auto und den Führerschein, wir haben die Zeit, ein Zelt und Schlafsäcke. Alles, was noch fehlt, bist du. Den Rest kann man kaufen. Ich habe mit meiner Route den Anfang gemacht, ergänze was du willst. Der Rückweg gehört dir. Wenn du dein Werk vollbracht hast, ruf mich bitte an.
> Ich warte auf deine Stimme. Also, Krabbe, schnapp dir den Edding und schreibe unsere Geschichte (um).

Und genau das tue ich. Ich mache neue Punkte und ziehe Linien. Ich male unseren Weg. [...] Mit jedem Zentimeter unserer Reise breitet sich das Lächeln auf meinen Lippen weiter aus, und ich frage mich, wie es erst sein wird, wenn wir unterwegs sind, wenn mir schon der Ausflug mit dem Stift so viel Spaß macht.

Vor nicht einmal einer Stunde wollten mir meine Müdigkeit und die Unterleibsschmerzen noch die Laune verderben, aber jetzt ist alles anders. Ich bin anders. Glücklich. Überirdisch glücklich. Als hätte jemand die schweren Gedanken einfach gelöscht. Sie sind so weit weg, dass es sich fast so anfühlt, als wäre das alles nur ein schrecklicher Traum gewesen, aus dem ich gerade aufwache. Als gäbe es kein Loch. Als wäre alles gut.
Ich beuge mich kopfüber in mein Zimmer, hole den Laptop, der auf meinem Bett liegt und schalte ihn ein. Ich gehe auf Google Maps und gebe unsere Route ein. Die Sonne brennt von einem wolkenlosen Himmel, und der Pool schillert vor sich hin. Ich surfe durch ein endloses Meer an Bildern von Stränden und wunderschönen Städten, klicke mich durch Reiseblogs, mache mir Notizen und speichere Links. Ich schwelge in Tagträumen, die sich schon bald erfüllen könnten. Bei diesem Gedanken greife ich lächelnd nach meinem Handy und suche Oskars Nummer raus. Als er sie mir neulich nach dem Konzert gegeben hat, habe ich sie gleich bei meinen Favoriten gespeichert, aber angerufen habe ich ihn noch nie. Ich wippe nervös mit dem Fuß, und mein Herz schlägt so schnell, dass ich befürchte, es könnte jeden Moment stehen bleiben. Es klingelt einmal, zweimal, dreimal, dann endlich nimmt er ab.
„Tes?" Er ist völlig außer Atem, so als wäre er gerannt. „Endlich."
„Hi." Ich will mehr sagen, aber die Worte bleiben mir im Hals stecken.
„Und?", fragt er flüsternd, und ich schließe beim warmen Klang seiner Stimme kurz die Augen. „Was sagst du?"
„Ja", flüstere ich zurück.
„Wir fahren?" „Wir fahren."

Quelle: Aus: Anne Freytag: Mein bester Sommer, Heyne Verlag 2016.

Das Erschließen eines Textes üben

1 Lesen Sie den Text „Ab ins Funkloch!" aufmerksam.

Ab ins Funkloch!

Die Smartphone-Gesellschaft ist gespalten in Könner und Neandertaler. Letzteren hilft nur eins: kein Empfang.

Von Wolfgang Görl

In Unterfranken müsste man wohnen. Oder im Bayerischen Wald. Nicht weil es da billiger ist, was sind schon ein paar hundert Euro mehr gegen das Privileg, in einem exklusiven Münchner Mausloch zu residieren? Nein, es ist wegen der Funklöcher. In Unterfranken und im Bayerischen Wald gibt es viele Funklöcher, und wer Glück hat, kriegt dort eine Wohnung, in der er zu keiner Stunde auf dem Handy erreichbar ist. Ein größerer Luxus ist kaum denkbar, dafür würde selbst ein Münchner die Schmach in Kauf nehmen, als Franke zu gelten. Zwar will die Bundesregierung eine Milliarde lockermachen, um die Mobilfunklöcher zu stopfen, aber keine Panik: […] Dies wird […] nix, die Bayerwäldler und Unterfranken können ganz beruhigt sein.

München hingegen ist eine Mobilfunkhochburg, da müsste man schon in ein tiefes Bohrloch springen, um vor den Übergriffen der Telekommunikation sicher zu sein. Gott ja, das klingt ein wenig kulturpessimistisch, aber die Sache duldet keine Schönfärberei: […] Das Handy spaltet die Münchner Gesellschaft. Der Graben verläuft dabei nicht zwischen Handybesitzern und Handylosen. Das war früher mal. Heute hat jeder zivilisierte Mensch ein Smartphone, die wenigen, die keines haben, werden therapeutisch betreut und stehen als Sonderlinge unter polizeilicher Beobachtung. Mittlerweile hockt der Spaltpilz in der Mobiltelefon-Gemeinde selbst, wo sich sogenannte Digital Natives, die bereits als Säuglinge mit ihrem Smartphone die Rechner des Pentagons knackten, und jene bedauernswerten Tröpfe gegenüberstehen, die das Handy als Teufelszeug betrachten und es nur nutzen, um der gesellschaftlichen Ächtung zu entgehen.

Tatsächlich sind die Dinger ja auch Teufelszeug, sonst würden keine Stimmen rauskommen von Leuten, die ganz woanders sind. Jedenfalls sind sie unheimlich und außerdem schwer zu bedienen. Erst neulich ist ein digitaler Neandertaler zum Gespött einer Kindergartengruppe geworden, weil er mit dem Zeigefinger eine Whatsapp-Botschaft in sein Smartphone tippte, anstatt beide Daumen zu benutzen, wie das von der Schöpfung vorgesehen ist. Die Bengel und Bengelinnen lachten sich einen Ast und verglichen den Fingertipper mit einem Orang-Utan, der Ameisen zerdrückt.

Solche Vorfälle treiben einen Keil ins schöne München. Was soll aus einem Gemeinwesen werden, wenn gebildete Menschen, die sogar das MVV[1]-Tarifsystem verstehen, nur deshalb ver-

---
[1] *MVV: Münchner Verkehrs- und Tarifverbund*

lacht werden, weil sie mit ihren Daumen keine 30 Anschläge pro Sekunde schaffen? Derartige Verwerfungen gibt es in Funklochregionen nicht. Und umgekehrt muss man sagen: Überall, wo ein Funkloch gestopft wird, geht es den Bewohnern genauso wie den Urvölkern im Regenwald, die von der Zivilisation aufgestöbert werden: Die Ruh' ist hin, fortan herrschen Konsumpflicht und Konzerne. Ein Zurück in die verlorene Unschuld gibt es nicht, aber eines könnte München machen: ein gemütliches Funkloch bauen, auf dessen Grund die daumenschwachen Grobmotoriker ungestört Ameisen zerdrücken können.*

* (*Text verändert*)

Quelle: Süddeutsche Zeitung, 22.11.2019

2 a) Recherchieren Sie unbekannte Begriffe im Internet oder schlagen Sie diese nach.
b) Tauschen Sie sich über den Textinhalt aus und gehen Sie dabei auf folgende Begriffe genauer ein, indem Sie über deren Bedeutung im Textzusammenhang sprechen.
Digital Natives – digitaler Neandertaler – Pentagon – Tröpfe (Tropf, Sing.)

3 Lesen Sie die Aufgabenstellung zum Text rechts oben aufmerksam. Falls Ihnen eine Aufgabe unklar ist, tauschen Sie sich mit einem Partner darüber aus.

4 a) Markieren Sie in einer Textkopie Schlüsselbegriffe, die für das Zusammenfassen des Inhalts wichtig sind.
b) Fassen Sie den Inhalt zusammen. Gehen Sie dabei nur auf Wesentliches ein.

5 Notieren Sie typische Textsortenmerkmale einer Glosse und überprüfen Sie, ob der Text sie aufweist. Schreiben Sie zu jedem zutreffenden Merkmal eine passende Textstelle heraus, anhand derer Sie es belegen können.

Aufgabenstellung

Lesen Sie den Text „Ab ins Funkloch!" und bearbeiten Sie im Anschluss folgende Aufgaben.
1. Fassen Sie den Textinhalt zusammen, sodass der Aufbau erkennbar wird.
2. Weisen Sie nach, dass es sich bei dem vorliegenden Text um eine Glosse handelt.
3. Beschreiben Sie auffällige sprachliche Mittel, mithilfe derer es der Autor schafft, das Thema des Textes humorvoll zu gestalten.
4. Beschreiben Sie, welche Absichten der Autor mit dem Text verfolgt und welche Zielgruppe er ansprechen möchte.
5. Wären Sie persönlich zu Hause auch lieber nicht über das Handy erreichbar? Legen Sie Ihre Meinung dazu dar.

6 a) Markieren Sie Textstellen, die Sie als lustig empfinden.
b) Überlegen Sie, welche sprachlichen Mittel der Autor einsetzt, um diese Wirkung zu erreichen, und machen Sie sich dazu Notizen.

7 Der Autor verfolgt mit seinem Text nicht nur die Absicht, den Leser zu belustigen. Überlegen und besprechen Sie, auf welches Problem er im Zusammenhang mit der ständigen Erreichbarkeit der Menschen hinweisen möchte.

8 Stellen Sie sich vor, Sie hätten keinen Handyempfang und wären somit nicht erreichbar. Schreiben Sie hierzu Ihre spontanen Gefühle stichwortartig auf.
Binden Sie diese notierten Gefühle ein, wenn Sie Ihre Meinung darlegen, ob Sie zu Hause lieber ohne Handyempfang wären.

Pragmatische Texte erschließen

1 a) Lesen Sie den Text „Wie ich im Urlaub lernte, die Deutschen zu lieben" aufmerksam.
b) Tauschen Sie sich aus, wovon der Text handelt.

„Man spricht deutsch"
Wie ich im Urlaub lernte, die Deutschen zu lieben

Von Carina Kniebernig

Sie tragen Camp David und Funktionskleidung, auf ihrer italienischen Pizza fehlt Gouda und im französischen Bergdorf sind sie die Ersten, die ihren SUV vor der Aussichts-
5 **terrasse parken: eine Glosse über deutsche Touristen.**

Stuttgart: Ein verwunschenes Bergdorf in Südfrankreich: Die Luft ist klar, das Licht flimmert und der schmale Weg aus patinierten Steinen
10 schlängelt sich an blühendem Oleander und Ginsterbüschen vorbei zu einem Dorf, das einer idyllischen Festung gleicht. Der kurvige Weg verspricht einen traumhaften Ausblick auf das grüne Tal und die Weinbaugebiete. Was könnte diese
15 romantische Stimmung noch versüßen? Ein Porsche Cayenne natürlich! Krachend, schwerfällig und mit Mutter-Vater-Kind-Passagieren beladen, bahnt sich der keuchende SUV seinen Weg durch die malerische Landschaft, verscheucht auf sei-
20 ner Fahrt nach oben alle Insekten, Spaziergänger und jegliches Flair. Kennzeichen? Stuttgart!
Man möchte die entnervte SUV-Familie geradezu trösten, denn ihr sagenhafter Aufstieg ist nur von kurzer Dauer. Nach nur vier Minuten, einem ge-
25 wagten Wendemanöver vor den Toren des Dorfes inklusive böser Blicke der Einheimischen muss das schwarze Ungetüm seinen Rückzug antreten: Parken verboten!

Funktionskleidung im Partnerlook

Deutsche im Inland sind so eine Sache – aber die 30 Liebe zu diesem außergewöhnlichen und leidgeprüften Volk erwächst erst so richtig, wenn der Bundesbürger im Ausland weilt. Der Deutsche liebt Urlaube. Sein Koffer ist sorgfältig gepackt, die Funktionskleidung liebevoll zusammenge- 35 legt und die Notfallapotheke wurde schon vor Wochen auf den neuesten Stand gebracht. Woher man das weiß? Nun ja, man muss sich lediglich in ein Straßencafé am Campo de' Fiori setzen, schon erzählen die Tischnachbarn von ihren Er- 40 lebnissen am Flughafen und dem schäbigen Hotel. Zum Glück haben sie ihre Kissenbezüge von daheim mitgebracht.

Testen Sie Ihr Können

Lang lebe das Klischee

Klischees von Handtüchern auf Sonnenliegen, Wandersandalen inklusive atmungsaktiver Socken und Junggesellen-Abschieds-Truppen, die in so manchem Land als zweiter Einmarsch empfunden werden, machen die Deutschen zu den beliebtesten Reisenden – natürlich rein subjektiv. Wenn die FC-Bayern-Flagge in Italien von jedem Campingplatz weht und man die deutsche Mutter – natürlich mittleres Management – schon von Weitem mit ihrem Mann – nicht mittleres Management – über den richtigen Lichtschutzfaktor diskutieren hört, weiß man, dass man sein schmerzvolles Heimweh getrost vergessen kann.

Keine Spur von Heimweh

Gibt es etwas Heimeligeres als die deutsche Gemütlichkeit, die einem dank bundesdeutscher Touristen in verlassenen Dörfern, auf abgelegenen Inseln und selbst im tiefsten Wald daran erinnert, dass man gar nicht wirklich im Ausland ist? Wenn Dirk, Ingeborg und Friedrich sich in Souvenir-Shops um den schönsten Kühlschrankmagneten streiten, alles desinfiziert wird, was nicht bei drei auf der nächsten Palme ist und selbst in Mailand nicht auf den klassischen beige karierten Partnerlook verzichtet wird, weiß man, dass die unbändige Sehnsucht nach der Fremde auch nur überbewertet wird. Schmerzendes Heimweh? Ne, nicht mit uns!

Quelle: Stuttgarter Zeitung 17. Juni 2019

2 a) Lesen Sie die Aufgabenstellung zum Text.
b) Überlegen Sie gemeinsam, was genau die Aufgabenstellung von Ihnen fordert.
c) Bearbeiten Sie die Aufgaben schriftlich. Formulieren Sie auch eine Einleitung und einen Schluss.

Aufgabenstellung

Lesen Sie den Text „Man spricht deutsch" und bearbeiten Sie im Anschluss folgende Aufgaben.
1. Fassen Sie den Textinhalt zusammen, sodass der Aufbau erkennbar wird.
2. Weisen Sie nach, dass es sich bei dem vorliegenden Text um eine Glosse handelt.
3. Beschreiben Sie auffällige sprachliche Mittel, mithilfe derer es die Autorin schafft, den Leser beim Thema deutsche Touristen zum Schmunzeln zu bringen.
4. Beziehen Sie Stellung zum Satz „Lang lebe das Klischee". Legen Sie dar, inwiefern Sie der Meinung zustimmen, dass die Klischees zutreffen, die deutschen Urlaubern nachgesagt werden.
5. Sie sind im Ausland im Urlaub und beobachten das Verhalten anderer deutscher Touristen. Schildern Sie Ihre Beobachtungen möglichst anschaulich.

3 Lassen Sie sich Feedback zu einem der fünf Aufgabenbereiche (1–5) geben.

Das kann ich jetzt

- ✔ Eine Einleitung zu einer Texterschließung schreiben
- ✔ Inhalte von Texten zusammenfassen
- ✔ Die Textsorte eines Textes bestimmen
- ✔ Das Layout von Texten und dessen Wirkung auf den Leser beschreiben
- ✔ Sprachliche Auffälligkeiten eines Textes erkennen und beschreiben
- ✔ Die Wirkung eines Textes und die Absicht, die damit verfolgt wird, darlegen
- ✔ Argumentative und kreative Aufgabenstellungen zu einem Text im Rahmen der Texterschließung bearbeiten
- ✔ Einen passenden Schluss zu einer Texterschließung formulieren

Testen Sie Ihr Können

1 a) Lesen Sie den Text „Abenteuer E-Auto" aufmerksam und sehen Sie sich die Karikatur an.
b) Tauschen Sie sich aus, wovon der Text und die Karikatur handeln.

Abenteuer E-Auto

**Über die Reichweite hinter dem unlängst aufgeschnappten Satz
„Ohne Scheibenwischer schafft er 240".**

Von Hans-Paul Nosko

Unlängst kam ich auf der Gasse[1] an zwei Männern vorbei, die sich angeregt unterhielten. Der einzige Satz, den ich aufschnappte, lautete: „Ohne Scheibenwischer schafft er 240." Unweit von den beiden stand ein Auto, das per knallorangem Kabel mit der Zapfsäule einer Elektrotankstelle verbunden war. Also, man sagt natürlich in diesem Fall nicht Tankstelle, sondern Ladestation; die erste Bezeichnung gehört zur veralteten Begriffswelt eines überholten Konzepts namens „Menschen steuern benzinbetriebene Fahrzeuge durch die Gegend", die zweite steht für den Aufbruch in ein neues, umweltbewussteres Zeitalter.

Mit größter Wahrscheinlichkeit hatte sich die Konversation der beiden Männer nicht um eine Höchstgeschwindigkeit gedreht – 240 km/h schafft ein Wagen bei entsprechender PS-Zahl auch mit Scheibenwischern –, sondern um die Reichweite eines E-Autos. Und sofort sah ich unseren Urlaub vor mir […]: Im Sommer zwei Wochen per E-Auto durch Österreich. Ein echtes Abenteuer.

Zunächst legten wir die Reiseroute und vor allem die Nächtigungsorte in enger Übereinstimmung mit der ominösen Reichweite des Wagens fest. Dabei ist zu unterscheiden zwischen der vom Hersteller vorsichtig mit der Einschränkung „bis zu" angegebenen Kilometeranzahl und der bei

Testen Sie Ihr Können

ordnungsgemäßem Gebrauch des Fahrzeugs erzielbaren. Wie wir erkannten, stimmen diese beiden Werte möglicherweise dann überein, wenn man ohne Licht, also ausschließlich bei Tag, ohne zu blinken, also immer geradeaus, ohne das Radio einzuschalten, also auf den Verkehrsfunk verzichtend, und ohne die Klimaanlage einzuschalten, also zünftig transpirierend, vor allem aber mit reduzierter Geschwindigkeit – ja nicht das Tempolimit ausreizen! – dahingondelt. Alles andere vermindert die versprochene Reichweite gewaltig. Tipp: Kurzer Test inklusive Blinken und andere Extras und hochrechnen.

Darüber hinaus spielt die Existenz einer, wir wissen es nun, Ladestation am Zielort eine große Rolle: Ist sie vorhanden, klappt die Stromzufuhr im Allgemeinen schnell, will heißen: Innerhalb von einigen Stunden. Hängt man das Auto an die Steckdose eines netten Gastwirts, wie wir es einmal tun durften, dauert es eine ganze Nacht. Da muss man sich als benzingetriebener Autofahrer schon umstellen.

Was wir bei jedem Anfahren aber sofort bemerkten: Das Ding geht ab wie eine Rakete. Das hat beim Abbiegen auf der Landstraße zweifellos Vorteile, und es steigert das Renommee ungemein. Als wir bei einem Zwischenstopp unser E-Gefährt verließen und auf eine Gruppe biederer Mariazell-Pilger[2] trafen, bemerkte ein Wallfahrer anerkennend: „Mit dem lassen S' an der Kreuzung jeden Porsche stehen." Stimmt. Reduziert halt wiederum die Reichweite. Zu ebendieser ein kleiner Nachtrag: Regnen sollte es besser auch nicht, siehe „ohne Scheibenwischer schafft er".

Quelle: Wiener Zeitung, 08.05.2021

---

[1] Gasse: *Straße (österreichisch)*
[2] Mariazell-Pilger: *Gläubige Menschen, die aus religiösen Motiven (z. B. Buße, Suche nach Heilung) eine Fahrt oder Wanderung zu einem Wallfahrtsort bzw. einer heiligen Stätte unternehmen, hier: Mariazell (Steiermark, Österreich)*

Aufgabenstellung

Lesen Sie den Text „Abenteuer E-Auto" aufmerksam und bearbeiten Sie anschließend folgende Aufgaben.
1. Fassen Sie den Text so zusammen, dass der Aufbau erkennbar wird.
2. Erklären Sie, um welche Textsorte es sich handelt, und belegen Sie diese mit passenden Textsortenmerkmalen sowie Textbeispielen. Gehen Sie dabei auch auf die Karikatur ein.
3. Die Probleme einer Urlaubsfahrt mit einem E-Auto stellt der Autor teilweise übertrieben dar. Beschreiben Sie, welche sprachlichen Mittel er hierfür einsetzt.
4. Nennen Sie die Vorteile, die es hat, ein E-Auto – und kein benzinbetriebenes Fahrzeug – zu fahren.
5. Versetzen Sie sich in die folgende Situation eines Paares: Als es morgens mit seinem E-Auto in den Urlaub starten möchte, merkt es, dass es vergessen hat, das Ladekabel über Nacht an die Ladestation anzuschließen. Formulieren Sie einen Dialog zwischen den beiden.

2 Schlagen Sie Ihnen unbekannte Begriffe aus dem Text nach oder recherchieren Sie deren Bedeutung im Internet.

3 a) Lesen Sie die Aufgabenstellung zum Text oben aufmerksam.
b) Überlegen Sie gemeinsam, was genau die Aufgaben 1. bis 5. jeweils von Ihnen fordern.
c) Bearbeiten Sie die Aufgaben schriftlich. Formulieren Sie auch eine Einleitung und einen Schluss.

4 Lassen Sie sich ein Feedback zu einer der fünf Aufgaben (1.–5.) geben.

1 a) Lesen Sie den Text „Liebesschlösser braucht keiner" aufmerksam.
b) Tauschen Sie sich danach kurz darüber aus, wovon der Text handelt.

KOMMENTAR

Liebesschlösser braucht keiner

Zur Nutzlosigkeit eines Symbols

Von Xenia Reinfels

Liebesschlösser sind nicht nur albern, sie sind auch hässlich. An mancher Brücke kann man nicht mal mehr erkennen, wo die Geländer sind vor lauter Schlössern. Peter Schmick, der Ingenieur hinter dem Eisernen Steg in Frankfurt, dreht sich bestimmt in seinem Ehrengrab um, weil seine preisgekrönte Brücke – er erhielt dafür einen Fortschrittspreis bei der Weltausstellung 1873 in Wien – mit bunten Vorhängeschlössern zugemüllt wird.

Dazu kommt auch die Umweltverschmutzung. Jeder weiß, dass der Schlüssel ja weggeschmissen werden muss, um die Liebe zu verewigen. Aber warum muss er ausgerechnet – wie es die Tradition vorschreibt – in den Fluss? Er ist im Mülleimer genauso schwer auffindbar. Aber nein: Das ist nicht symbolisch genug. Viel bedeutender ist es, Altmetall ins Wasser zu werfen.

Nur Flexsäge hilft

Aber Moment mal. Es sind nicht nur die Schlösser an sich, die schrecklich sind – es ist auch die Botschaft dahinter. Die Liebe soll für immer sein, mit einem Schloss wird sie besiegelt. Für immer. Nichts kann euch trennen!

Außer einer Flexsäge. Wie viele Menschen gibt es, die mehrere Schlösser an einer Brücke hängen

Liebesschlösser am Eisernen Steg in Frankfurt

haben? In dem Moment versucht man, mit der Geste die Liebe zu verewigen – aber dann klappt es vielleicht doch nicht. Das Schloss wird zur peinlichen Erinnerung. Und dann verliebt man sich wieder. Neuer Versuch? Neues Schloss.

Ein Herzchen am Hals oder ein Ring am Finger macht keine Beziehung glücklicher. Ein Schloss aus Kupfer oder Stahl macht keine Beziehung stabiler. Wenn ein Paar ein Schloss braucht, um die Stärke der Liebe zu beweisen, hat es schon verloren.

Schloss ist anonym

Wenn Liebe wirklich so stark ist, braucht es solche Gesten nicht. Eure Liebe ist für euch. Eure Familien freuen sich bestimmt, dass ihr so glücklich seid – die Oma erst recht. Eure Namen und

der Tag, an dem ihr zusammengekommen seid –
das ist wichtig für euch zu wissen. Aber die unbeteiligten Brückenläufer können nichts damit anfangen.

Und wenn ihr eure Liebe ganz laut für die Welt darstellen möchtet, warum nicht ganz explizit? Ein Schloss ist anonym. Es gibt viele andere Methoden, um die Liebe wirklich für jeden Menschen ersichtlich zu machen. Ein gemeinsames Facebook-Konto erstellen zum Beispiel – oder eine riesige Tätowierung vom Gesicht eures Herzleins auf den Arm stechen lassen. Oder man hält ein Plakat mit „Ich liebe dich, x-beliebige Person" in großer Schrift bei jedem Konzert, Fußballspiel oder was weiß ich durchgehend hoch – ab sofort und bis zur Trennung.

Quelle: Main-Echo vom 08.05.2019

Testen Sie Ihr Können

Aufgabenstellung A
Lesen Sie den Text „Liebesschlösser braucht keiner" aufmerksam und bearbeiten Sie anschließend folgende Aufgaben.
1. Fassen Sie den Text so zusammen, dass der Aufbau erkennbar wird.
2. Arbeiten Sie auffällige sprachliche Mittel und deren Wirkung heraus.
3. Welche Absichten könnte der Autor mit diesem Text verfolgen? Gehen Sie dabei auch auf die Zielgruppe ein.
4. Viele junge Menschen hängen ein Schloss als Beweis ihrer Liebe an Brückengeländer. Legen Sie mögliche Gründe für diesen Trend dar.
5. Schildern Sie den Moment, in dem Sie und Ihr Partner ein Liebesschloss an einem Brückengeländer anbringen.

2 a) Lesen Sie die folgenden beiden Aufgaben, die sich auf den Text „Liebesschlösser braucht keiner" beziehen.
b) Besprechen Sie zu zweit, welche Unterschiede und welche Gemeinsamkeiten die Aufgabenstellungen aufweisen.
c) Wählen Sie Aufgabenstellung A oder B zur Bearbeitung aus.

Aufgabenstellung B
Lesen Sie den Text „Liebesschlösser braucht keiner" aufmerksam und bearbeiten Sie anschließend folgende Aufgaben.
1. Fassen Sie den Textinhalt zusammen und gehen Sie dabei auf den Aufbau ein.
2. Weisen Sie nach, dass es sich bei dem Text um einen Kommentar handelt. Beziehen Sie auch die äußeren Textmerkmale ein.
3. Beschreiben Sie auffällige sprachliche Mittel, die die Autorin einsetzt, um ihre Meinung dem Leser nachdrücklich zu vermitteln.
4. Nehmen Sie in Form eines Leserbriefs zum Kommentar „Liebesschlösser braucht keiner" Stellung. Legen Sie argumentativ dar, wie sie zu dem Thema Liebesschlösser an Brückengeländern stehen.
5. Versetzen Sie sich in eine von der Stadt beauftragte Person, die unzählige Liebesschlösser entfernen soll. Verfassen Sie aus Sicht dieser Person einen inneren Monolog, in dem Sie deren Gedanken und Gefühle nacherlebbar darlegen.

Testen Sie Ihr Können

Literarische Texte erschließen

1 a) Lesen Sie den Text „Surfer" und die Aufgabenstellung auf der nächsten Seite aufmerksam.

Surfer
Von Marlene Röder

„Du wirst so was von absaufen", sagt Achim.
„Quatsch, das funktioniert. Ist doch aus Holz, oder? Du hast einfach keine Fantasie, keine Visionen, Mann", entgegnet Hübi und schleppt die Bierbank
5 runter zum See. Achim bleibt stehen, als wären Hübis Worte ein unsichtbares Hindernis, gegen das er plötzlich geprallt ist. Stimmt es, ist seine Perspektive zu eingeschränkt? Hat er keine Visionen, weil er auf dem Hof seines Vaters schuftet statt beim Work und
10 Travel auf der Farm eines Fremden, wie Hübi es bald tun wird?
„Komm schon, ich muss doch üben, für Australien!", ruft Hübi.
Die anderen liegen schon in den Zelten und pennen,
15 nur sie beide sind noch wach. Achim trinkt noch einen Schluck aus seiner Dose, es schmeckt wie flüssiger Sommer. Unten am Ufer macht Hübi Trockenübungen für die richtige Surferhaltung. Achim stellt sich dazu und übt mit. Sie gleiten zusammen durch
20 die Nacht.
„Jetzt sind wir so was von bereit zum Surfen, Mann", sagt Hübi schließlich. „Los, du zuerst." „Wieso ich? Du fährst doch nach Australien."
„Eben", entgegnet der Hübi.
25 In Boxershorts watet Hübi ins Wasser, die Bierbank unter dem Arm. Besonders weit raus kann er nicht gehen, das Ufer fällt schon nach wenigen Metern steil ab, dann kommt das tiefe Wasser. Hübi legt die Bierbank behutsam auf die schwarze Haut des Sees.
30 Die Bank schwimmt tatsächlich.
„Du musst Anlauf nehmen, damit du richtig Schwung kriegst", erklärt Hübi und hält die Bank in Position.
Also nimmt Achim Anlauf, stößt sich vom matschi-
35 gen Ufer ab, springt und landet mit den Armen rudernd auf der Bierbank. Nein, auf dem Surfbrett, denn das Ding schießt, von Achims Schwung getragen, hinaus auf den See. Während Hübi hinter ihm seinen Triumph in die Nacht hinausschreit, nimmt Achim Surferhaltung ein. Doch dann spürt er, wie die Bierbank unter ihm wegkippt. Achim platscht ins Wasser. In Australien haben die Surfer Schnüre um den Knöchel, damit sie ihre Bretter auch bei hohem Wellengang nicht verlieren. Doch Achim hat keine Schnüre um den Knöchel. Fluchend und Wasser strampelnd sucht er nach der Bierbank, doch sein Surfbrett ist in der Dunkelheit verschwunden.
In Australien gibt es das Great Barrier Reef, das größte Korallenriff der Welt. „Wie Gärten unter dem Meer, wie Städte, in denen Tausende verschiedene Fischarten wohnen", erzählt Hübi immer. Es ist ein Wunder, Achim", sagt er. „Stell dir vor, ich werde ein echtes Wunder sehen!"
Achim schwimmt zurück ans Ufer, das Wasser um ihn ist von Sternen gesprenkelt, und für einen Augenblick kann er sich vorstellen, wie es ist, im Pazifischen Ozean zu treiben, in fremden Strömungen voller Wunder.
Am Ufer wartet Hübi mit einem Handtuch und einer Dose Bier. Sie sitzen auf den Campingstühlen um den verglühenden Grill, trinken und reden über Australien, bis es langsam wieder hell wird.

Testen Sie Ihr Können

Achim wird von den Stimmen und dem Lachen der anderen geweckt. Sie räumen den Zeltplatz auf, der aussieht, als hätte darauf eine Bierbombe eingeschlagen. Im Gras verstreut liegen zerbeulte Dosen, Plastikbesteck, dazwischen zertretene Chips.

Seine Clique kommt schon seit drei Jahren an den See. Jeden Sommer für ein Wochenende. Normalerweise lassen sie es am Sonntag ruhig angehen, anstatt sofort aufzuräumen und die Zelte abzubauen.

„Was soll denn die Hektik?", fragt Achim und streckt die steifen Muskeln. „Trinkt doch erst mal ein Bierchen." Aber sie hören nicht auf ihn, sie haben ja so viel zu tun, müssen sich noch für Studienplätze bewerben oder WGs suchen oder für Australien packen.

Vielleicht schreiben sie ihm mal eine Postkarte aus ihrem neuen Leben.

Achim starrt auf das übrig gebliebene Grillfleisch von gestern, das in der Sonne liegt. Obwohl sein Kopf hämmert, macht er sich ein Radler auf. Es schmeckt schal.

Eines der Mädchen sammelt die leeren Dosen in einen Plastiksack. Das gibt bestimmt eine Menge Dosenpfand. „Könnt ihr mal aufhören, aufzuräumen?", brüllt Achim und stößt den Sack um, sodass die Dosen herauskullern.

Das Mädchen starrt ihn an, dann beginnt es, die Dosen erneut in den Sack zu stopfen.

Achim schließt die Augen.

Nach gut einer Stunde ist der Zeltplatz kein Zeltplatz mehr, sondern nur noch eine zerdrückte Wiese. Mit dem nächsten Regen werden sich die Halme wieder aufrichten und ihren Besuch vergessen.

Nur Achims Zelt steht noch da. Die anderen Zelte sind in Säcke verpackt und in Autos verladen.

„Tja", sagt Hübi. „Ich muss dann auch mal. Die anderen warten. Kommst du klar?"

Achim macht eine Kopfbewegung, die ein Nicken sein kann. „Ich wünschte, du würdest mit nach Australien kommen", sagt Hübi plötzlich. „Ich hab ganz schön Schiss."

Achim weiß nicht, was er darauf antworten soll, also rülpst er erst mal und sagt dann: „Wird schon, du bist doch ein Surfer."

„Ja, aber du auch", erwidert Hübi. „Vergiss das nicht, wenn ich weg bin." Während er zu den Autos hinübergeht, ruft er Achim über die Schulter hinweg zu: „Ich bring ein richtiges Brett aus Australien mit, dann versuchen wir's noch mal!"

Achim sitzt auf seinem Campingstuhl und schaut hinaus auf den stillen See. Irgendwo da draußen treibt eine Bierbank, die eigentlich ein Surfbrett ist.

Quelle: Marlene Röder: Melvin, mein Hund und die russischen Gurken, Erzählungen, Ravensburger Buchverlag 2011.

b) Tauschen Sie sich zu zweit darüber aus, was die jeweiligen Aufgabenstellungen von Ihnen verlangen.
c) Recherchieren Sie, was man unter „Work and Travel" versteht.
d) Bearbeiten Sie die Aufgaben 1–5 schriftlich. Formulieren Sie eine Einleitung und einen passenden Schlussgedanken.

Lesen Sie den Text „Surfer" aufmerksam und bearbeiten Sie anschließend folgende Aufgaben.

1. Fassen Sie den Textinhalt mit eigenen Worten zusammen.
2. Belegen Sie, um welche Textsorte es sich handelt.
3. Beschreiben Sie auffällige sprachliche Mittel, mithilfe derer deutlich wird, dass auch Achim sich nach einem neuen Lebensabschnitt sehnt.
4. Legen Sie dar, welche Vorteile es mit sich bringt, ein Jahr im Ausland in Form von „Work and Travel" zu verbringen.
5. Schreiben Sie den Text ab Zeile 104 „Achim weiß nicht, was er darauf antworten soll …" weiter und formulieren Sie ein anderes Ende.

Argumentieren

Über das Argumentieren nachdenken

In diesem Kapitel lernen Sie, Material für schriftliche Darstellungen zusammenzustellen und auszuwerten. Mithilfe der Materialien argumentieren Sie zu Problemstellungen und beleuchten Sachverhalte differenziert.

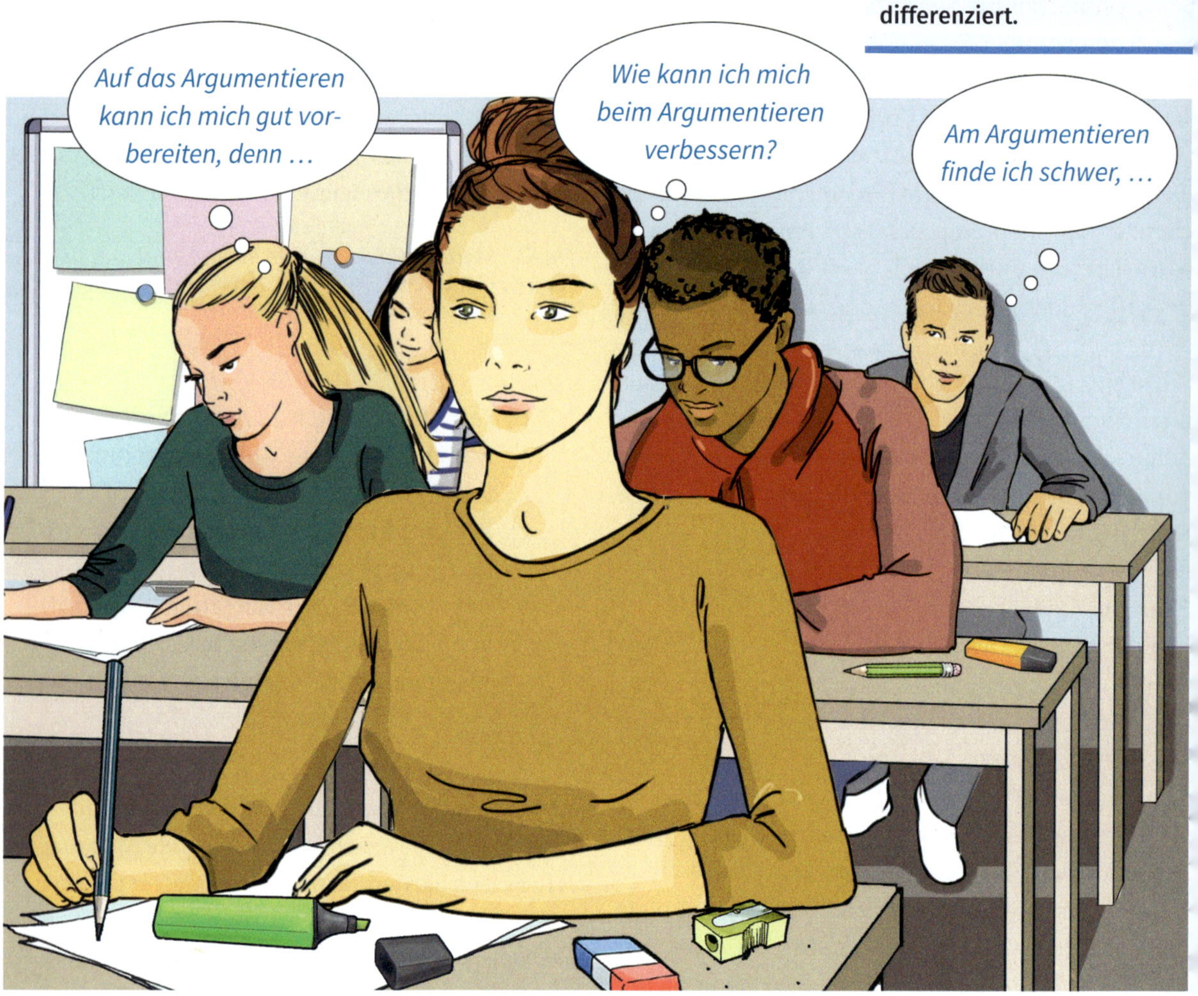

Auf das Argumentieren kann ich mich gut vorbereiten, denn …

Wie kann ich mich beim Argumentieren verbessern?

Am Argumentieren finde ich schwer, …

1 a) Den Jugendlichen auf dem Bild gehen verschiedene Gedanken durch den Kopf. Haben Sie ähnliche Überlegungen?
b) Entscheiden Sie sich für eine Aussage und vervollständigen Sie diese auf einem Notizzettel:
Ich freue mich auf das Argumentieren, weil …
Ich finde schwierig am Argumentieren …

2 a) Sammeln Sie die Notizzettel in zwei Spalten an der Tafel.
b) Welche Spalte enthält mehr Zettel?
c) Sortieren Sie, wo Sie Schwerpunkte finden.
d) Sprechen Sie in der Klasse darüber, was Sie besonders üben möchten.

Übersicht zum Argumentieren

1 Auf den folgenden Seiten finden Sie Übungen zum Argumentieren. Lesen Sie die einzelnen Bestandteile in der Abbildung unten.

2 Sprechen Sie darüber, welche Vorkenntnisse Sie zu den einzelnen Bestandteilen jeweils mitbringen.

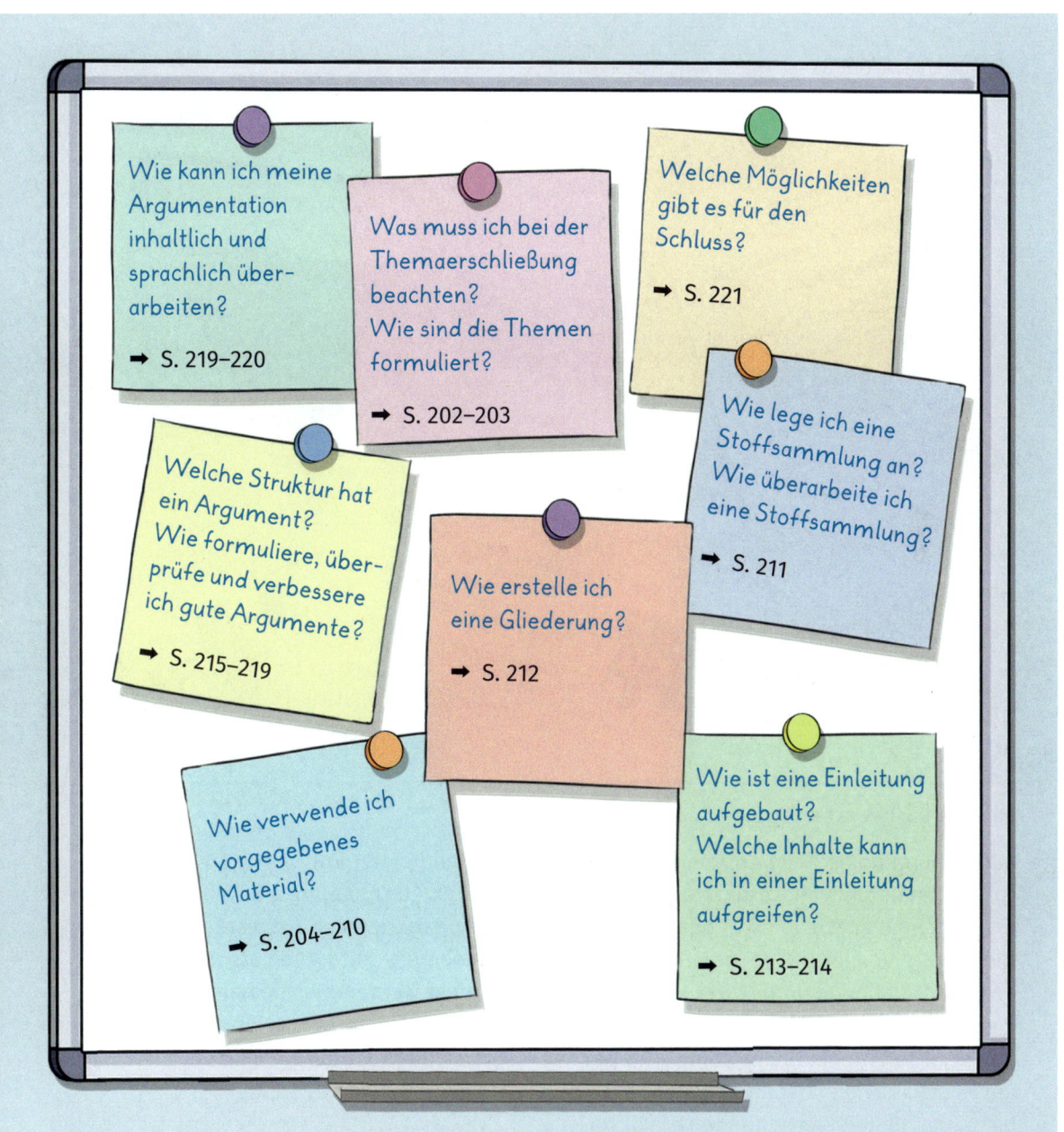

Argumentieren ▶

Lernkarten zum Argumentieren gestalten

1 a) Sehen Sie sich folgende Abbildung an und tauschen Sie sich darüber aus, was Sie erkennen können.

> ### Tipp
>
> **Mit Lernkarten arbeiten**
>
> Zur Vorbereitung auf die Abschlussprüfung ist es oftmals sinnvoll, Lernkarten zu wichtigen Themen anzulegen. Auf den Lernkarten (Größe DIN A6 oder DIN A5) sollen wesentliche Informationen notiert werden; diese dienen dem Schreiber als Gedankenstütze und verschaffen ihm einen Überblick über die verschiedenen Aufgaben, die es zu bearbeiten gilt. Bereits bestehende Lernkarten sollten bei der Erarbeitung des Kapitels zur Texterschließung um weitere wichtige Informationen ergänzt werden. Beim Üben können die Lernkarten als „Spickzettel" genutzt werden. Gesammelt werden die Lernkarten in einem Briefumschlag oder einer Klarsichtfolie, den/die man im Unterricht immer dabeihaben sollte.

> Argumentieren

b) Lesen Sie den Tipp zu den Lernkarten auf S. 200. Sprechen Sie darüber, wie Sie die Vorschläge auf das Argumentieren übertragen können und wozu die Lernkarten dienen.

2 Sie können zu den Inhalten auf den folgenden Seiten Lernkarten zum Argumentieren erstellen. Gehen Sie dabei nach den Schritten 1 bis 4 vor:

1 Sammeln Sie etwa elf Postkarten oder Karteikarten im Format DIN A6.
Sie können Lieblingsmotive wählen, gebrauchte Karten verwenden, selbst schöne Motive aus Kalendern ausschneiden oder Fotos drucken.

2 Notieren Sie je auf ein Extrablatt in der Größe der Karten die Inhalte für eine Lernkarte, immer dann, wenn Sie auf den folgenden Seiten dazu aufgefordert werden. Sie können mit der Hand schreiben oder getippte Stichpunkte ausdrucken.

3 Kleben Sie das beschriftete Papier jeweils auf die Rückseite der Postkarte. Bringen Sie zusätzlich auf der Vorderseite die Überschrift an.

4 Sammeln Sie Ihre Karten in einem passenden Briefumschlag.

Argumentieren ▶

Ein Thema erschließen

1 Zum Argumentieren erhalten Sie Themen und zusätzliches Material. Es ist wichtig, dass Sie die Themen gut erschließen. Lesen Sie folgende Beispiele aus Prüfungen genau durch.

1. Warum zieht es alljährlich zahlreiche Urlauber in die touristischen Massenzentren rund um das Mittelmeer? Welche Probleme können damit verbunden sein?

2. Die deutsche Gesellschaft wird immer älter. Welche Probleme ergeben sich aus dem demografischen Wandel? Inwiefern kann ein Miteinander von Jung und Alt trotzdem für beide Seiten bereichernd sein?

3. Welche Bedeutung hat der Wald für die Menschen? Welchen Gefährdungen ist er ausgesetzt?

4. Der Ausbau erneuerbarer Energien schreitet voran. Zeigen Sie Vorteile dieser Entwicklung auf. Welche Einwände können dagegen erhoben werden?

5. In Deutschland werden zu viele Lebensmittel weggeworfen. Was kann dagegen unternommen werden?

6. Schikane, Hetze und Beleidigung erfolgen heute häufig über moderne Medien. Warum ist gerade Cybermobbing für die Opfer ein schwerwiegendes Problem? Was kann dagegen unternommen werden?

7. Welche möglichen Ursachen für mangelnde Zivilcourage in unserer Gesellschaft gibt es? Zeigen Sie auf, wie Zivilcourage bei jungen Menschen gefördert werden kann.

8. Reisen mit dem Fernbus – welche Vor- und Nachteile können damit verbunden sein?

9. Doping im Leistungssport – gehen Sie auf Ursachen und mögliche Gegenmaßnahmen ein.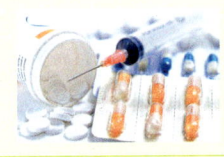

10. Viele Menschen pendeln zur Arbeit. Nennen Sie Gründe hierfür und stellen Sie mögliche negative Auswirkungen dar.

11. Elektrofahrräder, sogenannte Pedelecs, erfreuen sich zunehmender Beliebtheit. Was können die Gründe hierfür sein? Welche Probleme können sich ergeben?

Argumentieren ▶

2 a) Lesen Sie folgende Themen und die Info.

> **A** Warum zieht es alljährlich zahlreiche Urlauber in die touristischen Massenzentren rund um das Mittelmeer? Welche Probleme können damit verbunden sein?

> **B** Welche Probleme können damit verbunden sein, dass es alljährlich zahlreiche Urlauber in die touristischen Massenzentren rund um das Mittelmeer zieht?

Tipp

So erschließen Sie ein Thema

Es ist wichtig, dass Sie die Aufgabenstellung richtig erfassen. Gehen Sie dabei so vor:

1. Lesen Sie das Thema mehrmals.
2. Unterstreichen Sie wichtige Schlüsselbegriffe des Themas.
3. Achten Sie auf Worte, die einschränken, z. B. „einige Touristen" oder „junge Reisende".
4. Überlegen Sie, ob das Thema ein- oder zweigliedrig ist.

Info

Eingliedrige und zweigliedrige Themen

Bei einer **eingliedrigen** Themenstellung wird nur **ein Aspekt des Themas** beleuchtet (z. B. Vorteile, Ursachen, Folgen, Probleme, Gründe).
Bei einer **zweigliedrigen** Themenstellung werden dagegen **zwei Aspekte** dargestellt (z. B. Gründe und Probleme, Ursachen und Folgen).

b) Erklären Sie mithilfe der Info und der Themen in 2 a), was man unter einer eingliedrigen und einer zweigliedrigen Argumentation versteht.

3 a) Untersuchen Sie die einzelnen Themen auf Seite 202 in Partnerarbeit genauer. Wählen Sie drei Themen aus und schreiben Sie diese ab.
b) Erschließen Sie die Themen. Gehen Sie dabei nach dem Tipp vor.

4 a) Lesen Sie folgende Themen:

> **C** In vielen Supermarktregalen findet sich ein großes Angebot an Fertiggerichten. Nennen Sie Gründe dafür.

> **D** Fertigessen wird vor allem in der jüngeren Generation immer beliebter und in den Städten wächst das Angebot zunehmend. Welche Folgen könnten sich aus dieser Entwicklung ergeben?

> **E** Essen to go liegt im Trend. Weshalb profitieren vor allem junge Familien davon?

b) Notieren Sie Schlüsselbegriffe und einschränkende Worte im Heft. Erklären Sie die Unterschiede.
c) Überprüfen Sie auch bei den Themen auf der vorhergehenden Seite, ob sie Begriffe enthalten, die das Thema einschränken.

5 Überlegen Sie, welche Inhalte zum Erschließen von Themen wichtig sind. Erstellen Sie eine Lernkarte dazu.

203

Argumentieren ▸

Material für eine Argumentation auswerten – Übertourismus

1 a) Lesen Sie folgendes Thema und erschließen Sie es gründlich.
b) Begründen Sie, ob es sich um ein ein- oder zweigliedriges Thema handelt.

> **A** Übertourismus ist eine Erscheinung der heutigen Zeit. Inwiefern kann diese Entwicklung problematisch sein? Wie könnte diesem Trend entgegengewirkt werden?

2 Auf den folgenden Seiten lernen Sie, wie Sie die unterschiedlichen Materialien, die Ihnen für die Argumenation angeboten werden, auswerten können. Sichten Sie zunächst die Materialien auf S. 204–206. Lassen Sie sich das Material kopieren.

Material 1: Interview

makro: Einerseits teure, künstlich beschneite Pisten mit Blechlawinen in den Tälern. Andererseits wird viel Geld verdient. Hat dieser Massentourismus eine Zukunft?

5 **Christian Laesser:** Das Phänomen beobachten wir natürlich vornehmlich zu saisonalen Spitzenzeiten. Die lokale Bevölkerung, aber auch die Touristen selbst, sind zwar vom Massentourismus betroffen. Es handelt sich
10 aber eben auch um eine zentrale Einnahmequelle in einer Region, in der wirtschaftliche Alternativen nicht sehr reich gesät sind. Die Bergbahnen erfordern gigantische Investitionen und verursachen hohe Be-
15 triebskosten. […]

makro: […] Was macht Overtourism aus – und was macht ihn so problematisch?

Christian Laesser: Von Overtourism spricht man, wenn die Massen einfach zu viel wer-
20 den und Belastungen Grenzwerte überschreiten. Dabei liegt die Setzung dieser Grenzwerte durchaus im Auge des Betrachters: Stau durch zu viel Verkehr, Dichtestress, zu viel Gedränge. Overtourism ist
25 ein schwer messbares Phänomen. Umgangssprachlich kann man sagen: Overtourism ist einfach zu viel. […]

Quelle: www.3sat.de

Material 2: Cartoon

Quelle: www.liebermann-cartoons.de

Material 3: Tageszeitung

Touristen stürmen die Lavendelfelder in Valensole, um ähnliche Fotos zu schießen, wie sie sie auf Instagram gesehen haben.

Quelle: www.welt.de

Argumentieren

Material 4: Reiseportal

[…] Was Kataloge zeigen: einsame Strände und Buchten mit türkisfarbenem Wasser. Verschlafene Städtchen mit leeren Gassen. Sonnenuntergänge vor der romantischen Kulisse weißblau getünchter Häuser.

Was Touristen sehen: vermüllte Strände und Urlauber, die Handtuch an Handtuch liegen. Besuchermassen, die sich durch enge Gassen schieben. Hunderte Urlauber, die ihre Smartphones in die Höhe recken, um ein Bild vom Sonnenuntergang zu machen. […]

Erholsame Ferien sehen anders aus, und Urlauber sind zunehmend genervt von zu vielen anderen Touristen am Reiseziel. Zwei von drei Deutschen wären bereit, Reisen auf andere Jahreszeiten zu verschieben, wenn so eine Überfüllung am Ziel verhindert werden könnte. Und 76 Prozent wären sogar dazu bereit, 100 bis 300 Euro mehr für eine Woche Urlaub zu zahlen, wenn dafür weniger andere Urlauber vor Ort wären.

Quelle: www.reisereporter.de

Material 5: Tageszeitung

Mitten in Venedig: Das Kreuzfahrtschiff „MSC Preziosa" schiebt sich durch den Canale della Giudecca. Die Lagunenstadt befindet sich im Interessenkonflikt. Sie lebt vom Tourismus, hat aber wegen der Gefährdung für das Ökosystem die Einfahrt von großen Kreuzfahrtschiffen in die Lagune 2021 verboten. *(Text verändert)*

Quelle: www.weser-kurier.de

Material 6: Tageszeitung

„Wir wollen keine Touristen in unseren Häusern, das hier ist kein Strandresort" – Einheimische protestierten am Barceloneta-Strand im vergangenen Sommer auch mit solchen Bannern.

Im Kampf gegen die Überfüllung der Urlaubsorte entdeckt die Reisebranche die Einheimischen neu. Deren Interessen mit jenen der Touristen in Einklang zu bringen ist die Herausforderung schlechthin. …

Quelle: www.süddeutsche.de

Material 7: Internetauftritt eines Vereins

[…] Mit dem Wort Tourismus verband man bis vor einigen Jahren Freizeit, Entspannung, Abenteuer, Unterhaltung und Genuss. Es hat vergessenen ländlichen Gemeinden Wohlstand gebracht, zerfallende historische Städte wiederhergestellt und sogar vom Aussterben bedrohte Tierarten konserviert.

Letzten Sommer wollte mein 5-jähriger Sohn unbedingt den Eiffelturm sehen. […] Die Zeit in Paris war für uns beide purer Stress.

Das lange Warten in ewig langen Schlangen. Trilliarden von Menschen in der U-Bahn. Überfüllte Parks. Von den Menschenhorden vor Museen gar nicht zu sprechen. Das Fazit nach der Reise: Sommerurlaub wird nur mehr dort gemacht, wo wir auf wenige Menschen treffen, wie z. B. in den Alpen. Und der O-Ton meines Sohnes: „Den Big Ben in London schauen wir uns lieber in meinen Büchern an." […]

Quelle: www.stadtmarketing.eu

Argumentieren ▶

Material 8: Werbung eines Reiseanbieters

Pauschalreisen sind günstige Urlaubsangebote, die dem Reisenden mindestens zwei Reiseleistungen in einem Paket und zu einem einheitlichen Preis versprechen. Bei dieser bequemen Art des Urlaubs wird in der Regel für Flüge, Hotel und Transfer gesorgt – für eine maximale und sorgenfreie Erholung am Strand deiner Wahl. Bucht eure günstige Pauschalreise und entdeckt tolle Urlaubsziele in der Türkei, Ägypten, Griechenland, Mallorca, den Kanaren und überall auf der Welt. Pauschalurlaube sind die von Deutschen am meisten gebuchten Reisen und das aus gutem Grund! Schließlich habt ihr mit einer Pauschalreise komplette Sicherheit und müsst so gut wie nichts selbst organisieren. Reiseveranstalter stellen euch ein Komplettpaket zusammen – und das auch noch zu Top-Preisen!

Quelle: www.urlaubspiraten.de

Material 9: Schaubild

Quelle: www.eurac.edu/de

Material 10: Schlagzeilen

Venedig will Eintritt für Tagesgäste

Dubrovnik genehmigt weniger *Kreuzfahrtschiffe*

Viele sehenswerte Reiseziele sind unbekannt

Mehr Reisende als Einheimische am Urlaubsziel

Quelle: Tageszeitungen

Material 11: Zitat

Mark Twain: „Man muss reisen, um zu lernen."

Material 12: Grafik

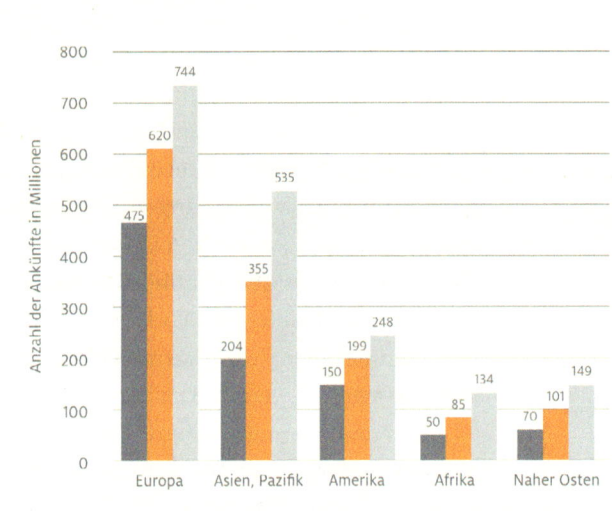

PROGNOSTIZIERTE ANZAHL DER ANKÜNFTE INTERNATIONALER TOURISTEN WELTWEIT VON 2010 BIS 2030 NACH REGIONEN (IN MILLIONEN)

Quelle: UNWTO Tourism Highlights 2016 Edition, S. 15

Argumentieren ▸

Textmaterial auswerten

1 a) Nehmen Sie Ihre Kopien zum Material zur Hand. Für Material 1 ist rechts eine Beispielauswertung abgebildet. Sprechen Sie darüber, wie vorgegangen wurde.
b) Lesen Sie die Info und gehen Sie bei den restlichen Textmaterialien auf S. 204–206 wie im Beispiel von Aufgabe 1 a) rechts vor.

Info

Material auswerten

Zur Vorbereitung einer Argumentation hilft Ihnen **Material**. Sie können zu einem Thema selbst Informationen sammeln, damit Sie Ihr Wissen ausbauen.

In einer Schulaufgabe und der Abschlussprüfung jedoch wird Ihnen zum jeweiligen Thema Material in Form von **Texten**, **Grafiken** oder **Bildern** zur Verfügung gestellt. Hier können Sie zusätzlich **eigenes Wissen und Erfahrungen** einbeziehen.

Wichtig ist, das Material gründlich zu lesen und Informationen zu finden, welche für das **Thema wichtig** sind.

Beim **Textmaterial** gehen Sie so vor:
1. Markieren Sie in allen Materialien Wichtiges in Farbe (ggf. mit unterschiedlichen Farben für einzelne Themenbereiche).
2. Überlegen Sie, welche markierten Inhalte Informationen zum Thema enthalten.
3. Notieren Sie am Rand, für welche Teile der Argumentation (Einleitung, Argumente Teil I oder II, Schluss) Sie das Material verwenden könnten.

Material 1: Interview

makro: … einerseits teure, künstlich beschneite Pisten mit Blechlawinen in den Tälern. Andererseits wird viel Geld verdient. …

Christian Laesser: Das Phänomen beobachten wir natürlich vornehmlich zu saisonalen Spitzenzeiten. Die lokale Bevölkerung, aber auch die Touristen selbst, sind zwar vom Massentourismus betroffen. Es handelt sich aber eben auch um eine zentrale Einnahmequelle in einer Region, in der wirtschaftliche Alternativen nicht sehr reich gesät sind. Die Bergbahnen erfordern gigantische Investitionen und verursachen hohe Betriebskosten. […]

makro: […] Was macht Overtourism aus – und was macht ihn so problematisch?

Christian Laesser: Von Overtourism spricht man, wenn die Massen einfach zu viel werden und Belastungen Grenzwerte überschreiten. Dabei liegt die Setzung dieser Grenzwerte durchaus im Auge des Betrachters: Stau durch zu viel Verkehr, Dichtestress, zu viel Gedränge. Overtourism ist ein schwer messbares Phänomen. Umgangssprachlich kann man sagen: Overtourism ist einfach zu viel. […]

Teil 1

2 a) Überprüfen Sie, welche Ihrer Markierungen Informationen zur Themenstellung geben.
b) Notieren Sie nun mit Bleistift am Rand der Materialien, ob Sie das Material für Teil I oder II des Themas verwenden könnten.

3 Überlegen Sie, welche Inhalte zum Auswerten von Textmaterial wichtig sind. Erstellen Sie eine Lernkarte.

3.1 Selbstständig aus umfangreichen Text- und Materialgrundlagen exzerpieren und zur Untermauerung und Veranschaulichung von Aussagen zweckmäßige Textbelege nutzen, die man in der erforderlichen sprachlichen Form und ggf. unter Angabe der Quelle in eigene Texte einfügt

Argumentieren

Cartoons und Karikaturen entschlüsseln

1 a) Lesen Sie die Info zum Entschlüsseln von Cartoons und Karikaturen unten.
b) Erklären Sie sich gegenseitig, wie die Inhalte der Info bei Material 2 umgesetzt wurden.

Material 2: Cartoon

- Text: Hinweis auf das Thema „Sanfter Tourismus"
- Personen: Frau und Mann, Urlauber
- Situation: in Autokarosserie eingebettet, Wandern ersetzt Reifen = Fahren
- Ereignis: Gehen statt Autofahren
- Hintergrund: Tourismus, Belastung durch Autoverkehr, Alternativen suchen

2 a) Sprechen Sie darüber, was durch das Cartoon veranschaulicht werden soll.
b) Stimmen Sie folgenden Aussagen zu? Begründen Sie Ihre Meinung:

> *Den Inhalt des Cartoons kann ich nicht für meine Argumentation verwenden.*

> *Der Inhalt würde sich für eine Einleitung oder einen Schluss eignen.*

> *Den Inhalt des Cartoons kann ich gut für ein Beispiel in der Argumentation nutzen.*

c) Überlegen Sie, inwiefern Aussagen des Cartoons für eine Argumentation zum Thema „Übertourismus ist eine Erscheinung der heutigen Zeit. Inwiefern kann diese Entwicklung problematisch sein? Wie könnte diesem Trend entgegengewirkt werden?" verwendet werden könnte.

3 Stellen Sie zusammen, welche Inhalte zum Entschlüsseln von Cartoons oder Karikaturen wichtig sind, und legen Sie eine Lernkarte an.

Info

So entschlüsseln Sie Cartoons oder Karikaturen

Cartoons oder Karikaturen übermitteln ihre **Aussage indirekt**. Sie **verfremden** oder **übertreiben** realistische Inhalte.
Folgende Fragen helfen Ihnen beim Entschlüsseln der Aussage:
– Welche Personen sind abgebildet?
– In welcher Situation befinden sich die Personen?
– Wie sind die Figuren dargestellt?
– Welches Ereignis wurde aufgegriffen?
– Welche Hintergründe oder Zusammenhänge werden angesprochen?
– Was ist die Aussage?

Argumentieren ▸

Schaubildern Informationen entnehmen

1 a) Zu einzelnen Bildelementen von Material 9 wurden Gedankenblasen hinzugefügt. Sprechen Sie darüber, welche Informationen die Bildelemente zum Thema liefern. Machen Sie sich Notizen dazu.

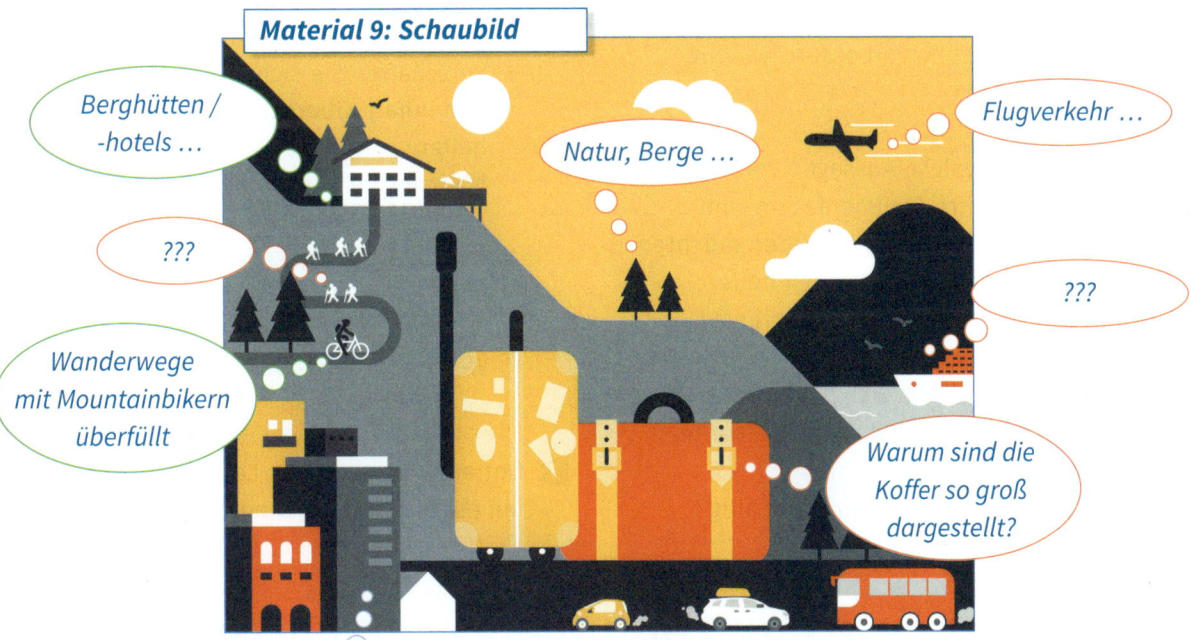

b) Lesen Sie die Info und notieren Sie Stichpunkte im Heft, welche Inhalte in den Gedankenblasen ergänzt werden können.

c) Vergleichen Sie Ihre Ergebnisse und ergänzen Sie Ihre Stichpunkte gegebenenfalls.

2 Überlegen Sie, welche Inhalte Sie auf die Lernkarte zu Schaubildern aufnehmen wollen, und erstellen Sie diese.

Info

So entnehmen Sie Schaubildern Informationen

Schaubilder bieten die Möglichkeit, auf **wenig Platz viele Informationen** zu verpacken. Allerdings müssen diese erst vom Betrachter erkannt werden. Machen Sie sich dazu folgende Gedanken:
– Was wird abgebildet, worum geht es?
– Welche **Einzelbestandteile** kann ich erkennen?
– Wie hängt die Abbildung mit der Themenstellung zusammen?
– Beachten Sie die **Größenverhältnisse**.
– Geben Sie einzelne **Bildinhalte in Worten** wieder.

Argumentieren

Statistiken verstehen

1 a) Sehen Sie sich noch einmal Material 12 auf der Seite 206 an. Besprechen Sie, wie Sie beim Auswerten vorgehen würden.
b) Erschließen Sie Material 12. Gehen Sie wie in der Info angegeben vor.
c) Vergleichen und verbessern Sie Ihre Stichpunkte.

2 Notieren Sie, welche Aussagen von Material 12 Sie für Ihre Argumentation zum Thema Übertourismus verwenden möchten. Folgende Fragen können Ihnen helfen:
– Welche Zeiträume werden erfasst? Welche Entwicklung ist darin abzulesen?
– Warum entwickelt sich der internationale Tourismus auf den Kontinenten unterschiedlich?
– Welche Zahlenwerte sind auffällig?

> **Info**
>
> **So verstehen Sie Statistiken**
>
> Um eine **Grafik** oder **Statistik** richtig **auszuwerten**, müssen Sie alle Informationen erfassen. Gehen Sie dabei so vor:
> – Verschaffen Sie sich einen **Überblick** über den **Inhalt**. **Überschriften** können dabei helfen.
> – Notieren Sie **Stichpunkte** zu diesen Fragen: Zu welchen **Inhalten** werden Informationen gegeben?
> Welche **Orte** oder **Zeitintervalle** sind enthalten?
> Welche **Maßangaben** wurden gemacht?

3 Notieren Sie auf einer Lernkarte, welche Hilfen es für das Verstehen von Statistiken gibt.

Inhalte von Fotos zum Argumentieren nutzen

1 a) Sehen Sie sich das Foto von Material 9 noch einmal genau an.
b) Welche wesentlichen Bildinhalte können Sie erkennen? Notieren Sie Stichpunkte.
c) Das Foto wurde aus der der Luft aufgenommen. Welche Größenverhältnisse werden dadurch deutlich?
d) Stellen Sie sich vor, sie blicken aus dem Fenster eines Hauses auf das Schiff. Sprechen Sie über mögliche Empfindungen.

2 Betrachten Sie die anderen Fotos aus den Materialien. Notieren Sie, welche Aussage Sie in Ihrer Argumentation verwenden können.

> **Info**
>
> **So entnehmen Sie Fotos Inhalte für Ihre Argumentation**
>
> Sehen Sie sich das Foto genau an und notieren Sie **Stichpunkte**:
> – Was ist auf dem Bild zu erkennen?
> – Wie wurden die **Inhalte** abgebildet (z. B. Größe, Perspektive, Blickwinkel)?
> – Welche **Wirkung** geht von dem Foto aus?
> – Hat der Fotograf eine bestimmte **Perspektive** eingenommen? Welche Größenverhältnisse werden deutlich?

3 Erstellen Sie eine Lernkarte, wie Sie Inhalte von Fotos verwerten können.

Argumentieren

Eine Stoffsammlung anlegen

> Übertourismus ist eine Erscheinung der heutigen Zeit. Inwiefern kann diese Entwicklung problematisch sein? Wie könnte diesem Trend entgegengewirkt werden?

1 a) Zum Thema wurde die Stoffsammlung unten angelegt. Lesen Sie diese.
b) Überprüfen Sie, welchen Materialien von S. 204–206 diese Aussagen entnommen wurden.
c) Diskutieren Sie darüber, ob alle Stichpunkte richtig zugeordnet wurden oder Teile ausgebessert werden müssten.

2 Ergänzen Sie auf der Grundlage der ausgewerteten Materialien von S. 204–206 die Stoffsammlung. Gehen Sie dabei nach dem Tipp vor.

3 Überarbeiten Sie gegebenenfalls Ihre Stoffsammlung aus der Aufgabe 2. Markieren Sie insgesamt 4 bis 6 wichtige Stichpunkte, welche Ihrer Meinung nach die besten Antworten zum Thema geben.

Tipp

So sammeln und ordnen Sie Informationen zum Thema

1. Sehen Sie sich Ihre Notizen zu den einzelnen Materialien genau an. Legen Sie eine Tabelle an.
2. Notieren Sie jeweils Stichpunkte zu den Aspekten des Themas in einer Tabelle (z. B. Gründe, Probleme, Vorteile, Maßnahmen dagegen ...).
3. Streichen Sie Stichpunkte, die sich inhaltlich überschneiden oder nicht zum Thema passen.

4 Erstellen Sie eine Lernkarte zur Stoffsammlung.

Stoffsammlung

Teil I: Probleme durch die Entwicklung	Teil II: Möglichkeiten, dem Trend entgegenzuwirken
– Einnahmequelle für die Region ist wichtig (M ...)	– Bettenzahl in Urlaubsgebieten reduzieren (M ...)
– Viele Touristen finden im Urlaub nicht die erwünschte Einsamkeit (M ...)	– Venedig lebt vom Tourismus (M ...)
– In Barceloneta gab es Protestplakate gegen Touristen (M ...)	– Urlauber mehr Geld bezahlen lassen (M ...)
– ...	– Postings führen zu überfüllten Lavendelfeldern (M ...)
	– Urlaub in wenig überlaufenen Gebieten machen (M ...)
	– ...

Argumentieren ▸

Eine Gliederung einer zweigliedrigen Argumentation anlegen

1 a) Lesen Sie die unten stehende Gliederung zum Thema:

> „Übertourismus ist eine Erscheinung der heutigen Zeit. Inwiefern kann diese Entwicklung problematisch sein? Wie könnte diesem Trend entgegengewirkt werden?"

b) Klären Sie mithilfe der Info den Aufbau der Gliederung.

GLIEDERUNG

A. …

B. *Übertourismus ist eine Erscheinung der heutigen Zeit. Inwiefern kann diese Entwicklung problematisch sein? Wie könnte diesem Trend entgegengewirkt werden?*
   I. Probleme der Entwicklung des Übertourismus
      1. Zunehmende Umweltbelastung
      2. …
      3. …

   II. Wie könnte man der Entwicklung entgegenwirken?
      1. …
      2. Reduktion der …
      3. …

C. …

2 Nehmen Sie Ihre Stoffsammlung aus Aufgabe 3 auf S. 211 zur Hand und verfassen Sie eine Gliederung dazu. Den Einleitungs- und Schlussgedanken lassen Sie noch frei.

3 Gestalten Sie Ihre Lernkarte zur Gliederung.

Info

So bauen Sie eine Gliederung auf

Wenn Sie eine Argumentation verfassen, hilft Ihnen die Gliederung, Ihre **Gedanken zu ordnen**. Daher soll die Gliederung für Sie und den Leser verständlich sein. Dazu ist eine **einheitliche Struktur** sinnvoll.

Die Gliederung besteht aus **drei** Teilen und kann so aufgebaut werden:

A. Hier **formulieren** Sie **knapp**, wie Sie zum Thema hinführen wollen (Einleitung).

B. Für den Hauptteil steht **zu jedem Argument**, das Sie anführen, eine **kurze Formulierung**. In einer zweigliedrigen Argumentation werden **beide Aspekte des Themas** unter I. und II. angeführt.

C. Ihr **persönliches Fazit** fassen Sie kurz zusammen (Schlussteil).

Allgemeingültige Vorgaben für die Formulierungen gibt es nicht. Sprechen Sie mit Ihrer Lehrkraft darüber, welche Regelungen für Ihre Klasse gelten.

Eine Gliederung zu einem **eingliedrigen Thema** hat eine **andere Struktur** als die Gliederung eines zweigliedrigen. (s. S. 222)

In eine Argumentation einleiten

1 a) Informieren Sie sich mithilfe der Info über die Einleitung zu einer Argumentation.

> **Info**
>
> **Einleitung einer Argumentation**
>
> Am Anfang einer Argumentation führen Sie den Leser zum Thema hin. Dazu verwenden Sie einen sogenannten **Einleitungsgedanken**. Sie untersuchen das vorhandene Material nach geeigneten Informationen (z. B. Begriffsklärung, Zahlenmaterial, Zitat). Es dürfen in der Einleitung aber noch **keine Argumente** angeführt werden. Elegant wirkt es, wenn in einer zweigliedrigen Argumentation beide Aspekte des Themas angesprochen werden.
> Nach dem Einleitungsgedanken folgen eine kurze **Überleitung** (*Aus diesem Grund ..., Deshalb ...*) zum Thema und das vorgegebene **Thema**.
>
> Eine Einleitung hat folgenden **Aufbau**:
> 1. Einleitungsgedanke
> 2. Überleitung
> 3. Thema

b) Überprüfen Sie, welche Informationen aus den Materialien (S. 204–206) für die Einleitung einer Argumentation geeignet sind.

c) Notieren Sie Stichpunkte dazu, Sie können sich an folgendem Beispiel orientieren.

Einleitung	
Material 9, 1	– Zitat ... (Z. ...) +
Material 7	– Rückblick ...
Material ...	– ...

d) Vergleichen Sie Ihre Ergebnisse in der Klasse.

2 a) Lesen Sie folgende lückenhafte Einleitung zum Thema „Übertourismus ist eine Erscheinung der heutigen Zeit. Inwiefern kann diese Entwicklung problematisch sein? Wie könnte diesem Trend entgegengewirkt werden?" und überprüfen Sie den Aufbau.

> „Man muss reisen, um zu lernen", äußerte schon ... und er hat sicher recht. Wenn man nicht ab und zu ....
> In den letzten Jahrzehnten konnten sich
> 5 immer mehr Menschen einen Urlaub leisten. Leider ...
> Damit ist „umgangssprachlich" ausgedrückt „einfach zu viel" Tourismus gemeint, wie sich ... (M...) geäußert hat. Dass diese
> 10 Entwicklung zu Problemen führt, ist vorstellbar. So ist es wichtig, nach Abhilfen zu suchen. Aus diesem Grund soll im Folgenden den Fragen nachgegangen werden, welche Probleme sich durch Übertourismus
> 15 ergeben und wie man dieser Entwicklung entgegenwirken könnte.

b) Erklären Sie mithilfe der Info, was inhaltlich ergänzt werden müsste.

c) Vervollständigen Sie die Einleitung, indem Sie passende Informationen aus dem Material verwenden. Schreiben Sie die Lösung in Ihr Heft.

d) Vergleichen und besprechen Sie Ihre Ergebnisse.

Argumentieren

3 a) Lesen Sie folgende Einleitungen.

1 Die Anzahl der Touristen nimmt weltweit zu. Die Statistik in Material 11 legt eine Prognose vor, in der sich die Touristenankünfte in Europa von 2010 bis 2030 von 475 Millionen auf 744 Millionen erhöhen sollen. Dies führt natürlich zu erheblichen Problemen, nicht nur in Europa. Jetzt schon belagern Kreuzfahrtschiffe populäre Küstenorte und sind dort eine Bedrohung für das Ökosystem. Auch hinterlassen die Touristen viel Müll, der oft achtlos weggeworfen wird und die Ortschaft stark verschmutzt. Deshalb wird nun darauf eingegangen, welche Probleme sich durch Übertourismus ergeben und was ich dagegen tun kann.

2 Übertourismus ist einfach zu viel an Tourismus. Natürlich muss man sehen, was dagegen getan werden kann. Hier sind alle gefragt. Deshalb folgt jetzt eine Argumentation zu diesem Thema.

3 Wer wünscht sich das nicht im Urlaub: „Einsame Strände und Buchten mit türkisfarbenem Wasser" (M4). Material 4 zeigt auf, dass damit Reisekataloge um Kunden werben.

4 Vor einigen Jahren noch hatte man die Vorstellung von „Freizeit, Entspannung, Abenteuer, Unterhaltung und Genuss", wenn man von Tourismus sprach, wie ich im Material 7 nachlesen kann.

b) Beurteilen Sie die Einleitungen 1–4. Was müsste in den Einleitungen verbessert werden? Begründen Sie Ihre Meinung.

c) Formulieren Sie eine vollständige Einleitung. Wählen Sie dazu entweder Aufgabe A, B oder C aus.

A Überarbeiten Sie eine der Einleitungen 1 oder 2.

B Wählen Sie den Einleitungsanfang 3 oder 4 und schreiben Sie diesen weiter.

C Schreiben Sie eine Einleitung nach Ihrer eigenen Idee.

d) Überprüfen Sie Ihre Einleitungen in der Klasse mithilfe der Info auf S. 213.

4 a) Ergänzen Sie in Ihrer Gliederung aus Aufgabe 2, S. 212 einen Einleitungsgedanken.
b) Vergleichen Sie Ihre Einleitungsgedanken und verbessern Sie diese gegebenenfalls.

5 Überlegen Sie, welche Inhalte Ihre Karteikarte zur Einleitung einer Argumentation erhalten soll, und erstellen Sie diese.

Den Hauptteil einer Argumentation verfassen

1 a) Wiederholen Sie, aus welchen Bestandteilen ein Argument besteht.
b) Lesen Sie die Info auf S. 216.

2 Ein Schüler verfasst folgendes Argument zum Gliederungspunkt „Zunehmende Umweltbelastung" von Teil I der Argumentation zum Thema:

> „Übertourismus ist eine Erscheinung der heutigen Zeit. Inwiefern kann diese Entwicklung problematisch sein? Wie könnte diesem Trend entgegengewirkt werden?"

a) Lesen Sie die Bestandteile A bis D.

b) Bringen Sie diese vier Bestandteile (A–D) mithilfe der Info auf S. 216 in die richtige Reihenfolge.
c) Schreiben Sie das Argument in der richtigen Reihenfolge in Ihr Heft ab. Markieren Sie die einzelnen Bestandteile (Behaupten, Begründen, Erläutern, Rückführen) in unterschiedlichen Farben.
d) In welchem Teil des Arguments wurde Material aufgenommen? Unterstreichen Sie diese Stelle in Ihrem Heft.

3 Erstellen Sie eine Lernkarte zum Argumentieren.

A Wo viele Menschen sind, wird außerdem jede Menge Müll produziert. Auch entsteht ein Großteil des Flugverkehrs wegen Touristen. Reiseveranstalter werben mit günstigen Pauschalangeboten und „tollen Urlaubszielen in der Türkei, Ägypten, Griechenland …" (M10).

B Auch wenn sie diesen ordnungsgemäß entsorgen, muss er zumindest gesammelt und ins Tal gebracht werden. Dass Übertourismus also die Umwelt belastet, lässt sich deutlich erkennen.

C Zunächst sollen Probleme aufgezeigt werden, die sich durch Übertourismus ergeben. Als Erstes wäre zu nennen, dass die Masse an Touristen zwangsläufig auf Kosten der Umwelt geht. Viel Verkehr auf den Straßen oder in der Luft führt zu erheblichen Abgasen.

D Mit weniger Flugzeugen am Himmel könnte die Luft sauberer bleiben. Aber ebenfalls die „Blechlawinen" (M1) der Urlauber sorgen für zusätzlichen CO_2-Ausstoß, was zum Beispiel auch beliebten Regionen in Deutschland wie Oberbayern einige Abgase beschert. Gleichzeitig hinterlassen etwa Skifahrer etlichen Müll in den Skigebieten.

Argumentieren

Info

Argumentieren

Ziel beim Argumentieren ist es, andere zu **überzeugen**. Sie führen dabei nacheinander mehrere Argumente zum Thema an. Sammeln Sie dazu Aussagen in Stichpunkten. Das vorgegebene **Material** fügen Sie sinnvoll in Ihre Argumentation ein.
Ein einzelnes **Argument** bauen Sie so auf:

Behaupten:
Formulieren Sie in einem Aussagesatz eine Behauptung zur Fragestellung im Thema.

Begründen:
Stellen Sie gedanklich zur Behauptung die Frage „Warum ist das so?" und begründen Sie Ihre Behauptung möglichst ausführlich.

Erläutern:
Erklären Sie Ihre Behauptung in mehreren Sätzen näher. Ziehen Sie dafür Informationen und (ggf. auch) Beispiele aus den Materialien heran.

Rückführen:
Am Ende Ihres Argumentes können Sie den Kreis durch eine Rückführung schließen. Sie greifen dabei die Behauptung noch einmal in anderer Formulierung auf oder ziehen eine Folgerung daraus.

(Als grobe Orientierung kann gelten, dass ein Argument in normaler Schriftgröße etwa eine halbe Seite lang sein sollte.)

Achten Sie auf **sprachlich abwechslungsreiche Formulierungen**:
- Passivformulierung, z. B. ... *wird erläutert* ...
- „man"-Formulierungen: z. B. ... *sollte man bedenken* ...
- gelegentlich dürfen Sie „ich" verwenden: z. B. ... *möchte ich aufzeigen* ...

4 a) Eine Schülergruppe hat sich zum ersten Teil des Themas „Übertourismus und dessen Problematik" Stichpunkte für ein Argument notiert. Lesen Sie diese und die Info auf der nächsten Seite.

Behaupten	– beliebte Orte am Wasser werden belastet
Begründen	– Kreuzfahrtschiffe „überrennen" Urlaubsorte, gefährden Umwelt
Erläutern	– Luft, Abwässer, Menschenmassen in Orten
Rückführen	– Problematik für populäre Orte

b) Die Stichpunkte aus der Aufgabe 3 a) haben zwei Jugendliche unterschiedlich ausformuliert. Lesen Sie die beiden Argumente von Paula und Liam.

Paula: Ein weiteres Problem des Übertourismus ist, dass beliebte Städte, die am Wasser liegen, durch den Tourismus belastet werden. Urlaub auf Kreuzfahrtschiffen boomt und gefährdet das Ökosystem in den Häfen. Gehen die Urlauber zum Landgang von Bord, fallen Horden von Menschen in oft kleine Kulturstätten ein. Die großen Schiffe haben Schweröl getankt. Auch im Hafen wird dies weiterhin verbrannt und verschmutzt die Luft. Die Abwässer werden zwar in Tanks zunächst zurückgehalten, diese aber auf offenem Meer entleert. Touristen selbst sind auch ein Problem, weil sie beim Landgang in großen Scharen die Orte belagern. Um welche Mengen an Menschen es sich handelt, vermittelt das Foto aus Material 8, auf dem die Größe eines solchen Schiffes im Vergleich zur Altstadt von Venedig einen befremdlichen Eindruck macht. Man hat fast den Eindruck, als krache es wie ein Eisbrecher durch die Gebäude. Der Besuch solcher Schiffe kann also für populäre Reiseziele problematisch sein.

Liam: Ein anderes Problem des Übertourismus besteht für beliebte Orte am Wasser. Eine Vielzahl an Kreuzfahrtschiffen legt an solchen Kulturstätten an und belastet Ökosystem und Infrastruktur. Sie setzen viele Abgase in Häfen frei, ihre Motoren, die ständig laufen, sorgen für Lärm oder belasten Meeresbewohner. Auch sind die schönen alten Orte wie zum Beispiel die Altstadt von Venedig recht klein. Auf dem Foto von Material 8 wird deutlich, wie riesig solche Schiffe sind und sehr viele Menschen an Bord beherbergen. Fallen die Urlauber dann in ihren Landgängen in die kleinen verwinkelten Gassen ein, werden diese förmlich überrannt. Dass dies auch Einheimische einschränkt, wird zwangsläufig eine Folge sein.

c) Machen Sie sich bewusst, in welchen Zeilen jeweils behauptet, begründet, erläutert und rückgeführt wurde.
d) Sprechen Sie darüber, wie die Stichpunkte aus der Tabelle in 4 a) auf S. 216 in die Argumente eingearbeitet wurden. Welche Unterschiede gibt es?

Info

Argumente vorstrukturieren

Bevor Sie ein Argument ausformulieren, hilft es Ihnen, wenn Sie in einer Tabelle **Stichpunkte zu den einzelnen Bestandteilen sammeln.**

	Stichpunkte / Material
Behaupten	?
Begründen	?
Erläutern	?
Rückführen	?

Außerdem überlegen Sie, **wo Sie Material verwenden** können.
In der rechten Spalte notieren Sie stichpunktartig, was Sie **behaupten, begründen und erläutern** wollen. Manchmal bietet sich auch eine **Rückführung** an.

Sie müssen beim anschließenden Ausformulieren nicht alle Stichpunkte verwenden, haben aber so das Argument vor dem Formulieren einmal logisch durchdacht und können **Fehler im Aufbau vermeiden**.

Argumentieren

5 a) Lesen Sie in der Tabelle nach, was für ein Argument zum zweiten Teil des Themas „Wie könnte diesem Trend entgegengewirkt werden?" entworfen wurde.

Behaupten	– Übertourismus entgegenwirken durch Auswahl der Urlaubsziele
Begründen	– weniger weit entfernte Urlaubsziele wählen – Erholung wichtig, lange Flüge oder Autofahrten sehr anstrengend – Belastung der Natur gering halten, Natur hautnah erleben
Erläutern	– mehr Zeit und Entspannung durch kürzere Anreise, viele unbekannte sehenswerte Orte (M 3), mehr Bewegung – weniger Auto (M 2), Natur direkt erleben beim Wandern
Rückführen	– „weniger ist mehr"

b) Sprechen Sie darüber, was mit dem Stichpunkt zur Rückführung gemeint sein kann.
c) Formulieren Sie das Argument aus.
d) Tauschen Sie Ihre Ausformulierung untereinander. Überprüfen Sie, ob der Aufbau des Arguments stimmig ist.
e) Sprechen Sie über mögliche Verbesserungen und arbeiten Sie diese ein.

6 a) Nehmen Sie Ihre Gliederung von Aufgabe 2 von S. 212 zur Hand. Erstellen Sie eine Tabelle zum Aufbau eines Arguments und füllen diese mit Stichpunkten.

b) Gehen Sie in Kleingruppen zusammen. Tauschen Sie die Tabellen aus und geben Sie sich ein Feedback.
c) Einigen Sie sich auf eine Tabelle und formulieren Sie ein Argument aus. Untermauern Sie Ihre Argumente stets mit einem Verweis auf die Materialien.

7 a) Formulieren Sie ein weiteres Argument in Einzelarbeit aus. Lesen Sie in der Info nach, wie Sie dazu sprachlich überleiten können.
b) Nehmen Sie Ihre ausformulierten Argumente zur Hand. Überprüfen Sie, wie Sie die Behauptung jeweils begonnen haben.
c) Ergänzen Sie in Ihren Argumenten bei Bedarf passende sprachliche Überleitungen. Formulieren Sie abwechslungsreich.

Info

Argumente verknüpfen

In Ihrem Aufsatz verwenden Sie für jedes Argument einen **Absatz**. Die Argumente sollen untereinander sinnvoll **verknüpft** sein.

Dazu bieten sich diese Formulierungen an: *Zuerst kann ich anführen – möchte ich erwähnen – Zunächst …, Am Anfang Weiterhin …, Außerdem …, Im Anschluss Abschließend …, Schließlich …, Am Ende meiner Argumentation …*

Am Anfang von Teil I erwähnen Sie in einem Satz den ersten Aspekt des Themas.
Beispiel: *Zunächst/Im ersten Teil sollen Probleme angeführt werden, die sich durch Übertourismus ergeben können.*

Vor dem zweiten Teil formulieren Sie eine kurze Überleitung.
Beispiel: *Nachdem ich nun Probleme … genannt habe/angeführt wurden, sollen im Folgenden Möglichkeiten, dem entgegenzuwirken, angeführt werden.*

Argumentieren ▸

Argumente inhaltlich und sprachlich überarbeiten

1 a) Lesen Sie folgende Ausschnitte einer Argumentation zum Argumentationsthema „Übertourismus ist eine Erscheinung der heutigen Zeit. Inwiefern kann diese Entwicklung problematisch sein? Wie könnte diesem Trend entgegengewirkt werden?".

b) Lassen Sie sich diese und die nächste Seite kopieren. Im Text unten wurden Unterstreichungen oder Fehlzeichen (✔) für unvollständige Ausarbeitungen eingefügt. Schreiben Sie die Korrekturen, die Sie auf der nächsten Seite erarbeiten, in die rechte Spalte Ihrer Kopie.

...

Ein weiteres <u>Problem ist</u> Stress im Urlaub. Im Reisebüro hat man günstig gebucht (Top-Preise, M 10) und ist sauer ✔. Viel zu viele sind im Urlaub, der Strand völlig überfüllt, was man sich anders vorgestellt hat. Erholsame
5   Ferien sehen anders aus, und Urlauber sind zunehmend genervt von zu vielen anderen Touristen am Reiseziel. ✔ Statt der erwünschten Erholung erleben dann die Reisenden Stress im Urlaub, was ein Problem ist, weil ihnen die nötige Entspannung fehlt.

Auch für die Einwohner ist das schlecht. ✔ Material 7 zeigt ein Plakat, das
10   Einheimische am Strand von Barceloneta aufgestellt haben. „We dont't want Tourist in our Buildings!" haben sie <u>draufgeschrieben, klar, sie sind gegen den Tourismus</u>. Weniger Besucher würden vielleicht gehen. Aber wenn dann der Strand überfüllt mit Ausländern ist, kann man das verstehen. Meist haben <u>die</u> auch nichts davon und sind arm. ✔ Daran sieht man,
15   dass es durch Übertourismus auch zu Problemen mit der Bevölkerung vor Ort kommen kann.

Nachdem ich nun Probleme, die durch Übertourismus entstehen können, eingegangen bin, soll im Weiteren darauf eingegangen werden, wie man dem entgegenwirken kann.

20   Eine Möglichkeit, Übertourismus entgegenzuwirken, wäre, wenn stark überlaufene <u>Touristenhochburgen</u> Eintritt für bestimmte Gebiete verlangen würden. Dies könnten Regionen in alten Städten sein. Ein zusätzlicher Betrag, den <u>Touristen</u> zahlen müssen, wäre vielleicht manchen zu viel. Venedig scheint diesen Weg zu gehen, wie die Schlagzeile in Material 3 zeigt.

25   Oft reisen <u>Touristen</u> vielleicht nur in den Süden oder ans Meer, weil <u>man</u> warme Temperaturen oder Sonne sucht. Da es <u>cool ist, auch auf Kultur zu machen</u>, besucht <u>man</u> vielleicht die ein oder andere Kulturstätte, ohne dass <u>sie</u> ihnen wirklich wichtig ist. Müsste <u>man</u> dafür Geld bezahlen, könnte dies zur Folge haben, dass weniger, aber wirklich interessierte Urlauber die Kul-
30   turstätte besichtigen. Eine andere Wirkung von Eintrittsgeldern könnte auch sein, dass Touristen zwar nicht auf das Besuchen von Hochburgen verzichten, aber bewusst auswählen und ihre Besichtigungen reduzieren.

Argumentieren ▸

c) Einige Textstellen sind gut gelungen. Überlegen Sie, an welchen Stellen folgende Randbemerkungen passen und notieren Sie diese in Ihren Kopien.

> *Rückführung gelungen*

> *Gute Rückführung*

> *Schöne Überleitung*

d) Begründen Sie, warum diese Textstellen gelobt wurden.

2 a) In manchen Passagen des Beispiels müssten die Argumente inhaltlich und sprachlich verbessert werden. Sprechen Sie darüber, an welchen Stellen Wiederholungen (W) auftreten, der Ausdruck (A) nicht treffend oder die Beziehung im Satz nicht korrekt sind.

b) Ordnen Sie folgende Korrektur den passenden Stellen zu.

> *Problem wovon?*

> *Was? Beh. + Begr. knapp und unklar*

> *✓ Begründung knapp, wenig überzeugend*

> *✓ Zitat kennzeichnen, Materialangabe 4 fehlt*

> *Konkrete Behauptung zum Thema ✓*

> *Material richtig angeben*

> *Lieber „könnte sein" statt „ist"*

c) Schreiben Sie die Korrekturen auf Ihrer Kopie in die rechte Spalte neben den Aufsatz. Zur besseren Übersicht streichen Sie bereits verwendete unten durch.

3 a) Wählen Sie eines der Argumente aus und verbessern Sie es schriftlich.
b) Vergleichen Sie Ihre Überarbeitungen.

4 a) Tauschen Sie Ihre ausformulierten Argumente aus Aufgabe 6 und 7 auf S. 218 aus. Geben Sie Ihrem Partner ein Feedback zur sprachlichen und inhaltlichen Überarbeitung.
b) Verbessern Sie Ihre Argumente.

Argumentieren

Eine Argumentation abschließen

1 a) Lesen Sie folgende Beispiele zum Abschluss einer Argumentation.

> **A** In meiner Argumentation habe ich dargestellt, dass Übertourismus die Umwelt belastet, bei den Reisenden Stress verursacht und manche Einwohner von Urlaubsgebieten sich dagegen wehren. Dem entgegenwirken könnte man durch Eintrittsgelder an stark überlaufenen Orten …
> Dass in Zukunft der Tourismus weltweit abnehmen wird, scheint mir unwahrscheinlich, wenn ich die Prognose in Material 12 sehe. Ich verreise auch gerne, allerdings vor allem zur Erholung. So konnte ich bisher auf überfüllte Gebiete verzichten. Das werde ich auch weiterhin tun. Zusätzlich kann ich mir überlegen, ob ich nicht öfters zu Hause oder in der näheren Region bleiben kann. Tatsächlich bin ich auch der Meinung, dass man bestimmte Sehenswürdigkeiten besser in Büchern (M …) oder …

> **B** In der vorangegangen Argumentation wurde …
> Im letzten Jahrhundert hat die Entwicklung des Tourismus und der zunehmende Wohlstand von vielen in Deutschland zur Zunahme von Reisen geführt. Meine Großeltern konnten in meinem Alter noch keinen Urlaub erleben. Heute ist es nicht selten, dass junge Familien schon mit Kleinkindern im Flugzeug sitzen. Anbieter von Pauschalreisen locken mit Billigangeboten. Es ist natürlich schön, gerade als junger Mensch …

b) Sprechen Sie darüber, in welchen Zeilen Zusammenfassungen und wo ein Vorsatz geäußert wurde.
c) Vergleichen Sie die beiden Schlussvarianten. Welche Übereinstimmungen und welche Unterschiede gibt es?
d) Welche Inhalte wären an den Leerstellen möglich? Begründen Sie Ihre Aussage.

2 a) Lesen Sie die Info zum Abschließen einer Argumentation durch.
b) Formulieren Sie selbst einen Schluss zum Thema „Übertourismus ist eine Erscheinung der heutigen Zeit. Inwiefern kann diese Entwicklung problematisch sein? Wie könnte diesem Trend entgegengewirkt werden?".
c) Ergänzen Sie in Ihrer Gliederung aus Aufgabe 2 auf Seite 212 eine kurze Formulierung zum Schluss.
d) Vergleichen Sie Ihre Ergebnisse.
e) Erstellen Sie eine Lernkarte zum Abschließen der Argumentation.

Info

Abschließen einer Argumentation

Am Ende der Argumentation schließen Sie Ihren Aufsatz ab. Gehen Sie dabei so vor:

1 **Fassen** Sie zunächst **kurz zusammen**, was Sie in Ihren Argumenten geäußert haben.
2 Formulieren Sie Ihre eigene Meinung zum Thema. Sie können dabei einen **Wunsch oder Vorsatz** äußern, einen **Ausblick in die Zukunft** geben oder eine **Befürchtung** äußern.
3 Sie können Ihre Aussage mit **Material** stützen und **eigene** Gedanken sowie Erfahrungen einbringen.

Testen Sie Ihr Können

Eine materialgestützte Argumentation verfassen

1 a) Lesen Sie folgendes Thema und erschließen Sie es gründlich.

> „Das Smartphone ist zum festen Begleiter vieler Menschen geworden. Führen Sie Gründe für diese Entwicklung an."

b) Sammeln Sie eigene Gedanken zum Thema und notieren Sie Stichpunkte dazu.

2 a) Gehen Sie das Material auf S. 223–225 durch. Lassen Sie sich diese Seiten kopieren.
b) Werten Sie das Material sorgfältig aus. Nehmen Sie dazu noch einmal die Infos auf S. 207–210 zu Hilfe.

3 a) Lesen Sie die Info und sprechen Sie darüber, welche Unterschiede zwischen einer Gliederung zur ein- und zur zweigliedrigen Argumentation bestehen.
b) Ergänzen Sie Ihre Lernkarte zur Gliederung mit den Informationen zur eingliedrigen Argumentation oder erstellen Sie eine zusätzliche Karte.
c) Sammeln Sie zum Thema Informationen in einer Stoffsammlung und gehen Sie dabei nach dem Tipp auf S. 211 vor.
d) Formulieren Sie mithilfe Ihrer Stoffsammlung eine Gliederung.

4 a) Legen Sie für Ihre Argumente Tabellen wie auf S. 218 an und notieren Sie Stichpunkte.
b) Formulieren Sie Ihren Aufsatz aus. Achten Sie auf eine abwechslungsreiche Ausdrucksweise und passende Überleitungen.
c) Überprüfen Sie die Rechtschreibung auch mithilfe eines Wörterbuchs.

Info

Gliederung einer eingliedrigen Argumentation

In einer eingliedrigen Argumentation **entfällt die zweiteilige Grundstruktur der Gliederung**. Die einzelnen Punkte werden **nacheinander** angeführt.

A. ...

B. Das Smartphone ist zum festen Begleiter vieler Menschen geworden.
Welche Gründe gibt es für diese Entwicklung?
  I. ...
  II. Geringer Platzbedarf
  III. Vielfältige Kommunikationsmöglichkeiten
    1. Ständige Erreichbarkeit
    2. ...
  IV. Nützliche Apps
    1. ...
    2. ...

C. ...

Das kann ich jetzt

- ✔ Ein Thema erschließen
- ✔ Materialien auswerten
- ✔ Stoff sammeln und ordnen
- ✔ Eine ein- oder zweigliedrige Gliederung erstellen
- ✔ Eine Argumentation mit Einleitung, Hauptteil und Schluss formulieren
- ✔ Eine Argumentation überarbeiten

Testen Sie Ihr Können

Material 1: Studie

Studie belegt: Smartphone ist ständiger Begleiter

Ob in der Bahn, auf dem heimischen Sofa, auf Reisen, im Wartezimmer oder am Schreibtisch – das Smartphone ist immer mit dabei. Eine im Auftrag von Telefónica Deutschland durchgeführte Studie entlarvt das Smartphone
5 als Mittelpunkt des persönlichen Entertainments.

Quelle: www.digitalfernsehen.de

Material 2: Karikatur

Neulich im Wartezimmer des Arztes: Wow!

Quelle: www.karikaturen-service.de

Material 3: Chat-Ausschnitt

Lisa: Hey Tom, wollen wir uns gleich zum gemeinsamen Gassigehen treffen?

Tom: Soll es nicht regnen?

Lisa: Im Moment zeigt das Satellitenbild in der Wetter-App für die nächste Stunde keine Wolken.

Tom: Okay, ich schick dir 'ne Nachricht, wenn wir loslaufen.

Lisa: Super, Rocky und ich freuen uns schon auf euch. Bis gleich.

Material 4: Computerplattform

Diese Funktionen bietet ein Smartphone

Bei klassischen Handys stand das Telefonieren sowie das Schreiben von Nachrichten im Vordergrund. Bei modernen Smartphones kommt
5 es schon lange nicht mehr darauf an, wie gut man damit telefonieren kann.
Durch die meist recht großen Touch-Displays eröffnen sich ganz neue Möglichkeiten. Die Nutzer können auf Wunsch zahlreiche Anwen-
10 dungen […] auf dem Smartphone installieren. Zusätzlich sind weitere Funktionen möglich, die Ihnen auch ein PC bietet. Verbinden Sie sich mit einem WLAN oder nutzen Sie das mobile Datennetz, können Sie von überall aus mit
15 Ihrem Smartphone im Internet surfen. Auch das Fotografieren sowie das Filmen steht bei Smartphones immer mehr im Vordergrund. Viele dieser Funktionen kann Ihr Computer wahrscheinlich auch, jedoch passt das Smart-
20 phone bequem in die Hosentasche und lässt sich überall mit hinnehmen.

Quelle: www.chip.de

Testen Sie Ihr Können

Material 5: Grafik

Mobiler Datenverkehr steigt rasant an
Datenvolumen im deutschen Mobilfunk in Millionen Gigabyte

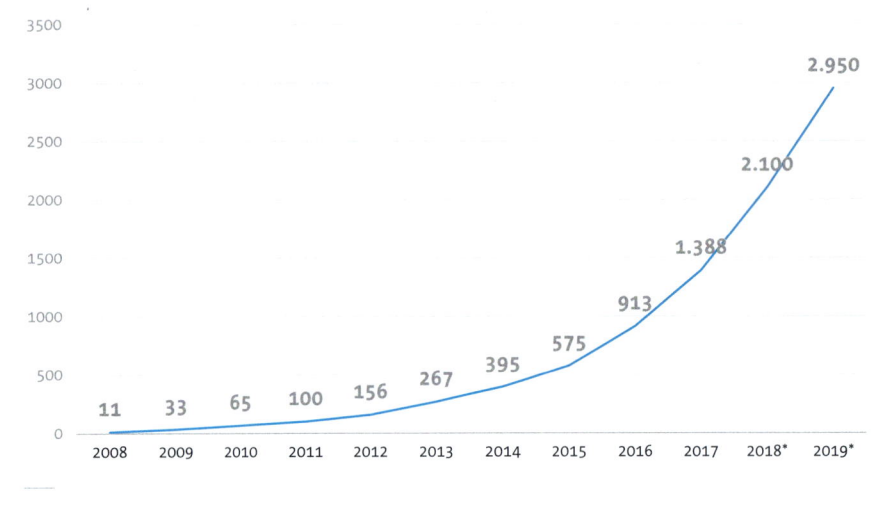

Quelle: BNetzA, Bitkom | *vorläufige Schätzung/Prognose

Material 6: Internetseite

Auch in der kalten Jahreszeit kann unser Smartphone uns mit Apps für die Gesundheit hilfreich zur Seite stehen. Für die vielen kleinen Zipperlein rund um die Erkältung gibt es
5 digitale Ratgeber, die Ihnen Hausmittel und andere Tipps verraten.
Natürlich gilt auch für diese Apps: Vergessen Sie vor lauter digitaler Unterstützung nicht, auf Ihren Körper und Ihr inneres Gefühl zu hö-
10 ren. Bei längeren oder schweren Beschwerden, oder wenn Sie sich schlicht unsicher sind, heißt es immer: „Ab zum Arzt!"

Quelle: www.so-gesund.com

Material 7: Foto

Quelle: www.shutterstock.com

Material 8: Schlagzeilen

Testen Sie Ihr Können

Material 9: TV-Sender

Smartphones im Warentest: Testsieger sind teuer, aber Handys für 300 Euro kaum schlechter

Stiftung Warentest testet 24 aktuelle Smartphones in allen Preisklassen. Die besten Geräte sind teuer, Handys für 300 Euro aber kaum schlechter. Eigentlich müssen nur Hobbyfotografen tiefer in die Tasche greifen. […]
Wer sich ein neues Smartphone zulegen möchte, sollte gut überlegen, ob es unbedingt das beste Gerät sein muss. Denn wenn man auf ein paar Extras verzichtet, kann man sehr viel Geld sparen.

Hobbyfotografen müssen tiefer in die Tasche greifen
Wie „Der große Handy-Vergleich" von Stiftung Warentest zeigt, macht vor allem die Kameraausstattung den Unterschied, ob man 1000 Euro oder nur 300 Euro ausgibt.

Quelle: www.rtl.de

Material 10: Bild

Quelle: www.istockphoto.com

Material 11: Blog

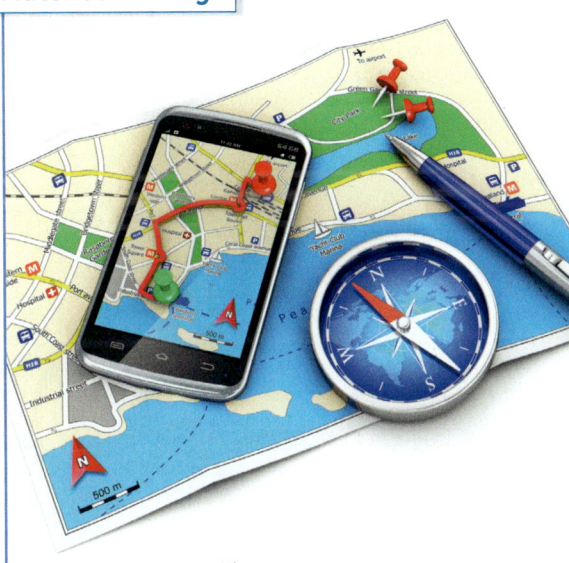

Quelle: blog.otto-office.com

Material 12: Computerzeitschrift

Ein Babyphone ist teuer und hat nur eine relativ kurze Reichweite. Babyphone-Apps erledigen die gleiche Aufgabe, haben oft eine größere Reichweite und es gibt sie sogar kostenlos. Wir zeigen euch unsere Top-3-Favoriten, die sich schnell und ohne Registrierung oder Anmeldung nutzen lassen. Mit diesen Apps bekommt ihr sofort mit, wenn euer Baby schreit. […]

Quelle: www.giga.de

Argumentative und appellative Schreibformen nutzen

Reklamationsfall?

In diesem Kapitel lernen Sie, Ihre Anliegen, Vorschläge und Meinungen in angemessener Form zu formulieren. Sie schreiben einen Beschwerdebrief, einen Werbetext und äußern Ihre Meinung in einem Leserbrief.

1 a) Sehen Sie sich folgende Bilderfolge an.

b) Erklären Sie, was passiert ist.
c) Stellen Sie Vermutungen über die Gefühle des Kunden an.
d) Sammeln Sie Vorschläge, wie sich der Kunde verhalten könnte.

Argumentative und appellative Schreibformen nutzen

2 a) Johannes, der Kunde, wendet sich am folgenden Tag an den Verkäufer im Fachgeschäft. Lesen Sie den Dialog.

Johannes: Ich habe doch gestern bei Ihnen ein Notebook gekauft!
Verkäufer: Ach ja, ich erinnere mich. Sie wollten Ihre Hausarbeit schreiben. Ein tolles Gerät, oder?
Johannes: Na ja, so toll ist es nicht!
5 **Verkäufer:** Was? Weshalb?
Johannes: Schrott ist es!
Verkäufer: Weshalb sind Sie denn verärgert?
Johannes: Ich habe alles richtig gemacht und es ist beim Auspacken passiert.
Verkäufer: *blickt ratlos*
10 **Johannes:** Na, schauen Sie doch mal, es hat etwas geklemmt beim Aufklappen. Und dann, dann war sofort der Bildschirm gesprungen.
Verkäufer: Hm, also das habe ich noch von keinem Kunden gehört.
Johannes: Dann bin ich eben der Erste, aber es gibt ja schließlich Garantie.
Verkäufer: Tut mir leid, aber in Ihrem Fall greift die Garantie nicht, es handelt
15 sich um unsachgemäßen Gebrauch. Ich kann das Gerät zur Reparatur einsenden, aber die Kosten müssten Sie tragen.
Johannes: Mir reicht's jetzt. Das ist ja wohl eine Frechheit. Jetzt habe ich schon den Ärger und soll auch noch schuld sein?

b) Sprechen Sie darüber, welches Problem vorliegt.

3 a) Bewerten Sie das Verhalten der Gesprächspartner. Stellen Sie Vermutungen an, warum das Gespräch auf diese Weise zu keinem Ziel führt.
b) Überlegen Sie, wie es Johannes gelingen könnte, den Garantiefall gültig zu machen.

1.1 Komplexere Kommunikationsprozesse und Interaktionen nach selbstständiger Analyse bewerten

Argumentative und appellative Schreibformen nutzen

Eine Beschwerde formulieren

1 Johannes geht mit dem defekten Gerät wieder nach Hause. Seinem Ärger macht er in einem Brief an die Geschäftsleitung Luft. Lesen Sie diesen.

Johannes Grünwald
Mittlerer Weg 15
96052 Bamberg

Unverschämtheit 13. Januar

Sehr geehrte Damen und Herren,

ich wende mich an Sie, weil ich mich voll geärgert habe. Ich brauche ein neues Notebook, also habe ich Ihre örtliche Filiale in Höllstadt aufgesucht. Na ja, war wohl ein Fehler. Ich hab mir vorher noch gedacht, im Internet hast du die volle Auswahl, aber man soll ja den Einzelhandel unterstützen. Ihr Verkäufer, Herr Weiß, hat mir dann dieses Ding empfohlen, welches ich auch gekauft habe. Das Gerät war aber schon beim Auspacken beschädigt. Und jetzt soll ich auch noch die Reparatur bezahlen. Das ist doch wohl ein Witz!

Ich sehe das gar nicht ein! Bitte melden Sie sich bei mir

Johannes Grünwald

2
a) Tauschen Sie sich darüber aus, was Johannes mit diesem Brief erreichen möchte.
b) Halten Sie den Brief für gelungen? Begründen Sie.
c) Stellen Sie Vermutungen an, welche Reaktionen dieser Brief hervorrufen könnte.
d) Suchen Sie sprachliche Formulierungen, die verbessert werden müssten. Der Tipp auf der nächsten Seite hilft Ihnen dabei. Machen Sie Notizen und begründen Sie Ihre Meinung.
e) Überlegen Sie, welche inhaltlichen Angaben fehlen. Notieren Sie Stichpunkte.

Argumentative und appellative Schreibformen nutzen

3 a) Sehen Sie sich folgendes Schema für den Geschäftsbrief an und erklären Sie, welche formalen Aspekte im Beispiel nicht eingehalten wurden. Der Tipp hilft Ihnen.

c) Wählen Sie eine passende Schriftart und Größe und formatieren Sie das Dokument.

d) Drucken Sie eine Version aus und vergleichen Sie sie mit den Ergebnissen Ihrer Mitschüler.

b) Sprechen Sie darüber, warum es für die Situation sinnvoll wäre, wenn sich Johannes an die formalen Vorgaben eines Geschäftsbriefs halten würde.

4 a) Formulieren einen korrekten Geschäftsbrief aus der Sicht von Johannes.
b) Vergleichen Sie Ihre Texte und sprechen Sie über Unterschiede und Gemeinsamkeiten.

5 a) Tippen Sie Ihre Texte in korrektem Format am Computer.
b) Nehmen Sie zur Überprüfung der Rechtschreibung und Grammatik das Programm zur Hilfe.

Tipp

Eine Beschwerde formulieren

Ab und zu kommt es im Alltag zu Situationen, in denen es nötig ist, etwas zu **reklamieren**. Wenn Gespräche nicht möglich oder nicht erfolgreich sind, empfiehlt sich ein Brief.
Ein **Beschwerdebrief** ist ein appellativer Text. Er möchte dazu **auffordern**, dass eine Forderung erreicht wird.
Dazu muss er inhaltlich und sprachlich überzeugen können. Achten Sie beim Formulieren auf folgende Kriterien:

- **Klarheit:** Stellen Sie Ihr Anliegen genau vor.
- **Sachlichkeit:** Beschreiben Sie Ihr Anliegen sachlich und exakt.
- **Höflichkeit:** Auch wenn Sie verärgert sind, halten Sie einen höflichen Ton ein, sonst werden Sie beim Gegenüber keine Offenheit erwarten können.
- **Überzeugungskraft:** Steigern Sie Ihre Überzeugungskraft mit sprachlichen Mitteln, indem Sie in den Formulierungen Ihr Wissen zum Argumentieren gezielt einsetzen.

Beachten Sie auch den **Aufbau** eines **Beschwerdebriefes**:
Absender – Empfänger – Ort/Datum – Betreffzeile – Anrede – Vorstellung des Anliegens – Erläuterung des Anliegens – Abrundung: Wunsch/Bitte/Dank – Grußformel – Unterschrift

Argumentative und appellative Schreibformen nutzen

Für ein Wahlfach werben

1 a) Lesen Sie den Artikel einer Mountainbike-AG (MTB-AG) einer Realschule.

Die MTB-AG der Realschule startet wieder!

Los ging's gleich nach den Ferien! Räder wieder fit machen! Beim ersten Treffen kümmerten sich die Schüler der MTB-AG erst einmal um die Pannensicherheit und die Grundeinstellungen. Dabei wurden die Laufräder ein- und ausgebaut, Reifen geflickt und Grundeinstellungen an den Rädern überprüft. An Fragen und Interesse der Schüler mangelte es nicht. Sie durften dazu den Schrauberschuppen auf dem Schulgelände des Gymnasiums nutzen. Das war perfekt und jeder Schüler konnte an seinem Rad selbst Hand anlegen.

Fragen zur Selbsteinschätzung und Risikobeurteilung spielen in vielen Lebensbereichen eine wichtige Rolle: „Was kann ich mir noch zutrauen?" oder „Wo sind die Gefahren?" und „Wo ist das Risiko zu groß?"
Diese Fragen gilt es natürlich auch beim Mountainbiken zu beantworten. Also wurde dafür ein Aktionstag geplant. Beim „Check Your Risk" – MTB-Tag an der JSR war Christian Strasser, ein MTB-Guide von der Jugendgruppe des Deutschen Alpenvereins, zu Gast, der ebendiese Gefahrenbeurteilung mit den Schülern thematisierte.
Begonnen wurde auf dem Schulgelände mit Übungen zur Geschicklichkeit und Fahrradbeherrschung. Die Schüler balancierten, fuhren auf dem Hinterrad, hüpften oder gestalteten unterschiedliche Formationen in der Gruppe. Entsprechend hoch war die Motivation.
Nachmittags stieg die Spannung, es ging dann ins Gelände und auf den Arzberg.

Die Schüler sollten nun im Trail Gefahren entdecken, diese mit ihren persönlichen Fähigkeiten abgleichen und immer wieder überlegen, ob für sie gewisse Stellen fahrbar sind oder nicht. Die Einschätzung erfolgte auf einer subjektiven Skala von eins bis fünf, wobei die Gefahrenstelle mit einer Eins und Zwei als gut fahrbar, eine Fünf als nicht mehr fahrbar gilt.
Hatte ein Schüler eine Stelle mit einer Drei oder schwachen Vier bewertet, wurde „gespottet". Dabei stand ein anderer Schüler an der Gefahrenstelle, um als Sicherheitsstellung zu fungieren.
Dank des intensiven MTB-Tages wurden die Schüler der AG im Umgang mit ihren Bikes sicherer und für Gefahrenstellen sensibilisiert.

Argumentative und appellative Schreibformen nutzen

b) Tauschen Sie sich darüber aus, welche Vorteile Sie in solch einer AG sehen – auch für jüngere Schüler.

c) Der Schüler Sven wünscht sich an der eigenen Schule auch eine Mountainbike-AG. Deshalb überzeugt er seine Schwester Lisa aus der 10. Klasse, mit ihm bei der Schulleitung anzufragen. Sehen Sie sich den Verlauf des Gesprächs an.

d) Wodurch ist das Gespräch gut verlaufen? Begründen Sie Ihre Meinung.

e) Sprechen Sie darüber, in welcher Form die Geschwister bei anderen Schülern für die AG werben könnten.

Gespräch beim Schulleiter

Sven: Unsere Nachbarschule bietet eine Mountainbike-AG an. Meinen Sie, wir hätten bei uns auch dazu die Möglichkeiten?

Schulleiter (*lacht*): Herr Gruber, unser Sportlehrer, würde das sofort übernehmen, aber ich bin mir nicht sicher, ob wir genügend Interesse bei anderen Schülern haben. Ich bin da eher skeptisch.

Lisa: Wir könnten Ihnen anbieten, uns um die Werbung bei anderen Schülern zu kümmern.

Schulleiter: Aha! Hast du da schon konkrete Vorstellungen?

Lisa: Wir würden Informationen aus dem Artikel der Nachbarschule verwenden. Dort läuft es ja gut, das spornt unsere Schüler bestimmt an.

Schulleiter: Das ist eine gute Idee. Ich müsste allerdings für meine Planungen in etwa vier Wochen Bescheid wissen.

Sven: Das schaffen wir! Ich habe da schon eine Idee …

Argumentative und appellative Schreibformen nutzen

Einen Werbetext planen

1 a) Um möglichst viele Schüler zu erreichen, hat Sven die Idee, einen Werbetext zu verfassen und in den Klassen auszuteilen.
Lisa hält dazu einen groben Entwurf für den Aufbau auf einem Plakat fest.
Lesen Sie dieses.

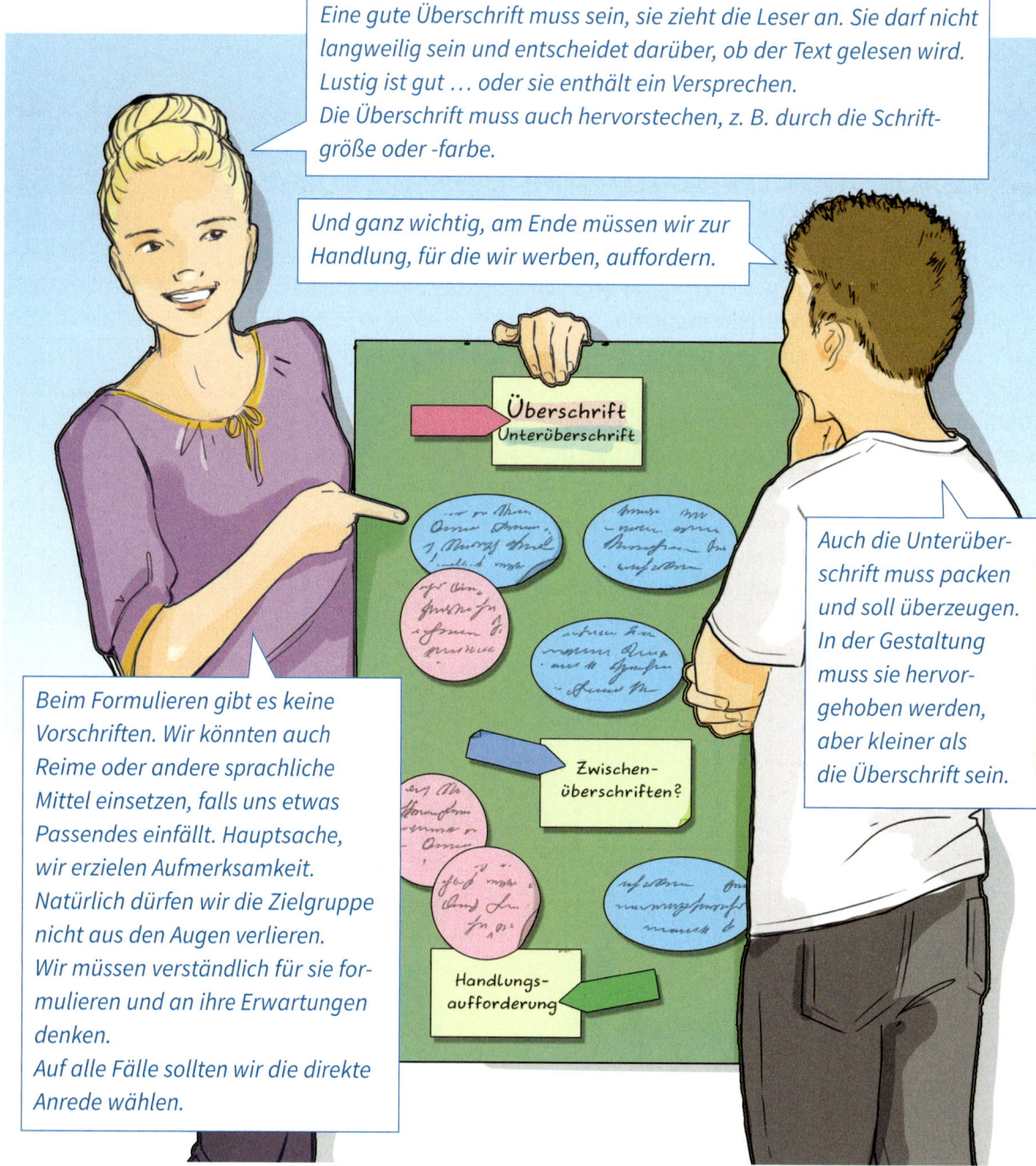

*Eine gute Überschrift muss sein, sie zieht die Leser an. Sie darf nicht langweilig sein und entscheidet darüber, ob der Text gelesen wird. Lustig ist gut … oder sie enthält ein Versprechen.
Die Überschrift muss auch hervorstechen, z. B. durch die Schriftgröße oder -farbe.*

Und ganz wichtig, am Ende müssen wir zur Handlung, für die wir werben, auffordern.

Auch die Unterüberschrift muss packen und soll überzeugen. In der Gestaltung muss sie hervorgehoben werden, aber kleiner als die Überschrift sein.

*Beim Formulieren gibt es keine Vorschriften. Wir könnten auch Reime oder andere sprachliche Mittel einsetzen, falls uns etwas Passendes einfällt. Hauptsache, wir erzielen Aufmerksamkeit.
Natürlich dürfen wir die Zielgruppe nicht aus den Augen verlieren.
Wir müssen verständlich für sie formulieren und an ihre Erwartungen denken.
Auf alle Fälle sollten wir die direkte Anrede wählen.*

3.1 Anliegen, Vorschläge, Meinungen und Wertungen in argumentativen und appellativen Schreibformen (z. B. Leserbrief, Beschwerde) vorbringen und textsortentypische sprachliche Mittel gezielt zur Steigerung der Überzeugungskraft nutzen

b) Sammeln Sie in Stichpunkten Inhalte für Lisas Werbetext. Verwenden Sie dazu die Informationen des Textes auf S. 230 und lesen Sie den Tipp.

> **Tipp**
>
> **In einem Text für ein Anliegen werben**
>
> Wenn Sie eine **bestimmte Zielgruppe** mit Ihrem Text erreichen möchten, helfen folgende Überlegungen:
> - **Weshalb** treten Sie für die Sache ein? **Was gefällt** Ihnen daran?
> - Welche **Wünsche** haben die angesprochenen **Leser**?
> - Mit welchen **Versprechen** oder **Vorankündigungen** können Sie inhaltlich auf die Vorstellungen der Leser eingehen?
> - Gibt es **ähnliche, bereits gut laufende Aktionen**, deren Ergebnisse Sie vorweisen können?

2 a) Lisa zeigt Sven ihren ersten Entwurf. Lesen Sie diesen in der rechten Spalte.
b) Sprechen Sie darüber, was Ihrer Meinung nach gelungen ist und was verbessert werden könnte.
c) Überlegen Sie, an welchen Stellen mehr Informationen eingebunden werden müssten.
d) Halten Sie gemeinsam Stichpunkte zu Inhalten fest, die ergänzt werden müssten.

3 a) Gehen Sie in Kleingruppen zusammen und entwerfen Sie einen eigenen Werbetext für die Mountainbike-AG. Halten Sie sich dabei an den Aufbau, welcher auf dem Plakat auf S. 232 erklärt ist.
b) Vergleichen Sie Ihre Entwürfe und sprechen Sie über Unterschiede.
c) Verbessern Sie Ihre Entwürfe und tippen Sie diese ab. Achten Sie auf eine ansprechende Formatierung und nehmen Sie die Hilfen des Textverarbeitungsprogramms (Rechtschreibung und Grammatik) zur Hilfe.

Mountainbiking

It's what you like?

Leute, ich wollte schon immer mal so 'ne Mountainbike-AG. Davon hab ich seit der Fünften geträumt. Jetzt habt ihr die Chance dazu!!!!!!!
Gut, gell?

Training und Tricks!

Unsere Nachbarsschule macht das schon erfolgreich, das könnt ihr nachlesen. So richtig mit Training und Tricks.
Und natürlich erhaltet ihr auch Tipps, wie ihr euer Mountainbike selbst in Schuss haltet. Ihr spart also Geld, müsst nicht mehr zum Händler :)

Billig

Und alle waren mit Begeisterung dabei. Das könnt auch ihr haben. Aber nicht zu lange überlegen, wir brauchen schnell eure Zusage.

Also hopp, sofort anmelden, bei uns :-)

Argumentative und appellative Schreibformen nutzen ▸

Dazu habe ich eine Meinung –
Einen Leserbrief unter die Lupe nehmen

1 Sehen Sie sich das Bild eines illegal gebauten Mountainbike-Weges an und sprechen Sie darüber, weshalb er absichtlich blockiert worden sein könnte.

2 a) Lesen Sie die Reportage „Bäume gefällt, um illegale Mountainbike-Wege zu blockieren".

Bäume gefällt, um illegale Mountainbike-Wege zu blockieren

Im Wald wird es voll. In den vergangenen Jahren sind viele Menschen auf den Geschmack des Mountainbikens gekommen. Bei Zirndorf (Lkr. Fürth) haben die Bayerischen Staatsforsten nun Bäume gefällt, um allzu wilden Fahrern einen Riegel vorzuschieben.

Von Franz Engeser

Die Bayerischen Staatsforsten haben im Wald an der Alten Veste oberhalb von Zirndorf Dutzende zum Teil gesunde Bäume gefällt, um illegale Sprungschanzen und Trails von Mountainbikern zu blockieren. Der Grund dafür ist ein rechtlicher: Passiert vor allem an „Bauwerken" wie Schanzen oder Anliegerkurven ein Unfall, muss im Zweifel der Grundstückseigentümer haften. Im Staatswald wäre das der Freistaat Bayern.

Bayerische Staatsforsten müssen Sprungschanzen zerstören
Um Haftungsfragen aus dem Weg zu gehen, „müssen wir dokumentieren, dass wir [solche Bauwerke] nicht dulden", sagt Norbert Flierl, Forstbetriebsleiter der Bayerischen Staatsforsten in Rothenburg ob der Tauber. Das bedeutet in diesem Fall, dass die Staatsforsten immer wieder Strafanzeige erstatten und vor allem größere Schanzen auch unbrauchbar machen. Dabei weiß Flierl genau, dass solche Maßnahmen nur wenig helfen und die Mountainbiker ihre Schanzen schon nach kurzer Zeit wieder reparieren. […]

Naturschützer gegen Mountainbikewege
Zuspruch für die Maßnahme erhält Flierl vom Bund Naturschutz Zirndorf: Der Staatsforst zählt zum europäischen Natura-2000-Schutzgebiet, sagt Angelika Schaa. Ihr größter Kritikpunkt ist, dass in dem Naturschutzgebiet überhaupt keine neuen Wege hätten angelegt werden dürfen. Genau das tun Mountainbiker aber seit Jahren. Im Vergleich dazu empfindet Schaa gefällte Bäume als das kleinere Übel.

Argumentative und appellative Schreibformen nutzen ▸

Staatsforsten: Jugend soll in die Natur
Für Forstbetriebsleiter Flierl ist es ein Balanceakt: Er weiß natürlich, dass die Mountainbiker die Trails selbst gezogen haben, bleibt aber gelassen: Eine gewisse Toleranz sei da, sagt er: „Wir wollen ja, dass die Jugend vor allem in den Wald geht, in die Natur geht."

MTB-Organisation zeigt Verständnis
Der regionale Ableger der Deutschen Initiative Mountainbike (DIMB) hält die Baumfällaktion der Staatsforsten vor allem für einen symbolischen Akt, „um einfach zu zeigen: Hier ist ein Maß überschritten worden", sagt Anja Miksch, die stellvertretende Sprecherin der IG Nürnberg/Fürth. Sie zeigt Verständnis dafür, dass vor allem die große Schanze mit Bäumen blockiert worden ist. Für so etwas gebe es Bikeparks „und da gehören die definitiv hin". [...]

Bikepark an der Alten Veste?
Vor allem die DIMB sucht nun das Gespräch mit dem Forst. Es geht darum, welche Wege genutzt werden dürften – und welche im Gegenzug renaturiert werden sollen.
Forstbetriebsleiter Flierl bringt sogar einen offiziellen Trailpark ins Gespräch. Neben diversen Genehmigungen von Naturschutzbehörden wäre dafür vor allem ein Träger wichtig: ein Sportverein oder eine Stadt, die die Haftung für so eine Anlage übernimmt und sich um die Wege kümmert. Dann stünde ungebremstem Mountainbikespaß an der Alten Veste nichts mehr im Wege.

Quelle: www.br.de (23.11.2020)

b) Fassen Sie den Inhalt der Reportage in eigenen Worten zusammen.

3 Welchen Aussagen unten zur Reportage stimmen Sie zu, welchen nicht oder nur eingeschränkt? Schreiben Sie drei Aussagen auf und ergänzen Sie Begründungen.

Argumentative und appellative Schreibformen nutzen

4 a) Klären Sie gemeinsam, was Sie unter einem Leserbrief verstehen.
b) Lesen Sie die Info und überlegen Sie, ob und auf welchen Internetseiten oder Printmedien Sie schon Leserbriefe gesehen haben. Nennen Sie Beispiele.

5 a) Lesen Sie den Leserbrief rechts zur Reportage auf S. 234–235.
b) Fassen Sie zusammen, welche Meinung die Verfasserin vertritt und welche Argumente sie anführt.
c) Sprechen Sie darüber, ob Sie die dargestellten Inhalte unterstützen können oder nicht. Nehmen Sie dazu Ihre Stichpunkte von Aufgabe 3 b) zur Hilfe.
d) Klären Sie den Aufbau des Leserbriefs (siehe Info).

Info

Ein Anliegen in einem Leserbrief formulieren

In einem Leserbrief können **Sie Ihre Position zu einem journalistischen Text** oder einem **Beitrag** in einem **Blog** ausdrücken. Bei **Printmedien** können Sie Ihren Beitrag an die **Redaktion** senden. Im Internet gibt es häufig im Anschluss an die Artikel **Kommentarfunktionen**, welche Sie nutzen können.
Sie greifen dazu **Inhalte aus dem Ursprungstext** auf, **ergänzen oder vervollständigen diese oder widersprechen**.
Gehen Sie dabei so vor:
– Machen Sie deutlich, auf welchen Artikel Sie sich beziehen, und stellen Sie die Situation kurz vor.
– Formulieren Sie **sachlich** und **logisch** und erklären Sie Ihren eigenen **Standpunkt**. Stützen Sie sich dabei auf **Argumente**.
– Ziehen Sie ein **Fazit**.

Lucía *vor zwei Tagen*

Die Reportage „Bäume gefällt, um illegale Mountainbikewege zu blockieren" bestätigt es einmal wieder. Unerlaubte Aktionen von Mountainbikern zerstören Wald und Ruhe.

So ist es. Es gibt eine zu große Anzahl an Mitmenschen, die nur an sich denken und glauben, sie könnten sich alles erlauben, sogar auf fremdem Eigentum. Sie bauen illegale Schanzen und Pfade im Wald. Und was macht der Staat? Er bestraft das nicht einmal. Dabei muss viel Zeit und Geld verschwendet werden, diese Zerstörung wieder rückgängig zu machen.

Es genügt schon, wenn ich auf öffentlichen Plätzen rücksichtslosen Menschen nicht aus dem Weg gehen kann. Es wäre für mich das Mindeste, dass Mitmenschen wenigstens den Wald in Ruhe lassen und auf Tiere Rücksicht nehmen. Die brauchen das nämlich zum Überleben. Leider erlebe ich es aber nicht selten, wenn ich entspannt spazieren gehen möchte, dass ich von sportlich engagierten Mountainbikefahrern erschreckt werde, die mit voller Geschwindigkeit durchs Gelände pflügen, grimmig schauen, im letzten Moment ausweichen und auch noch schimpfen.

Tummelplatz für überengagierte Sportler statt Ruheplatz für Erholungssuchende? Das kann nicht so weitergehen.

Kommentar:
Gefällt mir 15   Teilen

Ein Anliegen in einem Leserbrief formulieren

1 a) Tauschen Sie sich darüber aus, ob Sie Skaterbahnen kennen oder diese schon genutzt haben.
b) Lesen Sie folgenden Artikel.

Skateranlage wegen Lärmbelästigung geschlossen

Nach Beschwerden der Anwohner über erheblichen Lärm wird die Stadt die Skateranlage an der Bergwiese zum Ende des Monats schließen.

Sie lief prima und wurde von Jugendlichen gut angenommen. Jeden Nachmittag trafen sie sich und übten an ihren Tricks. Nun muss die Skateranlage an der Bergwiese geschlossen werden.

Im Laufe der Jahre wurde die Anlage immer mehr ausgebaut, was den Zulauf an Besuchern enorm vergrößert hat. Sogar Touristen wurden angezogen. Aber die Anwohner halten den Krach nicht mehr aus. Ende April ist Schluss.

Es begann so schön vor einigen Jahren, als ein paar Jugendliche Unterstützer fanden, die eine alte, verrottete Rollschulbahn renovierten. Nach Anfragen bei der Stadtverwaltung konnte diese weder Geld noch Personal zur Verfügung stellen und ließ die engagierten jungen Menschen weiterarbeiten. Sie können nun stolz auf zwei Funramps blicken. Ein professioneller Steinmetz leistete ihnen dabei wertvolle Hilfe. Zu dieser Zeit waren auch die Anwohner noch begeistert von der Eigeninitiative und dem Ergebnis.

Wie ging es weiter? Die Anlage bekam einen Riesenzulauf! Ein Verein wurde gegründet und die Sportstätte weiter ausgebaut. Allerdings hat man die Anlage nie offiziell genehmigt, nur toleriert. In den letzten Wochen wurde sie dann mehr und mehr Anwohnern zu laut, viele Beschwerden trudelten ein.

Nun wird die Anlage Ende dieses Monats geschlossen. Ein Ersatzgelände soll gesucht werden, ist aber noch nicht in Aussicht.

Quelle: www.stadtanzeiger.de (13.02.2022)

c) Sprechen Sie darüber, welche Standpunkte es für und gegen die Skateranlage geben kann. Notieren Sie Stichpunkte, die Ihnen wichtig sind.
d) Vergleichen Sie Ihre Stichpunkte in der Klasse und ergänzen Sie gegebenenfalls.

2 a) Formulieren Sie anhand Ihrer Notizen und mithilfe der Info auf S. 236 einen eigenen Leserbrief.
b) Tauschen Sie Ihre Ergebnisse aus und beurteilen Sie gegenseitig deren Richtigkeit und Überzeugungskraft. Achten Sie auch auf formale Fehler. Sie können dazu die Fließbandkorrektur (s. S. 290–291) anwenden.
c) Überarbeiten Sie Ihren Entwurf.

Kreative Schreibformen nutzen

Ferienreisen – Einen Textanfang und einen Dialog schreiben

In diesem Kapitel lernen Sie, Strukturelemente literarischer Vorbilder für eigene Texte zu nutzen. Sie können so Ihre kreativen Ideen weiter ausbauen und Ihre Kenntnisse auch zu weiterführenden Aufgaben einer Texterschließung anwenden.

1 a) Lesen Sie nur die erste Zeile des folgenden Romanausschnitts. Besprechen Sie, was Sie von diesem Textanfang halten.
b) Lesen Sie den Romananfang.

Eine Woche. Die ganzen Herbstferien. Im Arsch. Jannek lehnte mit dem Kopf an der Fensterscheibe. Die kleine graue Welt flog draußen vorbei. Baum, Baum, Hügel, Haus, Schranke, Auto, Baum, Tunnel. Jannek
5 schloss die Augen. Die Luft war schwer und trocken, und das gleichmäßige Ruckeln des Zuges wirkte einschläfernd. Zughypnose, dachte Jannek. Kurz darauf döste er weg. „Schönen juten Tach, die Fahrscheine bitte!" Der Bahnbeamte schrie, als wäre er auf einem
10 Fußballplatz.
Janneks Kopf rutschte vom Fenster ab, er rappelte sich auf, murmelte ein „Tag" und kramte einen zerknitterten Fahrschein aus der Hosentasche.
„Ribberow. Is' Schienenersatz", sagte der Bahnange-
15 stellte, knipste den Fahrschein und reichte ihn Jannek zurück. „Müssen 'se ab Sandemünde 'n Bus nehm', junger Mann." Jannek fuhr sich durch die dunkelbraunen, störrischen Haare und nickte. Klar doch. Schienenersatz. Sonst noch was?
20 [...] Die Landschaft änderte sich allmählich, Sandsteinfelsen wurden von sanften Hügeln abgelöst. Die Erde verlor den dunklen Farbton und wurde sandig. Warum hatte er sich nur auf diese Woche eingelassen? Seine Mutter war froh, dass er zu Hanne fuhr.
25 Dass irgendjemand zu ihr fuhr. Jetzt, wo sie allein war.

Auf Opas Beerdigung vor einem halben Jahr hatte er sie zum letzten Mal gesehen. Hanne und Opa. So war es immer gewesen. Nicht Oma und Opa. Hanne hatte damals wie versteinert auf den Sarg geschaut. Jannek und seine Mutter mussten sich gegenseitig stützen.
30 Hanne war und brauchte keine Stütze. Wie immer. Eine langweilige Woche. Sieben langweilige Tage. 168 langweilige Stunden. Nicht, dass Jannek wahnsinnig wichtige andere Pläne gehabt hätte – aber was gab es Hirneinschläferndes, als auf einem Dorf zu hocken,
35 in dem es weder ein Kino noch eine Bibliothek, geschweige denn einen normalen Supermarkt gab? Was war deprimierender, als bei Hanne rumzusitzen, die keinen Fernseher und auch keinen Computer hatte und den ganzen Tag mit den Hühnern redete?
40 Als Jannek in Sandemünde aus dem Zug stieg, prallte die für diese Jahreszeit noch immer erstaunlich warme Mittagssonne auf das Kopfsteinpflaster vor dem Bahnhof. Der Bus vom Schienenersatzverkehr parkte gegenüber vom Bahnhof und hatte bereits den Motor
45 angelassen. Jannek stieg vorne ein. [...] Es waren nur eine junge Frau mit ihrem Kleinkind und zwei ältere Damen im Bus, die anscheinend in Sandemünde zum Einkaufen gewesen waren. Jannek setzte sich auf einen hinteren Fensterplatz in der Nähe der junge
50 Frau und verfolgte eine kleine Wolke, die wie ein weißer Schleier über den Himmel glitt.

Kreative Schreibformen nutzen

2 a) Stellen Sie Vermutungen an, in welche Gegend der junge Mann reist.
b) Tauschen Sie sich aus, in welcher Stimmung sich Jannek befindet. Halten Sie diese für angebracht? Begründen Sie.
c) Eine Reise oder ein Ausflug kann auch andere Stimmungen oder Erlebnisse hervorrufen. Welche sind Ihnen von einem Ihrer Ausflüge besonders in Erinnerung geblieben? Notieren Sie Stichpunkte und sammeln Sie Ihre Gedanken in der Klasse. Heben Sie Ihre Stichpunkte für später auf.
d) Formulieren Sie einen kurzen Textanfang ähnlich wie im Roman von etwa einer halben Seite zu einer Ihrer Reisen.
e) Vergleichen Sie Ihre Ergebnisse. Welche Unterschiede können Sie feststellen?

3 a) Lesen Sie weiter.

Nachdem Jannek in den Bus umgestiegen war, setzte ihn der Busfahrer in der Nähe von Ribberow ab.
Der Bus fuhr weiter und ließ nur ein Motorenknurren und eine Abgaswolke zurück. Jannek schulterte den Rucksack und folgte der Landstraße. Ein Auto schoss an ihm vorbei, so knapp, dass Jannek den Luftzug am ganzen Körper spürte. „Dorfarsch!", rief Jannek und blickte dem Auto nach. Es fühlte sich gut an, endlich laut zu schreien. Auf einmal leuchteten die Bremslichter des Wagens auf, kurz darauf die weißen Lichter des Rückwärtsgangs, und das Auto kam wieder auf Jannek zu. Es blieb neben ihm stehen und das Beifahrerfenster ging nach unten.
„J.J.?" Jannek beugte sich zum Fahrer hinunter. „Till!"
„Oh Mann! Ich kanns nicht fassen. Echt, du bist es. Wer hätte gedacht, dass du dich hier mal wieder sehen lässt." Till musterte Jannek einen Moment. Dann grinste er. „Komm schon, steig ein, alte Stadtschwuchtel!"
Jannek zögerte, dann schmiss er den Rucksack auf die Rückbank, auf dem eine Polizeijacke lag, und setzte sich auf den Beifahrersitz. „Mann!", sagte Till, schlug Jannek auf die Schulter und zog ihn an sich heran. „Schön, dich mal wieder hierzuhaben, Kleiner." Jannek suchte Tills Gesicht nach Zeichen des Spotts ab, doch er schien es ernst zu meinen. Obwohl sie sich seit Jahren nicht gesehen hatten. Jannek nickte. „Ebenfalls. Großer."
Till legte den Vorwärtsgang ein und trat aufs Gas. „Erzähl, was treibt dich allein hierher? Sehnsucht nach Kuhmistgestank? Hast du endlich eingesehen, dass das Stadtleben nur krank macht, was?" Till lachte in sich hinein, und seine Wangen leuchteten wie damals, als er mit Jannek zusammen das Dorf und die Umgebung unsicher machte. […]

b) Fassen Sie den Inhalt des Textauszuges kurz zusammen.
c) Stellen Sie sich vor, Till und Jannek führen einen Dialog. Wählen Sie Aufgabe A oder B aus und formulieren Sie das Gespräch etwa eine halbe Seite lang.
A Till und Jannek tauschen sich über ihre Erinnerungen aus.
B Jannek erzählt Till vom Grund seines Erscheinens.
d) Vergleichen Sie Ihre Dialoge. Begründen Sie, welche besonders gut zum Romanausschnitt passen.

Kreative Schreibformen nutzen

4
a) Lesen Sie weiter.
b) Fassen Sie zusammen, was die beiden jungen Männer erleben.
c) Äußern Sie Vermutungen, was im weiteren Verlauf passieren könnte.

Till ist 21, also drei Jahre älter als Jannek. Er erzählt, dass er seine Ausbildung beendet hat und jetzt als Polizeimeister in der Gegend beschäftigt ist. Er setzt ihn am Haus seiner Großmutter ab. Am folgenden Tag gehen sie gemeinsam zum Angeln an den Dorfteich.

Till reichte Jannek den Brötchenteig, aus dem sie kleine Klümpchen formten, die sie zum Anfüttern ins Wasser warfen. Dann fädelten sie einen Regenwurm auf den Haken und warfen die Angeln aus. Tills
5 Schwimmer landete beinahe in der Mitte des Weihers. Janneks Schwimmer dagegen traf nur ein paar Meter vom Ufer entfernt auf das grünbraune Wasser.
Eine Weile sagte keiner von beiden etwas. [...] Till zeigte aufs Wasser. „Ich glaub, dein Schwimmer hat gewa-
10 ckelt. Schau mal, ob der Köder noch dran ist." Jannek stutzte. Er hatte nichts bemerkt. Vorsichtig zog er an der Angel. Er spürte einen Widerstand. Jannek stand auf und zog mit einem kräftigen Ruck und spulte die Angelschnur auf. Till war ebenfalls aufgestanden. „Ver-
15 dammt, was ...?" Er starrte auf Janneks Fang, der jetzt aus dem Wasser auftauchte und auf sie zuschwebte.
Jannek spürte, wie seine Arme weich wurden. Sein rechtes Augenlid begann zu zucken. Er hatte das Gefühl, seine Beine versanken im Boden. An der Angel
20 hing eine Hand. Eine Menschenhand. Oder was davon noch übrig war. [...]
„Nein!", brüllte Jannek. Er zuckte zusammen, die Angelrute glitt aus seinen feuchten Händen. Die leblose Hand versank wieder im Wasser. Jannek starrte auf die
25 Wasseroberfläche. „Ganz ruhig", sagte Till langsam und ließ den Weiher nicht aus dem Blick. Er nahm die Hand von Janneks Schulter.
Sekunden vergingen. Keiner sagte etwas.
„Lassen wir sie einfach drin liegen", flüsterte Jannek.
30 Hätte er seine Beine noch gespürt, wäre er weggerannt. Sie blickten auf den dunklen Weiher. Alle Ge-

räusche waren verstummt. Auf der Wasseroberfläche stieg eine Blase auf. Jannek sah kurz zu Till. Beide Jungen schüttelten gleichzeitig langsam den Kopf. Be-
35 hutsam hob Jannek die Angelrute auf. Sofort spürte er ihn wieder: den Widerstand. Die Hand war noch am Haken. Er zwang sich, seine Arme unter Kontrolle zu halten, obwohl sie jeden Moment einzuknicken drohten. Sie fühlten sich so schwach an, als könne er kaum
40 einen Löffel halten. Langsam rollte er die Angelschnur auf. Abermals überkam ihn für eine Sekunde der Drang, alles in den Weiher zu werfen und wegzulaufen. Nur weg von hier. Doch er wusste: Er könne zwar vom Weiher davonlaufen, nicht aber vor dem Bild. Es
45 war längst in ihm, würde ihn verfolgen, nicht mehr loslassen.
Janneks Lid zuckte jetzt so stark, dass die Hand an der Angel verschwommen vor seinen Augen tanzte, als er sie schließlich an Land zog und auf einem kleinen
50 Grashügel zwei Schritte entfernt von ihnen ablegte.

5
a) Lesen Sie die Info zum Buch und vergleichen Sie den Inhalt mit Ihren Vermutungen.
b) Interessiert es Sie, das Buch zu lesen? Begründen Sie Ihre Meinung.

Info

Der Tote im Dorfteich von Franziska Gehm

Jannek und Till entdecken beim Angeln im Dorfteich eine Leiche. Der Tote ist im Dorf sehr unbeliebt gewesen und einige Dorfbewohner kommen als Täter infrage. Zusammen mit ihrer Freundin Rike können die beiden den mysteriösen Fall nach gründlichen Ermittlungen lösen.

Tipps zum anschaulichen Formulieren eigener Texte

1 a) Auf S. 238–239 wurden sprachliche Mittel im Text unterstrichen.
b) Ordnen Sie die unterstrichenen Textstellen den sprachlichen Tipps 1–8 zum anschaulichen Formulieren zu. Notieren Sie die Ziffer und die Zeilenangabe. Vereinzelt enthalten Beispiele mehrere sprachliche Mittel.

1 Monolog oder Dialog

Gespräche oder wörtliche Reden Einzelner erzeugen beim Leser das Gefühl, im Geschehen dabei zu sein.

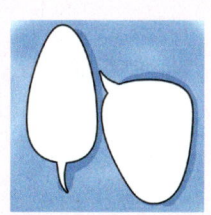

2 Innerer Monolog

Durch ihn kann man die Gedanken oder Stimmungen der Figuren nachvollziehen, was die Geschichte interessant, lustig oder spannend macht.

3 Adjektive und Verben

Insbesondere gezielt miteinander verbundene Adjektive und Verben steigern die Anschaulichkeit und Lebendigkeit des Textes. Sinneseindrücke können besonders gut damit geschildert werden.

4 Vergleich

Vergleiche mit „wie" können anschauliche, lustige oder spannende Stimmungen verstärken.

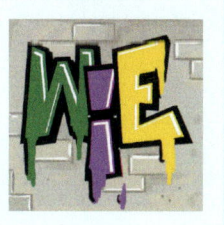

5 Metapher und Personifikation

Eine Metapher ist ein sprachliches Bild, bei dem eine Bedeutung auf einen anderen Bereich übertragen wird.

Eine Variante der Metapher ist die Personifikation: Eine Sache, ein Tier, eine Pflanze oder ein Gegenstand erhält menschliche Eigenschaften.

6 Rhetorische Frage

Eine rhetorische Frage in einem literarischen Text erwartet keine Antwort. Sie kann die Aussage des Erzählers unterstreichen und drückt seine Meinung aus.

7 Satzstrukturen

Besonders auffällige Reihungen von kurzen Hauptsätzen, langen Satzgefügen oder Aneinanderreihungen in Aufzählungen können das „Tempo" eines Textes verstärken, verlangsamen oder Inhalte verdichten.

8 Neologismus

Wortneuschöpfungen können Lebendigkeit und Originalität einer Textstelle verstärken.

Kreative Schreibformen nutzen ▸

Ein literarisches Scrapbook zum Thema „Reisen" gestalten – Erzählung, Schilderung, inneren Monolog verfassen

1 a) Im Laufe Ihrer Schulzeit haben Sie unterschiedliche Aufsätze verfasst. Erinnern Sie sich, was Sie in den vergangenen Schuljahren zum Erzählen und Schildern gelernt haben.
b) Suchen Sie in den Romanausschnitten auf S. 238–240 nach Passagen, die eher erzählend sind, und solchen, die schildernde Elemente enthalten. Die Info hilft Ihnen dabei.
c) Vergleichen und verbessern Sie Ihre Ergebnisse.

2 Stellen Sie Vermutungen an, weshalb die Autorin für bestimmte Textstellen diese Strukturelemente gewählt hat, und äußern Sie sich zur Wirkung.

3 a) Sehen Sie sich das Foto auf der nächsten Seite an. Tragen Sie zusammen, was Sie erkennen können.
b) Auf den Fotos wurde ein Scrapbook abgebildet. Sprechen Sie darüber, ob Sie den Begriff Scrapbook kennen, und lesen Sie die Info auf der nächsten Seite.

Info

Erzählen und Schildern

Literarische Texte leben von erzählenden Passagen und schildernden Abschnitten. Diese sind durch Eigenschaften gekennzeichnet:

Erzählende Passagen
– Eine Handlung oder ein Geschehen wird anschaulich dargestellt.
– Oft sind lebhafte Dialoge eingeflochten.
– Figuren treten als Handlungsträger auf.

Schildernde Abschnitte
– Schildernde Elemente vermitteln dem Leser Sinneseindrücke.
– Detailgetreu werden Wahrnehmungen des Sehens, Hörens, Riechens und Fühlens dargestellt.
– Der Leser kann dadurch Stimmungen und Gefühle der dargestellten Situation besonders gut nachvollziehen und miterleben.

3.1 Ihre Texte dem jeweiligen Schreibauftrag angemessen strukturieren und gliedern;
3.2 Eigenen kreativen Schreibideen Form und Gehalt geben

Kreative Schreibformen nutzen ▸

c) Welche Gründe für den Trend des Scrapbooks könnte es ausgerechnet zur heutigen Zeit, in der die Digitalisierung immer weitere Erfolge hat, geben? Stellen Sie Vermutungen an.

4 a) Auf den folgenden Seiten erstellen Sie ein literarisches Scrapbook, in welchem Sie persönliche Reisegeschichten formulieren. Treffen Sie zunächst Vorbereitungen für das Buch. Lesen Sie dazu die Anleitung auf der nächsten Seite.

b) Sprechen Sie mit Ihrer Lehrkraft und der Klasse darüber, ob das Vorhaben ein kleines bewertetes Projekt darstellen kann.

Info

Scrapbook

Unter Scrapbooks versteht man kreativ gestaltete Sammel- und Einklebebücher. Fotos, Eintrittskarten, selbst gestaltete Bilder und kunstvolle Schriften werden mit Erinnerungen verknüpft.

Scrap steht für Schnippel, es ist also auch ein Schnippelbuch, da es mit verschiedenen Papieren, Umschlägen und Dekoren versehen werden kann.

Schwerpunkt Ihrer Arbeit sind eigene Texte, so entsteht ein „literarisches Scrapbook".

3.1 Ihre Texte dem jeweiligen Schreibauftrag angemessen strukturieren und gliedern;
3.2 Eigenen kreativen Schreibideen Form und Gehalt geben

Kreative Schreibformen nutzen

Anleitung: Ein Scrapbook gestalten

Grundlage:

📖 Die einfachste Möglichkeit ist, wenn Sie drei DIN-A4-Bögen aus festerem Papier falten, ineinanderlegen und mit einer Kordel binden.

📖 Etwas aufwendiger, aber stabiler und ansprechender sind Kartons als Grundlage. Schneiden Sie aus Verpackungsmaterial 5 Stücke Pappe in etwa DIN A5 aus (vorsichtig mit Cutter, Lineal und Schneidunterlage arbeiten). Lochen Sie diese an der Längs- oder Querseite. Zum Binden gibt es in Bastelläden Ringe oder Sie verwenden Geschenkband oder Schnur.

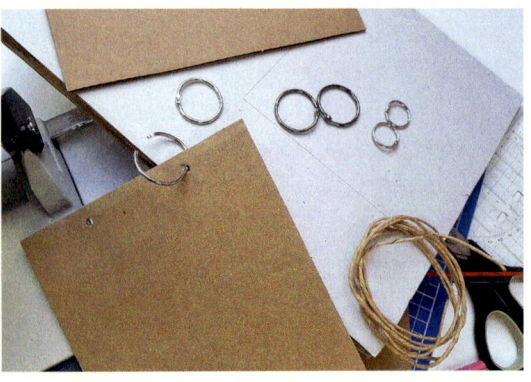

Ausgestaltung:

📖 Es sieht schöner aus, wenn Sie die Pappstücke mit dekorativem Papier beziehen, auch um die Ecken herum. Zum Festkleben eignet sich ein doppelseitiges Klebeband. Briefumschläge können als Einschubtaschen dienen.

📖 Gestalten Sie Umschlagseiten und weitere Seiten zum Erzählen, Schildern und inneren Monolog (Aufgaben dazu auf den nächsten Seiten).

📖 Fügen Sie schöne Überschriften, Verzierungen, Fotos, Zeichnungen und andere dekorative Elemente hinzu. Lassen Sie sich von den Beispielen auf S. 243 anregen.

Kreative Schreibformen nutzen

Eine kurze Reisegeschichte entwerfen

1 a) Vor dem Formulieren Ihrer kurzen Reisegeschichte hilft es, diese zu planen. Nehmen Sie dazu Ihre Notizen aus Aufgabe 1 a) von S. 238 zur Hand und lesen Sie den Tipp.
b) Welche Ihrer Notizen zu Ferienerlebnissen eignet sich für eine Kurzgeschichte? Sprechen Sie in Kleingruppen darüber.

2 a) Entwickeln Sie einen kurzen Schreibplan mit einem groben Handlungsgerüst für Ihre Idee und notieren Sie Stichpunkte.

Schreibplan

Aufbau	Handlungsgerüst
Einstieg	direkter Einstieg: Autofahrt, Anreise, Hitze
Hauptteil	Ziel erreicht, Autobahnausfahrt, Ferienbeginn, Temperaturen Campingplatz, Landschaft, Vorfreude Ankunft, Anmeldung, Blick aufs Wasser ohne Badende
Ziel/Wende	unerwartete Quallenplage
Schluss	Enttäuschung

b) Stellen Sie sich Ihre Schreibpläne in Kleingruppen kurz vor. Geben Sie sich Rückmeldung zu Verständlichkeit und logischem Aufbau.
c) Nehmen Sie die Tipps zum anschaulichen Formulieren von S. 241 zur Hand. Überlegen Sie, wo Sie in Ihrer Geschichte Stilmittel einbauen können, und machen Sie dazu Notizen im Schreibplan.

3 a) Lesen Sie das Beispiel auf der nächsten Seite.
b) Überprüfen Sie mithilfe des Tipps, ob die Geschichte den typischen Aufbau einer Kurzgeschichte aufweist.
c) Gibt es Stellen, die Ihnen gefallen? Könnten Sie sich auch andere Inhalte vorstellen? Sprechen Sie darüber.
d) Suchen Sie nach Stilmitteln, die eingesetzt wurden, und notieren Sie Zeilenangaben:
Z. … : Ellipse
Z. …
e) Vergleichen Sie Ihre Ergebnisse.

> **Tipp**
>
> **Formulieren einer Kurzgeschichte**
>
> Beim Formulieren einer kurzen Reisegeschichte können Sie auch die **formalen Aspekte einer Kurzgeschichte** aufgreifen. Dazu wählen Sie den typischen Aufbau:
> – Eine Kurzgeschichte planen Sie am besten vom Ende aus, überlegen Sie sich zuerst: „Was habe ich Unerwartetes oder Überraschendes erlebt?" Das ist Ihr „Ziel", die **überraschende Wende**, auf die sich das Geschehen **zuspitzt**.
> – Überlegen Sie dann, wie Sie **mitten in die Handlung** springen können. Beginnen Sie **ohne Einleitung**, indem Sie unvermittelt ins Geschehen einsteigen (keine genauen Informationen über Ort, Zeit, Personen und die Situation).
> – Wählen Sie einen **kurzen Zeitabschnitt** für Ihre Handlung und lassen Sie nur **wenige Personen** auftreten.
> – Der Schluss bleibt meist **offen**.

Kreative Schreibformen nutzen

Ins Wasser gefallen

Autobahnausfahrt – Ampel. Ich kurbele das Fenster herunter. Kaum zu glauben – kühle Luft strömt herein. Die Anzeige des Autothermometers meldet hier im Norden an der Küste 23 Grad. Erleichterung. Zu Hause ist der heißeste Sommer seit Langem. Die letzten Schultage waren anstrengend in den heißen, stickigen Klassenzimmern. Endlich nun Ferien. Wir haben einen Wohnwagen gemietet und wollen Nordfrankreich erkunden. Erster Tag auf der Autobahn überstanden! Erst einmal auf dem kürzesten Weg zum Meer fahren, hatten wir beschlossen. Westholland, Versemeer. Ein Binnenmeer, das kommt mir entgegen. Dort ist das Wasser ruhig und ich kann endlich im kühlen Nass planschen. Nur noch wenige Kilometer bis zum Ziel. Wir fahren gemütlich übers Land, der Verkehr der Autobahn liegt hinter uns. Die flache weite Landschaft strahlt Ruhe aus. Nur grüne Weiden, ab und zu ein Gewässer oder Fluss. Aufpassen – da war schon das Hinweisschild für den Campingplatz! Große Fahnen wehen fröhlich im Wind. Schnell einchecken, dann sofort in den Badeanzug, das weiß ich jetzt schon. Als wir mit dem Gespann über den Damm den kleinen Weg herunterfahren, sehe ich, dass der Platz sehr voll ist. Kein Wunder, es ist ja Anfang August! Die Reservierung wird doch geklappt haben?

Da läuft uns schon eine Dame entgegen, sie spricht sogar Deutsch.

Sie nimmt uns freundlich in Empfang und ich erledige alle Formalitäten an der Rezeption. Meine Laune wird immer besser! Beim Blick durch die großen Scheiben liegt das Gewässer glitzernd vor mir. Eigentlich seltsam, gar keine Schwimmer unterwegs. Noch schnell die Erklärung abwarten, wo die Waschräume sind, dann gehe ich hinaus. Ich drehe nach rechts auf den Weg zum Stellplatz, als mir ein Warnschild am Schwarzen Brett ins Auge springt. „Warnung. Im Versemeer kann zurzeit nicht gebadet werden. Kleine Feuerquallen führen zu Verbrennungen und Muskelkrämpfen bei Urlaubern!" Ich stocke.

Was? Wie? Ich lese noch einmal, in der Hoffnung, etwas falsch verstanden zu haben. Nein, stimmt alles. Mein Blick schweift über das Ufer. Jetzt ist mir auch klar, warum hier niemand im Wasser ist. Meine Enttäuschung nimmt mich einen Moment völlig ein. Ich will es nicht wahrhaben. Jetzt setze ich mich erst einmal auf einen Steg am Ufer. Die kühle Luft streift über meine Haut. Ich muss nicht unbedingt schwimmen, es gibt hier genug andere Möglichkeiten.

4 a) Legen Sie Ihren Schreibplan aus Aufgabe 2 a) auf S. 245 vor sich hin und formulieren Sie den Entwurf Ihrer kurzen Reisegeschichte und eine passende Überschrift dazu aus. Sie können die Form der Kurzgeschichte wählen.
   b) Tauschen Sie Ihre Entwürfe untereinander aus und überarbeiten Sie diese. Achten Sie auch auf abwechslungsreichen Ausdruck, korrekte Rechtschreibung und darauf, dass die Merkmale der Textsorte erkennbar sind.
   c) Überarbeiten Sie Ihre Texte. Tippen und speichern Sie diese ab.

Kreative Schreibformen nutzen

Schildern zu einem Reiseerlebnis

1 a) Auch beim Schildern eines Eindrucks Ihrer Reise hilft es, diese zu planen. Lesen Sie dazu die Info.

Info

Schildern von Ereignissen und Situationen

Beim Schildern von Ereignissen und Situationen halten Sie fest, was Sie mit verschiedenen Sinnen in einem *relativ kurzen Augenblick* wahrnehmen können. Dabei treten **Eindrücke** in den **Vordergrund**, während die **Handlung** im **Hintergrund** bleibt. Sie bildet nur den Rahmen.
Beim Vorbereiten einer Schilderung liefert das Sammeln von Eindrücken in einem **Sinnesprotokoll** wichtige Inhalte.

Sinnesprotokoll: Spaziergang im Watt

Sinne	Stichpunkte
👁	kleine Hügel im Sand, Sonnenstrahlen und Dunst
👂	?
👃	?
👄	?
✋	… feiner Sand, fühlt sich fest unter Füßen an …,?
❤	… Spaß

b) Welche Ihrer Ideen aus Aufgabe 1 a) auf der S. 238 eignet sich für eine Schilderung? Sprechen Sie in Gruppen darüber.

2 a) Sie können auch ein Erinnerungsfoto als Ideenanlass für Ihre Schilderung verwenden. Sehen Sie sich folgendes Foto an. Beschreiben Sie mögliche Sinneseindrücke dazu.
b) Ergänzen Sie das Sinnesprotokoll.

c) Sprechen Sie darüber, welche Eindrücke des Sinnesprotokolls folgender Schreibplan enthält:

Aufbau	Ereignisse, Sinneseindrücke
Einstieg	barfuß im Watt, Gefühl an den Füßen …
	Blick nach unten, Wattwürmer …
	feuchte Luft, Geruch nach Algen
	Landschaft im Dunst …
	Sandbucht, Menschen am Strand
	Flut kommt langsam
	Sonnenstrahlen …
Schluss	Blick zurück, Umkehr

d) Welche Eindrücke fallen Ihnen zusätzlich ein?

Kreative Schreibformen nutzen

3 a) Lesen Sie die folgende Schilderung.

Watt unter meinen Füßen
Der feine Sand gibt etwas nach, wenn ich meine Füße langsam abrolle. Dadurch, dass er noch nass ist, fühlt er sich ziemlich fest an. Während ich nach unten sehe, fallen mir viele kleine „Hügel" auf. Sie entstehen durch Ausscheidungen der Wattwürmer. Da kann ich nicht anders, ich laufe jetzt im Zickzack und trete immer auf die lustigen Erhebungen. Dabei achte ich darauf, dass sie immer vorn unter meinem Fußballen liegen und sanft drücken.
Langsam zieht sich der Nebel zurück. Eine seltsame Mischung aus Sonnenstrahlen und Dunst liegt über der weiten Sandbucht. Mit der Ebbe weicht das Wasser, und die Feuchtigkeit aus dem nassen Sand verdunstet. Die Sonne setzt sich immer mehr durch. Gut, dass ich mich eingecremt habe. Hier auf dem feuchten hellen Sand verbrennt man sehr schnell. Ich blicke zurück und sehe den Campingplatz schon weit hinter mir. Wie kleine Farbkleckse liegen die Zelte in den Dünen. Zeit umzukehren.

b) Überprüfen Sie, welche Stichpunkte aus dem Schreibplan der Aufgabe 2c) verwendet wurden.

4 a) Lesen Sie den Tipp zum Schildern.
b) Erinnern Sie sich an eine Situation z. B. mithilfe eines Fotos. Erstellen Sie ein Sinnesprotokoll zu dieser Situation auf Ihrer Reise.
c) Nummerieren Sie die Sinneseindrücke Ihres Protokolls in der Reihenfolge durch, in der Sie sie aufgreifen wollen.
d) Überlegen Sie, wie Sie Ihre Schilderung beginnen und abschließen können.
e) Notieren Sie Stichpunkte in einem kurzen Schreibplan wie z. B. auf S. 247.

5 a) Formulieren Sie einen Entwurf Ihrer Schilderung und eine passende Überschrift aus. Nutzen Sie dabei die Kärtchen mit den Tipps von S. 241, Ihr Sinnesprotokoll und den Schreibplan.
b) Tauschen Sie Ihre Schilderungen untereinander.
c) Zeichnen Sie dort, wo Sinneseindrücke beschrieben wurden, die passenden Symbole an den Rand.
d) Besprechen Sie, ob die Sinneseindrücke deutlich und genau beschrieben wurden.
e) Verbessern Sie Ihren Entwurf. Tippen und speichern Sie ihn für später ab.

Tipp

Schildern

Gehen Sie dabei so vor:
- Achten Sie auf eine **einheitliche Perspektive**. Die Ich-Form bietet sich an, Sie können dabei aber in eine andere Rolle schlüpfen.
- Schreiben Sie im **Präsens**.
- Springen Sie nicht von einem Eindruck zum nächsten, sondern verweilen und beschreiben Sie die **Beobachtungen genau**.
- Vermeiden Sie ein bloßes Aneinanderreihen von Sinneseindrücken, verwenden Sie auch ab und zu **kurze erzählende Passagen**.
- Schildern Sie **unterschiedliche Eindrücke**. Es müssen aber nicht alle Sinne aufgegriffen werden.
- Verwenden Sie **sprachliche Tipps** für einen abwechslungsreichen Ausdruck.
- Führen Sie am **Anfang** kurz in die Situation ein und **schließen** Sie mit einem Ausblick oder einer Gefühlsäußerung den Handlungsrahmen ab.

Kreative Schreibformen nutzen

Gedanken in einem inneren Monolog festhalten

1 a) Erklären Sie in der Klasse die Unterschiede zwischen Dialog, Monolog und innerem Monolog.
b) Überlegen Sie, welches Ihrer Reiseerlebnisse sich für einen inneren Monolog eignet. Lesen Sie dazu auch die Info.
c) Notieren Sie Ihre Ideen in einem kurzen Schreibplan. Die Tabelle rechts als Beispiel hilft Ihnen als Anhaltspunkt.

Info

Einen inneren Monolog verfassen

Ein innerer Monolog kommt in literarischen Texten häufig vor. Durch Gedanken oder Erinnerungen quasi in einem Selbstgespräch kann sich der Leser sehr gut in Figuren hineinversetzen.

Kennzeichen eines inneren Monologs:
- Die Erzählform ist in der Regel die **Ich-Form**.
- Ein innerer Monolog wird überwiegend im **Präsens** verfasst.
- Wenn Sie keinen eigenen inneren Monolog, sondern den einer anderen Person verfassen sollen, ist es wichtig, sich genau in diese **hineinzuversetzen**.
- Als **sprachliche Mittel** eignen sich aneinandergereihte Ellipsen, Gedankensprünge, Metaphern, auch Fragen und Ausrufe.

Hilfsfragen	*Mögliche Inhalte*
Ausgangssituation:	
Wo?	Bäckerei Frankreich
Welche Gefühle?	unsicher, keine Französischkenntnisse
Ablauf in der Situation:	
Welches Erlebnis?	Brot einkaufen
Handlungsschritte?	Begrüßung, Versuch, Herumstottern, Gestikulieren
Gedanken, Gefühle?	Unsicherheit, Mut fassen
Ausgang:	
Entschluss, Plan, Ausblick, Hoffnung, Befürchtung?	Zurückgehen, Kaffee kochen

2 a) Die Notizen aus der Tabelle rechts wurden auf der nächsten Seite zu einem inneren Monolog ausformuliert. Lesen Sie diesen.
b) Besprechen Sie, in welchen Zeilen welche Stichpunkte versprachlicht wurden.
c) Überprüfen Sie anhand der Kärtchen auf S. 241, an welchen Stellen Stilmittel eingesetzt wurden. Notieren Sie Beispiele und Zeilennummern.

3.2 Ein dem Schreibauftrag angemessenes Stoffsammlungsverfahren für die Konzeption eigener Texte verwenden; Eigenen kreativen Schreibideen Form und Gehalt geben

Kreative Schreibformen nutzen

Klappt auch ohne Französischkenntnisse!

Tatsächlich! Dort in dem alten Steinhaus entdecke ich eine kleines Schaufester. Darüber hängt ein Schild in kunstvoll geschwungener Schrift. Ich buchstabiere: "Boulangerie". Da gibt es sicher knuspriges Baguette. Zu dumm, dass ich
5 *kein Wort Französisch spreche. Egal, Mut fassen, hineingehen! Es gibt ja schließlich immer noch Englisch! „Bonjour Madame, … ke … wu … wu … ?" Waas?? Hilfe!! Das geht ja gut los, am besten, ich lächle einfach. Ich stottere auf Englisch hervor, was ich möchte. Versteht sie nicht,*
10 *schaut mich ungläubig an. Okay, wozu gibt es Hände, ich deute und gestikuliere. Klappt, das leckere Baguette wandert in die Tüte. Oh, das Hefegebäck fesselt meinen Blick. Typisch, du kaufst immer zu viel ein. Trotzdem, sie tippt den Preis gerade in die*
15 *Kasse. Jetzt kann ich noch der hübschen Keksdose vor mir nicht widerstehen. Wäre das nicht eine schöne Erinnerung? Ja! Ich greife zu. So, jetzt aber zurück zum Campingplatz und frühstücken!*

3 a) Legen Sie Ihren Schreibplan aus Aufgabe 1 c) sowie die Kärtchen zu den Stilmitteln von S. 241 neben sich und formulieren Sie den Entwurf zu Ihrem inneren Monolog aus.
b) Tauschen Sie Ihre Ergebnisse aus und geben Sie sich Rückmeldungen zu gut gelungenen Stellen bzw. machen Sie ggf. Verbesserungsvorschläge. Begründen Sie Ihre Meinung.
c) Tippen Sie Ihren Entwurf ab und speichern Sie diesen.

4 a) Formatieren Sie nun Ihre Texte in schönen Schriften und dem passenden Layout und speichern Sie diese.

b) Beim Formulieren und Tippen schleichen sich schnell Rechtschreibfehler ein. Sprechen Sie darüber, wie Sie Ihre Texte überarbeiten können.
c) Sehen Sie sich die Abbildung auf der nächsten Seite an.
d) Klären Sie, weshalb manche Wörter mit einer Wellenlinie unterstrichen sind.

5 a) In Textverarbeitungsprogrammen kann man eine Grammatik- und Rechtschreibprüfung vornehmen lassen. Sprechen Sie über die Inhalte und Funktionsweise des Kastens auf S. 251 oben.
b) Bei einigen Textstellen hilft die Autokorrektur nicht. Finden Sie die Textstellen und erklären Sie das Problem.

Kreative Schreibformen nutzen

Klappt auch ohne Französischkenntnisse!

Tatsächlich! Dort in dem alten Steinhaus entdecke ich eine kleines Schaufester. Darüber hängt ein
Schild in kunstvoll geschwungener Schrift. Ich buchstabiere: „Boulangerie". Da gibt es sicher
knuspriges Baguette. Zu dumm, das ich kein Wort Französisch spreche. Egal, Mut fassen,
hineingehen! Es gibt ja schließlich immer noch Englisch!
„Bonjour Monsieur, … ke … wu … wu …?" Waas?? Hilfe!! Das geht ja gut los, am besten, ich lächle
einfach. Ich stottere auf Englisch hervor, was ich möchte. Versteht er nicht, schaut mich ungläubig
an. Okay, wozu gibt es Hände, ich deute und gestikuliere. Klappt, das leckere Baguette wandert in die
Tüte. Oh, das Hefegebäck fesselt meinen Blick. Typisch, du kaufst immer zu viel ein. Trotzdem, er
tippt den Preis gerade in die Kasse. Jetzt kann ich noch der hübschen Keksdose vor mir nicht
widerstehen. Wäre das nicht eine schöne Erinnerung? Ja! Ich greife zu. So, jetzt aber zurück zum
Campingplatz und frühstücken!

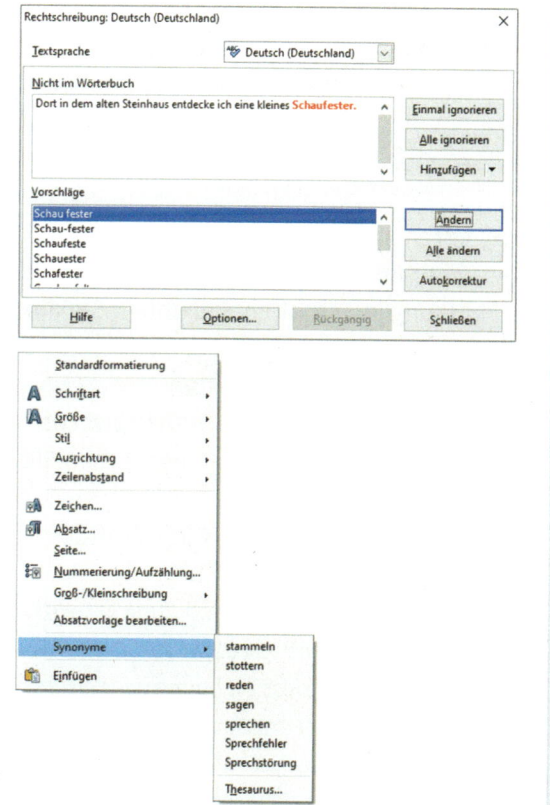

c) Der Text enthält zwei Rechtschreibfehler, die das Programm nicht gefunden hat. Suchen Sie diese und begründen Sie, weshalb dies so ist.

6 Ein Rechtschreibprogramm kann Ihnen auch helfen, sich abwechslungsreich auszudrücken. Erklären Sie den Kasten oben. Der Tipp hilft Ihnen dabei.

7 a) Überarbeiten Sie Ihre Texte.
b) Gestalten Sie nun für Ihr Scrapbook eine Deck- und eine Rückseite. Die von Ihnen verfassten Texte können Sie z. B. in gebastelte Einschubtaschen oder Briefumschläge stecken, die Sie auf die Innenseiten kleben. Illustrieren Sie die Innenseiten mit Fotos, Verzierungen oder kleinen Skizzen.

Tipp

Beim Überarbeiten von Texten am Computer können Sie Hilfen nutzen:

- Markierte Wörter können mithilfe der Funktion „Grammatik und Rechtschreibung" überprüft werden.

- Eine Synonymfunktion des Programmes lässt sich aufrufen, indem das betreffende Wort markiert und mit der rechten Maustaste angeklickt wird.

- Vorsicht: Manche Fehler werden vom Programm nicht erkannt, z. B. Eigennamen oder manche Fremdwörter. Außerdem übersieht das Programm die falsche Schreibung, wenn ein Wort in einem anderen Textzusammenhang richtig geschrieben wäre (*die Strahlen – strahlen*).

Sprache untersuchen

Abwechslungsreich formulieren

In diesem Kapitel festigen Sie Ihr sprachliches Ausdrucksvermögen, indem Sie gezielt sprachliche Strukturen wiederholen sowie in eigenen Texten erproben und sich mit verschiedenen Sprachvarietäten auseinandersetzen.

1 a) Lesen Sie nachfolgende Einleitung zu einer Argumentation. Es sind Wortwiederholungen enthalten. Benennen Sie diese.
b) Überlegen Sie gemeinsam, warum diese vermieden werden sollten.
c) Sammeln Sie Vorschläge für abwechslungsreiche Formulierungen. Lesen Sie hierzu auch die Info.
d) Überarbeiten Sie den Text schriftlich.

Man weiß heute, dass der Mobilfunk in Deutschland eine Reichweite von 95,5 Prozent hat. Laut Statistischem Bundesamt haben wiederum mehr als 95 Prozent der Haushalte ein Smart-
5 *phone oder ein Handy. Umfragen kommen zu dem Ergebnis, dass Smartphones im Bereich der mobilen Kommunikation heute den Hauptanteil haben. So beruft man sich beispielsweise bei dem Online-IT-Magazin heise.de auf eine Bitkom-*
10 *Umfrage, der zufolge man in Deutschland bei knapp 80 Prozent der Bevölkerung die regelmäßige Nutzung eines Smartphones ermittelt hat. Aus diesen Zahlen kann man ableiten, welche große Akzeptanz Smartphones haben. In einer*
15 *weiteren Umfrage von Bitkom kommt man zu dem Ergebnis, dass vor allem bei der Kommunikation in den sozialen Netzwerken Smartphones eine Schlüsselrolle einnehmen. Dabei muss man als Smartphonenutzer aber damit rechnen, dass*
20 *die eigenen Daten von Hintergrundapps gezielt analysiert werden. Besonders in diesem Zusammenhang stellt man sich deshalb die Frage, was man als Nutzer eines Smartphones beachten sollte, damit man seine eigene Privatsphäre schützt.*

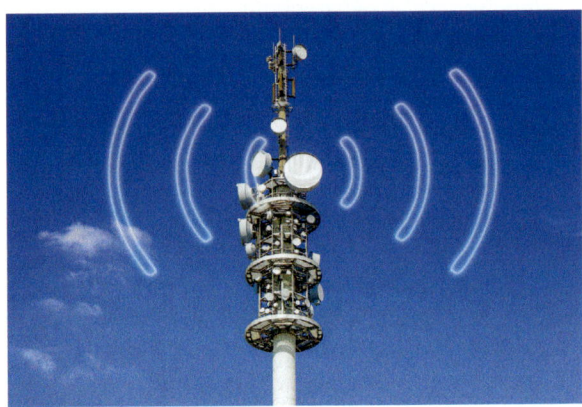

Info

Wiederholungen lassen Texte einförmig und langatmig klingen. Das wird vermieden, wenn man z. B. Synonyme oder Pronomen einsetzt. Beispiel: Anstatt des Wortes Smartphone *Handy*, *Mobiltelefon*, *dieses* oder *es* … einsetzen. Auch **Veränderungen im Satzbau oder die Verwendung von Passivkonstruktionen** sorgen für sprachliche Abwechslung, z. B.:
Eine Umfrage in der Bevölkerung … →
Die Bevölkerung wurde befragt …
Dies zeigt, welche große Akzeptanz die Smartphones haben. → Dies zeigt die große Akzeptanz dieser digitalen Mobiltelefone.

Tipp

Anstatt das Wörtchen *man* zu gebrauchen, überlegen Sie, für wen es stellvertretend steht. Zum Beispiel: Man weiß oft gar nicht, welches Gerät für einen das richtige ist.
→ Viele Verbraucher wissen oft gar nicht, welches Gerät für sie das richtige ist.

Sprache untersuchen

Mithilfe von Konjunktionen Zusammenhänge herstellen

1 Setzen Sie in den Text passende Konjunktionen ein. Die Info hilft Ihnen.

In unserer Demokratie ist es wichtig, ✱ sich jeder Einzelne für das Alltagsgeschehen in Politik und Gesellschaft interessiert. ✱ nur wer auf dem Laufenden ist, kann mitreden. ✱ viele Medien heutzutage Informationen leicht zugänglich machen, nutzen junge Menschen diese oft zu wenig. ✱ man sich aber regelmäßig mit Nachrichten aus aller Welt auseinandersetzt, kann man sich leichter eine Meinung bilden und diese vertreten. ✱ unsere Gesellschaft mündige Bürger braucht, sollte sich jeder Bürger verpflichtet fühlen, sich zu informieren. ✱ bereits in der Epoche der Aufklärung die Forderung aufgestellt wurde, ✱ der Mensch seinen Verstand gebrauchen sollte, sollte es uns modernen Menschen selbstverständlich sein, dies zu tun. ✱ mit dem Smartphone ist dies ein Leichtes.

2 a) Finden Sie Fehler bei den verwendeten Konjunktionen.

Ich recherchiere im Internet, als ich morgen einen Kurzvortrag halten muss. Doch die Informationen sollen tagesaktuell sein. Wie ich ein interessantes Thema gefunden habe, beginne ich, eine Präsentation zu gestalten. Wenn ich mich mit dem Thema immer intensiver beschäftige, finde ich immer neue, interessante Details heraus. Ich bin sicher, damit es morgen ein interessanter Vortrag wird.

b) Schreiben Sie den Text verbessert in Ihr Heft.

3 Bilden Sie aus den vorgegebenen, nebenstehenden Wortbausteinen Satzreihen bzw. Satzgefüge mit bestimmten Sinnzusammenhängen. Beachten Sie dafür die Angabe in Klammern.

Info

Konjunktionen helfen, gedankliche Zusammenhänge herzustellen. Je nach verwendeter Konjunktion können unterschiedliche Satzstrukturen entstehen:

1. **Satzreihen (Parataxen)**

Verwenden Sie u. a. die Konjunktionen *und, aber, oder, denn, doch, sondern, sowie*. Setzen Sie, wo es nötig ist, ein Komma!

2. **Satzgefüge (Hypotaxen)**

Nutzen Sie Konjunktionen wie *als, nachdem* (temporal), *weil, da* (kausal), *indem, wie* (modal), *obwohl* (konzessiv), *dass, damit* (final), *wenn, falls* (konsekutiv) ... Trennen Sie Haupt- und Nebensatz durch Komma ab.

---

das Internet viele Informationen bieten – Auswahl der richtigen Daten und Fakten nicht immer leicht (konzessiv)

Informationen auf verschiedenen Seiten recherchieren müssen – nicht immer alle Daten korrekt (kausal)

unterschiedliche Seiten vergleichen – Falschinformationen erkennen können (modal)

peinlich sein können – Falschinformationen glauben und ungeprüft weitergeben (konsekutiv)

Sprache untersuchen ▶

Schachtelsätze auflösen

1 a) Untersuchen Sie folgenden Auszug aus einem Schüleraufsatz im Hinblick auf den Satzbau. Besprechen Sie Auffälligkeiten.

Datenschutz beginnt beim Smartphone damit, das Gerät gegen Zugriff von außen zu schützen, indem man eine PIN zur Deaktivierung der Bildschirmsperre, was das Minimum an Sicherheits-
5 *vorkehrung darstellt, oder durch das Festlegen eines Wischmusters oder der Fingerabdruckscan bieten in diesem Zusammenhang noch einmal ein Mehr an Sicherheit. Auch sollte man im Bereich der Gerätesicherung gut überlegen, ob man*
10 *beispielsweise den Zugriff auf die eigene Kamera, was bei der Nutzung vieler Apps gefordert wird und laut www.handysektor.de eine Gefahr darstellt, die nicht unterschätzt werden sollte, weil der Nutzer eventuell über den Kamerazugriff*
15 *ausspioniert wird, das stellt einen Eingriff in die Privatsphäre dar, den man durch Sicherheitsmaßnahmen und eine umsichtige Smartphonenutzung vermieden wird.*

b) Überarbeiten Sie den Text im Heft. Lösen Sie die fehlerhaften Schachtelsätze auf. Lesen Sie dazu vorab die Info.

> **Info**
>
> Sogenannte **Schachtelsätze** bergen **Fehlerquellen** und erschweren den Lesefluss und das Textverständnis. Kürzere Sätze und abwechslungsreiche Formulierungen erleichtern hingegen das Textverständnis. Schachtelsätze lassen sich **auflösen**, indem man z. B. Nebensätze in Hauptsätze verwandelt und einen neuen Satz beginnt. Eine **gedankliche Verknüpfung** gelingt durch den Einsatz passender **Konjunktionen** (vgl. S. 253) oder **Pronominaladverbien** (vgl. S. 257).

2 a) Führen Sie ein weiteres Argument zum Thema „Maßnahmen zum Schutz der Privatsphäre bei der Smartphonenutzung" aus. Nutzen Sie die Behauptung „Durch sichere Passwörter wird der Schutz der Privatsphäre erhöht". Recherchieren Sie dazu ggf. notwendige Hintergrundinformationen.

b) Überprüfen Sie, ob Ihr Argument sprachlich abwechslungsreich und in überschaubaren Sätzen verfasst ist.

> **Tipp**
>
> Denken Sie beim Verfassen eigener Texte schon beim Schreiben daran, **überschaubare Sätze zu bilden**. Ermahnen Sie sich selbst, öfter einen Punkt zu setzen. Lesen Sie sich nach dem Verfassen zur **Kontrolle** Ihre eigenen Texte nach Möglichkeit laut vor. Achten Sie beim Hören gezielt darauf, ob Ihr **Text flüssig lesbar** ist, und achten Sie auf Fehler. Überlegen Sie ggf., wo sinnvoll **Sprechpausen** gesetzt werden können, um die **Satzgrenzen** zu ermitteln. An diesen Stellen kann oft auch **ein neuer Satz** begonnen werden. Wenn Sie während einer Prüfung nicht laut lesen können, lesen Sie sich Ihr Geschriebenes innerlich ganz bewusst vor, indem Sie zwar die Lippen bewegen, aber nur in Gedanken sprechen.

Durch Adverbien präzise formulieren

1 Die Aussagen aus dem folgenden Argument können mithilfe von Adverbien präziser formuliert werden. Setzen Sie passende Adverbien aus der Info rechts ein.

> **Info**
>
> **Adverbien** können **modale, kausale, temporale** sowie **lokale Verhältnisse** verdeutlichen und so die **Aussagekraft** von Texten erhöhen.
> Satzverbindende Adverbien verbinden wie manche Konjunktionen **zwei Hauptsätze** miteinander. Dabei stellen sie diese beiden Hauptsätze in eine **Beziehung** (z. B. temporal, lokal, kausal). Gleichzeitig sind sie ein Signal, dass der zweite Hauptsatz beginnt, der zum ersten Hauptsatz durch **einen Punkt oder ein Komma getrennt** werden muss. Satzverbindende Adverbien sind zum Beispiel: *allerdings, also, außerdem, bereits, besonders, dann, dort, einerseits … andererseits, entgegen, folglich, gegebenenfalls, immer wieder, manchmal, oft, später, zunächst …*

Das Internet ist inzwischen zu einem wichtigen Bestandteil unseres Lebens geworden. ✻ bietet es zahlreiche Möglichkeiten zu kommunizieren, ✻ , um sich zu informieren. ✻ unterschätzen viele
5 auch die Gefahren, die mit dem Netz verbunden sind. ✻ werden von zahlreichen Menschen sensible Daten veröffentlicht, die man ✻ nicht mehr löschen kann, weil im Netz Daten meist sehr schnell geteilt und somit vervielfältigt werden. ✻ sollte
10 man immer gut überlegen, was unbedenklich veröffentlicht werden kann. ✻ kann es nicht geschehen, dass man es ✻ bereut, bestimmte Dinge verbreitet zu haben. Denn ✻ fallen solche Dinge zum Beispiel bei Bewerbungen auf einen zurück. ✻ kommt
15 es vor, dass Personalchefs nach einem Bewerber recherchieren und ✻ Dinge über diese herausfinden, die einer Einstellung im Wege stehen.
Ein wichtiger Faktor dabei ist ✻ der Datenschutz. Dieser verhindert, dass personenbezogene Daten
20 wie Name, Geburtsdatum und Telefonnummer und das Aussehen einer Person z. B. durch ein Foto ungefragt gespeichert werden.
Dazu kann man selbst viel beitragen:
✻ sollte man selbst klar kommunizieren, welche
25 Daten oder Fotos z. B. nicht im Internet veröffentlicht werden sollen, ✻ sollte man auch die Rechte von anderen beachten, wenn man Fotos im Internet postet. Denn was einmal im Internet ist, verbleibt dort und man kann ✻ nur mit viel Aufwand
30 entsprechende Daten entfernen lassen. ✻ hilf mit, schütze deine Daten!

Sprache untersuchen

Mit Präpositionen klare Verhältnisse schaffen

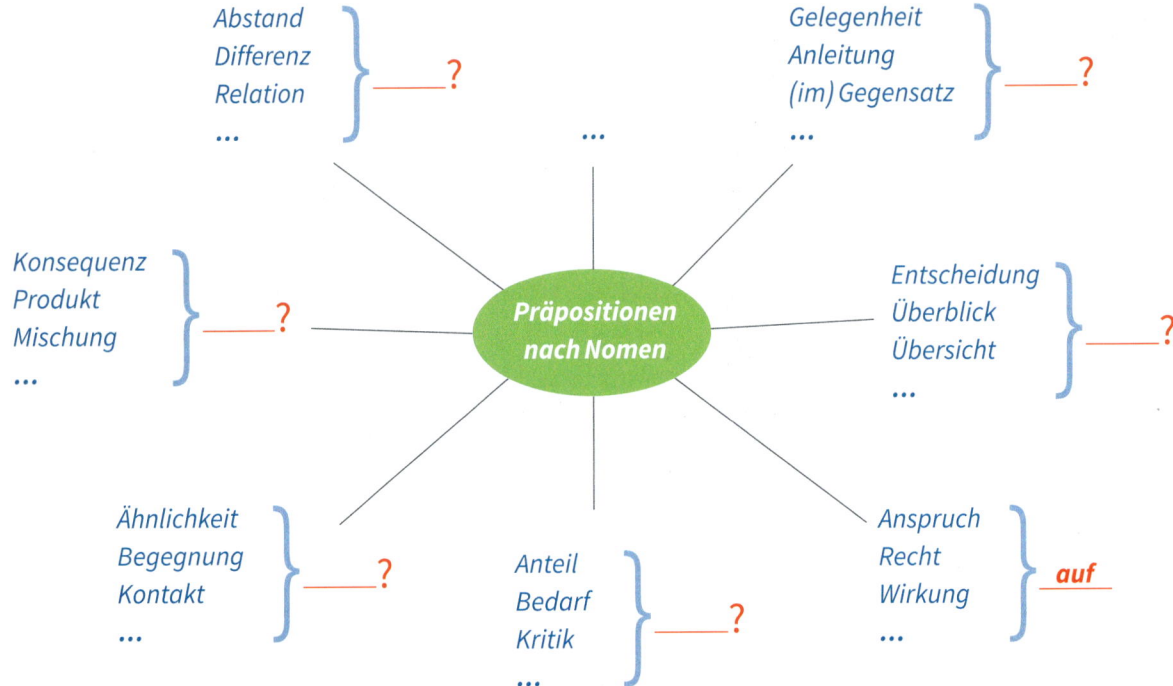

1
a) Übernehmen Sie die Mindmap oben in Ihr Heft.
b) Ordnen Sie die folgenden Präpositionen den jeweils an einem Ast der Mindmap aufgelisteten Nomen zu.
auf – aus – zwischen – mit – an – über – zu

c) Notieren Sie an einigen Ästen der Mindmap jeweils zusätzliche passende Nomen.
d) Finden Sie weitere Präpositionen, die mit Nomen feste sprachliche Wendungen bilden, und ergänzen Sie die Mindmap um zusätzliche Äste.
e) Bilden Sie zu jedem Ast Beispielsätze und vergleichen Sie Ihre Ergebnisse.
auf: Jeder Jugendliche in Deutschland hat Anspruch auf Bildung. …

Info

In vielen **festen sprachlichen Wendungen** kommt es darauf an, die richtige **Präposition** zu verwenden.
Präpositionen tragen dazu bei, sprachlich **klare Verhältnisse** zu schaffen und **gedankliche Zusammenhänge** korrekt darzustellen. Präpositionen bestimmen **den Fall des nachfolgenden Nomens**. Dies kann der Genitiv, Dativ oder Akkusativ sein. Deshalb muss man auch bei zugehörigen Artikeln, Adjektiven, Pronomen etc. auf die korrekte Endung achten, sonst entstehen gegebenenfalls Fehler.
Beispiel:
in mit Dativ: Er lebt in ein**er** groß**en** Stadt.
in mit Akkusativ: Sie möchte zur Ausbildung in ein**e** groß**e** Stadt gehen.

Sprache untersuchen ▶

2 Finden Sie im folgenden Text die Stellen, an denen falsche Präpositionen gesetzt wurden. Verbessern Sie den Text im Heft.

Viele junge Menschen üben Kritik gegen ältere Menschen. Sie werfen ihnen vor, bei der Umwelt zu unüberlegt umzugehen. Bei Klimademonstrationen geraten sie oft in Widerspruch gegen die
5 *ältere Generation. Eltern müssen sich immer wieder über den Vorwurf ihrer Kinder auseinandersetzen, sich nicht genug bei dem Umweltschutz zu interessieren. Als Identifikationsfiguren mit der Klimabewegung treten daher oft junge Men-*
10 *schen an den Mittelpunkt. Ihre Mahnungen vom umweltbewussten Handeln richten sie auf Politiker weltweit. Es ist wichtig, deren Appelle ernst zu nehmen und mit den jungen Menschen zu lernen.*

3 a) Lesen Sie die Info und schreiben Sie für jede der folgenden Verbindungen aus Präposition und Verb einen Beispielsatz in Ihr Heft.

> abhängen von – achten auf – appellieren an – sich ärgern über – beginnen mit – sich beklagen bei (Person)/über (Sache) – sich bemühen um – (jdn.) bitten um – (jdm.) danken für – denken an – diskutieren mit/über – sich entschuldigen bei/für – sich erinnern an – sich erkundigen bei/nach – (jdn.) fragen nach – sich freuen auf/über – etwas sehen in – handeln von – (Blick) richten auf – reagieren auf – tendieren zu

b) Betrachten Sie folgende Beispielsätze in der nächsten Spalte, in denen die Wendung „abhängen von" auf unterschiedliche Weise in einem Satz verwendet wurde. Lesen Sie ergänzend dazu die Info.

c) Beschreiben Sie den Unterschied.

Von meinem Fleiß hängt mein Erfolg in der Abschlussprüfung ab.

Mein Erfolg in der Abschlussprüfung hängt davon ab, wie fleißig ich bin.

Mein Erfolg in der Prüfung hängt davon ab, fleißig zu sein.

Wovon mein Erfolg in der Abschlussprüfung abhängt, ist mir bewusst.

Info

Eine Präposition kann durch die Zusammensetzung mit da(r)- oder wo- in ein **Pronominaladverb**, z. B. *daran, damit, dazu, woran, womit, wozu*, umgewandelt werden.

Pronomialadverbien geben einen Hinweis auf einen Sachverhalt. Häufig fordern sie eine nachfolgende Erklärung in einem Nebensatz oder einem satzwertigen Infinitiv, z. B.:
sich freuen auf → Er *freut* sich **darauf**, zu Beginn seiner Ausbildung eine eigene Wohnung zu beziehen.

etwas sehen in → Er *sieht* **darin** einen Vorteil, in der Nähe des Arbeitsplatzes zu wohnen.

→ Das erspart die Anschaffung eines Autos, **worin** auch ein Beitrag zum Umweltschutz zu sehen ist.

d) Variieren Sie zehn der in Aufgabe 3 a) formulierten Beispielsätze, indem Sie den jeweiligen Sinnzusammenhang durch den Einsatz von Pronominaladverbien hervorheben.

Sprache untersuchen

Satzstrukturen und deren Wirkung unterscheiden

1 a) Lesen Sie die Geschichte „Der Neue".

Der Neue

Da war er wieder! Da stand er wieder um 7 Uhr an der Bushaltestelle. Erst seit ein paar Tagen fiel er mir auf. Er musste neu in der Gegend sein. Sein Blick war starr auf die Straße gerichtet. Mein freundliches
5 Nicken nahm er gar nicht wahr. Wie unhöflich war der denn! Der Bus kam. Schnell sprang ich hinein. Ich hatte die Begegnung schon wieder vergessen. Ich beschäftigte mich mit meinem Handy. Dann schaute ich auf. Und da fiel es mir zum ersten Mal auf. Vor-
10 sichtiges Tasten entlang der Sitze. Zögerliche Schritte. Starrer Blick. Jetzt, ein freier Platz. Natürlich!
Am nächsten Morgen sah ich ihn wieder, wie er mit unbeweglicher Miene an der Bushaltestelle stand. Als ich mich ihm näherte, spürte ich, dass er zu lau-
15 schen schien. Ich räusperte mich verlegen, bevor ich laut und deutlich „Hey!" sagte. Und da ging ein Lächeln über sein Gesicht, während er mir den Kopf zuwandte.

b) Fassen Sie den Inhalt der Geschichte mit eigenen Worten knapp zusammen.
c) Was möchte die Autorin mit dieser Geschichte aussagen? Besprechen Sie sich zu zweit.

2 Untersuchen Sie die sprachliche Gestaltung des Textes im Hinblick auf den Satzbau.
a) Nehmen Sie begründet Stellung zu folgender Aussage aus einer Beschreibung sprachlicher Besonderheiten:
„Bei dem Text ist auffällig, dass unterschiedliche Satzstrukturen den Text in drei Teile untergliedern."
b) Besprechen Sie, welche Wirkung in den drei Abschnitten jeweils durch den Satzbau erzielt wird. Beziehen Sie dabei auch die inhaltlichen Zusammenhänge mit ein. Lesen Sie hierzu die Info.

Info

Durch die Verwendung **unterschiedlicher Satzstrukturen** kann man die Wirkung des Textes auf den Leser beeinflussen.
Satzreihen (Parataxen) können beispielsweise Aussagen betonen und etwas im Detail beschreiben. Texte, die fast ausschließlich aus Satzreihen bestehen, wirken aber einförmig.
Satzgefüge (Hypotaxen) können Zusammenhänge näher erläutern und deren gedankliche Verbindung deutlich machen. Es ist wichtig, Satzgefüge in überschaubarer Länge zu formulieren. Komplizierte Schachtelsätze erschweren das Verständnis. Mithilfe von **Ellipsen** können Aussagen auf das Wesentliche verkürzt werden und dieses betonen. Durch sie wird oftmals auch eine Stimmung des Verfassers, z. B. Eile, Angst, Ärger ..., realitätsnah zum Ausdruck gebracht. Lässt man die Figur in Ellipsen sprechen, so wirkt dies alltagsnah und kann z. B. die Aufregung des Sprechers verdeutlichen.
Wörtliche Rede erzeugt Lebendigkeit.
Die Wirkung von Satzstrukturen ist aber immer kontextbezogen.

Sprache untersuchen

3 Sammeln Sie in der Klasse Ideen für eine Fortsetzung der Geschichte. Notieren Sie neben der inhaltlichen Idee auch sprachlich passende Kriterien. Der Inhalt sollte durch den Satzbau gestützt werden. Lesen Sie ggf. noch einmal in der Info nach.

4 Beurteilen Sie die unterschiedlichen Anfänge A bis C derselben Fortsetzung der Geschichte im Hinblick auf die Wahl der Satzstrukturen. Beziehen Sie in Ihre Überlegungen die Info sowie Ihre Ergebnisse aus Aufgabe 3 mit ein.

A *„Guten Morgen!" Seine Stimme klang zögerlich, als würde er mir noch nicht trauen. Und dann, als müsste ich beweisen, dass ich es ernst meinte, redete ich weiter. Mir schossen all die Worte, die*
5 *sich in den letzten Tagen in meinem Kopf gesammelt hatten, nur so aus dem Mund. Ich erzählte ausführlich von meinen Beobachtungen. Lars, so stellte er sich vor, strahlte mich an, während ich immer weiterredete. Als ich ihm gestand, dass ich*
10 *ihn für ziemlich unfreundlich gehalten hatte, wurde er etwas traurig. Die meisten Leute würden ihn meiden, da sie oft nicht wüssten, dass er sie nicht sehen kann. Die Armbinde trage er nicht gerne, weil er sich dann immer so anders vor-*
15 *komme. In dem Moment kam der Bus. Diesmal sprang ich nicht so schnell hinein, sondern ging etwas langsamer vor Lars her. Beim ersten freien Doppelsitz stupste ich ihn an. Gemeinsam setzten wir uns und ahnten, dass heute ein besonde-*
20 *rer Tag war.*

B *Ein zögerliches „Hallo!". Schnell redete ich weiter. Ich erzählte von den vergangenen Tagen. Lars strahlte. Ich gestand meinen Ärger über seine vermeintliche Unhöflichkeit. Alles sprudelte*
5 *aus mir heraus. Irgendwie musste ich es wiedergutmachen. Lars nickte traurig: „Ach, die olle Armbinde!" Er mochte sie nicht. Er wollte nicht anders sein. Ich spürte seine Unzufriedenheit. Beim Einsteigen in den Bus wurde ich ruhiger, so*
10 *als ob ich eine wichtige Entscheidung getroffen hätte. Ich ging langsam vor Lars her und beim ersten freien Doppelsitz stupste ich ihn an: „Hier!" Während wir uns lachend auf die Bank fallen ließen, wurde es uns bewusst. Heute war*
15 *ein besonderer Tag.*

C *Ich hätte mich ohrfeigen können. Wie peinlich! Blind – wir alle beide! Schnell sprach ich weiter. Ich musste es vor mir selbst wieder geraderücken. Lars strahlte. Leuchtende Augen. Hoffend.*
5 *Ich war ehrlich. Ich erzählte ihm über meinen Ärger. Über seine vermeintliche Unhöflichkeit. Sein Blick wurde plötzlich traurig: „Klar, die fehlende Armbinde. Das olle Ding! Wie ein Stempel." Da kam der Bus. Heute stieg ich ganz langsam ein,*
10 *damit Lars mir folgen konnte. Ich fand einen freien Zweisitzer, stupste ihn an und erleichtert lachend ließen wir uns auf den Sitz fallen. Welch ein Tag!*

5 Verfassen Sie eine eigene Fortsetzung zu der Kurzgeschichte auf S. 258.

4.2 Die bekannten sprachlichen Strukturen weitgehend fehlerfrei gebrauchen, Kenntnisse für das Verfassen eigener Texte nutzen; Zusammenhänge zwischen sprachlich-stilistischer Gestaltung und Wirkung bzw. Funktion für die Textkohärenz reflektieren

Sprache untersuchen

Fremdwörter und ihre Tücken

1 Betrachten Sie die Karikatur und tauschen Sie sich aus, welches Problem im Umgang mit Fremdwörtern humorvoll dargestellt wird.

2 a) Lesen Sie den folgenden Text.

Über das Intrigieren fremder Wörter

In Gelsenkirchen gibt es nicht bloß Schalke, sondern auch ein Amphibientheater. So sagt meine Nachbarin Frau Jackmann, und die muss es wissen. Meine Bemühungen um die deutsche Spra-
5 **che seien zwar ehrenvoll, sagt sie, aber letztlich doch eine Syphilisarbeit.**

Von Bastian Sick

„Konkurenz ist für uns ein Fremdwort", steht im Schaufenster eines Berliner Textilgeschäfts zu le-
10 sen, und man glaubt es dem Besitzer sofort, wenn man berücksichtigt, wie er das Wort „Konkurrenz" geschrieben hat. Weniger glaubhaft ist die Anzeige eines Regalherstellers, in der behauptet wird: „Ästhetik trifft Inteligenz".
15 Fremdwörter stellen uns immer wieder vor besondere Herausforderungen. Man kann sie verkehrt buchstabieren, ihre Bedeutung missinterpretieren, sie falsch aussprechen (viele Menschen brechen sich regelmäßig bei dem Wort „Authentizität" die Zunge, sodass oft nur „Authenzität" herauskommt) – und vor allem kann man sie leicht verwechseln. Während der Fußball-WM hörte und las man häufig das Wort „Stadium", wenn „Stadion" gemeint war. Einmal stolperte ich auch über das Wort „Erfolgscouch". Das war allerdings nicht in einem Ikea-Katalog, sondern in einem Bericht über den erfolgreichen Coach der Schweizer Nationalmannschaft.
Meine Freundin Sibylle ist im Verwechseln von Fremdwörtern eine wahre Virtuosin. Sie würde vermutlich sagen: eine Virtologin. Wo ich „euphemistisch" sage, sagt sie „euphorisch". Wo ich konzentrische Kreise sehe, sieht sie „konzentrierte Kreise". […] Immer wieder bringen sie die verflixten Fremdwörter „in die Patrouille". […]
Als vor ein paar Jahren der Rinderwahn umging, erzählte ich Sibylle, dass man im Bioladen bei mir um die Ecke „Götterspeise ohne Gelantine" bekommen könne. Da brach sie in schallendes Gelächter aus und verbesserte mich: „Das heißt Gelatine!" – „Tatsächlich? Dann habe ich dem Knochenpulver mein Leben lang zu viel Galanterie beigemischt." – „Siehst du, auch dir passiert mal ein Flapsus", stellte Sibylle mit Genugtuung fest. „Gegen Irrtümer ist niemand gefeit!", pflichtete ich ihr bei. „Stimmt", erwiderte Sibylle vergnügt, „nicht mal eine Konifere wie du!"

b) Legen Sie im Heft eine zweispaltige Tabelle an, in der Sie links die hellblau markierten Fremdwörter in korrekter Schreibweise notieren.

c) Klären Sie bei den grün markierten Fremdwörtern jeweils, welche inhaltliche Verwechslung vorliegt, und ergänzen Sie die Wörter in der linken Tabellenspalte.

d) Recherchieren Sie die Bedeutung der gesammelten Wörter und ergänzen Sie diese in der rechten Spalte der Tabelle.

Sprache untersuchen

3 a) Lesen Sie weitere Aussagen von Bastian Sick zum Thema Fremdwörter.

Fremdwörter – problematisch oder hilfreich?

Fremdwörter sind ein fester Bestandteil unserer Sprache. Ohne sie wäre unsere Sprache deutlich ärmer und wir könnten viele Dinge gar nicht ausdrücken. Ohne Fremdwörter hätten wir nicht einmal eine Nase, denn die kommt vom lateinischen Wort „nasus". Der Versuch der Nazis, das Wort „Nase" durch das deutsche (Kunst-)Wort „Gesichtserker" zu ersetzen, zeigt, wie unsinnig und engstirnig die pauschale Ablehnung von Fremdwörtern ist. Dort allerdings, wo Fremdwörter aus modischen oder kommerziellen Gründen vorhandene deutsche Wörter ersetzen sollen (so wie „Sale" statt „Schlussverkauf", „Shop" statt „Geschäft", „Airport" statt „Flughafen", „Voucher" statt „Gutschein") sind sie mit Vorsicht zu genießen. Bevor man sie bedenkenlos übernimmt und nachplappert, sollte man sich überlegen, welche Funktionen sie tatsächlich erfüllen.

Sprache sollte immer den Kriterien Klarheit und Schönheit unterliegen. Kommerzielle Neuschöpfungen aus der Technik, dem Handel und der Werbung haben nicht immer etwas mit Schönheit zu tun.

b) Diskutieren Sie Bastian Sicks Aussagen und suchen Sie gemeinsam weitere Beispiele, die Bastian Sicks Ansicht stützen.
c) Benennen Sie die Kernaussage der Karikatur rechts und bringen Sie diese in einen Zusammenhang zu Sicks Aussagen.
d) Sammeln Sie stichpunktartig eigene Ideen, in welchen (Schreib-)Situationen man Fremdwörter sinnvoll einsetzen kann.

4 a) Ein Schüler hat begonnen, seine Gedanken auszuformulieren. Übernehmen Sie den Textanfang rechts. Ersetzen Sie dabei die unterstrichenen Wörter durch passende Fremdwörter aus dem Wortspeicher.

Bei einem <u>Streitgespräch</u> über Fremdwörter kommt es darauf an, aus welchem <u>Blickwinkel</u> heraus man den <u>Gesprächsinhalt</u> betrachtet. Hat es <u>Vorrang</u>, dass beispielsweise der <u>Verfasser</u> eines Textes seine <u>Befähigung</u> bezüglich eines Fachgebietes zum Ausdruck bringt, sind Fremdwörter ein geeignetes Mittel, um den Text auf eine bestimmte <u>Stufe</u> zu heben. ... Damit Texte aber verständlich bleiben, muss man häufig auch einen <u>Mittelweg</u> finden. ...

b) Ergänzen Sie das Begonnene, indem Sie u. a. passende Beispiele einfügen und weitere Gedanken ausführen, die Sie in Aufgabe 3 d) gesammelt haben.

Sprache untersuchen ▶

Fremdwörter systematisch lernen

1 Erweitern Sie Ihren Wortschatz durch Fremdwörter. Sie können in der Klasse so vorgehen:

a) Legen Sie auf der letzten Seite im Heft eine Tabelle im Querformat wie unten an oder gestalten Sie für jedes Fremdwort in der Liste unten eine Karteikarte.

Fremdwort	Wortbedeutung	Verwandte Wörter	Verwendung im Satz
appellieren	sich an jemanden in mahnendem Sinne wenden	der Appell appellativ	Die Polizei richtete zu Schuljahresbeginn an alle Autofahrer einen Appell, ...

b) Erarbeiten Sie selbstständig pro Woche vier Fremdwörter entsprechend dem Beispiel:
– Schlagen Sie die Wortbedeutung in einem (Online-)Wörterbuch nach.
– Suchen Sie nach verwandten Wörtern, z. B. in einer anderen Wortart.
– Überlegen Sie sich einen Satz, in dem das jeweilige Fremdwort sinnvoll und korrekt verwendet wird.

c) Jede Woche werden die jeweils neu erarbeiteten Fremdwörter im Klassenverband besprochen. Dabei präsentieren ein bis zwei Schüler ihre Ergebnisse.

2 Lernen Sie die Fremdwörter wie Vokabeln und wiederholen Sie diese regelmäßig, um ein Fremdwörter-Grundwissen aufzubauen.

3 Ergänzen Sie Ihre Liste durch weitere Fremdwörter, die Ihnen im Alltag begegnen.

> **Tipp**
>
> Machen Sie es sich zur Gewohnheit, beim Erarbeiten von Texten Ihnen unbekannte Fremdwörter nachzuschlagen und diese zusammen mit der Wortbedeutung in Ihrer Fremdwörterliste zu ergänzen. So erweitern Sie nach und nach Ihren Wortschatz.

Fremdwörterliste

adäquat, Akzeptanz, Alternative, ambivalent, bilateral, Debatte, diffamieren, diskret, Diskussion, dominieren, Dynamik, elitär, ethisch, ethnisch, fragil, Fraktion, Hightech, Hysterie, Identität, implizieren, Initiative, Inkonsequenz, Kabinett, Koalition, kompetent, Kompromiss, konstruktiv, Kontroverse, kooperativ, latent, Legalität, marginal, Niveau, Ökologie, Ökonomie, Opposition, Option, Pandemie, pauschal, Perspektive, polarisieren, pragmatisch, Priorität, provisorisch, realisieren, Recycling, relativ, Ressort, Ressource, Sanktion, Sponsoring, Stagnation, suggerieren, substanziell, Tendenz, transkontinental, Ultimatum, viral, Zäsur, Zensur ...

Euphemismen – Sprache durch die rosarote Brille

1 a) Lesen Sie den Text.

Schönfärberei

„Er war stets bemüht", das liest man gerne in Zeugnissen. Aber positiv ist das nicht, meint es doch vielmehr, dass der Betreffende eher selten etwas richtig gut gemacht hat. Beschönigende Sprache findet man immer, wenn etwas Negatives positiv dargestellt werden muss – so wie in bewerbungsrelevanten Zeugnissen.

Solche Schönfärberei mit Worten ist allgegenwärtig. Die Beitragserhöhung heißt Beitragsanpassung und aus der stinkenden Mülldeponie wird der attraktive Entsorgungspark.

Und die ehemaligen Krankenkassen mutieren zur Gesundheitskasse und gaukeln ewiges Leben vor. Zynisch wird es dann, wenn eine Kündigung als Freisetzung bezeichnet wird, denn mit Freiheit hat dies ganz und gar nichts zu tun.

Auch bei der Wahl der Urlaubsunterkunft kommt es auf jedes Wort an. Ein Zimmer zur Meerseite hin heißt noch lange nicht, dass man von dem Zimmer aus das Meer auch sieht. Und ein Zimmer in Meernähe liegt oftmals zwar ganz nahe am Meer – aber auf einer hohen Klippe vielleicht und der Weg zum Strand ist weit.

Und ganz ehrlich: Wer hat nicht schon einmal gemeint, das neue Outfit des anderen sei interessant und außergewöhnlich, wenn man es eigentlich gar nicht schön findet. Man will ja keinem wehtun.

b) Klären Sie den Begriff „Euphemismus".

c) Schreiben Sie alle Euphemismen und die dazugehörigen Bedeutungserklärungen aus dem Text „Schönfärberei" heraus.

d) Sammeln Sie gemeinsam weitere Euphemismen, die Ihnen im Alltag begegnen, und klären Sie deren Bedeutung, z. B.:

> Klassenerhalt Entlassungsproduktivität
> Vitamin B Schadstoffemission
> Ableben beratungsresistent Rückbau

e) Sprechen Sie darüber, in welchen Situationen Sie selbst schon Euphemismen verwendet haben.

2 a) Betrachten Sie das Bild „Urlaubsfeeling". In welchem Widerspruch stehen Bildtitel und Bildinhalt? Berücksichtigen Sie dazu auch das Selfie unten.

b) Verfassen Sie zu dem Urlaubsbild einen kurzen Text, in dem Sie die Situation vor Ort mit beschönigenden Worten darstellen.

Urlaubsfeeling!

Sprache untersuchen

Das alles ist unsere Sprache

1. a) Vergleichen Sie die Wünsche auf den Karten oben. Welche Gemeinsamkeit erkennen Sie, welche Unterschiede?
   b) Besprechen Sie, wie die unterschiedlichen Formulierungen auf Sie wirken.
   c) Tauschen Sie sich über mögliche Situationen für die jeweilige Formulierung aus.

2. a) Lesen Sie die Info auf S. 268.
   b) Ordnen Sie folgende Verben verschiedenen Sprachebenen zu. Wählen Sie eine geeignete Darstellungsform.

   büffeln – pauken – lernen – studieren

   essen – speisen – mampfen – reinstopfen – fressen – verzehren

   sterben – dahinscheiden – verrecken – abnippeln – entschlafen

   c) Vergleichen Sie Ihre Ergebnisse.
   d) In welchem Zusammenhang sind Ihnen die unterschiedlichen Ausdrücke schon begegnet? Sammeln Sie Beispiele.

3. a) Betrachten Sie das Schild. Stellen Sie zu folgenden Fragen Überlegungen an:
   – Wie wirkt der Gebrauch des Dialektes auf dem Hinweisschild auf Sie?
   – Was soll damit zum Ausdruck gebracht oder erreicht werden?

   b) Recherchieren Sie zum Stichwort „MundART WERTvoll" auf den Seiten der Stiftung Wertebündnis Bayern und des Bayerischen Kultusministeriums: Welche Ziele sind mit der Kampagne verbunden?
   c) Sammeln Sie Argumente, was eine solche Kampagne aus Ihrer Sicht bewirken kann und wo ggf. Grenzen gegeben sind.
   d) Welche Bedeutung hat Dialekt in Ihrem Leben? Nehmen Sie Stellung, indem Sie einen kurzen humorvollen Text zum Thema „Mein Dialekt und ich" verfassen.

Deutsch oder was? Isso! – Jugendsprache unter der Lupe

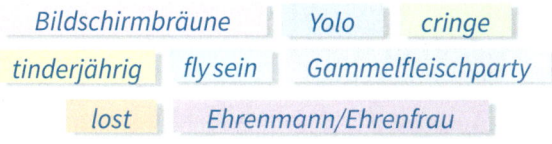

Bildschirmbräune | Yolo | cringe | tinderjährig | fly sein | Gammelfleischparty | lost | Ehrenmann/Ehrenfrau

1
a) Lesen Sie die oben abgedruckten *Jugendwörter des Jahres* und informieren Sie sich über den Begriff „Jugendwort des Jahres".
b) Recherchieren Sie in Gruppen zu von Ihnen ausgewählten Jugendwörtern des Jahres folgende Punkte:
   – Jahr der Wahl des jeweiligen *Jugendwortes des Jahres*
   – Hintergrund zu dem *Jugendwort des Jahres*
c) Erstellen Sie in der Klasse eine Liste mit aktuellen Jugendwörtern. Welche verwenden Sie?

2
a) Betrachten Sie die abgebildete Karikatur: Diskutieren Sie, was kritisch bzw. ironisch dargestellt werden soll.
b) Lesen Sie die Auszüge aus dem Artikel „Wie redest du, Alter?" aus dem Jahr 2018.
c) Fassen Sie den Inhalt des Textauszuges zusammen.
d) Diskutieren Sie die Frage am Textende und stellen Sie einen gedanklichen Zusammenhang zwischen Text und Karikatur her.
e) Jugendsprache zählt zu den sogenannten Soziolekten (vgl. Info S. 268). Überlegen Sie gemeinsam, welche soziokulturelle Aufgabe die Jugendsprache hat. Stellen Sie sich dazu die Frage, wie es auf Sie wirkt, wenn sich Erwachsene der Jugendsprache bedienen.

Wie redest du, Alter?
Von Titus Arnu und Martin Zips

[…] Hör mal, Alter! Jo, Brudi! Hi Kids! Die Langenscheidt-Homies sind wieder mal voll stabil unterwegs und gönnen uns auch dieses Jahr total freshe „Jugendwörter". Jugendwort des Jahres 2018 ist übrigens „Ehrenmann/Ehrenfrau". Sheeeesh? (Wirklich?) Der Ehrenmann existierte schon im Mittelalter, für ein Jugendwort wirkt der Begriff also extrem gammelfleischig. Bevor eine Jury über das Wort entschied, hatte es eine Online-Umfrage gegeben, 1,5 Millionen Stimmen wurden abgegeben. […]. Nur: Reden Jugendliche wirklich so? Erwachsene haben da meistens Kapla (keinen Plan), aber das ist ja gerade der Sinn der Jugendsprache. Jede Zeit hat ihre Jugendwörter, die rätselhaft klingen. Oder weiß noch jemand, was eine Anodenwumme ist (Kofferradio, 1950er-Jahre), ein Dämlack (Trottel, 1960er-Jahre) oder eine Ische (feste Freundin, 1970er)? Die 21-köpfige Jury, die über die Jugendwörter entschieden hat, besteht unter anderem aus Journalisten, Bloggern, Schülern und einem Polizeikommissar aus Berlin-Kreuzberg. Seit 2008 wird das Jugendwort gekürt, von Anfang an gab es Kritik: Entsprechen die Wörter wirklich dem jugendlichen Sprachgebrauch? […]

Sprache untersuchen ▸

Chatsprache – Nur für Eingeweihte!

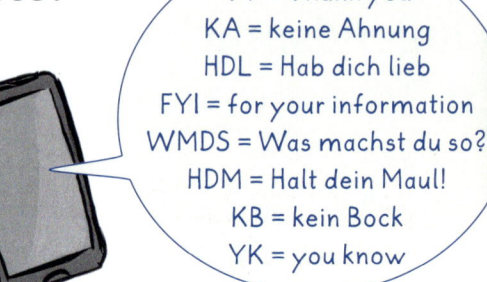

1 a) Lesen Sie den folgenden Text.

„hi paps wmds? bb l"

Von Tilmann Prüfer

[...] Meine Tochter hängt die ganze Zeit in irgendwelchen Chats rum. [...] Wenn ich etwas mit Lotta besprechen möchte, dann schreibe ich ihr. [...] Leider mache ich mich dabei komplett lächerlich. Denn ich kann angeblich nicht schreiben.
Ich selbst würde allerdings schon von mir behaupten, ich könne schreiben. Immerhin verdiene ich mein Geld mit dem Schreiben. Aber in Lottas Augen schreibe ich wie ein Stümper. In meiner Welt schreibt man ausführlich, mit Anrede und Verabschiedung, mit „Liebe" und „Liebe Grüße" und so. Lotta empfindet das aber nicht als höflich, sondern als komplett bekloppt. [...] Denn wenn Lotta mir eine [...] Nachricht schickt, dann liest sich das eher so: „hi paps wmds? bb l" Das kann man übersetzen mit: „Hallo, Papa, was machst du so? Bye-bye! Lotta". Wenn ich Lottas Botschaften lese, packt mich manchmal der bürgerliche Groll. Schließlich ist es ja nicht so, dass der Speicherplatz auf so einem Smartphone allzu begrenzt wäre und man deswegen irgendwie mit den Buchstaben haushalten müsste. Ich denke, es ist einfach Faulheit und Zeitersparnis. Statt sich die Mühe zu machen, sich zum Beispiel bei jemandem ausführlich zu bedanken, dazu etwas zu formulieren, die richtige Grammatik zu nutzen und vielleicht sogar einen Ausdruck zu finden, der genau zum Anlass passt, schreibt man einfach: thx. Und damit soll alles gesagt sein. Das könnte ich noch schulterzuckend hinnehmen, weil die Jugend eben immer mehr verroht. Aber Lotta macht sich ja noch dazu lustig über mich. Sie tut so, als sei ich es, der hier ein Defizit hat. [...]

Aber ich bin ja lernfähig, niemand, der nicht in der Lage wäre, mit der Zeit zu gehen. [...] Ich habe mir von Lotta mal ein paar von den Kürzeln erklären lassen. Es ist nicht unkompliziert, denn ein einziger falscher Buchstabe macht hier viel aus. „hdgdl" heißt etwa „Hab dich ganz doll lieb". „hdm" hingegen steht für „Halt dein Maul!". Es geht auch um Fremdsprachliches, das man erst einmal erkennen muss: „ilyttmabam" ist die Abkürzung für „I love you to the moon and back and more". Das finde ich dann doch sehr beeindruckend. Ich hätte nicht gedacht, dass man mit so wenigen Buchstaben so viel aussagen kann. [...]

b) Sprechen Sie gemeinsam über die Kernaussagen des Textes. Thematisieren Sie vor allem die markierten Textstellen.

c) Klären Sie mithilfe der Info auf S. 268, was man unter dem Begriff Chatsprache versteht.

d) Der Text stammt aus dem Jahr 2019. Beurteilen Sie dessen Aktualität, indem Sie in der Klasse Beispiele für die aktuell von Ihnen selbst verwendete Chatsprache sammeln.

e) Besprechen Sie, warum sich in digitalen Kommunikationsmedien der Sprachgebrauch hin zur Chatsprache mit ihren verschlüsselten Abkürzungen gewandelt hat.

e) Diskutieren Sie darüber, inwieweit der Adressat einer Nachricht Ihre eigene Sprachwahl im Chat beeinflusst.

Sprache untersuchen

Fachsprache sinnvoll einsetzen

1 a) Lesen Sie die folgende Kochanleitung.

> So bereiten Sie ein leckeres Fischgericht mit knackigem Wurzelgemüse und Butterkartoffeln zu: Filetieren Sie den Fisch und legen Sie diesen für einige Stunden in einer Marinade aus Salz, Gewürzen und Zitronensaft ein. Waschen Sie einige kleine, festkochende Kartoffeln und setzen Sie diese auf. Das Fischfilet dünsten Sie nun in wenig Sud, indem Sie zu der Marinade etwas Wasser zugeben und auf den Fisch einige Butterflöckchen setzen. Garen Sie das geputzte und gehobelte Gemüse in einem Dämpfer, bis es bissfest ist. Die Kartoffeln gießen Sie nach dem Kochen ab, pellen diese und schwenken sie in einer Pfanne in etwas zerlassener Butter. Richten Sie die Speisen auf einem Teller an und garnieren Sie diese mit frischen Kräutern.

b) Suchen Sie aus dem obigen Text alle Fachbegriffe heraus. Schlagen Sie Ihnen unbekannte Begriffe nach.

c) Erstellen Sie in Kleingruppen aus den Fachbegriffen unten ein alphabetisches Glossar (= Wortverzeichnis) in Plakatform. Ergänzen Sie weitere Fachbegriffe.

> **Küchen-ABC:** ablöschen, beizen, blanchieren, dressieren, dünsten, einlegen, legieren, marinieren, pellen, pochieren, tranchieren, verquirlen, verzieren, würzen, zerhacken

d) Verschriftlichen Sie ein Lieblingsrezept von sich oder Ihrer Familie. Verwenden Sie dabei Fachsprache.

2 a) Untersuchen Sie die Aussagen und benennen Sie jeweils die Fachsprache (Bereich).

> Mensch, im letzten Conference Call hast du echt was verpasst. Ich geb dir mal einen kurzen Overview für das Meeting beim Chef und leite dir das Memo weiter.

> Wenn man ein Foto nachbearbeitet, kann man z. B. ein Motiv freistellen, Farbton, Kontrast, Helligkeit und Sättigung verändern. Gute Effekte erzielt man u. a. auch mit Weichzeichnern oder Rauschminderern.

> Der Negativfederweg – bekannter unter dem Begriff SAG – ist der Teil des Federwegs, welcher allein durch das Fahrergewicht komprimiert wird. Normalerweise sollte der SAG zwischen 15-30 % des maximal zur Verfügung stehenden Federwegs einnehmen. Je weniger SAG, desto straffer, aber auch unsensibler wird das Fahrwerk.

> Mit Ihrer Rhinitis sollten Sie sich schonen, bis die intensive Sekretbildung nachlässt. Dieser virale Infekt ist selbstlimitierend.

b) Diskutieren Sie, in welchen (Sprech-)Situationen der Gebrauch der Fachsprache empfehlenswert ist. Wann sollte etwas sprachlich eher vereinfacht werden? Gibt es einen Unterschied zur Schriftsprache? Lesen Sie dazu ggf. die Info auf S. 268.

3 Verfassen Sie einen kurzen Infotext zu einem Thema, in dem Sie sich gut auskennen (z. B. spezielles Hobby). Achten Sie auf die angemessene Verwendung von Fachsprache. Erstellen Sie ggf. ein Glossar.

Sprache untersuchen

Sprache situationsgerecht einsetzen

1 a) Schauen Sie sich die Bilder und die darin dargestellten Situationen an. Für alle soll eine Einladung ausgesprochen werden.
b) Formulieren Sie zu jedem Bild eine Einladung. Nutzen Sie entsprechend der jeweiligen Situation den passenden Sprachstil und überlegen Sie, welche Form der Übermittlung bzw. welche äußere Gestaltung Sie jeweils wählen würden. Bedenken Sie genau, welche Sprachebenen im mündlichen bzw. im schriftsprachlichen Bereich jeweils angemessen sind.
c) Stellen Sie Ihre Einladung der Klasse vor und begründen Sie Ihre Entscheidung.

Info

Die **deutsche Sprache** hat viele Gesichter. Wir unterscheiden einerseits nach **Sprachebenen** wie der **Standardsprache**, der **Umgangssprache** oder auch der **Vulgärsprache**. Je nach Situation und Adressat setzen wir verschiedene Sprachebenen ein. Dabei ist es wichtig, stets die Zielgruppe im Auge zu haben und dementsprechend die richtige Wortwahl zu treffen sowie auf ein angemessenes schriftsprachliches Niveau zu achten.

Daneben gibt es Sprachvarietäten, die eine bestimmte soziokulturelle Bevölkerungsschicht betreffen, z. B. die Jugendsprache. Diese Sprachvarianten nennt man **Soziolekte**. Sie haben für die jeweilige Bevölkerungsschicht eine besondere Aufgabe und grenzen diese nach außen ab.

Auch regional zeigt Sprache oft große Unterschiede, in Form von **Dialekten**. Dialekte vermitteln Heimatverbundenheit und sind wichtiges Kulturgut.

Zudem existiert für viele Bereiche unseres privaten und beruflichen Alltags eine eigene **Fachsprache**. Fachbegriffe ermöglichen es uns, präzise und korrekt zu formulieren. Für Laien ist Fachsprache nicht immer verständlich und sollte daher nur dann eingesetzt werden, wenn sie unverzichtbar ist.

Die modernen Kommunikationsmittel fördern die Entstehung **neuer Sprachvarietäten**, wie z. B. die **Chatsprache** (eine Art Fachsprache für die Kommunikation in Chatforen).

Durch mehrsprachige Sprecher ergeben sich oftmals auch „Mischsprachen", deren Wortschatz aus verschiedenen Sprachen stammt und häufig unter Menschen derselben Sprachherkunft gesprochen werden.

Sprache untersuchen

Wie heißt das auf …? – Sprachen vergleichen

1 a) Schauen Sie sich die Abbildungen zum Sprachvergleich an.

b) Beide Darstellungen zielen auf einen Sprachvergleich ab. Sprechen Sie darüber, welche Bereiche von Sprache jeweils angesprochen werden.

c) Diskutieren Sie in der Klasse, welche Besonderheiten die deutsche Sprache im Vergleich zu anderen Sprachen aufweist. Beziehen Sie Ihre Erfahrungen im Umgang mit verschiedenen Sprachen oder Ihrer eigenen Mehrsprachigkeit ein.

2 a) Lesen Sie den folgenden Artikel.

Der, die, das – wieso, weshalb, warum?

Wozu hat die deutsche Sprache noch drei Artikel? Ein einziger würde schließlich vollkommen reichen.

Von Till Raether

Um einen etwas zähen Freitagvormittag aufzulockern, lässt der Sprachlehrer in Hamburg-Altona alle an der Tafel sammeln, was sie an Deutschland nicht, mittel und sehr mögen. Die Schülerinnen und Schü-
5 ler kommen aus Eritrea, Ghana, Gambia, Somalia, dem Irak und Afghanistan. Sie mögen die Pünktlichkeit, die Freundlichkeit, das Brot, den Kaffee und die Marmelade. Das und mehr steht rechts auf der Tafel unter „gut". In der Mitte, „mittel": Kartoffeln, unge-
10 würztes Essen, und (die Sprachschule ist im Norden): „München ist sauberer als Hamburg". Ganz links, unter „nicht gut", stehen nur vier Dinge, in aufsteigender Reihenfolge: das Internet, die Nudeln, die Leute sind „nicht so höflich", und dann, ganz oben:
15 die Artikel. Über alles gab es lebhafte Diskussionen, aber über diesen Punkt ist sich die Klasse einig: Die deutschen Artikel sind nicht gut.
Der, die, das. Warum hat das Deutsche drei Artikel und das Englische nur einen? Wird das immer so
20 bleiben? – Warum schaffen wir zwei der drei Artikel nicht einfach ab?
In der Sprachschule gibt es zu jedem Wort, das an der Tafel steht, eine kleine Fragerunde: Okay, Kaffee ist gut. Aber der, die oder das Kaffee? Die Erfolgsquo-
25 te liegt (es ist ein Anfängerkurs) bei etwa einem Drittel. Natürlich heißt es „die Frau", „der Mann", das ist schnell zu begreifen und einfach zu lernen. Aber warum heißt es „das Fenster", obwohl der Lehrer doch gerade gesagt hat, die Endung „-er" sei männ-
30 lich? Und warum „die Mutter"? „Wie soll man das lernen?", fragen die, die es lernen sollen.

Sprache untersuchen

Man kann es, sagt der Sprachwissenschaftler Anatol Stefanowitsch von der Freien Universität Berlin, „nur auswendig lernen". Das ist auch das Prinzip im Deutschunterricht: Vokabeln werden immer mit dem passenden Artikel zusammen gelernt. […]
Vom Genus hängt jedenfalls eine ganze Menge ab […] zum Beispiel, wie sich zugehörige Adjektive anpassen, je nachdem, ob es eine nette Frau, ein netter Mann oder ein nettes Kind ist … Nimmt man den bestimmten Artikel dazu, heißt es nicht mehr netter Mann und nettes Kind, sondern: der nette Mann, das nette Kind. Plötzlich ist alles gleich wie die nette Frau […] Und […] die grammatischen Fälle […], da wird die nette Frau zu der netten Frau, Genitiv. Die Frau? Der Frau! […]

---

[1] Genus: *grammatisches Geschlecht, z. B. Femininum, Maskulinum, Neutrum*

b) Fassen Sie den Inhalt des Textes mit eigenen Worten zusammen und klären Sie, worin der Autor eine Schwierigkeit beim Erlernen der deutschen Sprache sieht.

c) Bilden Sie Gruppen und recherchieren Sie, wie die „Artikel-Lage" in anderen Sprachen ist. Tragen Sie Ihre Ergebnisse in der Klasse zusammen.

d) Überlegen Sie gemeinsam, in welchen weiteren Bereichen Ihnen die deutsche Sprache schwieriger, in welchen leichter als andere Sprachen erscheint.

3 a) Lesen Sie den Auszug aus dem Buch „Sprache und Sein" der mehrsprachigen Autorin Kübra Gümüşay.

Es ist viele Jahre her. In einer warmen Sommernacht am Hafen einer Kleinstadt im Südwesten der Türkei tranken wir Schwarztee und entkernten gesalzene Sonnenblumenkerne in entspanntem Schnelltempo. Meine Tante schaute aufs Meer, in die tiefe, ruhige Dunkelheit, und sagte zu mir: „Sieh nur, wie stark dieser *yamakoz* leuchtet!" Ich folgte ihrem Blick, konnte aber nirgendwo ein starkes Leuchten entdecken. „Wo denn?", fragte ich sie. Sie deutete erneut auf das Meer, doch ich wusste nicht, was sie meinte. Lachend schalteten sich meine Eltern ein und erklärten, was das Wort *yakamoz* bedeutet: Es beschreibt die Reflexion des Mondes auf dem Wasser. Und jetzt sah auch ich das helle Leuchten. *Yakamoz*. Seither sehe ich es bei jedem nächtlichen Spaziergang am Meer. Und ich frage mich, ob die Menschen um mich herum es auch sehen. Auch jene, die das Wort *yakamoz* nicht kennen. Denn Sprache verändert unsere Wahrnehmung. Weil ich das Wort kenne, nehme ich wahr, was es benennt. Wenn Sie eine andere Sprache neben der deutschen sprechen, dann fallen Ihnen mit Sicherheit zahlreiche Begriffe ein, die Phänomene, Situationen oder Gefühle beschreiben, für die es im Deutschen keine exakte Übersetzung gibt. So beschreibt das japanische Wort *komorebi* das Sonnenlicht, das durch die Blätter von Bäumen schimmert. *Gurfa*, ein arabisches Wort, steht für die Menge Wasser, die sich in einer Hand schöpfen lässt.

b) Formulieren Sie die Kernaussage des Textes und besprechen Sie diese.

c) Recherchieren Sie zu „Wörter, die im Deutschen fehlen", und gestalten Sie eine Präsentation.

Texte verständlich und abwechslungsreich verfassen

1 Stellen Sie den jeweiligen Sinnzusammenhang korrekt her, indem Sie passende Adverbien, Konjunktionen oder Präpositionen in die Lücken einsetzen.

Jugendliche von heute:
Zwischen globaler Vernetzung ? individuellen Herausforderungen

Die 14- bis 22-Jährigen sind ? digitalen Technologien ? virtueller Realität groß geworden. ? ist die Vernetzung ? das Internet ? sie genauso selbstverständlich wie eine globalisierte Welt, ? der alle Entwicklungen zusammenhängen. Die Zeit ihres Aufwachsens ? Deutschland ist geprägt ?, ? eine gute wirtschaftliche Situation vorherrscht, ? daran nicht alle gleichermaßen teilhaben können.
? blicken die jungen Menschen meist optimistisch in die Zukunft, haben ? auch ein ausgeprägtes Bewusstsein ? soziale Ungleichheit. Sie sehen, ? das weitere Leben ? sie vielerlei Chancen bereithält. Sie wissen aber ?, dass sie sich anstrengen müssen, um im Wettbewerb ? Teilhabe- und Lebenschancen zu bestehen. So bereiten sie sich in der Mehrzahl ? vor, ? den Eltern unabhängig zu werden, ? sie ? Leben ? eigenen Beinen stehen können. Ihr Ziel ist zwar, vorrangig ein selbstbestimmtes Leben ? eigenen Vorstellungen zu führen, ? sie interessieren sich auch ? ihre Umwelt. ? des Klimawandels achten viele ? umweltbewussten Konsum ? engagieren sich ? Elan ? Politik, Gesellschaft ? Naturschutz.

2 Formulieren Sie den Satz in der Sprechblase in eine andere Sprachvarietät oder Sprachebene Ihrer Wahl um.

> *Es tut mir leid, ich kann leider nicht kommen. Ich muss meine Freundin vom Bahnhof in der Stadt abholen.*

3 a) Lesen Sie den folgenden Text.

Anthropogener Einfluss auf das Klima

Der Homo sapiens hat sich anfangs vollständig an die organischen und anorganischen Geofaktoren seiner Umwelt angepasst. Allerdings hat er im Laufe der Zeit Techniken und Methoden entwickelt, Geofaktoren (z. B. Gebirge, Wasservorkommen, Fruchtbarkeit der Böden, Umsiedlung und Ausrottung von Tierarten) zu überwinden. Zu den Agrartechniken zählen z. B. Bewässerungsmethoden, Pflanzenzucht von indigenen Arten oder Geländemodellierungen wie Terrassenbau.
Diese anthropogenen Eingriffe in die Natur hatten den Effekt, dass auf allen Kontinenten ein starker Rückgang in der Biodiversität zu verzeichnen war. Neben dem Homo sapiens und dessen unmittelbarem Einfluss sind die Umweltverschmutzung und die Klimaerwärmung ebenfalls Faktoren, die dazu beitragen, dass sich die Biodiversität reduziert.

b) Bestimmen Sie den Sprachstil. Leiten Sie daraus ein Zielpublikum ab.
c) Schreiben Sie alle Fremdwörter aus dem Text heraus und klären Sie deren Bedeutung und finden Sie Synonyme.
d) Formulieren Sie den Text in Standardsprache um.

Das kann ich jetzt

✔ Texte mithilfe verschiedener Mittel und Stile abwechslungsreich formulieren
✔ Verschiedene Sprachvarietäten bewusst benutzen und deren Bedeutung einschätzen
✔ Eigene Sprach(en)vielfalt reflektieren und wertschätzen
✔ In verschiedenen Sprechsituationen eine angemessene Ausdrucksweise und Sprachebene wählen

Testen Sie Ihr Können

Richtig schreiben

Mit der richtigen Strategie Fehler vermeiden

In diesem Kapitel festigen Sie Ihre Rechtschreibfertigkeiten, um eigene Texte formal richtig zu verfassen. Daneben erweitern Sie Ihre Kenntnisse im korrekten Zitieren.

1 Helfen Sie dem Verfasser der Scheibenwischernotiz, diese rechtschriftlich korrekt zu schreiben. Welche Tipps können Sie ihm geben?

2 a) Ordnen Sie die verschiedenen Rechtschreibstrategien 1 bis 9 den Beispielen A bis I zu.
b) Übertragen Sie die Beispiele A bis I in korrekter Schreibung in Ihr Heft und notieren Sie sich die entsprechende Rechtschreibstrategie im Wortlaut dazu.
Tipp: Sie können auch für jede Strategie mit Beispiel eine Lernkarte anlegen.

1	Die Vokallänge beachten
2	Wörter verlängern, deutlich sprechen und genau hinhören
3	Von verwandten Wörtern ableiten
4	Sich besondere Wörter einprägen
5	Auf Signalwörter zur Großschreibung achten
6	Die Ersatzprobe bei das/dass anwenden
7	Mithilfe des Textzusammenhangs die richtige Schreibung erkennen
8	Auf bekannte Präfixe/Suffixe achten
9	Schwierige Wörter im Wörterbuch nachschlagen

A Am Tag/k habe ich mehr Antrieb/p zum Lernen als am Abend/t.

B Der Sieger hat eine 🏆 bekommen.

C Über den Ra?en galoppieren verschiedene Pferdera?en.

D Da? man da? Wörtchen das, da? man durch dieses, jenes oder welches ersetzen kann, mit s schreibt, da? ist klar.

E Das v/forzeitige V/Ferlesen der B/bekanntmachung erfolgte in aller H/heimlichkeit.

F Beim Ü/üben und W/wiederholen der Rechtschreibregeln gibt es nichts W/wichtigeres als die Beachtung von Rechtschreibstrategien.

G Hast du i?m neulich i?m Schwimmbad den Salto vorgeführt?

H Hast du die Lä/enge des Weges ausgemessen? Fünf Solarläu/euchten sollten reichen.

I Ganz, plötzlich, Apfelsine, spazieren oder jetzt sind Beispiele für Wörter, bei denen nur Folgendes hilft: ...

c) Notieren Sie zu jeder Strategie ein eigenes Beispiel.
d) Vergleichen Sie Ihre Ergebnisse.

Appetit auf Rechtschreibübungen!

1 a) Üben Sie Ihre Rechtschreibfertigkeiten mithilfe der Kurzdiktate auf dieser und auf der nächsten Seite. Diktieren Sie sich gegenseitig die Texte oder lassen Sie sich diese über den jeweiligen Webcode diktieren.
b) Korrigieren Sie Ihre Diktattexte aufmerksam mit Farbstift.
c) Analysieren Sie Ihre individuellen Fehler mithilfe des bekannten Fehlerbogens (vgl. S. 274) und arbeiten Sie anschließend an der Verbesserung Ihrer persönlichen Fehlerschwerpunkte.

1 Die Farbe macht's |WES-122907-016|

Erbsen sind grün, Karotten orange und reife Bananen erstrahlen in Gelb. Die Natur gibt uns viele Vorbilder für appetitlich aussehende Nahrungsmittel. So ist erwiesen, dass man mit der Farbe Rot automatisch Süße verbindet. Wir kennen nämlich viele rote Früchte, die sehr süß schmecken. Vielleicht sind deswegen auch die beliebtesten Gummibärchen die roten. Farben sind echte Geschmacksverstärker. Das liegt daran, dass ein erlerntes Farbempfinden sehr subtil auf unsere Geschmacksnerven wirkt. Tomatenwürzsoße wird aus roten Tomaten gemacht, weshalb sie einfach rot sein muss. Ein vor Jahren produziertes grünes Ketchup konnte sich auf dem Markt nicht durchsetzen, weil es im völligen Kontrast zu dem im Farbgedächtnis Erlernten stand, Ketchup müsse einfach rot sein, so die Meinung der Saucenliebhaber. Daran konnte auch ein identischer Geschmack des roten und des grünen Dips nichts ändern.

2 Verpackungsfreundlich in Form gebracht |WES-122907-017|

Fische sind ja gar nicht rechteckig, ist eine Erkenntnis, die schon die ganz Kleinen irgendwann machen müssen. Aber Fischstäbchen sind in ihrer kantigen Form einfach gut verpackbar und leicht zu portionieren. Sie werden sogar von Menschen gegessen, die nichts Leckeres an Fisch finden können. Das liegt daran, dass sie gar nicht so nach Fisch schmecken und mit ihrer knusprigen Panade einfach appetitlich aussehen. Beim Verzehren muss zudem nicht auf lästige Gräten geachtet werden. Da wird das Fischessen zum Vergnügen. Aber nicht nur Fisch ist eckig praktischer, auch Schokolade in Tafeln lässt sich besser verpacken und stapeln als beispielsweise Schokoosterhasen. Und eine quadratische Toastbrotscheibe passt ideal mit dem eckigen Scheibenkäse zusammen. Wer weiß da schon, dass Käse früher in runden Laiben produziert wurde, weil er so viel leichter gerollt werden konnte.

3 Der Keks bröselt nicht |WES-122907-018|

Beim Knabbern eines Kekses sollen möglichst wenig Krümel herunterfallen. Das ist verständlich, aber für die Produktentwickler eine Herausforderung. Man weiß nämlich, dass der Verbraucher am liebsten knackige Kekse verzehrt, die beim Hineinbeißen das ideale Knuspergeräusch erzeugen. Dass dadurch Krümel eigentlich vorprogrammiert sind, interessiert den Konsumenten nicht. Denn für ihn ist nur wichtig, dass der Klang des Knuspergebäcks im Ohr ein angenehmes und vielversprechendes Geräusch erzeugt. Die Knusprigkeit eines Plätzchens lässt sich objektiv bei einer Analyse der Textur messen. Mit aufwendigen Messverfahren kann man so den perfekten Klang von Hartgebäck ermitteln. Und wenn es angenehm knackt und dabei nicht bröselt, können im Bett auch keine Krümel pieksen.

Richtig schreiben

4 Das Auge isst mit |WES-122907-019|

Obwohl diese Erkenntnis schon alt ist, ist der Beruf des Food-Designers ein moderner Beruf, der sich erst in den letzten Jahrzehnten etabliert hat. Professionelle Produktentwickler lassen unsere tägliche
5 Ernährung zu einem Vergnügen für alle Sinne werden. Das Aussehen, der Geruch, der Geschmack, aber auch die Haptik müssen stimmen, damit sich beim Verzehr der volle Genuss entfalten kann. Da wird nichts dem Zufall überlassen und der Konsu-
10 ment wird in seinem Konsumverhalten gezielt manipuliert.

> **Tipp**
>
> **Rechtschreibfehler leicht entdecken**
>
> Sie entdecken in Ihren eigenen Texten Rechtschreibfehler leichter, wenn Sie die **Methode des Vorwärts-Rückwärts-Vorwärts-Kontrolllesens** anwenden.
>
> 1. Betrachten Sie jeden Satz einzeln, indem Sie beim letzten Satz Ihres Geschriebenen anfangen und Wort für Wort rückwärts kontrollieren. Achten Sie dabei auf Signalwörter in der Umgebung und wenden Sie im Kopf die Rechtschreibstrategien an.
> 2. Lesen Sie abschließend Ihren Text noch einmal von vorne nach hinten durch.

2 Ein gezieltes Kontrolllesen eigener Texte hilft, Fehler zu erkennen und zu verbessern. Lesen Sie dazu den folgenden Tipp.

Fehlerbogen		
Fehlerart	*verbessertes Wort*	*Strategie*
Falsche Schreibung nach Kurzvokal – *Wörter mit tt, mm, nn, pp …* – *Wörter mit ck oder tz*		
Falsche Schreibung nach Langvokal – *Wörter mit h* – *Wörter mit ie*		
Falsche s-Laut-Schreibung – *Wörter mit ss/ß* – *Wörter mit s* – *das/dass*		
Falsche Schreibung bei Wörtern mit – *b, d, g im Wortstamm*		
Falsche Groß- oder Kleinschreibung – *Nomen* – *nominalisierte Verben* – *nominalisierte Adjektive*		
Sonstige Fehler, *z. B.* – *Wörter mit seltenen Buchstabenverbindungen (ks, chs, x, pf, qu)* – *v/f verwechselt* – *das Wortstammprinzip nicht beachtet (e/ä oder eu/äu)*		
Falsche Getrennt- und Zusammenschreibung		
Falsche Schreibung bei leicht verwechselbaren Wörtern *(in/ihn, den/denn usw.)*		

Umgang mit dem Wörterbuch

… im F/folgenden möchte ich erläutern, welche Vorteile das Sprachenlernen mit sich bringt.

1 Lesen Sie die Info sowie die folgenden Auszüge aus einem Wörterbuch und klären Sie die korrekte Schreibung des oben dargestellten Rechtschreibproblems.

Fol|ge, die; -, -n; Folge leisten; zur Folge haben; in der Folge; *aber* demzufolge (vgl. d.); infolge; zufolge; infolgedessen

fol|gen; er ist mir gefolgt (nachgekommen); er hat mir gefolgt (Gehorsam geleistet); der Text wird wie folgt (folgendermaßen) geändert

fol|gend
– folgende [Seite] (*Abk. f.*), S. 42 f.
– folgende [Seiten] (*Abk. ff.*), S. 36 ff.
– folgendes politisches Bekenntnis
– folgende lange (*seltener* langen) Ausführungen
– wegen folgender richtiger (*auch* richtigen) Sätze

Großschreibung ↑D72:
– wir möchten Ihnen Folgendes mitteilen
– das Folgende (das später Erwähnte, Geschehende; die nachfolgenden Ausführungen; dieses)
– aus, in, nach, von dem Folgenden; im, vom Folgenden (dem später Erwähnten, Geschehenden; den nachfolgenden Ausführungen; diesem)
– mit Folgendem (hiermit) teilen wir Ihnen das Ergebnis mit

2 Klären Sie mithilfe des Wörterbuchauszugs folgende Fragen.
1. Welches Geschlecht hat das Nomen **Folge**?
2. Wie lautet der Genitiv Singular von **Folge**?
3. Notieren Sie den Plural von **Folge**.
4. Wie wird das Verb **folgen** getrennt?
5. Welche zwei Bedeutungen hat das Verb **folgen**?
6. Wie lautet die Abkürzung für **folgende** [Zeile]?
7. Wie wird diese Abkürzung verändert, wenn zwei Zeilen gemeint sind?
8. Wie lautet die seltenere Form für **folgende lange Ausführungen**?
9. Nennen Sie drei Beispiele, wann das Wort **folgend** großgeschrieben wird.
10. Wo kann man weitere Informationen zur Großschreibung des Wortes **folgend** erhalten?
11. Welche Wortbedeutung hat der Ausdruck **das Folgende**?

3 Informieren Sie sich mithilfe eines Wörterbuches über die korrekte Schreibweise folgender Wendungen. Schlagen Sie dazu passende Stichworte nach: *bisaufweiteres, bezugnehmenauf, aufeinmal, aufgrund*

Info

Das **Nachschlagen im Wörterbuch** hilft bei der Klärung von **Rechtschreibfragen**. Nicht immer stehen ein Wort bzw. eine feste Wendung im Stichwortverzeichnis. Dann muss man sich die jeweilige **Grundform des Wortes** überlegen und unter diesem Stichwort nachschauen. Dort findet man auch **Informationen zu Schreibung, Grammatik, Wortbedeutung** und **Verwendung**. **Feste Wendungen** sind ebenfalls notiert. Natürlich helfen auch Online-Lexika bei der Lösung von Rechtschreibproblemen.

Richtig schreiben ▸

Groß- oder Kleinschreibung?

<u>e</u>in Abkommen zur Klimarettung	Überschrift! → Großschreibung am Anfang
Haben <u>s</u>ie schon von dem Green Deal gehört? Green Deal, auf <u>d</u>eutsch „grüner Plan", so wird ein EU-Abkommen bezeichnet, das die Zielvorgabe hat, dass die EU bis 2050 klimaneutral sein soll. Das bedeutet ein <u>b</u>egrenzen des	„Sie" = Höflichkeitsanrede! / „Green Deal" = Name / Präposition auf → Deutsch = Nomen
CO_2-Ausstoßes auf ein Maß, das nicht mehr klimaschädlich wäre. Viele <u>K</u>ontroverse Debatten wurden im Vorfeld geführt. Zum <u>e</u>rreichen dieser Vorgaben erfolgte eine <u>Ei</u>nigung auf ein Programm, das eine enorme Vielzahl an Punkten auf der To-do-Liste vorsieht. Diese beinhaltet	ein Begrenzen → Nominalisierung
	„kontroverse" = Adjektiv zu Debatte → klein! Zum (zu + dem) Erreichen → Nominalisierung Nomen die Einigung → auf Suffixe achten!
zwar für den kritischen Beobachter nichts wesentlich <u>n</u>eues, führt aber dennoch alles <u>w</u>ichtige vor Augen, was für die Klimarettung bedeutsam ist ...	nichts Neues / alles Wichtige → Nominalisierung

1
a) Schauen Sie sich die Korrekturen am Rand des Schülerdiktats an.
b) Leiten Sie Regeln zur Groß- und Kleinschreibung aus den Anmerkungen ab.
c) Gestalten Sie in Ihrem Heft in Partnerarbeit eine Übersicht der grundlegenden Regeln zur Großschreibung. Ergänzen Sie zu jeder Regel mehrere Beispiele.

2
a) Suchen Sie in der Fortsetzung des Diktates rechts weitere Fehler und überlegen Sie, welche Regeln zur Großschreibung jeweils nicht beachtet wurden.
b) Schreiben Sie den Text verbessert in Ihr Heft.

... So soll bis dahin das umstellen von Fabriken auf Alternative energien wie Sonnen-, Wind- oder Wasserkraft erfolgen. Viel zielführenderes verspricht man sich auch davon, Autos, die mit Benzin oder Diesel fahren, Abzuschaffen. Des weiteren ist die Verbesserung der Energiespeicherung, insbesondere was die Klimabilanzfreundlichen alternativen Energien betrifft, ein wichtiges Ziel. Nichts neues ist dabei auch die erkenntnis, dass besonders Bäume ein bedeutsamer Faktor sind, den CO_2-Ausstoß abzufedern, da sie CO_2 aufnehmen und mithilfe der Fotosynthese in Wertvollen Sauerstoff verwandeln. Deshalb ist das kontinuierliche Pflanzen von Bäumen, insbesondere da, wo durch Rodung Wald verloren gegangen ist, von enormer Bedeutung. Manch besorgniserregendes bringt auch der digitale Stromverbrauch mit sich. Sein stetiges ansteigen ist enorm und muss zum erreichen des Klimaziels ebenfalls eingedämmt werden. Ist ihnen das alles Bewusst? Auch als einzelner können Sie zur Umsetzung der gesteckten Ziele beitragen.

Besonderheiten der Groß- und Kleinschreibung

1 a) Lesen Sie die Info zu Sonderregeln der Groß- und Kleinschreibung.
b) Schreiben Sie die Textbeispiele in korrekter Groß- und Kleinschreibung in Ihr Heft und ordnen Sie diese den Sonderregeln zu.
c) Finden Sie drei eigene Beispiele zu den Sonderregeln in der Info.

1 die einen sehen die zunehmende digitalisierung kritisch, die anderen loben den fortschritt.

2 VON VORNHEREIN IST KLAR, DASS DIE TECHNISCHE ENTWICKLUNG NICHT NUR GUTES MIT SICH BRINGT.

3 die zunahme des energieverbrauchs durch die digitalisierung besorgt uns am meisten.

4 WÄRE DAS INTERNET EIN STAAT, KÄME ES AUF EINEN VORDEREN PLATZ IM ERNERGIEVERBRAUCH: NÄMLICH AUF DEN SECHSTEN.

5 der deutsche strom ist heute noch zu wenig grün. Mit dem pariser klimaabkommen hat sich deutschland verpflichtet, dass grüner strom auf platz eins gelangt.

6 WER IMMERZU WEGEN NICHTIGKEITEN NACHRICHTEN VERSENDET, BEKÄME IM FACH KLIMASCHUTZ EINE SECHS.

7 man kann schwarz auf weiß nachlesen, dass 30 minuten videostreamen in etwa so viel CO_2 freisetzt wie eine sechs kilometer lange autofahrt. da ist vielen angst und bange.

8 HAT MAN ZWANZIGMAL GEGOOGELT, HAT MAN IN ETWA SO VIEL ENERGIE VERBRAUCHT WIE EINE ENERGIESPARLAMPE IN EINER STUNDE.

Info

Groß- und Kleinschreibung: Sonderregeln

1 **Farb- und Sprachbezeichnungen** werden **großgeschrieben**, wenn man sie mit „was?" erfragen kann, z. B.: Die Ampel zeigt Grün. *Was zeigt sie?* → Grün. – Aber: Die Ampel ist grün: *Wie ist sie?* → grün.

2 **Eigennamen und geografische Bezeichnungen** werden **großgeschrieben**, z. B.: der Schiefe Turm von Pisa.

3 **Von geografischen Bezeichnungen auf „-er" abgeleitete Wörter** schreibt man **groß**, z. B.: der Kölner Dom.

4 **Grundzahlen** werden nur dann **großgeschrieben**, wenn die Ziffer gemeint ist, z. B.: Er hat eine Drei geschrieben.

5 **Die Wörter viel, wenig, eine, andere, beide** werden in der Regel immer **kleingeschrieben**, z. B.: Ich nehme beide.

6 Wenn sich **Adjektive** oder **Zahlwörter auf ein vorangegangenes oder nachgestelltes Nomen beziehen**, werden sie **kleingeschrieben**, z. B.: Das ist das schönste meiner Fotos. Dieses Foto ist das lustigste.

7 Der **Superlativ** mit „am" wird **kleingeschrieben**, z. B.: Das ist am einfachsten.

8 Wörter in **Verbindung mit „sein", „werden" und „bleiben"** schreibt man **klein**, z. B.: Ich bin schuld.

9 **Bestimmte Verbindungen aus Präposition und Adjektiv** schreibt man **klein**, z. B.: über kurz oder lang, von nah und fern

Richtig schreiben

Getrennt oder zusammen?

1 Wiederholen Sie mithilfe der Info die Ihnen bereits bekannten Regeln zur Getrennt- und Zusammenschreibung.

2 Entscheiden Sie im folgenden Text über die korrekte Getrennt- und Zusammenschreibungen. Bei Nominalisierungen müssen Sie zusätzlich die Großschreibung beachten. Schreiben Sie den Text in korrekter Rechtschreibung in Ihr Heft oder diktieren Sie sich den Text gegenseitig.

Der FAUST?GROßE Ball zerschlug die Fensterscheibe im Wohnzimmer. Mit heftigem HERZ?KLOPFEN lag ich im Bett. Dann vernahm ich ein ANHALTENDES?SCHARREN. Nun konnte ich nicht länger im Bett
5 LIEGEN?BLEIBEN. Beim vorsichtigen TÜR?ÖFFNEN schoss mir durch den Kopf: „Wenn die Geheimakte VERLOREN?GEHT wirst du FEST?GENOMMEN." Ich konnte der Versuchung STAND?HALTEN, sofort ins Zimmer zu stürmen. Vielleicht würden die Einbrecher
10 noch einmal WIEDER? KOMMEN. Angesichts der Verwüstung blieb mir der Mund OFFEN?STEHEN. Wie konnte ich den Stick im Computer STECKEN? LASSEN. Oder hatte das der Einbrecher gar nicht bemerkt? Er hätte doch das HERUM?WÜHLEN BLEIBEN?LASSEN
15 und ich hätte im Bett BLEIBEN?KÖNNEN. Musste ich in dem Gespräch mit dem mysteriösen Anrufer unbedingt diese unbedachte Bemerkung FALLEN?LASSEN, die jeden nur NEUGIERIG?MACHEN konnte. Tja, Pech gehabt. Aber am Ende würden meine Widersa-
20 cher wohl richtig SCHLUSS?FOLGERN, dass ich sie IRRE?GEFÜHRT hatte. Die würden mich schon noch KENNEN?LERNEN. Das WOHNZIMMER?REINIGEN blieb mir aber leider nicht erspart, dessen musste ich mir BEWUSST?SEIN.

> **Info**
>
> Grundregeln für die **Getrennt- und Zusammenschreibung**:
>
> 1 Man schreibt die **Wörter einer Wortgruppe getrennt**, wenn sie ihre Einzelbedeutung behalten, z. B.: Das Erlernen der Rechtschreibregeln dauerte <u>viele Jahre lang</u>.
>
> 2 Eine **Zusammensetzung aus mehreren Einzelwörtern mit neuer Bedeutung wird zusammengeschrieben**, z. B: Ich habe <u>jahrelang</u> die Rechtschreibung trainiert.
>
> Weiterhin gilt:
>
> 3 Zusammensetzungen aus **Nomen und Verb** werden meist **getrennt** geschrieben, z. B.: Wir lernen Regeln. Als **Nominalisierungen** schreibt man sie aber **groß** und **zusammen**, z. B.: Das Regellernen ist mühsam.
>
> 4 In der Regel werden **Verbindungen aus zwei Verben getrennt** geschrieben, z. B.: rechtschreiben lernen.
>
> 5 Stets **getrennt** schreibt man **Verbindungen mit dem Hilfsverb „sein"**, z. B.: Das kann nicht richtig sein.
>
> 6 Bei **übertragener Bedeutung** wird oft zusammengeschrieben, z. B.: Du musst die Buchstaben <u>groß schreiben</u>, damit ich sie lesen kann. *aber*: Dieses Nomen musst du <u>großschreiben</u>.

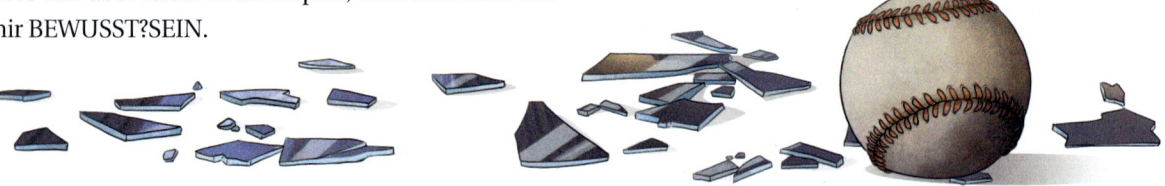

Wortlistentraining

1 Trainieren Sie die folgenden häufig falsch geschriebenen Ausdrücke.
   a) Entwirren Sie die Wörterkette und schreiben Sie jeden Ausdruck in korrekter Schreibweise auf. Achten Sie dabei auf Groß- und Kleinschreibung sowie auf Getrennt- und Zusammenschreibung.
   b) Kontrollieren Sie anschließend die Schreibung mithilfe eines Wörterbuches oder schlagen Sie online nach.
   c) Schreiben Sie alle Ausdrücke, bei denen Sie Fehler gemacht haben, in gut lesbarer Schrift richtig auf. Sprechen Sie die Wörter dabei laut mit und prägen Sie sich das Schriftbild gut ein.

ANHANDARZTAUFEINMALAUFGRUNDAUFWANDAUFWENDIGAUSSERDEMBEZUGNEHMENDBISAUFWEITERESDARÜBERHINAUSDESWEITERENEIGENTLICHENDGÜLTIGERSTEINMALGEGEBENENFALLSGEMÄSSHÄLTSTHOFFENTLICHIHRERSEITSIMEINZELNENIMFOLGENDENIMVORAUSIMMERNOCHINBEZUGAUFINFOLGEDESSENINSBESONDEREINSGESAMTKENNENLERNENMITHILFEMORGENDLICHNACHWIEVORNÄMLICHOHNEWEITERESPERSÖNLICHRÜCKGRATSEITKURZEMSPAZIERENSTATTDESSENTODTRAURIGÜBRIGENSUNENDLICHUNENTGELTLICHVIELLEICHTVORALLEMVORAUSSICHTLICHWÄHRENDDESSENZIEMLICHZUMEINEN…
ZUMANDERENZUGRUNDELIEGENZUHAUSEZUMINDESTZURZEIT

2 In folgenden häufig gebrauchten Fremdwörtern haben sich Fehler eingeschlichen. Schlagen Sie die korrekte Schreibung im Wörterbuch oder online nach und schreiben Sie die Wörter in Ihr Heft.

> *Addresse – agressiv – Antipatie – anulieren – Argentur – Apperat – assozial – assymetrisch – brilliant – Büffet – deligieren – Email – expliziet – Gardarobe – googln – Gradwanderung – Interresse – Komentar – Konkurenz – Konsenz – korigieren – lizentzieren – Maschiene – potentziell – projezieren – Pupertät – Reperatur – Resource – separat – Stehgreifaufgabe – sympatisch – Terrabyte – Terasse – Tolleranz*

3
   a) Bilden Sie zehn aussagekräftige Sätze, in denen Sie möglichst viele der Fremdwörter oben einbauen. Notieren Sie diese in korrekter Schreibung im Heft.
   b) Gehen Sie als Zweierteam zusammen und kontrollieren Sie im Austausch mit einem Mitschüler gegenseitig Ihre Sätze.
   c) Diktieren Sie einem anderen Team Ihre Sätze und verbessern Sie die Sätze anschließend gemeinsam.

Richtig schreiben

Stolperfallen der Rechtschreibung – *wider* oder *wieder*?

1 Lesen Sie den Textabschnitt A, beachten Sie dabei die markierten Wörter und berücksichtigen Sie die Info.

Zu Besuch in Berlin

A Till fährt zum wiederholten Mal nach Berlin und trifft sich mit Johanna. Beide kennen nur das wiedervereinigte Deutschland. Aus Erzählungen haben sie aber immer wieder von dem geteilten Deutsch-
5 land gehört. Der Widerwillen, mit dem manche Menschen ihnen von der Teilung Deutschlands erzählt haben, hat in ihnen widersprüchliche Gefühle geweckt. Deshalb wollen sie selbst der Geschichte vor Ort nachspüren. Als sich die beiden vor dem Mu-
10 seum der Geschichte der DDR wiedersehen, meint Johanna: „Hier in Berlin spiegelt sich die Geschichte der ehemals geteilten Stadt an vielen Ecken wider. Und überall kann man etwas Berühmtes wiedererkennen, zum Beispiel den berühmten Berliner
15 Funkturm, gleich dort drüben."

2 Finden Sie die Fehler in der Schreibung von *wider* und *wieder* im Textabschnitt B. Schreiben Sie die Sätze richtig ins Heft.

B Später machen sie eine Stadtrundfahrt. „Hier sehen Sie das Berliner Schloss nach dem Wideraufbau. Nachdem es im Zweiten Weltkrieg fast vollständig zerstört worden war, wollte man das Gebäude
5 nach dem historischen Vorbild wiederherstellen.

2013 beschloss der Bundestag die Durchführung, dieses Projektes. Es kostete etliche Millionen. Deshalb stimmten manche dem Vorhaben nur wiederstrebend zu, es gab auch zahlreiche Widerstände von Gegnern. Nur wiederwillig erkennen manche
10 Menschen an, dass historische Gebäude zu einem schönen Stadtbild beitragen. Diesen gefällt widerum der nach der Wende neu gestaltete Potsdamer Platz, den Sie nun vor sich sehen. Mit seinen futuristisch aussehenden Hochhäusern steht er in starkem Kon-
15 trast zu den historischen Bauwerken. Darin muss man aber keinen Widerspruch sehen, vielmehr wird so Altes und Neues zusammengeführt. Wenn sie später einmal wider nach Berlin kommen werden, können sie sich sicher erneut über Bekanntes, aber
20 auch über Veränderungen freuen."

> **Info**
>
> Die **Präposition** *wider* drückt einen Gegensatz aus. *Wider* kann alleine stehen oder als Präfix mit einem Nomen, einem Adjektiv oder einem Verb zusammentreten. Beispiele: Widerstand, widersprüchlich, widerlegen, widersprechen, widerlegen, widerfahren.
>
> Das **Adverb** *wieder* drückt in Verbverbindungen eine Wiederholung im Sinne von „noch einmal" aus: wiedersehen, wiederholen.
> Als Präfix bedeutet wieder so viel wie zurück. Ich werde dir das Geld wiedergeben (zurückgeben). Tritt *wieder* im Sinne von *noch einmal* auf, so schreibt man es vom Verb getrennt: Sicher werden wir uns morgen wieder sehen.

280 4.3 Individuelle Fehlerschwerpunkte (gleichklingende Wörter) mithilfe von Rechtschreibstrategien abbauen und Texte formal richtig verfassen

Richtig schreiben

3 a) Bilden Sie aus den Wortteilen zusammengesetzte Wörter mit *wider/wieder* und formulieren Sie im Heft passende Sätze. Nehmen Sie ein Wörterbuch zuhilfe.
b) Suchen Sie eigenständig weitere Beispiele mithilfe des Wörterbuchs.

> haken – geben – stand – wort – beginn – herstellen – wärtig – fahren – erobern – lich – rufen – geben – wahl – käuen – spiegeln

Seid oder *seit*?

1 a) Lesen Sie die folgende Eselsbrücke.

Seit ist ein Wort der Zeit.

b) Tauschen Sie sich zu zweit über folgende Fragen aus:
– Worauf zielt diese Eselsbrücke ab?
– Mit welchem Wort kann man das Wörtchen **seit** rechtschriftlich leicht verwechseln?
c) Überprüfen Sie Ihre Antworten mithilfe der Info und formulieren Sie eine eigene Eselsbrücke zu der Rechtschreibung der Verbform **seid**.

2 a) Übertragen Sie die folgenden Sätze in Ihr Heft und setzen Sie *seid/seit* passend ein.
b) Begründen Sie jeweils die von Ihnen gewählte Schreibweise.
c) Formulieren Sie eigene Sätze mit *seid/seit*.

1. Ich habe ☼ zwei Jahren das Hobby Fotografieren.
2. ☼ dem Umzug hierher habe ich viel Interessantes entdeckt.
3. „Wer ihr ☼, möchte ich gerne wissen!"
4. Er fühlt sich energiegeladener, ☼ er regelmäßig Sport treibt.
5. „Bitte ☼ um 15 Uhr am Treffpunkt."
6. „Selbstverständlich ☼ ihr herzlich eingeladen."
7. „Schon ☼ langem ☼ ihr eine große Unterstützung für mich."
8. Er ist 1,90 m groß, ☼ er 15 Jahre alt ist.

Info

Das Wort **seid** ist eine **Personalform des Verbes „sein"**: „Ihr seid." Es wird immer mit -d geschrieben. Man erkennt die Verbform meist an dem zugehörigen Personalpronomen „ihr". Bei der Befehlsform fehlt dieses, z. B.: „Seid bitte leise."

Das Wort **seit** steht immer in Verbindung mit einer **Zeitangabe**. Es kann als **Präposition** auftreten, z. B.: „**Seit** gestern habe ich meinen Führerschein."
Als **Konjunktion** kann es Sätze verknüpfen. „**Seit** ich meinen Führerschein habe, darf ich begleitet Auto fahren."

Richtig schreiben

Das oder *dass*? – Gewusst wie!

1 a) Lesen Sie folgende Beispielsätze.
- Ich staune, dass es so etwas gibt.
- Das hätte ich nicht gedacht.
- Ein Gebäude, das viele begeistert, ist der Wolkenkratzer Taipeh 101.
- Das Magazin bietet interessante Fakten dazu.

b) Vervollständigen Sie die Regeln jeweils durch den passenden Beispielsatz aus Aufgabe 1 a) und übertragen Sie den kompletten Regelkasten in Ihr Heft.

Regeln zur das-/dass-Schreibung:

*Das Wort **das** kann verschiedene Wortarten vertreten.*
1. *Es kann als **Artikel** ein Nomen begleiten, z. B.: ...*
2. *Als **Demonstrativpronomen** weist es auf einen bestimmten Sachverhalt hin, z. B.: ...*
3. *Handelt es sich um ein **Relativpronomen**, weist es auf ein vorangegangenes Nomen oder Pronomen hin, z. B.: ...*

*In diesen Fällen ist **das** immer durch die **Ersatzprobe** ermittelbar. Ersatzwörter sind dies(es), jenes oder welches.*

*Die **Konjunktion dass** verbindet Haupt- und Nebensatz und ist nicht ersetzbar, z. B.: ...*

2 Setzen Sie *das* bzw. *dass* passend ein und begründen Sie Ihre Entscheidung.

A ▮ Gebäude, ▮ von der Form her einen Bambusstängel nachahmen soll, erinnert manchen Betrachter auch an ineinandergestapelte Schachteln.

B Die Zahl 101 im Namen des Turmes steht dafür, ▮ dieser 101 Stockwerke hoch ist.

C ▮ Beeindruckendste mag aber der Blick von der Aussichtsplattform sein.

D Der kreisförmige Park um den Wolkenkratzer herum ist der Grund dafür, ▮ Taipeh 101 auch als größte Sonnenuhr der Welt gilt. ▮ ist auf den ersten Blick nicht erkennbar.

E ▮ im höchsten Gebäude der Welt, ▮ in Taipeh steht, ein riesiges Pendel zum Ausgleich von Schwingungen bei Erdbeben installiert ist, ▮ ist nur wenigen Menschen bekannt.

F ▮ Parken ist in dem Turm eine Herausforderung. ▮ liegt daran, ▮ es im Keller des Bauwerkes mehr als 1800 Parkplätze gibt. ▮ Wiederfinden seines abgestellten Fahrzeuges auf der 82.962 Quadratmeter großen Parkfläche fällt manchem schwer. ▮ man sich seinen Parkplatz gut gemerkt hat, ▮ ist eine wichtige Voraussetzung für ▮ Wiederfinden des PKW.

Kommasetzung – Klar geregelt!

1 a) Lesen Sie unten die Ihnen bekannten Regeln zur Kommasetzung und machen Sie sich diese bewusst.
b) Im Text „Tanzen stärkt Körper, Geist und Seele" auf S. 284 sind die einzelnen Sätze mit hochgestellten Buchstaben versehen. Untersuchen Sie die Sätze und ordnen Sie sie den Kommaregeln 1 bis 7 als Beispiele zu.
c) Gestalten Sie Lernkarten zu den Kommaregeln. Geben Sie auf diesen die Kommaregeln verkürzt wieder und notieren Sie zu jeder Regel ein eigenes Beispiel.

1 Komma bei Aufzählung

Aufzählungen werden durch Komma voneinander getrennt. Das letzte Glied der Aufzählung wird mit „und" bzw. „oder" angeschlossen.

2 Komma in Satzreihen

Hauptsätze können zu einer Satzreihe verbunden werden. Zwischen den einzelnen Sätzen steht ein Komma. Bei den reihenden Konjunktionen und bzw. oder muss in der Regel kein Komma gesetzt werden. Bei den Konjunktionen aber, denn, doch, dennoch, sondern ist ein Komma notwendig.

3 Komma in Satzgefügen.

Haupt- und Nebensatz werden immer durch Komma voneinander getrennt. Bei eingeschobenen Nebensätzen müssen zwei Kommas gesetzt werden, um den Nebensatz vom Hauptsatz abzutrennen. Signalwörter für den Nebensatz sind häufig unterordnende Konjunktionen wie z. B. als, weil, da, wenn, obwohl, dass, nachdem …
Bei Relativsätzen weisen Relativpronomen wie z. B. der, die, das, welcher, welches … auf den Beginn des Nebensatzes hin.

4 Komma bei Appositionen bzw. Anreden oder Ausrufen

Eine Apposition, also eine nachgestellte Erklärung, muss durch Kommas vom restlichen Satz abgetrennt werden.
Auch nach Anreden oder Ausrufen muss ein Komma gesetzt werden.

5 Komma bei Infinitivgruppen

Beim einfachen Infinitiv oder einer Infinitivgruppe mit „zu" kann ein Komma gesetzt werden, um das Lesen zu erleichtern und um Missverständnisse zu vermeiden.
Ein Komma muss gesetzt werden, wenn die Infinitivgruppe durch ein Bezugswort im Hauptsatz angekündigt wird, z. B. es, daran, darauf, dabei, das. Bei Infinitivgruppen mit um … zu, ohne …zu, anstatt … zu muss ebenfalls ein Komma gesetzt werden.

6 Komma bei Partizipgruppen

Eine Abgrenzung der Partizipgruppe durch ein Komma ist immer möglich. Bei einer nachgestellten Partizipgruppe oder nach dem hinweisenden Wort „so" muss ein Komma gesetzt werden.

7 Komma beim Begleitsatz der wörtlichen Rede

Wird bei einer wörtlichen Rede der Redebegleitsatz nachgestellt oder in das Gesagte eingeschoben, so müssen die wörtliche Rede und der Begleitsatz durch Komma(s) voneinander getrennt werden.

Richtig schreiben

Tanzen stärkt Körper, Geist und Seele

Noch bevor die Menschen schreiben konnten, tanzten sie.[A] „Die Bewegung zur Musik verleiht Kraft und Selbstbewusstsein", sagt Gunter Kreutz von der Universität Oldenburg.[B]

5 Tanzen ist viel älter, als es schriftliche Aufzeichnungen über menschliche Kulturen gibt.[C] Es steckt in unseren Genen und scheint uns angeboren zu sein.[D] Wahrscheinlich hat es in der Evolution erfolgreich dazu beigetragen, die kognitiven Funktionen zu
10 verbessern.[E] Vielleicht hat sich die Menschheit nur durch den Tanz so weit entwickelt.[F]
Zu tanzen(,) bringt viele positive Effekte mit sich.[G] Tanzen ist Bewegung und Bewegung tut uns allen gut.[H] Wir leben in einer Gesellschaft, in der viele
15 Menschen an Übergewicht und Diabetes leiden.[I] Aber es geht nicht nur um die Bewegung.[J] Im Gegenteil, Tanzen wirkt sich in vielen Bereichen positiv aus.[K] Gemeinsam mit einem Partner oder in der Gruppe tanzend, so können verschiedene Ge-
20 schlechter und Generationen zusammengebracht werden.[L]
Das Tanzen kann auch zur Entspannung beitragen, den Alltagsstress reduzieren und das Gehirn durch das Lernen von Schrittfolgen trainieren.[M] Sich zu
25 Musik zu bewegen, wirkt entspannend und anregend zugleich.[N]
Die Studien, die es über die Wirkung des Tanzes auf Körper und Psyche gibt, belegen dies.[O]

2 a) Setzen Sie in den folgenden Sätzen A bis H die fehlenden Kommas und übertragen Sie diese in ihr Heft.
b) Benennen Sie die jeweils angewandte Kommaregel.

A Tanzen ist eine komplexe Angelegenheit welche Motorik Aufmerksamkeit Langzeitgedächtnis und Kurzzeitgedächtnis beansprucht.

B Eine Studie konnte zeigen dass tanzende Grundschüler weniger aggressiv eingestellt sind als Mitschüler die nicht tanzen.

C Ein früher Beginn mit dem Tanzen ist zwar gut für die Entwicklung aber auch im Alter profitiert man von der Bewegung.

D Häufig mit einem Partner die Schrittfolgen übend so kann man laut einer Studie das Demenzrisiko um 76 Prozent reduzieren.

E „Es ist also nie zu spät um mit dem Tanzen anzufangen" äußerte ein Wissenschaftler.

F In Tanzschulen werden viele verschiedene Tänze wie Tango Walzer Cha-Cha-Cha Jive oder Discofox gelehrt.

G Der langsame Walzer ist ein Tanz der zu den sogenannten Standardtänzen zählt.

H Andere Formen des Tanzens sind Ballett oder auch der Gardetanz bei Jungen besonders beliebt sind Hiphop oder Breakdance.

Richtig schreiben ▶

3 a) Verbinden Sie folgende Sätze sinnvoll miteinander. Nutzen Sie dazu verschiedene Satzmuster und achten Sie auf die Kommasetzung.
b) Vergleichen Sie Ihre Ergebnisse untereinander. Begründen Sie dabei jeweils, warum Sie sich gerade für diese Satzverbindung entschieden haben.

1 *Alle Jugendlichen sollten einen Tanzkurs belegen.*
Die sportliche Betätigung schult das Körperempfinden und die Merkfähigkeit.

2 *Es gibt einen weiteren positiven Effekt.*
Man lernt in solchen Kursen neben dem Tanzen auch Umgangsformen.
Das ist zudem nützlich für das Berufsleben.

3 *In Tanzschulen kann man neue Leute kennenlernen.*
Diese Leute haben das gleiche Interesse wie man selbst.
So kommt man schnell ins Gespräch.
Das hilft vor allem schüchternen Jugendlichen.

4 *Bei Tanzkursen für Jugendliche ist es meist kein Problem.*
Man kann sich auch ohne Tanzpartner zu einem Kurs anmelden.

5 *Im Tanzkurs lernt man viel über Musik.*
Man schult sein Gehör.
Man trainiert sein Rhythmusgefühl.
Man kann verschiedene Stilrichtungen unterscheiden.

6 *Nicht zu jeder Musik lassen sich die gleichen Tänze tanzen.*
Zu einem Dreivierteltakt passt ein Walzer, zu anderen Taktarten z. B. ein Foxtrott oder ein Jive.

4 a) Lesen Sie unten den Auszug aus einer Argumentation eines Schülers, in dem der Verfasser die Kommasetzung zu vermeiden versucht.

Tanzen ist gut für die körperliche und geistige Gesundheit. Es hält fit. Es fördert die Kondition. Mehrere Tänze hintereinander erfordern Durchhaltevermögen. Beim Tanzen wird das Herz-Kreislauf-System gestärkt. Die Muskulatur wird trainiert. Das wirkt sich positiv auf eine gute Haltung aus.
Konzentration und Koordination werden parallel dazu geschult. Man muss sich anspruchsvolle Schrittfolgen merken. Immer neue Schrittfolgen können kombiniert werden. Das fördert die Gedächtnisleistung. Es verhindert auch Langeweile. Beim Tanzen schüttet der Körper nachweislich Glückshormone aus. Das sorgt für Stressabbau. Die Bewegung fördert den Kalorienverbrauch. Das ist gut für die Figur.

b) Beurteilen Sie die Wirkung des Textes.
c) Überarbeiten Sie das Argument im Heft, indem Sie verschiedene Satzmuster verwenden. Beachten Sie die korrekte Kommasetzung.
d) Tauschen Sie Ihre Ergebnisse untereinander und überprüfen Sie sie gegenseitig auf Sprachrichtigkeit und Zeichensetzung.

Richtig schreiben

Zitieren wie ein Profi

1 Lesen Sie den folgenden Text.

Steinige Gedanken

Hausaufgabe in Deutsch: „Schreibt bis morgen einen inneren Monolog zu einer bekannten Redewendung", sagt Herr Huber und tut sich leicht. Was soll einem da schon einfallen? Omas Lieblingsspruch,
5 mit dem sie gerne nervt, wenn es bei mir wieder nicht rundläuft? „Auch aus Steinen, die einem in den Weg gelegt werden, kann man etwas Schönes bauen, mein Junge", höre ich Oma sagen. Klingt ja ganz nett, aber so steinig, wie mir mein Weg gerade vor-
10 kommt, könnt ich glatt Türme bauen oder vielleicht lieber eine Mauer, hinter der ich meine Ruhe habe. Ich bin eigentlich ein richtiger Steinefan. Aus jedem Urlaub hab ich mir – seit ich klein war – immer einen schönen Stein mitgebracht. Stehen alle im Regal
15 – zumindest fast alle. Der Stein aus Schweden – dem total verregneten Sommerurlaub – weckt Erinnerungen. War echt schön, bei Wind und Wetter am Strand entlangzuwandern und die unzähligen Steine anzuschauen. Ein ganzes Meer an Steinen: kleine
20 Steine, große Steine, kantige Steine, runde Steine, raue Steine, glatte Steine, poröse Steine, glänzende Steine, Steine in ganz vielen Farben. Und jede Menge Versteinerungen gab's da: uralte Steine. Steine halten ganz schön was aus und überdauern die Zeit.
25 Hätten sicher viel zu erzählen.
Oder der kleine Stein – ich glaub, der war aus England –, der wie ein Herz ausschaut. Den hab ich Lia zu unserem ersten Date geschenkt. Ist jetzt ihr Hintergrundbild auf ihrem Handy. Hat super funktio-
30 niert, mein Herzöffnerstein. Echt faszinierend!
Nun, so ganz unrecht hat Oma wohl doch nicht. So groß wie ein Hinkelstein liegt die letzte Deutschfünf vor mir. Aber die werd ich schon wieder aus dem Weg räumen. Vielleicht ist mein steiniger Aufsatz ja
35 ein Anfang.

2 a) „Zeigen Sie anhand der sprachlichen Gestaltung auf, dass der Text im Stil eines inneren Monologs verfasst wurden." Tauschen Sie sich aus, inwiefern die grau hinterlegten Textstellen als Textbelege geeignet sind, um diese Aufgabe innerhalb einer Texterschließung zu belegen.
b) Suchen Sie weitere Textstellen, die Sie als Nachweis anführen könnten.

3 a) Lesen Sie die Auszüge aus einer Beschreibung der sprachlichen Besonderheiten und achten Sie darauf, auf welche unterschiedliche Weise zitiert wurde.
b) Sprechen Sie in der Klasse darüber, weshalb es notwendig ist, Textbelege nach festen Regeln zu zitieren.
c) Schauen Sie sich die Regeln zum Zitieren in der Info an. Ordnen Sie die Textbelege A bis H anhand ihrer Zitierweise den Regeln zu.

4 Ergänzen Sie die Beschreibung der sprachlichen Besonderheiten aus den Sätzen A bis H. Suchen Sie dazu im Text Beispiele für Vergleiche und Einschübe und erläutern Sie deren Wirkung bezüglich eines inneren Monologes. Zitieren Sie abwechslungsreich.

Richtig schreiben

A Die Erzählung „Steinige Gedanken" ist im Stil eines inneren Monologs geschrieben.

B In den Zeilen 6 bis 8 vermittelt die wörtliche Rede „‚Auch aus Steinen, die einem in den Weg gelegt werden, kann man etwas Schönes bauen, mein Junge'", dass dem Ich-Erzähler genau diese Worte der Großmutter gerade durch den Kopf gehen.

C Den Charakter des inneren Monologs als eine Art Selbstgespräch unterstreichen auch die umgangssprachlichen Formulierungen: „könnt" (Z. 10), „halten ganz schön was aus" (Z. 24) oder „total" (Z. 16).

D Man findet auch mehrere Ellipsen wie „zumindest fast alle" (Z. 15) oder „Echt faszinierend!" (Z. 30), die verdeutlichen, welche kurzen Gedankenfetzen dem Erzähler spontan durch den Kopf gehen. Das wirkt realitätsnah.

E Mit der Aufzählung der vielen unterschiedlichen Steine (vgl. Z. 19-22) wird die bildliche Vorstellung des Lesers angeregt. Er kann sich so die große Menge an Steinen und deren unterschiedliches Aussehen vorstellen. Insofern spricht der Text wie häufig bei inneren Monologen zudem die Sinne des Lesers an.

F Auch der enthaltene Neologismus („Herzöffnerstein", Z. 30) passt zu einem inneren Monolog, zeigt er doch die individuellen Gedanken des Erzählers, welcher dem Stein durch die ganz eigene und neue erfundene Bezeichnung eine besondere Bedeutung gibt.

G „Was soll einem da schon einfallen? Omas Lieblingsspruch [...]?" (Z. 3 ff.). Mit diesen rhetorischen Fragen wird deutlich, welche Fragen sich der Ich-Erzähler selbst stellt. Sie regen den Leser an, sich Gedanken zu für ihn bedeutsamen Redewendungen zu machen, und erwarten keine Antwort.

H Mit dem Bild von „Türmen[n]" (Z. 10) oder einer „Mauer" (Z. 11) wird anschaulich dargestellt, wie viele Steine dem Protagonisten momentan im Weg liegen.

Info

Textbelege müssen als **Zitate** kenntlich gemacht werden. Die **Zeilenangabe** kann dem Zitat ausformuliert voranstehen: In den Zeilen 1 bis 3 schreibt der Autor „...". Sie kann aber auch in Klammern nachgestellt werden: (Z. 1 ff.) Für die nachgestellten Zeilenangaben können folgende Abkürzungen verwendet werden: Zeile 1: Z. 1; Zeile 1 und 2: Z. 1 f.; Zeile 1 bis 3 oder 4: Z. 1 ff.; Zeile 1 bis 5: Z. 1–5.

Es gelten folgende **Zitierregeln**:

1. Das Zitat kann auf unterschiedliche Weise in den Text eingebaut werden:
   a) Das Zitat wird in den erklärenden Satz fließend eingebaut.
   b) Das Zitat steht zu Beginn eines erklärenden Satzes.
   c) Das Zitat folgt dem erklärenden Satz nach einem Doppelpunkt.
   d) Das Zitat ist in Klammern in den erklärenden Satz eingefügt.

2. **Auslassungen oder Veränderungen** werden mit [...] oder „[V]iele" gekennzeichnet.

3. Zitiert man **wörtliche Rede**, so muss diese im Zitat in zusätzliche einfache Anführungszeichen gesetzt werden.

4. Als Zitat gekennzeichnet werden auch **Titel von Texten** (Überschriften) und die **Namen von Zeitschriften, Zeitungen** etc.

5. Nur sinngemäß wiedergegebene Textstellen, die nicht im originalen Wortlaut zitiert werden, nennt man **indirekte Zitate**. Solche sogenannten **Paraphrasen** werden mit **vgl.** kenntlich gemacht.

3.1 Textbelege in der erforderlichen sprachlichen Form und ggf. unter Angabe der Quelle in ihre eigenen Texte einfügen

Arbeitstechniken

Texte vortragen – Kein Problem!

In diesem Kapitel lernen Sie,
- Texte sicher so vorzutragen, wie Sie sie interpretieren,
- eigene Texte in der Gruppe zu korrigieren und zu überarbeiten,
- sich auf die Abschlussprüfung methodisch vorzubereiten, indem Sie Lerntechniken und -strategien kennenlernen und einen Lernplan aufstellen.

1
a) In folgendem Textauszug wurden Markierungen vorgenommen. Wiederholen Sie mithilfe des Tipps, was diese Markierungen zu bedeuten haben.
b) Lesen Sie den Textauszug zunächst still. Versuchen Sie dabei, die Markierungen gedanklich umzusetzen.
c) Lesen Sie den Textauszug mithilfe der Markierungen laut vor.
d) Lassen Sie sich Feedback zu Ihrem Lesevortrag geben:

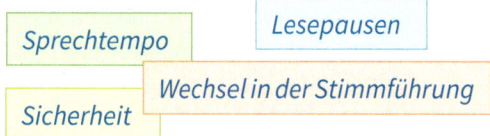

Tipp

Zur Gestaltung Ihres Lesevortrags können Sie einige Vorbereitungen treffen und Lesehilfen in Form von Markierungen in den Text einbauen, beispielsweise:

- zu betonende Wörter unterstreichen,
- Lesepausen markieren (kleine Pause: /, größere Pause: //),
- zusammengehörende Wörter mit einem Bogen verbinden,
- Hinweise auf die Lautstärke geben (> für leiser werden, < für lauter werden),
- längere oder besonders schwierige Wörter mehrmals lesen, um sie gut aussprechen zu können,
- nicht so schnell lesen, damit genügend Zeit bleibt, Textstellen „mitzuspielen"; dafür Gestik- oder Mimikanweisungen an den Rand schreiben.

2
a) Wählen Sie einen Text aus – er kann auch von Ihnen selbst verfasst sein.
b) Bereiten Sie diesen Text für einen Lesevortrag vor. Setzen Sie entsprechende Markierungen.
c) Gehen Sie in Kleingruppen zusammen.
d) Lesen Sie sich Ihre vorbereiteten Texte vor.
e) Geben Sie sich gegenseitig Feedback zu Ihren Lesevorträgen.

1.2 Fremde und eigene Texte sinngestaltend und sprachlich artikuliert (Sprechtempo, Lautstärke, Stimmführung) vortragen, ihre eigene Interpretation zum Ausdruck bringen

Kapitel 1 aus „Cryptos"

Von Ursula Poznanski

Finger heben
Heute lasse ich in Kerrybrook die Sonne scheinen. Das ist angemessen nach drei Tagen mit wolkenverhangenem Himmel und Nieselregen. // Es ist acht Uhr morgens, und die ersten Bewohner sind bereits vor Ort. Vierzehn Prozent, zeigt der Zähler an. Achtzehn. / Sieben-
Finger heben
undzwanzig. // Kerrybrook ist die kleinste meiner Welten und die, die am wenigsten Ar-
5 beit, dafür aber den meisten Spaß macht. Ich habe sie nach dem Vorbild irischer Dörfer modelliert: / hügelig, / mit viel Grün, geduckten Häuschen und einer Burgruine, die über der Landschaft thront. Es gibt Schafe, gemütliche Pubs und jede Woche einen Markt auf
Schulter zucken
dem Hauptplatz. Unendlich friedlich, all das. Manchmal ein bisschen eintönig vielleicht, aber das ist dann meine Schuld. // Am liebsten würde ich selbst dort leben; das Schlimms-
10 te, was sich in den letzten vier Wochen getan hat, war eine Schlägerei im Goldenen Horn. / Zweiunddreißig Prozent. / Ich gleite im Ansichtsmodus die Küste entlang. Die Sonne steht über dem Meer, lässt das Wasser funkeln. Ein paar Möwen kreisen um den Turm der Burg, eine von ihnen trägt einen Fisch im Schnabel. Am Fuß des Hügels spaziert eine Frau mit einem Korb über dem Arm, den Blick aufmerksam auf den Wegrand gerichtet. Sie sucht
15 Goldschwämmchen, schätze ich. Ich habe die Pilze vor etwa zwei Monaten eingeführt, und sie sind ein voller Erfolg. Wer vierzig davon sammelt, kann sich einen Pass für eine von drei Welten aussuchen. Die Jagd nach den kleinen, golden schimmernden Hütchen hält meine Bewohner ziemlich auf Trab. So schön Kerrybrook auch ist, niemand hat etwas gegen eine Reise einzuwenden. // Acht Uhr dreißig, / und neunundfünfzig Prozent der Bewohner sind
20 anwesend. Ein Blick auf die Statistik: nur drei Transfers in andere Welten. Das ist ein ausgezeichneter Wert. Wer einmal hier ist, fühlt sich so wohl, dass er bleibt. […]

Arbeitstechniken

Fließbandkorrektur – Einen Text überarbeiten

1
a) Lesen Sie die Info auf der nächsten Seite und sehen Sie sich den beispielhaften Korrekturbogen unten an.
b) Tauschen Sie sich in der Klasse aus, wie eine Fließbandkorrektur abläuft.
c) Erstellen Sie in der Klasse einen Korrekturbogen zur Inhaltszusammenfassung im Rahmen einer Texterschließung.
Tipp: Erstellen Sie auch Korrekturbögen für die anderen Teilbereiche der Texterschließung oder der Argumentation. So schärfen Sie Ihre Kenntnisse der Textüberarbeitung für die Abschlussprüfung.

2
a) Nehmen Sie Ihre Inhaltszusammenfassung zu „Mein bester letzter Sommer" aus Aufgabe 4 c) und e) von S. 180 zur Hand.
b) Führen Sie in der Klasse mit Ihren Texten eine „Fließbandkorrektur" mithilfe Ihrer Korrekturbögen durch.
c) Vollziehen Sie die Anmerkungen Ihrer Mitschüler zu den einzelnen Teilbereichen nach. Stellen Sie Fragen an die Experten.
d) Überlegen Sie sich, welche Bemerkungen/Verbesserungsvorschläge Sie bei der Überarbeitung Ihrer Inhaltszusammenfassung übernehmen möchten.
e) Überarbeiten Sie nun Ihre Inhaltszusammenfassung mithilfe des ausgefüllten Überprüfungsbogens.

3
a) Sprechen Sie mit Ihren Mitschülern darüber, was Ihnen bei der Überprüfung der Inhaltszusammenfassungen leicht- bzw. eher schwergefallen ist.
b) Tauschen Sie sich in der Klasse über mögliche Probleme im Rahmen der Überarbeitung oder Fließbandkorrektur aus. Optimieren Sie das Verfahren innerhalb der Klasse.

Überprüfungsbogen: Inhaltszusammenfassung von _____

Experte für Inhalt/Aufbau	*Experte für Ausdruck*	*Experte für Rechtschreibung/Zeichensetzung*
Überprüfung Reihenfolge der Handlungsschritte beachtet? …	*Überprüfung* Sachliche Formulierungen? Keine Gefühle? …	*Überprüfung* Kommasetzung korrekt? …
Bewertung ▪ logisch, vollständig ▪ weitgehend strukturiert und vollständig ▪ fehlerhaft	*Bewertung* ▪ gelungen ▪ weitgehend angemessen ▪ unpassend	*Bewertung* ▪ fehlerfrei ▪ überwiegend korrekt ▪ fehlerhaft
Persönliche Bemerkung mit Kürzel: _____	*Persönliche Bemerkung mit Kürzel:* _____	*Persönliche Bemerkung mit Kürzel:* _____

Arbeitstechniken

Info

Fließbandkorrektur

Die verfassten Texte von Schülern laufen wie auf einem Fließband an mehreren Schülern vorbei. Dabei werden für verschiedene Bereiche (z. B. Inhalt und Aufbau, Ausdruck und Rechtschreibung/Zeichensetzung) Experten bestimmt. Jeder Schüler liest den jeweiligen Text nach seinem Expertenbereich Korrektur.

Vorbereitung

In der Klasse werden Kriterien zur Korrektur einer bestimmten Textform gesammelt, z. B. für die Inhaltszusammenfassung einer Texterschließung. Diese Kriterien werden Großbereichen zugeordnet, z. B. Inhalt, Aufbau, Ausdruck, Rechtschreibung ... und es wird ein Korrekturbogen erstellt.
Jeder Schüler wird Experte für einen bestimmten Prüfungsbereich. Dies kann zufällig z. B. durch Abzählen oder anhand der jeweiligen Stärken geschehen.
Jedem Prüfungsbereich wird außerdem eine Korrekturfarbe zugewiesen, z. B. Rot für Ausdruck.

Ablauf

1. Jeder Schüler korrigiert zunächst seinen eigenen Text in seinem zugewiesenen Prüfungsbereich. Er überprüft dabei, ob und inwieweit die Kriterien seines Prüfbereiches eingehalten wurden. Anschließend ordnet er seine Leistung auf einer Bewertungsskala auf einem Korrekturbogen ein und setzt ein Kürzel darunter. Das erleichtert spätere Nachfragen.
2. Nachdem er seine Korrektur abgeschlossen hat, reicht er seinen Korrekturbogen und Text an den nächsten Experten eines Prüfungsbereichs weiter, von dem er noch nicht Korrektur gelesen wurde. Dieser korrigiert und bewertet die Leistung seines Mitschülers.
3. Der Text wandert so lange weiter, bis der Text in allen Teilbereichen Korrektur gelesen wurde.
4. Falls es sich bei einem Experten staut, wird der Text an den nächsten freien Experten weitergegeben.
5. Zum Schluss erhält der Verfasser seinen Text und den Korrekturbogen zurück.

Prüfungsvorbereitung

Alles im Griff! – Sich gezielt auf die Abschlussprüfung vorbereiten

1 a) Lesen Sie den Text über das Lernen.

Dem Lernen auf der Spur

Das Wort „*lernen*" leitet sich von dem indogermanischen Begriff „*lais*" ab. Dieser bedeutet übersetzt so viel wie „*Spur*". Der renommierte Gehirnforscher Manfred Spitzer versucht in seinen Vorträgen, das
5 Prinzip des Lernens bildhaft zu verdeutlichen. Er sagt, dass jede Handlung des Menschen im Gehirn eine Spur hinterlässt – also auch das Lernen. Man stelle sich vor, durch frisch gefallenen Schnee zu laufen. Dann würde eine Spur aus einzelnen Fußtrit-
10 ten sichtbar. Würde es weiterschneien, verlöre sich diese dünne Spur schnell. Würden aber immer mehr neue Spuren dieser ersten Spur folgen, entstünde im Schnee eine immer breitere Bahn, auf der einzelne Fußstapfen bald nicht mehr sichtbar wären. Ein er-
15 neuter Schneefall würde diese breite und tiefe Bahn nicht mehr so leicht zuwehen können. Ähnlich sei es mit dem Lernen selbst. Jede Lernhandlung hinterlässt für sich eine dünne Spur. Durch ständiges Üben und Wiederholen werden an der gleichen
20 Stelle im Gehirn immer neue Spuren gelegt, bis eine breite „Lern-Bahn" entstanden ist. Spitzer meint: „Wenn die Bahnen im Gehirn bildlich gesehen so breit wie Autobahnen sind, dann vergessen wir den gelernten Stoff nicht mehr. Er ist dann tief und fest
25 im Gehirn verankert."

b) Benennen Sie die Kernaussagen des Textes.
c) Stellen Sie Vermutungen an, was für unser Gehirn bildlich gesehen wie ein „Schneesturm" wirken könnte und einzelne Lernspuren verweht.

2 a) Schauen Sie sich die Diagramme an und überlegen Sie sich deren Aussage.
b) Stellen Sie einen Zusammenhang zwischen den Kernaussagen von Manfred Spitzer und den Vergessenskurven her.
c) Leiten Sie Regeln für das Lernen für die Abschlussprüfung aus den gewonnenen Erkenntnissen in Aufgabe 1 und 2 ab.

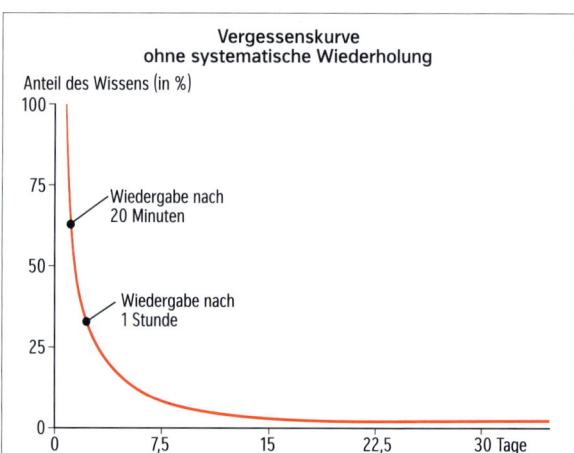

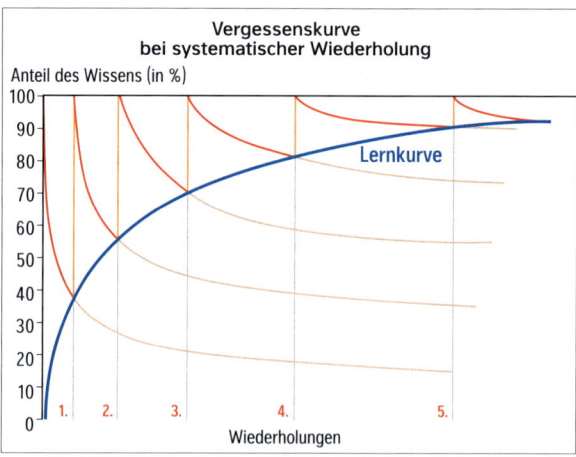

Prüfungsvorbereitung

Lernen mit mehreren Sinnen

1 a) Überlegen Sie für sich selbst, auf welche Weise Sie bislang konkret gelernt haben.
b) Werten Sie diese Lernweise für sich aus.
– Was hat sich für Sie bewährt?
– Wann waren Sie mit dem Lernerfolg unzufrieden?
c) Lesen Sie den Infotext zum „Lernen mit allen Sinnen".

2 Optimieren Sie mithilfe der Tipps auf S. 293–295 Ihr eigenes Lernen.

Info

Lernen mit allen Sinnen

Es ist wissenschaftlich erwiesen, dass unser Gehirn umso erfolgreicher lernt, je mehr Lernkanäle am Lernen beteiligt sind. Das bedeutet im Umkehrschluss: Wenn wir nur im Buch lesen und versuchen, uns den Lernstoff einzuprägen, schließen wir weitere Lernkanäle aus und lassen Möglichkeiten ungenutzt.
Denn jede Handlung legt Spuren im Gehirn. Lernen wir ein und dasselbe auf verschiedenen Wegen, werden im Gehirn auch mehrere Spuren angelegt, die sich tief ins Gedächtnis eingraben.
Deshalb sollten wir beim Lernen das Hören und das Fühlen genauso wie das Sehen möglichst häufig gemeinsam aktivieren.
Unser Gehirn merkt sich ...

10% von dem, was wir nur lesen

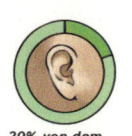
20% von dem, was wir nur hören

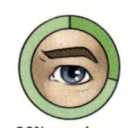
30% von dem, was wir nur sehen

50% von dem, was wir hören und sehen

70% von dem, was wir mit eigenen Worten wiedergeben

90% von dem, was wir selbst ausprobieren

Tipp

Lernen mit den Augen

Ersetzen Sie, wo immer es geht, in Ihren Aufzeichnungen Wörter, Stichpunkte oder Sätze durch Bilder oder Symbole.
Bildhaftes wird im Gehirn besonders verarbeitet und prägt sich gut ein. Setzen Sie beim Textverständnis zum Beispiel bewusst Symbole ein.

Arbeiten Sie mit unterschiedlichen Farben, um Wichtiges hervorzuheben.
Unser Gehirn speichert auch Farben und Hervorhebungen, weil sie Wichtiges betonen und zu etwas Besonderem machen. Es erhöht unsere Aufmerksamkeit.
Nutzen Sie zum Beispiel beim Argumentieren verschiedene Farben für verschiedene Teilbereiche.

Tipp

Lernen mit den Ohren

Lernen Sie – wann immer es möglich ist – laut. Die eigene Stimme wird über Ihr Sinnesorgan Ohr zurückgeführt in Ihr Gedächtnis. Sie lernen also nicht nur über das Auge, sondern auch über das Ohr.
Zusätzlich zum Hören wird auch das Fühlen aktiviert, indem Sie Worte mit dem Mund formen, dieses erspüren und zusätzliche Gedächtnisspuren im Gehirn anlegen. Sagen Sie zum Beispiel immer wieder die einzelnen Textmerkmale für die Texterschließung laut auf.
Nutzen Sie auch gezielt die Aufnahmefunktion Ihres Smartphones, um wichtigen Lernstoff aufzusprechen und sich diesen immer wieder anzuhören.

Prüfungsvorbereitung

Tipp

Lernen mit den Worten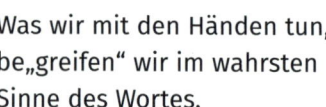

Treffen Sie sich mit Ihren Mitschülern, um gemeinsam zu lernen. Dies macht mehr Spaß, als sich allein den Prüfungsstoff anzueignen, und ist somit motivierend.
Innerhalb der Gruppe können Sie Fragen klären, sich über Probleme austauschen oder einander den Lernstoff abfragen.
Auch das gegenseitige Korrekturlesen von Ergebnissen aus Schreibaufträgen ist möglich. Dazu können Sie die Korrekturbögen verwenden, die Sie auf den Seiten 290–291 erarbeitet haben.

Tipp

Lernen mit den Händen

Was wir mit den Händen tun, be„greifen" wir im wahrsten Sinne des Wortes.
Deswegen ist es sinnvoll, dass Sie Ihre Lernkarten sowie alle anderen Notizen handschriftlich erstellen.
Da wir beim Schreiben mit der Hand für jeden Buchstaben eine komplexe Bewegung ausführen müssen, prägt sich unser Gehirn die aufgeschriebenen Inhalte schneller und sicherer ein. Beim Tippen am Computer hingegen gibt es einen solchen Prozess nicht.

Mit der richtigen Lernstrategie zum Erfolg

1 Sammeln Sie gemeinsam Ihr Vorwissen zum Thema Lernstrategien.

2 Überlegen Sie, worin Ihre Lernprobleme bisher lagen.

3 a) Schauen Sie sich die Vorschläge zu ausgewählten Lernstrategien und damit verbundenen Handlungsmethoden an.
b) Probieren Sie verschiedene Methoden aus.

Motiviert bleiben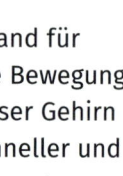

Motivation ist beim Lernen der Schlüssel zum Erfolg.

- Ziel sollte immer ein **Lernen mit Freude** sein. Verhindern Sie ganz bewusst negative Emotionen wie Unlust oder lernhinderliche Gedanken. Führen Sie sich immer wieder vor Augen, was Sie mit Ihrem Lernen erreichen wollen.
- Teilen Sie sich den Lernstoff in kleine Portionen ein, z. B. mit einem Lernplan wie auf S. 297.
- Nach dem Erreichen von kleineren Lernzielen belohnen Sie sich selbst! Sie kennen sich selbst am besten: Was wäre eine gute Belohnung, um einen Lernerfolg zu feiern? Tragen Sie diese Belohnung auch bewusst mit in Ihren Zeitplan (S. 296) ein. Aber seien Sie streng und konsequent mit sich selbst.

Selbstkontrolle

Planen Sie Ihre Lernarbeit genau und überprüfen Sie sich selbst. Eine gute Selbstkontrolle ist der Schlüssel für erfolgreiches Lernen. Fertigen Sie einen Plan zur Prüfungsvorbereitung an und halten Sie sich daran. Belohnen Sie sich selbst, wenn Sie Ziele erreichen.

Prüfungsvorbereitung

Das richtige Gedächtnistraining

- Arbeiten Sie z. B. mit **Eselsbrücken**, **Merkgeschichten** oder anderen Gedächtnishilfen, die Ihnen das Einprägen erleichtern.
- Strukturieren und visualisieren Sie Ihr Wissen, z.B. durch **Lernkarten**, **Mindmaps** ...

Tipp: Nutzen Sie die Locimethode, bei der Sie sich vor Ihrem inneren Auge einen Raum vorstellen. In diesem hängen Sie an bestimmte Gegenstände bestimmte Lernbegriffe oder -regeln. Das können beispielsweise Regeln zur Kommasetzung oder Merkmale bestimmter Textsorten sein. Gehen Sie in Gedanken diesen Raum immer wieder durch und erinnern Sie sich an die Begriffe zusammen mit den Gegenständen. Wenn Sie später das Lernwissen wieder abrufen wollen, versetzen Sie sich gedanklich in diesen Raum und stellen Sie sich die Gegenstände vor. Dann erinnern Sie sich auch an die Lernbegriffe.

Entspannt bleiben

Denken Sie dran, dass auch Entspannung und Pausen beim Lernen wichtig sind. Teilen Sie sich die Arbeit so ein, dass Pausen fest geplant sind.

In der Pause können Sie sich bewegen, frische Luft tanken oder sich stärken. In Minipausen hilft oft schon eine Atemübung, um wieder Kraft zu tanken, z. B.:

1. Schließen Sie die Augen.
2. Atmen Sie tief ein.
3. Nun halten Sie für etwa 8 Sekunden die Luft an. Die Zeitspanne kann etwas variieren, wenn sich 8 Sekunden für Sie zu kurz oder zu lang anfühlen.
4. Anschließend atmen Sie ganz langsam wieder aus und halten nach dem Ausatmen erneut die Luft kurz an.
5. Dies wiederholen Sie einige Minuten, bis Sie sich entspannt und erfrischt fühlen.

Tipp: Wenden Sie diese Atemübung auch an, wenn Sie in der Prüfung sitzen. Atmen Sie Aufregung und Stress einfach weg!

Lernstoff erarbeiten

Nutzen Sie verschiedene Methoden, um sich den Lernstoff zu erarbeiten, z. B.:

- Wichtiges in Texten markieren und zusammenfassen
- Lernkartenmethode (siehe S. 201)
- Lernstoff, z. B. Textsortenmerkmale, aufsagen und dabei mit dem Handy aufnehmen und sich immer wieder vorspielen lassen; beim Anhören mitdenken
- Lernplakate anfertigen und aufhängen
- Mindmaps zu einem Thema erstellen
- Eselsbrücken ausdenken oder andere Gedächtnisstrategien zum Einprägen anwenden

Ressourcennutzung

- Schlagen Sie, wann immer Sie Fragen haben oder etwas genauer wissen wollen, selbstständig im Lexikon/Wörterbuch nach. Nutzen Sie auch diesen Schülerband und Ihre Mitschriften aus dem Unterricht, um dies zu trainieren.
- Nutzen Sie das Internet mit gezielten Suchaufträgen, um sich Lernvideos, Podcasts oder zusammenfassende Informationstexte zu einem bestimmten Thema zu suchen. So erweitern Sie Ihr Wissen und Ihre Fähigkeit, selbstständig zu lernen.

Prüfungsvorbereitung

Zeitplan für die Prüfungsvorbereitung

1
a) Schauen Sie sich den folgenden Musterzeitplan für die Wochen vor der Prüfung sowie die Vorschläge für einzelne Lernmodule an.
b) Entwerfen Sie für sich einen eigenen Prüfungsvorbereitungsplan. Stellen Sie Ihre Lernmodule nach Ihren individuellen Bedürfnissen und Prüfungsfächern zusammen.
c) Hängen Sie Ihren individuellen Plan gut sichtbar an Ihrem Arbeitsplatz auf und streichen Sie Erledigtes bewusst ab.

> **Tipp**
>
> Blättern Sie durch den Schülerband, Ihre Aufzeichnungen und Ihre Lernkarten. So erhalten Sie einen guten Überblick über den Lernstoff. Schätzen Sie sich selbst ein, wie gut Sie einzelne Teilbereiche bereits können, und berechnen Sie entsprechend Zeit zum Lernen und Wiederholen (Wh) ein. Planen Sie auch bewusst Pausen und einen Zeitpuffer ein, wenn Sie einmal nicht die Zeit zum Lernen finden oder etwas nicht so reibungslos abläuft wie geplant.

	1. Woche	2. Woche	3. Woche	4. Woche	5. Woche	6. Woche
Mo	**Deutsch LM1**	Englisch	**Deutsch LM4**	Englisch	Englisch oder 4. Fach IIIa Wh	AP Mathe 4. Fach II Wh
Di	Mathe	4. Fach	Mathe	4. Fach	AP 4. Fach (je nach Sprache) **Deutsch Wh**	AP 4. Fach II 4. Fach I Wh
Mi	Englisch	**Deutsch LM3**	Englisch	**Deutsch LM1/2 oder 3–5**	AP Deutsch 4. Fach IIIa Wh	AP 4. Fach I 4. Fach IIIb Wh
Do	4. Fach	Mathe	4. Fach	Mathe	AP 4. Fach IIIa Englisch Wh	AP 4. Fach IIIb
Fr	**Deutsch LM2**	Englisch	**Deutsch LM5**	Englisch	AP Englisch	frei
Sa	Mathe	4. Fach	Mathe	4. Fach	Mathe Wh	frei
So	frei	frei	frei	frei	frei	frei

LM1: Argumentieren I
- Thema erschließen
- Material sichten und auswerten
- Stoffsammlung anlegen und ordnen
- Gliederung erstellen

LM2: Argumentieren II
- Einleitung verfassen
- Hauptteil ausarbeiten
- Schluss formulieren
- Argumentation überarbeiten

LM3: Texterschließung I
- Übersicht über die Texterschließung
- Aufbau der Einleitung
- Unterschied Inhaltszusammenfassung/strukturierte Inhaltszusammenfassung
- Verfasserabsicht und Zielgruppe
- Schlussgestaltung

LM5: Texterschließung III
Anschließende Aufträge:
- kreative Schreibaufträge
- argumentative Schreibaufträge

LM4: Texterschließung II
- Textsortenmerkmale
- sprachliche Mittel
- Personen charakterisieren
- korrektes Zitieren

Prüfungsvorbereitung

Sich im Fach Deutsch gezielt verbessern

1. Lesen Sie die folgenden Tipps, wie Sie sich gezielt im Fach Deutsch verbessern können.

2. Setzen Sie die Tipps um, die Sie für sich selbst als nützlich erachten.

Eigene Texte verfassen

Erledigen Sie die vom Lehrer geforderten Schreibaufträge gewissenhaft und lesen Sie alles Selbstgeschriebene mehrfach aufmerksam zur Kontrolle. Lassen Sie sich Ihre Schreibprodukte korrigieren, wann immer das Angebot dazu besteht. Nur über die persönliche Rückmeldung können Sie Ihre Schwachstellen erkennen und daran arbeiten. Fertigen Sie für einzelne Bereiche des korrigierten Aufsatzes eine Überarbeitung an und setzen Sie dabei die Anmerkungen der Lehrkraft um. So können Sie sich verbessern.

Die eigene Handschrift pflegen

„Das Auge liest mit!": Achten Sie bei allem, was Sie schreiben, auf ein gut lesbares Schriftbild. Eine saubere und klare Schrift hilft Ihnen selbst, eigene Fehler zu erkennen.

Rechtschreibfehler erkennen und vermeiden

Gewöhnen Sie sich beim Schreiben jedes einzelnen Wortes an, die Rechtschreibung genau im Blick zu haben.
Gehen Sie methodisch vor:
- Denken Sie Rechtschreibstrategien und Kommasetzungsregeln immer mit.
- Schlagen Sie eigenständig Wörter, bei denen Ihnen die korrekte Schreibweise unklar ist, im Rechtschreibwörterbuch nach. Der häufige Umgang mit dem Rechtschreibwörterbuch lässt Sie das Gesuchte schneller finden und trainiert Ihren Blick für die korrekte Rechtschreibung. Wie Sie das Wörterbuch effektiv nutzen, können Sie auf S. 275 nachlesen.
- Trainieren Sie regelmäßig Ihre Rechtschreibkenntnisse. Nutzen Sie dazu auch Online-angebote.
- Einen Tipp zur Rechtschreibprüfung eigener Texte finden Sie auf S. 274.

Textverständnis trainieren

Lesen Sie regelmäßig und möglichst (halb-)laut z. B. journalistische und literarische Texte im Internet, in Zeitungen, in Zeitschriften oder in Büchern. Suchen Sie sich einen Lesepartner, der die gleichen Texte liest. So können Sie sich über die Texte austauschen und trainieren Ihr Textverständnis.

Richtig markieren

Nutzen Sie bei der Erschließung von Argumentationsmaterial und beim Erfassen von Texten Markierstifte in mehreren Farben.
Das erleichtert beim späteren Aufsatzschreiben den Überblick. Beachten Sie dazu auch die Strategie auf S. 207.
Aber Vorsicht: Ein Zuviel und ein „Zubunt" sollten Sie vermeiden, da dadurch der gute Überblick verloren geht.

Prüfungsvorbereitung

Gut durch die Schulaufgaben und die Abschlussprüfung kommen

1 a) Lesen Sie folgende Tipps für die Abschlussprüfung.

b) Nutzen Sie die passenden Tipps, um gut durch die Prüfung zu kommen.

Der Ablauf der Abschlussprüfung

In der Abschlussprüfung erhalten Sie drei Aufgabenvorschläge:
1) Texterschließung eines pragmatischen Textes
2) Texterschließung eines literarischen Textes
3) Materialgestützte Argumentation zu einem Thema

Einen Überblick über mögliche Aufgaben können Sie auf den Seiten 194–197 und 222–225 einsehen. Sie wählen einen Aufgabenvorschlag aus und bearbeiten diesen in max. 240 Minuten.

Allgemeine Tipps

Um in der Abschlussprüfung bzw. Schulaufgabe nicht in Stress zu geraten, befolgen Sie folgende Checkliste:
- ✓ Uhr dabei- und Zeit im Blick haben
- ✓ Sauber schreiben
- ✓ Alle Aufgaben gründlich sichten und erst dann entscheiden ➡ Daher: sich auf alle möglichen Alternativen vorbereiten
- ✓ Keine Panik aufkommen lassen ➡ Ggf. eine Atemübung anwenden und negative Gedanken ausblenden
- ✓ Sich bei der Analyse des Materials Zeit lassen: Wichtiges nach einem individuellen System markieren und sich Notizen machen
- ✓ Sich nach jedem Aufsatzabschnitt Zeit für „Zwischenkorrekturen" nehmen; für die Zwischenkorrekturen und die Abschlusskorrektur die Korrekturtipps nutzen
- ✓ Den Aufsatz am Ende noch einmal komplett durchlesen und sich fragen: Ist das auch für jemand anderen verständlich und ausreichend erklärt? Ggf. einen Punkt noch in ein bis zwei Sätzen erläutern

Prüfungstermine:
Deutsch: am ...

...

Lerngruppe Deutsch mit Simi, Manu und Dilari

Treffen: Mittwochs 17.00–19.00 Uhr bei Dilari

„Lehre bildet Geister, doch Übung macht den Meister!"

Prüfungsvorbereitung

Korrekturtipps für die Argumentation

- ✓ Themafrage korrekt erschlossen?
- ✓ Einleitung zielführend zur Argumentation?
- ✓ Argumentationsaufbau eingehalten?
- ✓ Material ausreichend eingesetzt und eigenes Wissen ergänzt?
- ✓ Material korrekt zitiert?
- ✓ Argumentation im Schluss passend abgerundet?
- ✓ Gliederung und Ausarbeitung übereinstimmend?
- ✓ Sprachliche Überleitungen vorhanden?
- ✓ Abwechslungsreiche Wortwahl?
- ✓ Übersichtlicher Satzbau?
- ✓ Rechtschreibung und Kommasetzung überprüft (Rückwärtslesemethode!)?

Wichtig: Kontrollieren Sie am Ende noch einmal, ob Sie wirklich alle Aufgaben ausreichend bearbeitet haben!

Korrekturtipps für die Texterschließung

- ✓ Einleitung vollständig?
- ✓ Inhalt verständlich wiedergegeben und je nach Aufgabenstellung sinnvoll strukturiert?
- ✓ Alle Teilerschließungsfragen vollständig beantwortet und ausreichend Textbelege eingebaut?
- ✓ Korrekt zitiert?
- ✓ Anschließende Aufgaben (kreativer Schreibauftrag sowie argumentativer Schreibauftrag) ausführlich bearbeitet?
- ✓ Aufsatz im Schluss umfassend abgerundet?
- ✓ Sprachliche Überleitungen vorhanden?
- ✓ Abwechslungsreiche Wortwahl?
- ✓ Übersichtlicher Satzbau?
- ✓ Rechtschreibung und Kommasetzung überprüft (Rückwärtslesemethode!)?

Wichtig: Kontrollieren Sie am Ende noch einmal, ob Sie wirklich alle Aufgaben ausreichend bearbeitet haben!

Wenn alles vorbei ist, fahre ich dahin ...

Bis dahin: Durchhalten! Ich schaff das!

Grundwissen Texte, Medien und Literatur

Ein Pfeil (→) vor einem Wort verweist auf ein weiteres Stichwort.

Appell: Appellieren heißt, sich mit Nachdruck an jemanden zu wenden und dabei eine Aufforderung auszusprechen. Häufig zielt ein Appell auf eine Verhaltensänderung ab. Der Leser wird aber nicht nur sachlich informiert, sondern er wird auch emotional aufgefordert, etwas zu tun/zu ändern.
Die **Überschrift** macht deutlich, worum es in dem Appell geht.
Im **Hauptteil** erfährt der Leser Hintergrundinformationen, Gründe für den Appell und konkrete Vorschläge.
Abschließend werden die Wünsche/Forderungen noch einmal zusammengefasst.

Argumentation (materialgestützt): Die materialgestützte Argumentation ist ein Aufsatz mit Einleitung, Hauptteil und Schluss, in dem zu einem vorgegebenen Thema und mithilfe des ebenfalls vorgegebenen Materials sachlich, klar gegliedert, objektiv und möglichst gut nachvollziehbar argumentiert wird.
Die Einleitung führt den Leser durch ein persönliches Erlebnis, eine Begriffserklärung oder statistisches Material zum Thema hin. Daher endet die Einleitung mit der Formulierung des Themas.
Im Hauptteil werden die einzelnen Argumente nach folgendem Schema aufgebaut: Behauptung, Begründung, Erläuterung. Eine gedankliche Rückführung zum Anfang des Arguments ist möglich, eine Überleitung zum nächsten Argument ist erforderlich.
Der Schluss besteht aus einer kurzen Zusammenfassung der im Hauptteil ausgeführten Argumente. Darauf folgt eine Stellungnahme, die aus persönlicher Sicht das Thema/Problem oder auch einen Einzelaspekt noch einmal aufgreift. Die persönliche Meinung muss begründet werden. Ein abrundender Ausblick ist möglich.

Damit die Argumente in einem nachvollziehbaren logischen Zusammenhang stehen, Einleitung und Schluss inhaltlich passen, ist eine Gliederung als Gerüst nötig. Sie dient als Stütze beim Schreiben und als Überblick für den Leser der Argumentation. Das zur Verfügung gestellte Material muss sorgfältig gelesen werden. Es kann beim Formulieren der Einleitung, beim Finden von Argumenten oder bei der Erläuterung einzelner Argumente verwendet werden. Der Leser muss erkennen können, wenn sich die Argumentation direkt oder indirekt auf Informationen aus dem Material bezieht (Zitat + Quellenangabe).

Aufklärung (ca. 1720–1790): Den Leitgedanken der Aufklärung, „Habe Mut, dich deines eigenen Verstandes zu bedienen!", formulierte Immanuel Kant. Die Aufforderung zu eigenständigem Denken richtete sich gegen eine oft noch mittelalterlich geprägte Weltanschauung, damit auch gegen einige Glaubenslehren der Kirche, aber auch gegen eine absolutistisch regierende weltliche und kirchliche Obrigkeit. Denken und Handeln des Menschen sollten durch seine eigene Vernunft geleitet sein, Menschlichkeit und Toleranz sollten das Zusammenleben bestimmen. Literatur sollte „aufklären" und belehren. Bekanntestes Beispiel dieser lehrhaften Literatur ist die Fabel. Wichtigster Vertreter der literarischen Aufklärung ist Gotthold Ephraim Lessing, der mit dem Schauspiel „Nathan der Weise" das wichtigste Werk der Aufklärung schuf.

Ballade: Das Wort Ballade leitet sich von „ballare" (tanzen) ab. Die Ballade war also ursprünglich ein Tanzlied. Heute versteht man unter einer Ballade ein Gedicht mit epischen und dramatischen Elementen. Die Ballade erzählt spannend (= episches Element) und wirkt durch die Ausgestaltung mit Dialogen dramatisch.

Debattieren/Debatte: Unter Debatte versteht man ein geregeltes Streitgespräch zu einer vorgegebenen Entscheidungsfrage, die am Ende mit Ja oder Nein beantwortet werden soll. Dazu werden nach vorgegebenen Regeln und in einem festgelegten Zeitrahmen Pro- und Kontra-Argumente vorgetragen. Durch den Austausch der Argumente soll auch der Zuhörer in der Lage sein, sich eine eigene Meinung zu bilden und die jeweilige Frage am Ende der Debatte mit einem Ja oder Nein zu beantworten.

Digitale Medien: Unter digitalen Medien (auch elektronische Medien genannt) versteht man Medien, die durch digitale Informations- und Kommunikationstechnik funktionieren. Dazu zählen neben dem Internet das Mobiltelefon, das E-Book, digitales Radio und Fernsehen, aber auch Computerspiele.

Diskontinuierlicher Text: Sonderform von → Sachtext

Dokumentarfilm → Film

Drama (Schauspiel): Man unterscheidet Tragödie (Trauerspiel) und Komödie (Lustspiel). Umgangssprachlich wird allerdings der Begriff Drama oft für eine Tragödie verwendet. Der Begriff Drama geht auf die Antike zurück, ebenso der Aufbau in fünf Akten: 1. Akt: Einleitung, 2. Akt: Konflikt, 3. Akt: Zuspitzung, 4. Akt: Verzögerung, 5. Akt: Lösung/Katastrophe.
In der klassischen Tragödie stirbt der Held/die Heldin in der Regel für seine/ihre Ideale. Das gilt für die Dramen des Sturm und Drang ebenso wie für die der Klassik.

Erzählung: In einer Erzählung wird ein Erlebnis oder eine ausgedachte Handlung wiedergegeben. Die erzählte Handlung muss einen roten Faden haben. Eine Einleitung liefert Informationen über Zeit, Ort und Personen. Ein kurzer Schluss rundet die Erzählung ab.

Episches Theater: Damit wird eine von Bertolt Brecht entwickelte Form des Theaters bezeichnet. Im Gegensatz zum klassischen Drama soll der Zuschauer nicht durch Miterleben der Handlung, also durch intensive Gefühle, beeinflusst werden, sondern durch Nachdenken dazu gebracht werden, die Gesellschaft zu verändern.
Eine wichtige Rolle spielen dabei die sogenannten Verfremdungseffekte (= V-Effekte):
- Die Handlung wird in eine ferne Zeit oder ungewöhnliche Umgebung verlegt.
- Das Bühnenbild ist sehr reduziert und wird bei offenem Vorhang umgebaut.
- Lieder unterbrechen bzw. kommentieren die Handlung.
- Der Szeneninhalt wird vor Szenenbeginn schon durch Spruchbänder, Projektion oder Ankündigung der Schauspieler vorweggenommen.
- Die Zuschauer werden direkt angesprochen.

Erzählperspektive: Die Erzählperspektive ist die Sicht, aus der ein Text erzählt wird. Man unterscheidet zwischen der auktorialen, neutralen und personalen Erzählperspektive sowie der speziellen Form der Ich-Erzählung. Der auktoriale Erzähler ist allwissend und hat eine uneingeschränkte Sicht auf das Geschehen. Er weiß alles über die handelnden Figuren und blickt von außen auf das Geschehen (Außensicht). Der neutrale Erzähler berichtet ebenfalls von außen. Er erzählt neutral, also ohne Wertung. Im Gegensatz zum auktorialen und neutralen Erzähler ist der personale Erzähler Teil der Handlung, weiß aber nicht alles, weil das Geschehen aus der Perspektive einer einzelnen Figur des Textes beschrieben sowie kommentiert und so auch vom Leser wahrgenommen wird (Innenperspektive). Der Ich-Erzähler ist eine Sonderform der Erzählperspektive. Das Geschehen wird in der Ich-Form erzählt. Erzählperspektiven können auch innerhalb einer Erzählung wechseln.

Grundwissen Texte, Medien und Literatur

Erzählzeit und erzählte Zeit: Als erzählte Zeit wird die tatsächliche Zeit des erzählten Geschehens verstanden, unter Erzählzeit hingegen die Zeit, die ein Leser benötigt, um einen Text zu lesen.

Exilliteratur: Schon vor der Machtergreifung Hitlers, aber verstärkt ab 1933 mussten sehr viele deutsche Künstler emigrieren, das heißt ins Ausland fliehen. Häufig war es eine Flucht in mehreren Etappen: Da seit Kriegsbeginn 1939 auch benachbarte europäische Länder nicht mehr sicher waren, suchten viele Emigranten Zuflucht in den USA, einige auch in Südamerika (Stefan Zweig, Anna Seghers). Nur sehr wenige jüdische Künstler entkamen der Verfolgung durch den NS-Staat. So überlebte Mascha Kaléko in den USA und Else Lasker-Schüler in Jerusalem. Exil bedeutete meist Kampf um ein Existenzminimum. Nur wenige – wie etwa Thomas Mann – konnten sich weiter einen gehobenen Lebensstandard leisten. Je nach Lebenssituation war Schreiben – wenn überhaupt – nur sehr eingeschränkt möglich. Sehr unterschiedlich verhielten sich die Emigrierten nach Kriegsende: Viele wollten nicht mehr in die Bundesrepublik Deutschland zurückkehren. Bert Brecht bevorzugte die DDR, Thomas Mann lebte in der Schweiz, Alfred Döblin in Frankreich.

Als sogenannte „innere Emigration" bezeichnet man die Situation von Künstlern, die keine Anhänger des Nationalsozialismus waren, aber trotzdem versuchten, in Deutschland zu überleben. Erich Kästner gehört ebenso zu dieser Gruppe wie Werner Bergengruen und Hans Carossa. Häufig wurde sie nach dem Krieg mit dem Vorwurf konfrontiert, feig oder Verräter gewesen zu sein.

Expressionismus (ca. 1910–1925): Es handelt sich um eine künstlerische Bewegung des frühen 20. Jahrhunderts, die in der Literatur, Architektur, im Film, in Malerei und Musik ihren Ausdruck fand. Krieg, Zerstörung und Angst vor einem bevorstehenden Weltuntergang sind ebenso zentrale Motive wie die Großstadt als Ort der Bedrohung und Vereinsamung. Viele Texte thematisieren die Sehnsucht nach radikaler Veränderung oder einer besseren Welt. In diesem Zusammenhang steht auch das Motiv des Vater-Sohn-Konflikts: Die Anpassung der Elterngeneration an gesellschaftliche Zwänge und deren Streben nach gesellschaftlicher Anerkennung wird verurteilt. Malerei und Literatur behandeln Themen, die bisher kaum vorstellbar waren: Krankheit, Verfall und Tod werden provozierend genau dargestellt. Wie in der Malerei grelle Farbtöne und -kontraste, Verzerrung in Form und Perspektive sowie plakative Übertreibungen bevorzugt werden, gehen auch die Dichter neue Wege: Sätze, Satzfetzen, einzelne Wörter, Ausrufe sind ebenso typisch wie sprachliche Bilder. Berühmte Dichter sind Georg Heym, Alfred Döblin, Gottfried Benn und Else Lasker-Schüler.

Eine Sonderstellung nimmt Alfred Döblin ein, der den einzigen großen Roman des Expressionismus geschrieben hat: In „Berlin Alexanderplatz" bekommt der Leser einen faszinierenden Einblick in den „Großstadtdschungel Berlin".

Auch Franz Kafka (1883–1924) wird vielfach dem Expressionismus zugeordnet, weil in seinem Werk die Angst und Verlorenheit des Einzelnen, das Ausgeliefertsein an eine anonyme Macht thematisiert werden. Auch der Vater-Sohn-Konflikt beeinflusste Kafkas Leben und Werk stark. Die Sprache Kafkas ist allerdings im Gegensatz zum Expressionismus sehr nüchtern und unaufgeregt, wirkt dadurch aber umso bedrohlicher.

Fabel: Fabeln sind meist kurze Erzähltexte, in denen Tiere oder auch Pflanzen wie Menschen denken, sprechen und handeln. Es gibt auch Fabeln in Versform oder als Bildergeschichten. Fabeln haben eine Lehre (Moral), die sich auf das Zusammenleben von Menschen übertragen lässt.

Feature: Ein Feature ist ein Beitrag, der vor allem im Hörfunk vertreten ist. Im Feature sind verschiedene Darstellungsformen vermischt: Es besteht in der Regel aus einer Reportage, die durch Dokumentationen angereichert wird. Der Autor oder die Autorin eines Features nennt Sachverhalte, Fakten und Hintergründe und reichert sie mit kleinen Erzählungen, Geschichten und Zitaten an. Eine wichtige Rolle spielen Hintergrundgeräusche und Musikbeiträge.

Film: Der Film ist ein audiovisuelles Medium, das mit bewegten, in der Regel farbigen Bildern, Licht- und Toneffekten auf den Zuschauer einwirkt: Die Szenenabfolge wird durch eine gut gemachte Schnitttechnik beschleunigt. Geräusche und Musik dienen dazu, die erwünschte Wirkung zu verstärken. Ganz neue Möglichkeiten entstehen durch die zunehmende Digitalisierung des Mediums.
Eine Sonderform des Films ist der Dokumentarfilm. Er zeigt nicht wie ein Spielfilm eine fiktive Wirklichkeit, sondern will reale Wirklichkeit abbilden. Daher spielen reale Orte und Menschen, unverfälscht wiedergegeben, ebenso die Hauptrolle wie Originalzeugnisse (auch aus der Vergangenheit) in Text, Bild und Ton. Ein Dokumentarfilm will in erster Linie informieren. Das kann aber auch durch Einspielen von echten oder nachgestellten Szenen geschehen, sodass die Grenzen zwischen Spielfilm und Dokumentarfilm fließend sind. Es gibt auch Dokumentarfilme mit appellativem Charakter, das heißt, eine Dokumentation soll zum Beispiel aufrüttelnd wirken.

Glosse → Satirische Texte

Graphic Novel: Eine Graphic Novel ist eine in Bildern und Texten erzählte Geschichte. Dabei werden graphische Mittel vor allem des Comics mit längeren zusammenhängenden Textpassagen verbunden. Die Texte können erzählende, gelegentlich auch erklärende Funktion haben. Sie sind vielfach ebenfalls graphisch gestaltet.

Innerer Monolog: Ein innerer Monolog ist ein Selbstgespräch, in dem Gedanken und Gefühle einer literarischen Figur in einem „Gedankengespräch" wiedergegeben werden. Der Leser/Die Leserin erfährt so indirekt, wie die literarische Figur über Probleme nachdenkt, sich selbst Fragen stellt, sich über Ängste und Zweifel klar wird oder Freude empfindet.

Klassik (ca. 1786–1832): Die bekanntesten Autoren dieser Epoche sind Friedrich Schiller und Johann Wolfgang von Goethe. Ideale der Klassik sind Harmonie und Ausgewogenheit, aber auch Menschlichkeit und Toleranz. Vor allem Friedrich Schiller will durch seine Heldendramen (→ Drama) Ideale verkörpern, die die Zuschauer durch Ergriffenheit intensiv miterleben sollen. Bei Goethe beeindruckt die Vielfalt seines literarischen Schaffens, das Dramen, aber auch Romane und Gedichte umfasst.
Im sogenannten Balladenjahr wetteiferten Schiller und Goethe im Schreiben von bis heute bekannten Balladen.

Kommentar: Ein Kommentar stellt eine persönliche Stellungnahme dar, die sich auf eine aktuelle Nachricht oder einen aktuellen Bericht bezieht. Dabei verbindet der Autor sachliche Informationen mit seiner eigenen Meinung und möchte damit den Leser in seiner Meinung beeinflussen, indem er beispielsweise zu einem anderen Verhalten des Lesers aufruft. Aufgrund der stark subjektiv geprägten Darstellung werden Kommentare in Tageszeitungen oder Zeitschriften optisch deutlich von anderen Texten abgetrennt.
Eine Sonderform des Kommentars ist die → Glosse.

Kurzgeschichte: Die Kurzgeschichte ist eine Sonderform der → Erzählung. Ihr Hauptmerkmal ist der offene Anfang ohne traditionelle Einleitung und ein offenes Ende. Häufig befinden sich eine alltägliche Situation und/oder Alltagspersonen im Mittelpunkt. Eine unerwartete Wendung ändert oft das Leben der Hauptfigur.
Mitunter haben Gegenstände, Orte oder auch bestimmte Handlungen in Kurzgeschichten eine symbolische Bedeutung. Der Satzbau ist eben-

falls offener: Kurze, aneinandergereihte oder auch unvollständige Sätze sind ebenso typisch wie die Verwendung der Alltagssprache.

Lautmalerei → Sprachliche Mittel

Lyrik: Lyrik bezeichnet Dichtung in Versform (Gedichte). Der Begriff wurde von der Lyra, einem alten Saiteninstrument, abgeleitet. Viele Gedichte wurden auch vertont. Im Gedicht drücken Dichter ihre Gefühle, Stimmungen, aber auch Erlebnisse und Gedanken aus. Ein wichtiges Merkmal des Gedichts ist der Reim, z. B. der Paarreim, Kreuzreim oder der umschließende Reim. Viele Gedichte sind aber auch reimlos. Die einzelnen Zeilen nennt man Verszeile, mindestens zwei Verszeilen werden in einer Strophe zusammengefasst. Merkmale der Sprache sind → Sprachliche Mittel.

Medien: Unter Medien versteht man ganz allgemein Mittel zur Verständigung. Neben dem großen Bereich der geschriebenen bzw. gedruckten Medien (Printmedien) gibt es viele technische Medien, darunter inzwischen immer mehr → Digitale Medien. Auch der → Film ist mit seinen „bewegten Bildern" ein Medium.

Metapher → Sprachliche Mittel

Nachkriegsliteratur ist ein Sammelbegriff für Literatur nach 1945.
Unter Trümmerliteratur (1945–1950) versteht man Werke aus den letzten Kriegsjahren und der Zeit unmittelbar danach. Wichtige Autoren sind Wolfgang Borchert und Wolfdietrich Schnurre. Bevorzugte literarische Formen sind neben Gedichten vor allem Kurzgeschichten, angelehnt an die englisch-amerikanischen Short Stories. Eine besondere Rolle spielt das Werk „Draußen vor der Tür" von Wolfgang Borchert, in dem er auch eigene Erlebnisse verarbeitet. Das Drama eines traumatisierten Soldaten – ursprünglich als Hörspiel geschrieben – wurde als Theaterstück und Film zum Symbol einer ganzen Generation.
Eine Sonderrolle nimmt Bert Brecht ein: Sein umfangreiches, vor allem lyrisches und dramatisches Werk reicht von expressionistischen Frühwerken über die lange Zeit der Emigration bis in die 1950er-Jahre.
Mit der Gesellschaft der 1950er-Jahre setzten sich vor allem Heinrich Böll, Günter Grass, Martin Walser, Wolfgang Koeppen und Alfred Andersch kritisch auseinander. Dabei verbanden sich häufig politisches Engagement und literarisches Wirken.
Das gilt ebenso für die literarische Auseinandersetzung mit der Zeit des Nationalsozialismus in den 1960er-Jahren durch Günter Grass, Heinrich Böll und Siegfried Lenz.
Ab ca. 1980 spricht man von der **Postmoderne**, die sich nicht mehr im Stil „traditioneller" literarischer Epochen definieren lässt, sondern geprägt ist von einem ästhetischen Pluralismus: Neben traditionellen Formen stehen literarische Werke, die z. B. statt einer traditionellen Erzählung Gedanken von Protagonisten ohne Kommentar wiedergeben.

Naturalismus (ca. 1880–1900): Ende des 19. Jahrhunderts gab es große gesellschaftliche Veränderungen, hervorgerufen durch eine rasant fortschreitende Technisierung. Psychologie und Soziologie lieferten neue Erkenntnisse über den Menschen: Er wurde nicht als frei und selbstbestimmt gesehen, sondern als vorbestimmt durch seine Erbanlagen und sein Umfeld (= Milieu).
In der Literatur richtete sich der Blick vor allem auf Menschen in den Großstädten, deren Leben durch Arbeitslosigkeit, Wohnungslosigkeit, Armut, Einsamkeit, Alkoholismus und Kriminalität bestimmt war. Das Elend dieser Menschen wurde schonungslos und radikal realistisch dargestellt. Der Schriftsteller Arno Holz entwickelte dazu die Formel: Kunst = Natur – x (x als nicht vermeidbare Veränderung durch das Medium der Sprache, das Bühnenbild oder das Medium des Films).

Sprachliche Mittel des Naturalismus waren Alltagssprache und Dialekt. Der Sekundenstil spiegelte die Wirklichkeit durch die Abkehr von vollständigen Sätzen, hin zu Ausrufen, aber auch neuen Wortschöpfungen und Aneinanderreihungen von Wörtern.
Wichtige Vertreter des Naturalismus sind Arno Holz (Lyrik und Dramatik) und vor allem Gerhart Hauptmann mit seinem Drama „Die Weber" und der Novelle: „Bahnwärter Thiel".

Novelle: Unter einer Novelle versteht man einen epischen Text mit einem begrenzten Umfang. Ihre Blütezeit erlebte die Novelle im 19. Jahrhundert (→ Realismus).
Durch die Einleitung, eine steigende Handlung mit Spannungskurve bis hin zum Höhepunkt, der einen Wendepunkt darstellt, sowie die fallende Handlung mit Auflösung der beschriebenen Situation entsteht eine abgeschlossene Geschichte.

Parabel: Unter Parabel versteht man eine kurze, lehrhafte Beispielerzählung, die durch Übertragung eine allgemeine Wahrheit oder Weisheit vermittelt. Das im Vordergrund stehende Geschehen hat also eine beispielhafte Bedeutung. Eine Parabel wirft oft Fragen über Moral und ethische Grundsätze auf und bringt den Leser so zum Nachdenken.

Podcast: Der Podcast ist eine Mediendatei zu Rundfunk- und Fernsehsendungen. Im Gegensatz zu traditionellen Formaten zielen die Podcasts – in der Regel Serien mit einzelnen Episoden – auf Nutzer von Smartphones und ähnlichen Medien.

Pragmatischer Text → Sachtext

Realismus (ca. 1848–1890): Die zweite Hälfte des 19. Jahrhunderts war geprägt von revolutionären Veränderungen in Wissenschaft, Technik, Medizin und Wirtschaft. Auch die Gesellschaft war im Umbruch: Während der Landadel oft verarmte, wuchs der Einfluss des wohlhabenden Bürgertums und der schwerreichen Industriellen. Immer größer wurde aber vor allem die Zahl der Menschen, die aufgrund der Industrialisierung und Landflucht in die Städte zum sogenannten Proletariat gezählt wurden: Sie waren entweder rechtlose, schlecht bezahlte Fabrikarbeiter/-innen, Dienstmädchen oder arbeitslos, wohnten in armseligen Behausungen und lebten in bitterster Armut. Durch diese Polarisierung der gesellschaftlichen Schichten kam es zu wachsenden Unruhen und einer Zunahme vor allem der Kleinkriminalität.
Die Literatur der damaligen Zeit spiegelt in gewisser Weise diese Brüche: Einerseits war sie bestrebt, möglichste nahe an der Realität zu schreiben. Andererseits wurde die Realität sprachlich kunstvoll, oft poetisch verklärt wiedergegeben. Es fehlte jede direkte Kritik oder Aufforderung, etwas zu ändern.
Das Drama spielt im Realismus keine Rolle, sondern Epik (Novellen, Romane) und Lyrik (Naturgedichte, Balladen). Wichtige Vertreter der Zeit des Realismus sind Theodor Fontane, Gottfried Keller, Conrad Ferdinand Meyer, Adalbert Stifter, Theodor Storm, sowie Annette von Droste-Hülshoff.

Reportage: Eine Reportage ist ein journalistischer Beitrag, der sehr häufig in Tageszeitungen, aber auch in Zeitschriften, im Hörfunk und im Fernsehen zu finden ist. Im Gegensatz zum Bericht ist der Reporter „vor Ort" gewesen und hat dort recherchiert (Nachforschungen angestellt), sodass seine Informationen authentisch sind. Zum Beispiel werden Menschen zitiert, die vom Reporter vor Ort befragt wurden. Durch die wörtliche Wiedergabe, aber auch durch Schildern persönlicher Eindrücke können sich die Leserinnen und Leser leichter in das Geschehen hineinversetzen. Die Zeitstufen wechseln wegen der unterschiedlichen Elemente einer Reportage zwischen Präsens und Präteritum. Ein wichtiger Bestandteil einer guten Reportage ist Bildmaterial in entsprechender Qualität. Ebenfalls

Grundwissen Texte, Medien und Literatur

im Gegensatz zum Bericht kann der Verfasser, dessen Name in der Regel angegeben ist, seine eigene Meinung einfließen lassen.

Romantik (ca. 1795–1848): Die Romantik umfasst neben der Literatur vor allem auch Musik und Malerei und lässt sich schwer zeitlich eingrenzen: Romantische Werke entstanden noch am Anfang des 20. Jahrhunderts.

Die Romantik greift Impulse des Sturm und Drang wieder auf, vor allem die Rolle des Individuums und reagiert auf die vielfach als Bedrohung empfundene Industrialisierung und Technisierung (1835 fuhr die erste Eisenbahn in Deutschland von Nürnberg nach Fürth). So wuchs das Interesse an unberührter Natur. Aber auch der Rückblick in eine – oftmals zu sehr verklärte – Vergangenheit wie etwa das deutsche Mittelalter verhalf zur Flucht aus der ungeliebten Gegenwart.

Eine wichtige Rolle spielten für die romantische Literatur die Sprachwissenschaften. Man war nun durch die Kenntnis alter Sprachen in der Lage, germanische Sagen zu übersetzen. Ebenso wie Sagen sammelte man Märchen und Volkslieder. Ein weiteres Motiv der Romantik war die Sehnsucht nach der Ferne: So wurde vor allem Italien, aber auch Griechenland zum Sehnsuchtsort vieler Künstler.

Künstler der Romantik beherrschten oft mehrere Genres: So war E. T. A. Hoffmann nicht nur ein bedeutender Schriftsteller, sondern auch sein kompositorisches Werk ist sehr beachtenswert. Am bekanntesten sind neben E. T. A. Hoffmann, Joseph von Eichendorff (Gedichte, Novelle „Aus dem Leben eines Taugenichts") und Novalis (eigentlich Georg Philipp Friedrich von Hardenberg).

Während Novalis der sogenannten Frühromantik zugeordnet wird und mit dem Motiv der „blauen Blume" das Symbol für romantische Sehnsucht schlechthin geschaffen hat, stellte Joseph von Eichendorff vor allem die Natur als Spiegelung menschlicher Gefühle dar. Im Werk E. T. A. Hoffmanns (= Spätromantik) spielen die Nacht, Gespenster, Dämonen, Spuk und auch Wahnvorstellungen eine große Rolle. Man spricht daher auch von dunkler, schwarzer oder Schauerromantik.

Sachtext: Sachtexte werden häufig auch pragmatische Texte genannt. Sie informieren über Tatsachen, Vorgänge und Sachverhalte. Sachtexte findet man vor allem in Zeitungen und Zeitschriften. Eine Sammlung von Sachtexten zu einem Thema in Buchform nennt man Sachbuch. Eine Sonderform von Sachtexten sind diskontinuierliche Texte. Darunter versteht man vor allem Tabellen, Diagramme und Schaubilder, aber auch Anzeigen und Plakate. Diskontinuierliche Texte, die auch nichtlineare Texte genannt werden, stellen einen Sachverhalt anschaulich, prägnant und übersichtlich dar. Sie können einen Sachtext ergänzen, es lassen sich aber auch Informationen aus einem Sachtext durch einen diskontinuierlichen Text verdeutlichen (visualisieren).

Satirische Texte: Satirische Texte sind Texte, die mit Witz, vor allem aber mit Ironie Missstände anprangern, Kritik ausüben und Verhaltensänderungen bewirken wollen.

Zu satirischen Texten zählt die Glosse als eine Sonderform des Kommentars.

Einzelmerkmale:
- eine Überschrift, die neugierig macht, zum Denken anregt oder auch nur verwundert
- ironische Formulierungen, sprachliche Bilder, Wortspiele, Doppeldeutigkeiten und Anspielungen,
- am Ende eine überraschende Wende, die Pointe

Eine Glosse, die in der Zeitung/Zeitschrift einen festen Platz und ein gleichbleibendes Layout hat und immer vom selben Autor stammt, wird auch **Kolumne** genannt. Aktuelle Themen, aber auch subjektive Alltagserfahrungen werden kritisch oder auch spöttisch behandelt.

In einer **Satire** wird häufig in der Form einer Kurzgeschichte Kritik geübt, wobei alle Mittel der Ironie wie Übertreibung, Zuspitzung, Behauptung des Gegenteils, witzige Wortneuschöpfungen zum Einsatz kommen.

Schilderung: Bei schildernden Texten treten Sinneseindrücke in den Vordergrund. Genau und wie in Zeitlupe werden die Wahrnehmungen Sehen, Hören, Riechen, Fühlen und Spüren so dargestellt, dass sie der Leser unmittelbar nachvollziehen kann. Daher wird eine Schilderung in der Regel im Präsens verfasst.
Eine kurze Einleitung hilft dem Leser, sich in eine bestimmte Situation hineinzuversetzen.
Ein Handlungsrahmen ist möglich, aber nicht zwingend erforderlich.
Um Stimmungen und Gefühle gut zu vermitteln, sollten nicht einfach Wahrnehmungen aneinanderreihend beschrieben werden, sondern sprachliche Mittel wie Personifikation, Vergleiche oder auch Metaphern zum Einsatz kommen.
Eine persönliche Bemerkung oder ein Ausblick können die Schilderung abschließen.

Science Fiction: Bei Science Fiction handelt es sich um einen Bereich der Literatur und des Films, der sich mit der Zukunft der Menschheit in einer unwirklichen, irrealen Welt beschäftigt. Die Erzählhandlungen spielen in der Zukunft. In den Fokus rücken dabei wissenschaftliche oder technische Möglichkeiten, die um eine noch nicht „erfundene" Sache erweitert werden, zum Beispiel Roboter (real), die Gefühle haben (irreal). Häufige Themen sind künstliche Intelligenz, menschliche Roboter, aber auch Zeitreisen oder das Erscheinen von Aliens. Als Begründer der Science-Fiction-Literatur gilt Jules Verne, z. B. mit „Reise um die Erde in 80 Tagen" (1873). 1898 erschien als eines der bekanntesten Beispiele für Science-Fiction-Literatur das Buch „Krieg der Welten" von Herbert George Wells. Von besonderer Bedeutung ist das sehr umfangreiche Werk von Isaac Asimov, das vielfach von Robotern handelt.
Eine besondere Form von Science Fiction sind **Dystopien**. Im Gegensatz zur Utopie, die eine heile Welt darstellt, zeigen Dystopien negative Entwicklungen auf, die in naher Zukunft wirklich werden könnten.

Sprachliche Mittel: Vor allem in Gedichten, aber auch in Prosatexten und Dramen werden sprachliche Mittel verwendet, um einen Text ausdrucksstark zu gestalten.
Die häufigsten sprachlichen Mittel sind:
– **Alliteration**: Mindestens zwei benachbarte oder aufeinanderfolgende Wörter fangen mit demselben Anfangslaut an.
– **Akkumulation**: Wörter mit ähnlicher Bedeutung werden aneinandergereiht.
– **Anapher**: Bei einer Anapher wiederholt sich der gleiche Wortlaut zu Beginn mehrerer aufeinanderfolgender Sätze.
– **Antithese**: Der Behauptung wird eine Gegenbehauptung (anti = gegen) gegenübergestellt.
– **Ellipse**: Als Ellipse werden verkürzte Sätze bezeichnet, in denen Satzteile fehlen.
– **Hyperbel**: Ein Sachverhalt wird übertrieben dargestellt, manchmal auch auf bildhafte Weise.
– **Interjektion**: Durch einen Ausruf wird eine bestimmte Empfindung ausgedrückt.
– **Klimax**: Es liegt eine Steigerung vor, häufig ist sie dreifach.
– **Lautmalerei**: Wörter ahmen akustisch Geräusche, Klänge oder auch Tierlaute nach. Lautmalerei spielt in Gedichten, in stimmungsvollen Erzählungen und Schilderungen eine Rolle.
– **Metapher**: Anstelle eines Vergleichs erfolgt eine Gleichstellung. Nicht: *„Das Innere einer Sonnenblume ist wie ein Auge"*, sondern *„Das dunkle Auge der Sonnenblume"*.
– **Neologismus**: Als Neologismus bezeichnet man eine Wortneuschöpfung, bei der bekannte

Wörter zu einem neuen Begriff mit übertragener Bedeutung zusammengesetzt werden.
- **Personifikation**: Die Personifikation gibt abstrakten Begriffen, Gegenständen und Tieren die Gestalt von handelnden und sprechenden Personen. Sie vermenschlicht diese. „Zögernd erwachte der neue Tag".
- **Rhetorische Frage**: Die rhetorische Frage ist eine Scheinfrage, weil keine Antwort erwartet wird, da jeder die Antwort bereits kennt.
- **Vergleich**: Der Vergleich verknüpft zwei Bedeutungsbereiche.

Sprachstil: Sprachstil ist ein Sammelbegriff für unterschiedliche Arten, sich auszudrücken.
Man kann z. B. zwischen **Schriftsprache** (auch Hochsprache oder Standardsprache) oder **Alltagssprache** (auch Umgangssprache) unterscheiden.
Fachsprachen sind in der Regel durch Fachbegriffe (häufig auch Fremdwörter) gekennzeichnet.
Grundsätzlich ist es wichtig, seinen Sprachstil am jeweiligen Empfänger zu orientieren, um Missverständnisse zu vermeiden.
Ein wichtiges Stilmerkmal sind auch **Satzstrukturen** → *Satzstrukturen*, S. 313.
Durch Satzgefüge können Zusammenhänge näher erläutert und deren gedankliche Verbindung deutlich gemacht werden.
Mithilfe von Ellipsen können Aussagen auf das Wesentliche verkürzt werden. Durch Ellipsen können aber auch Angst oder Aufregung zum Ausdruck gebracht werden. Ebenso kann die Verwendung von Ellipsen appellative Wirkung haben.
Während sich diese Stilarten vor allem durch den Wortschatz unterscheiden, beziehen sich die Begriffe **Nominalstil** und **Verbalstil** mehr auf die Grammatik. Dabei ist der Verbalstil die Regel, der Nominalstil (häufig auch der Amtssprache zugeordnet) bildet eine Sonderform. Auch Gliederungen können im Nominalstil formuliert werden.
Verbalstil: *Das Kaufverhalten ändert sich.*
Nominalstil: *Änderung des Kaufverhaltens*

Grundsätzlich gilt die Regel, dass die Satzstruktur mit Blick auf den Zweck des Schreibens gewählt werden sollte.

Sturm und Drang (ca. 1765–1785): Die Vertreter des Sturm und Drang wollten sich nicht an der reinen Vernunft orientieren, sondern vor allem Gefühle erfahren und ausleben. Weil diese Gefühle subjektiv sind, galt der Einzelne, der seinen Empfindungen möglichst freien Lauf ließ, als „Originalgenie". Das selbstbestimmte, gefühlsbetonte Handeln, z. B. die Liebe eines Adeligen zu einer Bürgerstochter, führte häufig zu Konflikten mit den bestehenden gesellschaftlichen Normen, die dadurch infrage gestellt wurden. In solchen Konflikten wurden Helden des Sturm und Drang häufig zu tragischen Helden. Friedrich Schiller und Johann Wolfgang von Goethe haben bedeutende Werke im Stil des Sturm und Drang geschrieben, bevor sie sich der Klassik zuwandten. Eine wichtige Rolle spielte die Natur: Sie wurde oft als Spiegelbild der eigenen Gefühle empfunden.
Vor allem Friedrich Schiller und Johann Wolfgang von Goethe behandeln in Dramen, aber auch Gedichten und Balladen typische Motive des Sturm und Drang. In ihren Tragödien stirbt der (tragische) Held für seine Ideale. Ein echter „Bestseller" wurde schon kurz nach seinem Erscheinen der Briefroman „Die Leiden des jungen Werther" von J. W. von Goethe.

Szenisches Spiel: Das szenische Spiel ist eine Methode der spielerischen Darstellung von Szenen, mithilfe derer die Situation und das Verhalten literarischer Figuren nachempfunden wird. Ziel ist es, Textinhalte durch das Spielen greifbar zu machen, die eigene Wahrnehmung zu erweitern und Verhaltensmuster zu deuten. Um einen Text in ein szenisches Spiel umzuwandeln, muss zunächst herausgearbeitet werden, was man darin über einzelne Figuren erfährt. Daraufhin legt man fest, zu welchen Textstellen es Sprechtexte geben muss, damit der Zuschauer später die Handlung versteht. Diese werden aufgeschrieben und um Regieanweisungen zum Verhalten der Figuren, zu den Spielorten usw. ergänzt, sodass ein Spieltext entsteht. Anweisungen zur Mimik sowie Gestik können im Spieltext gekennzeichnet werden. Auch der Einsatz von Requisiten ist möglich, kann aber auch nur angedeutet werden.

Texte (schriftlich) erschließen – TGA: Der TGA ist ein Aufsatz mit Einleitung, Hauptteil und Schluss, in dem ein Text nach vorgegebenen Kriterien im Präsens beschrieben wird. Dabei kann es sich um journalistische Texte oder auch literarische Texte handeln.

In der Regel werden zum Text nicht nur grundlegende Informationen wie der Name des Autors, die Entstehungszeit und die Quelle geliefert, sondern auch Leitfragen formuliert, die die Beschreibung strukturieren sollen.

Die häufigsten Bestandteile des TGA:
In der **Einleitung** wird neben den vorgegebenen grundlegenden Informationen die Textsorte benannt und eine kurze, prägnante Zusammenfassung des Textinhalts und – wenn sinnvoll – der Textaussage formuliert.

Der **Hauptteil** beginnt mit einer Zusammenfassung. Diese ist in der Regel strukturiert, das heißt, die Zusammenfassung orientiert sich an Sinnabschnitten, Erzählschritten oder Strophen.
Daraufhin kann – je nach Aufgabenstellung variierend – die Beschreibung des Layouts folgen. Kriterien sind das Druckbild, der Einsatz von Bildmaterial oder diskontinuierlichen Textelementen.
Auch die Beschreibung der Textsorte gehört zu den Aufgabenstellungen. Dazu muss die jeweilige Textsorte erkannt und möglichst nachvollziehbar mithilfe von Zitaten belegt werden.
Als weitere Aufgabenstellungen sind das Verfassen eines Tagebucheintrags, eines inneren Monologs, einer Charakterisierung oder auch ein Weitererzählen möglich, ebenso wie eine argumentative Aufgabenstellung.

Der **Schluss** erfordert eine Stellungnahme, die sich auf den Textinhalt oder seine Intention beziehen kann. Sie kann sachlich oder persönlich sein, sollte aber in jedem Fall begründet werden. Anschließend kann – je nach Thema – noch ein Ausblick formuliert werden.

Theater: Theater ist grundsätzlich die Bezeichnung für eine szenische Darstellung.
Man unterscheidet Sprechtheater (Schauspiel), Musiktheater (Oper, Operette, Musical) und Tanztheater (Ballett). Es können je nach → **Inszenierung** aber auch Mischformen entstehen.
Entscheidend ist neben der Textvorlage die Umsetzung durch den Regisseur (= Inszenierung).
Einzelelemente einer Inszenierung:
- Bühnenbild und Szenenwechsel
- Beleuchtung
- Geräusche
- musikalische Untermalung

Zunehmend wird die Wirkung eines Theaterstücks durch den Einsatz vielfältiger digitaler Effekte entscheidend bestimmt.

Trailer: Ein Trailer ist ein Videoclip, der Werbezwecken dient. Während Trailer zunächst zu Filmen, Fernsehsendungen oder Computerspielen erstellt wurden, gibt es sie inzwischen auch zu Theaterproduktionen und Büchern. Entscheidend für die Wirkung des Trailers ist neben der Auswahl der Szenen die Schnitttechnik und der Einsatz von Musik.

Wiki: Ein Wiki einrichten/schreiben heißt: eine Website einrichten, auf der Beiträge zu einem bestimmten Thema eingetragen werden können.
Alle Beiträge sind für alle Beteiligten lesbar und können demzufolge in direkter Kommunikation bearbeitet werden.
Der Ablauf wird protokolliert und ist dadurch nachvollziehbar.
Es gibt auch die Möglichkeit, mit thematisch ähnlichen Beiträgen zu verlinken, um dadurch zusätzliche Informationen zu vermitteln.

Grundwissen Grammatik

Adjektiv: Wortart, mit der man Eigenschaften von Nomen genau beschreiben kann. Die meisten Adjektive können gesteigert werden.

Adverb: Ein Adverb beschreibt, wann, wo, wie und warum etwas geschieht. Adverbien sind unveränderbar und lassen sich im Satz umstellen. Beispiele: *zunächst, anschließend, nun ...*

Adverbiale Bestimmung: Satzglieder, die Angaben über die Zeit, den Ort, den Grund und die Art und Weise eines Geschehens machen, heißen Adverbialien. Man kann sie durch folgende Fragen ermitteln:

- **Temporaladverbiale:** Wann? Seit wann? Wie lange? Konjunktionen: *bevor, nachdem, als ...*

- **Lokaladverbiale:** Wo? Woher? Wohin? Konjunktionen: *wo, woher, wohin*

- **Kausaladverbiale:** Warum? Weshalb? Wieso? Konjunktionen: *da, weil*

- **Modaladverbiale:** Wie? Auf welche Art und Weise? Konjunktionen: *indem, ohne dass ...*

Adverbialsatz: Wenn man ein Adverbial (→ *Satzglied*) in einen Nebensatz umformt, entsteht ein Adverbialsatz.

Aktiv: Steht in einem Satz das Verb im Aktiv, so wird das Geschehen aus der Sicht des Handelnden gesehen. Man betont, wer etwas **tut**.

Attribut: Attribute bilden keine eigenen Satzglieder. Sie erklären das jeweilige Bezugswort genauer. Daher sind sie **Teil eines Satzgliedes, aber kein eigenes Satzglied**. Sie lassen sich nur zusammen mit dem Bezugswort verschieben (→ *Umstellprobe*). Ein Attribut kann seinem Bezugswort beispielsweise in Form eines Adjektivs **vorangestellt** sein (das *neue* Haus) oder es ist **nachgestellt** (die Uhr *meines Großvaters* (= Genitivattribut) oder der Schmuck *aus Silber* (= präpositionales Attribut)).

Attributsatz (auch Relativsatz): Er ist ein Nebensatz, der durch ein Relativpronomen (der, die, das, welcher, welche, welches) eingeleitet wird, das einen Bezug zu einem Nomen aus dem Hauptsatz herstellt. Die Attributsätze erläutern ihr Bezugswort näher.
Dem Relativpronomen kann auch eine → Präposition vorausgehen: Beispiel: *Die Konservendose, in welcher Lebensmittel lange haltbar bleiben, wurde 1810 patentiert.* Der Attributsatz kann auch als eingeschobener Relativsatz auftreten.

Demonstrativpronomen → *Pronomen*

Finite Verbform: Verben werden in Sätzen meistens in der gebeugten (finiten) Form verwendet. An dieser Form erkennt man, wer etwas wann tut. Deshalb nennt man die finite Verbform auch Personalform. Die Grundform des Verbs bezeichnet man als Infinitiv bzw. infinite Form.

Hauptsatz: Satz, der allein stehen kann. Er besteht mindestens aus einem Subjekt und einem Prädikat. Im Hauptsatz steht die finite Form des Prädikats meistens an zweiter Satzgliedstelle. Hauptsätze können zu einer → *Satzreihe* verbunden werden.

Hypotaxe → *Satzgefüge*

Imperativ: Befehlsform des Verbs

Indikativ: Wirklichkeitsform

Indirekte Rede: Die indirekte Rede gibt wieder, was eine andere Person gesagt hat. Das Verb steht im → *Konjunktiv*. Wörtliche Äußerungen anderer Personen werden oft mithilfe der indirekten Rede wiedergegeben. „Es ist spät." ➡ *Es sei* *spät.* Das Gesagte wird zumeist in die 3. Person gesetzt, z. B.: „Wir sind ..." ➡ *Sie seien ...* oder „Ich will ..." ➡ *Sie wolle ...* Die indirekte Rede wird nach dem redebegleitenden Satz **unmittelbar** oder mit **dass** angeschlossen. Die Ersatzform des Konjunktivs mit „würde" kommt vor allem in der gesprochenen Umgangssprache vor.

Infinitivsatz: Infinitivsätze sind eine verkürzte Form von Nebensätzen. Sie haben kein Subjekt und keine finite Verbform als Prädikat. Ersatz für die finite Verbform ist der durch „zu" ergänzte Infinitiv. Infinitivsätze können durch *um, ohne, statt, anstatt, außer, als* eingeleitet werden.

Kasus (Fall des Nomens):
- **Nominativ** (1. Fall), Frage: „Wer oder was?"
- **Genitiv** (2. Fall), Frage: „Wessen?"
- **Dativ** (3. Fall), Frage: „Wem?"
- **Akkusativ** (4. Fall), Frage: „Wen oder was?"

Konjunktion: Konjunktionen verknüpfen Sätze miteinander, um logische Zusammenhänge korrekt wiederzugeben. Nebenordnende Konjunktionen sind z. B. *aber, denn, oder, sondern, und.* Unterordnende Konjunktionen sind z. B. *als, bevor, bis, dass, weil.*

Konjunktionalsatz → *Nebensatz*

Konjunktiv: Der **Konjunktiv** wird als Möglichkeitsform bezeichnet: *Sie meint, sie komme gleich.*
Der **Konjunktiv I** wird vom Präsensstamm (= Infinitiv ohne Endung -en) abgeleitet. Sein besonderes Kennzeichen ist das „-e-" in den Endungen: *Ich frage, du fragest, er frage, wir fragen, ihr fraget, sie fragen.* Besondere Formen bildet das Verb sein: *Ich sei, du seiest, er sei, wir seien, ihr seiet, sie seien.* Der **Konjunktiv II** wird mit dem Präteritumstamm gebildet. Auch im Konjunktiv II wird ein „-e-" eingefügt. Allerdings werden die Vokale a, o und u meistens in ä, ö und ü umgelautet: *ich gäbe.*

Nebensatz: Der Nebensatz ist ein Satz, der nicht allein stehen kann, sondern immer von einem → *Hauptsatz* abhängig ist. Einen Nebensatz erkennt man an folgenden Merkmalen:
- Am Anfang steht meistens eine Konjunktion.
- Am Ende des Nebensatzes befindet sich die finite Form des Prädikats.
- Haupt- und Nebensatz bilden ein → *Satzgefüge*. Sie werden durch ein Komma abgetrennt.

Nomen: Wortart, mit der Lebewesen (Menschen, Tiere, Pflanzen) und Gegenstände sowie Gedachtes und Gefühle bezeichnet werden.

Objekt: Die Satzglieder, die das Prädikat ergänzen, heißen Objekte.
- **Genitivobjekt** (2. Fall, Frage: „Wessen?")
- **Dativobjekt** (3. Fall, Frage: „Wem?")
- **Akkusativobjekt** (4. Fall, Frage: „Wen oder was?")

Parataxe → *Satzreihe*

Partizipialsätze: Partizipialsätze sind eine besondere Form von Nebensätzen. Man kann lange Nebensätze, die mit *während, als, weil, indem, nachdem* eingeleitet werden, dadurch verkürzen, dass man Konjunktion und Subjekt weglässt und die finite Verbform durch ein Partizip ersetzt.

Passiv: Das **Passiv** richtet den Blick auf die Person oder Sache, mit der etwas geschieht. Frage: Was geschieht? *Die Krawatte wird vom Vater gebunden.* Das Passiv wird aus einer Form von **werden** und dem **Partizip Perfekt** gebildet. Der Handelnde kann im Passiv ungenannt bleiben: *Die Krawatte wird gebunden.* Das Passiv kann in allen Zeitstufen gebildet werden: *wird gebunden* (Präsens), *wurde gebunden* (Präteritum), *ist gebunden worden* (Perfekt), *war gebunden worden* (Plusquamperfekt), *wird gebunden werden* (Futur I), *wird gebunden worden sein* (Futur II). Um Vorgänge zu beschreiben oder jemanden anzuleiten, verwendet man das Präsens.

Grundwissen Grammatik

Perfekt → *Zeitform*

Personalform: Form des Verbs, die angibt, wie viele Personen zu einer bestimmten Zeit etwas tun: *du schreibst, sie haben gerufen*

Personalpronomen → *Pronomen*

Plusquamperfekt → *Zeitform*

Possessivpronomen → *Pronomen*

Prädikat: Satzglied, das mit Verben gebildet wird. Es sagt aus, was jemand tut oder was geschieht. Ein vollständiger Satz enthält mindestens ein Prädikat und ein Subjekt.

Präfix → *Wortbaustein*

Präposition: Die Präpositionen (Verhältniswörter) wie *an, auf, aus, bei, durch, im, in, nach, ohne, über* sind unveränderlich. Sie stehen nicht allein und bestimmen den Fall (→ *Kasus*) des folgenden Bezugswortes (in der Regel ein → *Nomen*). Sie verdeutlichen Beziehungen.

Präsens → *Zeitform*

Präteritum → *Zeitform*

Pronomen: Das Pronomen kann Stellvertreter oder Begleiter eines → *Nomens* sein.

- Das **Personalpronomen** (persönliches Fürwort) steht stellvertretend für Personen oder Sachen: *ich, du, er, sie, es, wir, ihr, sie.*
- Das **Possessivpronomen** (besitzanzeigendes Fürwort) gibt an, wem etwas gehört: *mein, dein, sein, unser, euer, ihr.*
- Das **Demonstrativpronomen** (hinweisendes Fürwort) deutet auf Personen oder Sachen hin: *der, die, das, derjenige, diejenige, dieser, dieses, derselbe, dieselbe.*
- Das **Relativpronomen** leitet den → *Relativsatz* ein: *der, die, das; welcher, welche, welches.*

Pronominaladverbien: Sie helfen, Zusammenhänge deutlich zu machen. Sie werden auch Präpositionaladverbien genannt, weil sie mit *da-(r)-, wo-(r)-* und *hier-* plus Präposition gebildet werden, z. B. *darauf, damit, dadurch, hierbei, hierfür, hierin, wobei, womit, wofür.*

Redebegleitsatz: Hauptsatz, der die → *wörtliche Rede* begleitet. Der Redebegleitsatz kann **vor**, **nach** oder **zwischen** der wörtlichen Rede stehen.

Relativsatz → *Attributsatz,* → *Nebensatz*

Satzarten: Bei den Satzarten sind zu unterscheiden: Aussagesatz, Fragesatz, Ausrufesatz, Aufforderungs- oder Befehlssatz (→ *Imperativ*).

Satzgefüge: Satzgefüge bestehen aus mindestens einem Haupt- und einem Nebensatz. Der Nebensatz ergänzt dabei den Hauptsatz und kann deswegen auch nicht alleine stehen. Im Nebensatz steht die finite Form an letzter Stelle im Satz.
Eine Form des Nebensatzes ist der → *Konjunktionalsatz*, der mit einer unterordnenden Konjunktion eingeleitet wird, z. B. *dass, sodass, weil, da, obwohl, nachdem, bevor, als.*

Satzglied: Jeder Satz muss mindestens → *Subjekt* und → *Prädikat* enthalten. Weitere Satzglieder sind die Objekte sowie die Adverbialien. Diese erhöhen den Informationsgehalt eines Satzes. Satzglieder lassen sich mithilfe der Umstellprobe ermitteln. Die Wörter, die beim Umstellen zusammen stehen bleiben, bilden ein Satzglied. Durch das Umstellen der Satzglieder verändert sich die Wirkung des Satzes.

Satzreihe: Satzreihen bestehen aus aneinandergereihten Hauptsätzen. Diese werden außer bei *und* bzw. *oder* mit Komma abgetrennt. Typische nebenordnende Konjunktionen sind *und, aber, oder, denn,* *doch, sondern.* Die → *finite Verbform* steht im Hauptsatz an zweiter Satzgliedstelle.

Satzstruktur: Die Verbindung mehrerer Sätze zu einem komplexen Satz nennt man Satzstruktur. Werden mehrere Hautsätze aneinandergereiht, nennt man den Satz **Satzreihe (Parataxe).** Satzreihen können Aussagen betonen und etwas im Detail beschreiben. Texte, die fast ausschließlich aus Satzreihen bestehen, wirken aber einförmig. Die Verbindung von Haupt- und Nebensätzen heißt **Satzgefüge (Hypotaxe).** Durch → *Konjunktionen* entstehen in Hypotaxen gedankliche Zusammenhänge wie z. B. eine Begründung. **Ellipsen** sind verkürzte Sätze, in denen ein Satzglied, zum Beispiel das Prädikat, fehlt. Eine Häufung von Ellipsen kann Eindringlichkeit vermitteln. Grundsätzlich macht der Einsatz unterschiedlicher Satzstrukturen einen Text abwechslungsreich.

Subjekt: Das Subjekt eines Satzes ermittelt man mit der Frage: „Wer oder was?"

Suffix → *Wortbaustein*

Umstellprobe → *Satzglieder*

Verb → *Wortart*

Wörtliche Rede: In einem Text wird das Gesprochene (direkte Rede) in Anführungszeichen gesetzt und vom → *Redebegleitsatz* durch Doppelpunkt bzw. Komma abgetrennt.

Wortart: Wörter lassen sich bestimmten Wortarten zuordnen, z. B. → *Nomen*, → *Verb*.

Wortbaustein: Ein Wort kann aus verschiedenen Teilen bestehen. Der wichtigste Wortbaustein heißt Wortstamm: **Wohn**ung, **wohn**en, be**wohn**bar. Durch vorangestellte (Präfix: z. B. **un**wohnlich) und nachgestellte Wortbausteine (Suffix: z. B. bewohn**bar**) kann sich die Bedeutung der Wörter stark verändern. Mit den Wortbausteinen -heit, -keit, -ung, -tum, -schaft und -nis werden Nomen gebildet. Adjektive erkennt man an den Wortbausteinen -bar, -ig, -isch, -lich, -los und -sam.

Wortbedeutung: Antonyme sind Wörter, die eine gegenteilige Bedeutung haben, z. B. *Glück – Unglück.* **Homonyme** haben den gleichen Wortkörper, aber andere Bedeutungen, z. B. *Bank.* **Synonyme** sind bedeutungsgleiche oder bedeutungsähnliche Wörter, z. B. *denken – überlegen.*

Wortfamilie: Zu einer Wortfamilie gehören alle Wörter mit einem gemeinsamen Wortstamm.

Wortfeld: Wörter der gleichen Wortart, die eine ähnliche Bedeutung haben, bilden ein Wortfeld; z. B. das Wortfeld gehen: *rennen, laufen, humpeln, stapfen ...*

Zeitform (Tempus): Mit dem Verb kann man verschiedene Zeitformen (Tempora) bilden:

1. Das **Präsens** drückt aus, was gerade geschieht. Man verwendet das Präsens zum Beispiel in Schilderungen oder Beschreibungen.

2. Das **Präteritum** setzt man in schriftlichen Texten ein, die Vergangenes darstellen, z. B. im Bericht oder in der Erzählung.

3. Das **Perfekt** wird im Mündlichen verwendet, um Vergangenes auszudrücken.

4. Das **Plusquamperfekt** drückt aus, dass einer im Präteritum erzählten Handlung eine andere Handlung vorausgegangen ist (= Vorzeitigkeit).

5. Das **Futur I** wird zur Darstellung von Zukünftigem eingesetzt.

6. Das **Futur II** wird verwendet, um auszudrücken, was zu einem Zeitpunkt in der Zukunft bereits geschehen sein wird.

Stichwortverzeichnis

Adverbien S. 255
Anliegen S. 233
Appell S. 300
Argumentation (materialgestützt) S. 198–225, 300
Argumente S. 216–218
Argumentieren S. 216
Aufklärung S. 100, 300
Auktorialer Erzähler S. 62
Avatar S. 14

Barock S. 99
Bericht S. 122–124, 154
Beschwerde S. 228–229
Bildersuche im Internet S. 144
Blitzlicht S. 126
Brechtfestival S. 109
Buchpräsentation S. 110–116

Cartoons auswerten S. 208
Charakterisierung S. 183–185
Chatsprache S. 266–268

Dass/das S. 282
Debatte S. 301
Dialekt S. 264, 268
Diskussion S. 45

Eingliedriges Thema (Argumentation) S. 203
Emigration, innere und äußere S. 91
Erzählen S. 242
Erzählperspektive S. 62, 301
Erzählte Zeit S. 73, 302
Erzählzeit S. 73, 302
Euphemismus S. 263
Expressionismus S. 79, 103, 302
Expressionistische Lyrik S. 80–85

Fachsprache S. 267–268
Fake News S. 148–151
Feuilleton S. 21
Fotos auswerten S. 210
Fremdwörter S. 260–262

Getrenntschreibung S. 278
Gliederung S. 212, 222
Glosse S. 66, 128–131, 155, 165, 188–189, 192–193
Großschreibung S. 276–277

Hörverstehen trainieren S. 8–17

Inhaltszusammenfassung S. 163
Innerer Monolog S. 249, 303

Karikatur S. 155, 208
Klassik S. 101, 303
Kommentar S. 125–126, 155, 165, 303
Kommunikationsmodell (Watzlawik) S. 27
Kommunikative Strategien S. 38–41
Kreativ schreiben S. 238–251
Kurzgeschichte S. 153, 165, 245, 303

Layout S. 152, 166
Lernkarten S. 157, 200–201
Lernplan S. 296
Lernstrategien S. 292–295
Leserbrief S. 234–237
Leserreaktion S. 173, 185
Lesestrategien S. 117
Lesevortrag S. 114–116, 288–289

Materialauswertung S. 207
Mediennutzung S. 148–149

Nachkriegsliteratur S. 103, 304
Nachricht S. 121, 154
Naturalismus S. 102, 304
Neutraler Erzähler S. 62

Parabel S. 55, 305
Performative Ästhetik S. 51
Personaler Erzähler S. 62
Pionier- und Jugendlieder (DDR) S. 93
Placemat-Methode S. 52
Podcast S. 137–142, 305
Politische Lyrik S. 89–98

Stichwortverzeichnis

Pragmatische Textsorten S. 152–155
Präposition S. 256–257
Präsentation S. 33–35
Prüfungsvorbereitung S. 292–299

Rechtschreibstrategien S. 272
Reportage S. 122–124, 132–133, 155, 165
Rollenspiel S. 42–45
Roman S. 73, 153
Romantik S. 101, 305

Satire, satirische Texte S. 64, 153, 306
Satzstruktur S. 258
Schachtelsätze S. 253
Schaubilder entschlüsseln S. 209
Schildern S. 242, 247–248
Scrapbook S. 243–244
Soziolekt S. 268
Sprachliche Mittel S. 83, 168–171, 181–182, 241, 307
Sprachvergleich S. 269–270
Standardsprache S. 268
Statistik auswerten S. 210
Stoffsammlung S. 211
Sturm und Drang S. 100, 308
Suchmaschinen nutzen S. 143–144
Szenisch spielen S. 47–49, 308

Texte überarbeiten S. 251, 291
Texterschließung (TGA) S. 156–197, 308
Textsorten S. 152–155
Textsortenbestimmung S. 164, 167
Theateraufführung S. 104–109
Themaerschließung S. 202–203

Verfasserabsicht S. 172–173, 185
Vulgärsprache S. 268

Werbung S. 230–233
Wörterbuch S. 275
Wortlistentraining S. 279
Wortwiederholung S. 180, 252

Zitieren S. 286–287
Zoom-Technik S. 155
Zusammenschreibung S. 278
Zweigliedriges Thema S. 203

Bildquellen

|akg images GmbH, Berlin: 9.1, 99.1, 99.2, 99.3, 100.4, 100.5, 101.3, 102.1, 102.2, 103.1, 103.2, 147.4; Archiv K. Wagenbach 140.1; Dix, Otto © VG Bild-Kunst, Bonn 2021 78.3; Erich Lessing 147.3; H. Champollion 147.1; © Ludwig Meidner-Archiv, Jüdisches Museum der Stadt Frankfurt am Main 79.1, 79.2. |Aktion Arschloch!, Osnabrück: 96.3. |Alamy Stock Photo, Abingdon/Oxfordshire: Danvis Collection 101.1, 101.2; Lebrecht Music & Arts 100.3. |Alamy Stock Photo (RMB), Abingdon/Oxfordshire: GL Archive 100.1; Obzerova, Andrea 142.2; Stark, Friedrich 118.1. |Baaske Cartoons, Müllheim: Erik Liebermann 204.1, 208.1; Freimut Woessner 4.2, 127.1; Mohr, Burkhard 98.1. |Bibliographisches Institut GmbH (Duden), Berlin: © 2020 262.1. |Bitkom, Berlin: Pressekonferenz Smartphone-Markt 20.02.2019 Präsentation_final 224.1. |Blackbox Film & Medienproduktion GmbH, Wien: 88.1. |bpk-Bildagentur, Berlin: 112.2; Geheimes Staatsarchiv, SPK / Bildstelle GStA PK 112.3; © Ludwig Meidner-Archiv, Jüdisches Museum der Stadt Frankfurt am Main 4.1, 78.2. |Bridgeman Images, Berlin: 100.2. |Carl Hanser Verlag GmbH & Co. KG, Berlin: 270.1. |Caters News Agency Ltd, Birmingham: 150.3. |Catprint Media GmbH, Garbsen: Uli Stein 260.1. |Duck Duck Go, Inc., Paoli/Pennsylvania: 143.3. |Ecosia GmbH, Berlin: 143.2. |Ellert, Mario, Bremen: 6.2, 266.1. |Evelyn Neuss Illustration, Hannover: 11.2, 12.1, 15.1, 22.1, 22.3, 24.1, 25.1, 26.1, 27.1, 115.1, 115.2, 121.2, 138.1, 139.1, 141.1, 146.1, 198.1, 199.1, 203.1, 212.1, 214.1, 215.1, 216.1, 220.1, 226.1, 227.1, 231.1, 232.1, 235.1, 241.1, 241.2, 241.3, 241.4, 241.6, 241.7, 241.8, 241.9, 247.3. |Fireball Labs GmbH, München: 143.5. |fotolia.com, New York: bluedesign 132.1; Cozyta 202.8; Dan Race 202.6; Do Ra 187.1; Enter, Matthias 217.1; Friedberg 202.4; ptasha 202.7; Schwartz, Hendrik 202.1; tpx 262.2. |Fredrich, Volker, Hamburg: 104.1, 109.1, 263.1. |Getty Images, München: AFP 204.2, 205.1. |Hartmann, Jörg (RV), Münster: 247.1, 247.2, 247.4, 247.5, 247.6. |Herold, Marc, München: 265.1. |Holtschulte, Michael, www.totaberlustig.de, Herten: 192.1. |Hot Action Records GmbH, Berlin: Artwork: Schwarwel 94.1; Nele König 96.1. |http://www.zeno.org - Contumax GmbH & Co.KG, Berlin: 11.1. |Insel Verlag, Berlin: Franz Kafka: Das Schloß 142.1. |Interfoto, München: imagebroker / Norbert Michalke 280.1; Imagebroker/Siegfried Grassegger 61.2. |iStockphoto.com, Calgary: 224.3. |Antonio_Diaz 249.1; demaerre 116.1; FatCamera 202.2; JFsPic 202.10; Oleksiy Mark 225.1; Tetiana Lazunova 225.3; ValeryBrozhinsky 114.1. |Jüdisches Museum der Stadt Frankfurt am Main, Frankfurt/M.: © Ludwig Meidner-Archiv 78.1. |Kaindl, Karola, Kremmeldorf: 6.3, 6.4, 157.1, 200.1, 201.1, 201.2, 201.3, 201.4, 211.1, 243.1, 244.1, 244.2, 244.3, 244.4, 246.1, 250.1, 250.2. |Kulturverein Markt Glonn e.V., Glonn: 8.1. |KW NEUN, Augsburg: 109.2. |Loewe Verlag GmbH, Bindlach: Ursula Poznanski: Cryptos 110.1. |Marckwort, Ulf, Kassel: 52.2, 140.2, 267.1, 272.2. |Mayer, Matthias, Hersbruck: 230.1, 230.2. |MEINHERZSCHLAG.DE - der Shop für echte Bayern, Schenefeld: 264.2. |Microsoft Deutschland GmbH, München: 33.1, 33.3, 33.4. |Mithoff, Stephanie, Ahorn: 22.2, 58.1, 144.1, 145.1, 251.1, 255.1, 258.1, 259.1, 264.1, 268.1, 269.2, 272.1, 273.1, 277.1, 278.1, 279.1, 292.1, 292.2, 292.3, 293.1, 293.2, 293.3, 294.1, 294.2, 294.3, 294.4, 295.1, 295.2, 295.3, 295.4, 297.1, 297.2, 297.3, 297.4, 297.5, 299.2. |Müller, Dirk, Dresden: 223.2. |Münchner Stadtbibliothek / Monacensia, München: LC F 5 8.2. |Nummer gegen Kummer e.V., Wuppertal: 76.1. |Oscar Diodoro / Eurac Research, Bozen/Bolzano: 5.2, 206.1, 206.2, 209.1. |Penguin Random House Verlagsgruppe GmbH, München: Coverartwork und Klappentext nach Peter Wensierski, Die unheimliche Leichtigkeit der Revolution.

Ein SPIEGEL BUCH, erschienen in der Deutschen Verlags-Anstalt, München, in der Penguin Random House Verlagsgruppe GmbH 18.1. |Picture-Alliance GmbH, Frankfurt a.M.: 65.1; akg-images 84.1; ANSA / EPA FILE 205.2; AP 111.2; blickwinkel/D. u. M. Sheldon 234.1; dpa 61.1; dpa-infografik GmbH 92.1, 120.1, 134.1, 148.1; dpa/Elsner, Erwin 110.2; dpa/Frank May 202.5; Hoppe, Sven 121.1; Kumm, Wolfgang 21.1; Lino Mirgeler 123.1; preuss/Timeline Images 9.2; Reichel, Michael 50.1; Stephan Rumpf 135.1; Sven Hoppe 122.1; Uwe Anspach 19.1. |Rossner, Manuel, Ittlingen: 3.1, 14.1. |Ruthe, Oda, Braunschweig: 236.2. |S. Fischer Verlag GmbH, Frankfurt/Main: 111.1, 112.1. |Schäfer, Anke, Laubach: 7.3, 34.1, 34.2, 34.5, 34.6, 34.7, 34.8, 42.5, 43.1, 43.2, 43.3, 43.4, 44.1, 45.1, 48.1, 49.1, 288.1, 291.1. |Schäfer-Küpferling, Sandra, Weißenbrunn/Hummendorf: 286.1. |Schönauer-Kornek, Sabine, Wolfenbüttel: 281.1. |Schumann, Karoline, Berlin: 241.5. |Schwarzstein, Yaroslav, Hannover: 3.2, 32.2, 54.1, 56.1, 56.2, 59.1, 60.1, 62.1, 63.1, 64.1, 66.1, 68.2, 69.1, 70.1, 71.1, 71.2, 72.1, 72.2, 72.3, 72.4, 72.5, 72.6, 77.1, 80.1, 81.1, 81.2, 81.3, 83.1, 85.1, 89.1, 90.2, 94.2, 95.1, 96.2, 97.1, 128.1, 130.1, 160.1, 162.1, 166.1, 168.1, 168.2, 168.3, 168.4, 168.5, 168.6, 168.7, 168.8, 171.1, 172.1, 177.1, 178.1, 180.1, 184.1, 185.1, 186.1, 187.2, 195.1, 196.1, 239.1, 240.1, 242.1, 263.3. |SEA LIFE Sydney Aquarium, Sydney NSW 2000: 150.1, 150.2. |Shutterstock.com, New York: 7.2, 28.1, 34.3, 74.1, 74.2; AYakovlev 285.1; Bihlmayer Fotografie 247.7; Daniel M Ernst 236.1; Eugene Ga 167.1; Filimonov, Iakov 29.1, 31.1; Gorodenkoff 28.4, 34.4; Hnatiuk, Viktoriia 42.4; Juice Flair Titel; Koltyrina, Lia 47.1; Novikov, Sergey 42.2, 42.3; Orietta Gaspari 86.2; pathdoc 188.1; Perugini, William 42.1; Phonlamai Photo 28.2, 33.2; Radiokafka 42.6; Rawpixel.com 30.1; Siarhei Dzmitryienka 202.3; Syda Productions 224.2; tome213 86.3; Ventura 86.1; Vladimir Gjorgiev 149.1; yanik88 6.1, 237.1. |Startpage.com, St. Christophen: 143.1. |Stiftung Wertebündnis Bayern, München: 264.3. |stock.adobe.com, Dublin: 284.1; ABCDstock 147.2; Adler, K.- P. 41.2; Alexander Lueders 287.1; Andrey Popov 225.2; Antonioguillem 153.1; Asier 41.3; babimu 254.1; Bauer Alex 299.5; Bitter 3.3, 36.1; brovarky 57.1; chekman 33.5; denisismagilov 7.1, 275.1; dil_ko 194.1; DW labs Incorporated 41.4; Engel, Jan 116.2, 116.3, 116.4, 116.5, 116.6, 116.7, 116.8, 116.9; Fälchle, Jürgen 190.1; goodluz 39.1; Gorodenkoff 28.3; John Smith 252.1; krissikunterbunt 298.1, 298.2, 298.3, 298.5, 298.6, 299.1, 299.3, 299.4, 299.6; lucadp 33.7; martialred 33.8; Monkey Business 46.1; Moritz 131.1; muro 119.1; Petair 202.9; Photographee.eu 75.1; Pokrovsky, Ekaterina 269.1, 298.4, 299.7; Rawpixel.com 32.1, 183.1; rcfotostock 125.1; Rofeld, Joerg 41.1; Rudie 270.2; SeanPavonePhoto 282.1; Serj Siz`kov 33.6; Seventyfour 4.3, 144.2; snyGGG 175.1; Visionär 202.11; Vitali, Mirko 223.1. |Süddeutsche Zeitung - Photo, München: 10.1. |The Blair Partnership, London: published with permission of Nirmal Purja, copyright (c) 2019 159.1; published with permission of Nirmal Purja. Copyright © 2019 5.1, 158.1. |Theaterverlag Hofmann-Paul, Berlin: Theaterstück "Böser Bruder" 104.3, 105.1, 106.1, 108.1. |toonpool.com, Berlin, Castrop-Rauxel: Bengen, Harm 261.1; © Tjeerd Royaards 263.2. |ullstein bild, Berlin: Friedrich 90.1; Keystone 104.2; Roger-Viollet / Chirico, Giorgio de © VG Bild-Kunst, Bonn 2021 17.1. |Ullstein Buchverlage GmbH, Berlin: 113.1. |ustwo games, London: 16.1, 16.2. |Verlagsgruppe Beltz, Weinheim: 240.2. |www.heikoherrmann.com, Süßen: 52.1, 52.3, 53.1, 53.2, 53.3, 53.4. |X Filme Creative Pool GmbH, Berlin: Filmausschnitt aus "Die Känguru-Chroniken" 113.2. |Yahoo! Deutschland GmbH, München: 143.4.

Textquellen

10–11 Auszug aus Lena Christ: Die Rumpelhanni. Aus: Lena Christ: Gesammelte Werke, Band 2. Herausgegeben von Walter Schmitz München: Süddeutscher Verlag 1990, S.291-293.

16 Martin Lorber: Game Art: Kunst und digitale Spiele, zu finden unter: https://spielkultur.ea.de/themen/gesellschaft-und-kultur/game-art-kunst-und-digitale-spiele (letzter Zugriff: 12.08.2021)

19 Text „Fernsehfilm Deutschland 2021", Flimankündigung der ARD. Zu finden unter: https://www.daserste.de/unterhaltung/film/filmmittwoch-im-ersten/sendung/die-unheimliche-leichtigkeit-der-revolution-100.html (letzter Zugriff: 12.08.2021)

19–21 Text und Sprechblasen: Eric Leimann mit Janina Fautz im Interview: „Ich glaube das die Welt sich verändern muss". Teleschau – der mediendienst, Zu finden unter: https://showcase.teleschau.de/artikel/janina-fautz-im-interview (letzter Zugriff: 12.08.2021)

24–26 Lars Krüsand: Untergrundarbeit. Zu finden unter: https://www.schnell-durchblicken2.de/kg-kruesand-untergrundarbeit (letzter Zugriff: 12.08.2021)

27 Zitat: Paul Watzlawik: Paul Watzlawik über menschliche Kommunikation ... Zu finden unter: https://www.paul-watzlawick.de/axiome.html (letzter Zugriff: 12.08.2021)

29–30 Olivera Stajić: Sieben Ideen für die Schule der Zukunft, aus: Der Standard vom 14.06.2019, zu finden unter: https://www.derstandard.de/story/2000104858511/sieben-ideen-fuer-die-schule-der-zukunft (letzter Zugriff: 12.08.2021).

30–32 Sylke Kilian: Die Schule der Zukunft: Möglichkeiten und Umsetzung moderner Schulmodelle, zu finden unter: https://www.kapiert.de/blog/die-schule-der-zukunft-moeglichkeiten-und-umsetzung-moderner-schulmodelle/ (letzter Zugriff: 12.8.2021)

47 Hajo Frerich: Wenn Schule „Schule macht" zu finden unter: https://www.endlich-durchblick.de/app/download/9298233/Mat395+Kurzgeschichte+Ausverhandeln.pdf (letzter Zugriff: 12.8.2021)

54 Franz Kafka: Die Vorüberlaufenden. Aus: Franz Kafka: Erzählungen. Herausgegebn von Michael Müller, Stuttgart: Reclam 1995, S. 39.

56 Christa Reinig: Der Skorpion, aus: Christa Reinig: Orion trat aus dem Haus. Neue Sternbilder. Reinbek: Rowohlt 1972, S. 31-32.

59–60 Heinrich Böll: Der Dieb, aus: Heinrich Böll: Erzählungen. Herausgegeben von Jochen Schubert. Kiepenheuer & Witsch eBook 2009.

63–64 Ephraim Kishon: Der Babysitter, aus: Ephraim Kishon: Alle Satiren. München: Langen-Müller Verlag 2018.

66 Axel Hacke: Am Familientisch. Aus: Axel Hacke: Der kleine Erziehungsberater. Reinbek: Rowohlt Verlag 2005.

69–71 Marie-Sabine Roger: Das Labyrinth der Wörter. Aus dem Französischen übersetzt von Claudia Kalscheuer, Hamburg: Atlantik Verlag 2017.

75–76 o. A.: Wenn die Zukunft jungen Menschen Angst macht © dpa/wmgr

77 Selita Telli: Die Stadt. Aus: Plötzlich sah die Welt ganz anders aus. Herausgegeben von Ronald Henss, Saarbrücken: Dr. Ronald Henss Verlag 2006.

80 Jakob van Hoddis: Weltende. In: Gedichte der Menschheitsdämmerung. Interpretationen expressionistischer Lyrik. Herausgegeben von Horst Denkler, München: Fink 1971.

82 Alfred Wolfenstein: Städter (Fassung von 1920). Aus: Menscheitsdämmerung. Herausgegeben von Kurt Pinthus, Berlin: Rowohlt Verlag 1920.

84 Alfred Lichtenstein: Punkt. Aus: Herman Korte: Lyrik des 20. Jahrhunderts, München: Oldenbourgh Verlag 2000.

85 Alfred Lichtenstein: Abschied. Aus: Wolfgang Beutin u. a.: Deutsche Literaturgeschichte. Von den Anfängen bis zur Gegenwart. Stuttgart: Metzler Verlag 2013.

87–88 Paul Garbulski: Gib acht vor der Nazi-Sekretärin in dir. Zu finden unter: https://www.vice.com/de/article/ex8jdz/sind-wir-nicht-alle-ein-bisschen-pomsel (letzter Zugrif: 13.08.2021)

89 Erich Fried: Die Unwissenden. Aus: Erich Fried: Politische Gedichte. Vietnam, Israel, Deutschland. Herausgegeben von Christoph Buchwald, Berlin: Verlag Klaus Wagenbach 2008.

Textquellen

93 Wolf Biermann: Du hast ja ein Ziel vor Augen. Aus: Wolf Biermann: Liedermacher und Sozialist. Herausgegeben von Thomas Rothschild. Reinbek: Rowohlt 1976.

95 Die Ärzte: Schrei nach Liebe. Aus dem Album: Die Bestie in Menschengestalt (1993). Text: Farin Urlaub/Felsenheimer, Dirk, 1993 by Edition Brausebeat/Musik Edition Discoton GmbH, Berlin. Songtext zu finden unter: https://www.bademeister.com/songs/schrei-nach-liebe (letzter Zugriff 13.08.2021)

97 Hans Henning Stubenrauch: Das Bad im Gedränge. Aus: Hans Henning Stubenrauch: Wortmeldung. Politische Gedichte, Husum: Ihleo-Verlag 2019, S. 75.

106 Auszug aus Birgit Müller-Bardorff: Wo bleibt die Moral? Sebastian Seidels „Böser Bruder" im Sensemble-Theater aus: Augsburger Allgemeine am 10.02.2014.

110, 289 Auszug aus Ursula Poznanski: Cryptos. Bindlach: Loewe Verlag 2020.

111 Auszug aus Thomas Mann: Der Tod in Venedig. in: Thomas Mann: Sämtliche Erzählungen. Frankfurt am Main: Fischer Taschenbuch Verlag 2015

112 Auszug aus Alfred Döblin: Berlin Alexanderplatz. Die Geschichte vom Franz Biberkopf. Olten: Walter Verlag 1961.

113 Auszug aus Marc-Uwe Kling: Die Känguru-Chroniken: Ansichten eines vorlauten Beuteltiers. Berlin: Ullstein Taschenbuch Verlag 2009, S. 11-13.

118–119 Paula Schießl: Paula Schieß über die Jugend von heute. Aus: Idowa. Online-Nachrichtenportal für Bayern und die Welt vom 10.02.2020, zu finden unter: https://www.idowa.de/gallery.freischreiben-paula-schiessl-ueber-die-jugend-von-heute.80ca7bae-2feb-4f27-ba96-54dcca1429e7.html (letzter Zugriff: 13.08.2021)

122–123 Andreas Salch und Isabel Berstein: Nach Tod eines Schülers: 35-Jähriger wegen Mordes angeklagt. Aus: Süddeutsche Zeitung vom 05.09.2020.

125–126 Hans Holzhaider: Tödlicher Raserunfall: Mehr als fahrlässig, aber weniger als Mord. Aus: Süddeutsche Zeitungvom 19.11.2019.

128–129 Axel Hacke: Hörst du mich? Hallo? Aus: Süddeutsche Zeitung vom 12.12.2021.

131 Stefan Simon: Wie die MVG das Zeitreisen erfand. Aus: Süddeutsche Zeitung Magazin vom 29.11.2019.

132–133 Benjamin von Brackel: Der ultimative Anstieg der Ozeane. Aus: Süddeutsche Zeitung vom 12.10.2021.

135 Text Das Streiflicht. Aus: Süddeutsche Zeitung 09.10.2020.

137, 141 Auszüge aus Franz Kafka: Das Schloss. Ditzingen: Reclam 1996.

139, 142 Auszug aus dem Manuskript zur Sendung: Julia Devlin: Das Schloss –Kafkas rätselhafte Seelenlandschaft, Bayerischer Rundfunk Radio Bayern 2, Reihe Radio Wisssen; erschienen am 01.09.2020, © BR 2017/Julia Devlin; in Lizenz der Brmedia Service GmbH

146 Bertolt Brecht: Fragen eines lesenden Arbeiters. Aus: Bertold Brecht: Die Gedichte. Frankfurt am Main: Suhrkamp Verlag 2000.

150–151 Nicole Grün: Von Putins Löwen und schwulen Pinguinen. Süddeutsche Zeitung Nr. 32, SZ Spezial Safer Internet Day vom 09.02.2021.

158–160 Anne-Sophie Galli, Deepak Adhikari und Oliver Beckhoff: Bekloppter als Reinhold Messner, Nürnberger Nachrichten vom 31.10.2019 © dpa

177–178, 187 Auszüge aus Anne Freytag: Mein bester letzter Sommer. München: Heyne Verlag 2016.

188–189 Wolfgang Görl: Ab ins Funkloch! Aus: Süddeutsche Zeitung vom 22.11.2019.

190–191 Carina Knieberig: Man spricht Deutsch. Aus: Stuttgarter Zeitung vom 17.06.2019.

192–193 Hans-Paul Nosko: Abenteuer E-Auto. Aus: Wiener Zeitung vom 08.05.2021.

194–195 Xenia Reinfels: Liebesschlösser braucht keiner. Zur Nutzlosigkeit eines Symbols. Aus: Main-Echo vom 08.05.2019.

196–197 Marlene Röder: Surfer. Aus: Marlene Röder: Melvin, mein Hund und die russischen Gurken. Erzählungen. Ravensburger Buchverlag 2011, S. 123–126.

Textquellen

204, 207 Material 1, Ausschnitt aus Carsten Meyer im Interview mit Christian Laesser: „Overtourism ist einfach zu viel", zu finden unter: https://www.3sat.de/gesellschaft/makro/vorab-interview-mit-christian-laesser-zum-massentourismus-100.html (letzter Zugriff: 21.12.2020)

204 Material 3, Auszug aus Viktoria Schulte und Sönke Krüger: Für ein Selfie trampeln sie ganze Lavendelfelder platt aus: Die Welt vom 04.09.2019.

205 Material 4, Auszug aus Maike Geißler: Overtourism: Was hilft gegen die Touristenmassen? Zu finden unter: https://www.reisereporter.de/artikel/7442-overtourism-staedte-kaempfen-mit-teils-kuriosen-mitteln-gegen-die-besuchermassen (letzter Zugriff: 13.08.2021)

205 Material 5, Auszug aus Eckart Gienke: Invasion der Kreuzfahrtflotte. Weser-Kurier vom 30.06.2017, zu finden unter: https://www.weser-kurier.de/ratgeber/reise/die-invasion-der-kreuzfahrt-flotte-doc7e4herf92js1kx2drd27 (letzter Zugriff: 13.08.2021)

205 Material 6, Auszug aus Jochen Temsch: Locals und Overtourism: Wie geht's euch denn eigentlich? Aus: Süddeutsche Zeitung vom 30.03.2018

205 Material 7, Auszug aus Daniela Krautsack: Die Übertourismus-Plage – Ursachen und Gegenstrategien, zu finden unter: https://www.stadtmarketing.eu/uebertourismus (letzter Zugriff: 13.08.2021)

206 Material 8, Auszug aus ohne Autor: Günstig reisen mit unseren Urlaubs- und Pauschalreise Deals, zu finden unter: https://www.urlaubspiraten.de/pauschalreisen (letzter Zugriff: 13.08.2021)

223 Material 1, Auszug aus Redaktion [PMa]: Studie belegt: Smartphone ist ständiger Begleiter, zu finden unter: https://www.digitalfernsehen.de/news/technik/web/studie-belegt-smartphone-ist-staendiger-beglei-ter-443682/

223 Material 4, Auszug aus Tim Aschermann: Was ist ein Smartphone? Einfach erklärt, zu finden unter: https://praxistipps.chip.de/was-ist-ein-smartphone-einfach-erklaert_41244 (letzter Zugriff: 13.08.2021)

224 Material 6, Auszug aus Antje Diederich: 3 hilfreiche Apps für die Gesundheit in der Erkältungszeit, zu finden unter: https://so-gesund.com/apps-fuer-die-gesundheit (letzter Zugriff: 13.08.2021)

225 Material 9, Auszug aus ohne Autor: Smartphones im Warentest: Testsieger sind teuer, aber Handys für 300 Euro kaum schlechter, zu finden unter: https://www.rtl.de/cms/smartphones-warentest-2020-testsieger-sind-teuer-aber-handys-fuer-300-euro-kaum-schlechter-4550383.html (letzter Zugriff: 13.08.2021)

225 Material 12, Auszug aus Robert Schanze: Top 3: Die besten kostenlosen Babyphone-Apps im Test, zu finden unter: https://www.giga.de/extra/apps/specials/unsere-besten-3-kostenlosen-babyphone-apps-im-test (letzter Zugriff: 13.08.2021)

234–235 Franz Engeser: Bäume gefällt, um illegale Mountainbike-Wege zu blockieren, zu finden unter: https://www.br.de/nachrichten/bayern/dutzende-baeume-gefaellt-um-mountainbikewege-zu-blockieren,SH5HQJE (letzter Zugriff: 13.08.2021)

238–240 Auszüge aus Franziska Gehm: Der Tote im Dorfteich. Weinheim: Gulliver von Beltz & Gelberg 2019.

260–261 Bastian Sick: Über das Intrigieren fremder Wörter. Aus: Spiegel Online vom 27.09.2006, zu finden unter: https://www.spiegel.de/kultur/zwiebelfisch/zwiebelfisch-ueber-das-intrigieren-fremder-woerter-a-439161.html (letzter Zugriff: 13.08.2021)

265 Auszug aus Titus Arnu und Martin Zips: Wie redest du, Alter? Aus: Süddeutsche Zeitung vom 16.11.2018, zu finden unter: https://www.sueddeutsche.de/leben/jugendsprache-wie-redest-du-alter-1.4214188 (letzter Zugriff: 13.08.2021)

266 Auszug aus Tillmann Prüfer: Chatsprache: "hi paps wmds? bb l", aus: ZEITMAGAZIN Nr. 48/2019 vom 20.11.2019.

269 Till Raether: Der, die, das – wieso, weshalb, warum?, aus: Süddeutsche Zeitung Magazin vom 13.07.2019 (Heft 28/2019), zu finden unter: https://sz-magazin.sueddeutsche.de/leben-und-gesellschaft/artikel-sprache-deutsch-87503 (letzter Zugriff: 13.08.2021)

270 Auszug aus Kübra Gümüşay: Sprache und Sein. München: Carl Hanser Verlag 2020.

275 Wörterbucheinträge: Auszug aus Duden. Die deutsche Rechtschreibung. Herausgegeben von der Dudenredaktion, Band 1. Berlin: Dudenverlag 2020, S. 462.

Medienquellen

WES-122907-001	Ausschnitt aus dem Podcast „Lena Christ zum 100. Todestag", Sendung vom 28.6.2020 im Bayerischen Rundfunk, Radio Bayern 2 © BR 2020/Thomas Grasberger; in Lizenz der Brmedia Service GmbH
WES-122907-002	Ausschnitt aus Lena Christ: „Unsere Bayern anno 1912", eingesprochen von Wilhelm Kaufmann
WES-122907-003	Auschnitt aus dem Podcast: „Digitale Kunst - Krisenhype oder Zukunftsmusik" aus der Sendung von Emily Thomey und Julius Stucke in Deutschland Kultur, Sendereihe Lakonisch Elegant vom 16.04.2020
WES-122907-004	Hörtext: „Ich glaube, dass die Welt sich verändern muss", © teleschau – der mediendienst, Autor Eric Leimann, zu finden unter: https://showcase.teleschau.de/artikel/janina-fautz-im-interview (letzter Zugriff: 16.09.2021)
WES-122907-005	Hörtext: „An Mutbürgern zerbrechen Systeme", Feuilleton von Oliver Jungen in Frankfurter Allgemeine Zeitung vom 28.04.2021 © Alle Rechte vorbehalten. Frankfurter Allgemeine Zeitung GmbH, Frankfurt. Zur Verfügung gestellt vom Frankfurter Allgemeine Archiv
WES-122907-006	Trailer zum Theaterstück „Die wohlfeile Jugend", © Kemperly Film Produktion, Simon Marian Hoffmann
WES-122907-007	Kurzgeschichte von Katja Oskamp: Du hast ja ein Ziel vor den Augen. Aus: Utopie kreativ, Heft 139 (05/2002), S. 456–461.
WES-122907-008	Gemälde von Caspar David Friedrich: Zwei Männer in der Betrachtung des Mondes, © akg-images, Berlin
WES-122907-009	Zusatztext „Informationen zu Friedrich Schiller"
WES-122907-010	Zusatztext „Informationen zu Bertolt Brecht"
WES-122907-011	Ausschnitt 1 aus dem Theaterstück „Böser Bruder" von Sebastian Seidel, Auftragswerk des Brecht Festival Augsburg 2014 © Theaterverlag Hofmann-Paul, Berlin
WES-122907-012	Ausschnitt 2 aus dem Theaterstück „Böser Bruder" von Sebastian Seidel, Auftragswerk des Brecht Festival Augsburg 2014 © Theaterverlag Hofmann-Paul, Berlin
WES-122907-013	Ausschnitt 3 aus dem Theaterstück „Böser Bruder" von Sebastian Seidel, Auftragswerk des Brecht Festival Augsburg 2014 © Theaterverlag Hofmann-Paul, Berlin
WES-122907-014	Link zum Climate Change Performance Index 2022.
WES-122907-015	Ausschnitt aus dem Podcast „Das Schloss – Kafkas rätselhafte Seelenlandschaft", Sendung vom 31.08.2021 im Bayerischen Rundfunk, Radio Bayern 2, Reihe Radio Wisssen© BR 2017/Julia Devlin; in Lizenz der Brmedia Service GmbH
WES-122907-016	Diktat: „Die Farbe macht's"
WES-122907-017	Diktat: „Verpackungsfreundlich in Form gebracht"
WES-122907-018	Diktat: „Der Keks bröselt nicht"
WES-122907-019	Diktat: „Das Auge isst mit"